高等院校通识教育系列教材

伦 理 学 简 论

（第二版）

倪愫襄　编著

WUHAN UNIVERSITY PRESS

武汉大学出版社

图书在版编目(CIP)数据

伦理学简论/倪愫襄编著. —2 版. —武汉：武汉大学出版社,2018.1
高等院校通识教育系列教材
ISBN 978-7-307-17650-8

Ⅰ.伦…　Ⅱ.倪…　Ⅲ.伦理学—高等学校—教材　Ⅳ.B82

中国版本图书馆 CIP 数据核字(2016)第 040166 号

责任编辑:易　瑛　胡国民　　　责任校对:汪欣怡　　　版式设计:马　佳

出版发行:**武汉大学出版社**　430072　武昌　珞珈山)
　　　　　(电子邮件：cbs22@ whu.edu.cn　网址：www.wdp.com.cn)
印刷:湖北省京山德兴印务有限公司
开本:787×1092　1/16　　印张:14.75　　字数:341 千字　　插页:1
版次:2007 年 8 月第 1 版　　2018 年 1 月第 2 版
　　2018 年 1 月第 2 版第 1 次印刷
ISBN 978-7-307-17650-8　　定价:32.00 元

目　　录

第一章　什么是伦理学

当我们谈论起伦理学是什么和什么是伦理学时，不少人会说伦理学就是研究道德的，也就是告诉人们什么是善，什么是恶。就伦理学研究的主要现象和对象而言，道德确实构成伦理学的重要基石和主要内容。但是就一门学科来讲，仅仅用研究的主要对象来界定一门学科的性质是不够的。我们在追问什么是伦理学时，还要问我们为什么需要伦理学。我们需要道德，需要伦理学，显然不仅仅是要规范人的行为，而是要使人生活得更和谐、更幸福。也就是说，在回答什么是伦理学的问题上，我们不仅需要存在论的思考，还需要目的论的反思。由此可以看到，道德、伦理，以及由我们需要道德、伦理干什么而引申出的幸福与和谐的问题也是伦理学关注的重要内容。

第一节　道德及其本质

要弄清什么是伦理学，首先要弄清什么是道德。表面看来这是一个十分简单的问题，因为，在我们日常生活中涉及道德的事情太多，比如，当我们说"某人是好人"，说"某事是好事"时，就是在进行道德判断。但是对我们而言，熟悉的东西并不见得就是已经认知的东西，许多我们十分熟悉的东西，我们并不真正了解它。所以，我们首先从道德及其本质入手，考察一下道德的真正内涵。

一、道德的含义

道德的含义可从字源学、语义学的角度进行归纳，但由于道德是人类社会独有的现象，要真正把握道德的内涵，还必须将道德与其他社会意识形态相比较来作进一步的考察和规定。

1. 语义学的分析

从字义上看，无论是西语还是中文，道德都是人们所必须遵循的规则和习惯，以及由于这种遵循所形成的德性或品质。

从中文字源上看，"道"和"德"最初是分开使用的，"道者，路也，"表示行人之路，后引申为表示事物运动变化的规则、规律和做人的道理。"德"原意是表示正道而行、直目无邪的意思。从周代起，"德"字演义为不仅要外得于义理，还要内得于己的意思，即"德者，得也"。道德两字连用始于先秦，一般理解为调节人们之间以及个人与社会之间关系的行为规范。英文中的道德（morals）一词是从拉丁文（mores）演变而来的，含有风尚、习俗等意思，加以引申也有法则、规范的意思。从道德自身的词义看，既含有风尚、风气、习俗的含义，也含有规则、规范等含义；既有社会规范的外在要求，又含有德性品质、内心修养等内在的个体要求；道德既是行为准则，同时也是评价人们言行的标准。因此，从道德的字义的角度，将道德理解为规范或者进一步理解为主体的内在规范的含义都是合理的。问题在于我们在使用道德这一词语，或用道德来做社会评价时，我们不自觉地将规范的履行者和对象界定在个体身上。这主要由于在中国传统伦理思想史上，对道德理解视角常常仅限于个体，以至于今天我们不仅在日常话语中对道德作出仅限于个体的判断，也使我们的道德建设和伦理学的研究仅局限于对个体的审视。比如我们的政治伦理学、职业伦理学、行政伦理学、企业伦理学等的研究大都是对从业人员的道德要求，而对政治体制、经济制度、行政机构、企业运行机制很少有道德上的规范要求。在西方伦理思想史上，从亚里士多德创立伦理学的专门学科开始，就提出了对城邦的道德要求。多年来，伴随着市场经济的发展，学界对社会体制、社会制度的道德问题研究的渐起，也表明对道德这一词语的理解和解释的拓展。道德在词义上的丰富，说明了道德论域的拓宽，也预示着伦理学研究视野的拓宽。

2. 道德的特点

将道德只作词义上的考察，还无法说明道德与其他社会规范的区别。要真正说明什么是道德，还要探讨道德与政治、法律、宗教的区别与联系。道德作为调整人们之间关系的规范与政治、法律、宗教等规范的关系，要从社会生活和发展中去寻求解答。

道德和政治、法律等社会现象一样都是反映一定的社会物质生活条件并随着这种物质生活方式的变化而变化的社会意识形态，但它们的作用方式却不尽相同。首先，政治和法律作为一种行为准则，是以国家机器为后盾，是可以采取强制的手段来推行的。比如，政治可以通过行政、政策、制度等形式来起作用；法律可以通过法规的制定、监督、执行等形式来实现。而道德的规范、准则，没有专门的强制机关来推行，它仅靠约定俗成的规则、社会舆论的外在力量和内心信念、内在良知的内在力量来推动。形象地说，法律是通过禁止性的规范防止人们不做坏事，而道德是通过提倡性的规范激励人们去做好事。虽然，在人类历史上道德曾有过很大的威力，特别是在封建社会，道德依靠强大的意识形态的后盾起着法律所应起到的作用。但是，随着人类社会的进步，随着市场经济的完善，以往强加在道德身上的强制性的作用将会越来越弱。从这一角度来看，"依法治国"才是基础和根本，"以德治国"只是对"依法治国"的补充和完善。其次，一个社会的道德总是为其政治和法律服务的，所以道德调节的内容与政治、法律的调节内容是相通的。但道德与政治、法律作为意识形态的不同方面，其调节的侧重面是有所不同的。政治主要是从占统治地位的集团利益出发来调节社会关系，法律则是从统治阶级的共同利益出发来调节社会各阶层之间的关系，道德更多是从个人利益与社会、他人利益关系角度，表达和调节个人利益和社会、他人利益之间的关系的。因此，道德就有着不同于政治、法律的调节领域。政治、法律都有可以直观的特定领域，比如有一定的行政部门、执法部门等。道德却没有特定的可以直观的领域和部门，而是广泛渗透于各种社会领域和社会关系中，比政治、法律更广泛地调节人们的社会生活。总之，道德与政治、法律的最显著的区别就在于，道德的特点是非强制地调节社会关系的规范。

从非强制的规范的角度而言，宗教也具有非强制性规范的特征。我们还需从道德与宗教的关系来把握道德的内涵。首先，我们要看到道德与宗教虽然都是非强制的规范，但道德调节的主要是现实的人与人之间、社会与社会之间的关系，而宗教则主要是调节人与上帝或神之间的关系。另外，宗教一般是有组织有形式的，如基督教利用教堂、祷告等方式来传播教义；而道德活动一般而言无固定的形式和规定的仪式，即使是带有组织性质的道德活动，其活动方式和形式也是不固定的，道德主要是靠社会舆论、良知和传统习惯等方式来维系的。比如，一些救苦济贫的慈善组织、捐资助学的"希望工程"、青年志愿者组织等，其活动方式是自觉、自愿的，形式也是灵活多样的。道德与宗教有着形式上的差别，但更主要的是道德的特点在于它调节的是现实此岸世界的关系，而宗教调节的则是彼岸世界的关系。

道德与其他意识形态一样，在阶级社会中有鲜明的阶级性，在发展过程中有历史继承性。此外它还具有不同于其他社会意识形态的独有的特点。其一，非强制性。道德作为一种行为规范，是以非强制的方式来约束人们的行为的，这是道德作为社会意识形式与其他社会意识形态的最显著的区别。宗教作为社会意识形式的一种存在形式，虽然也是一种非强制的规范，但道德与宗教调节的关系有着本质的区别。宗教主要是调节人与上帝或神之间的关系，但道德调节的是现实社会的人与人之间、人与社会之间的关系。另外，宗教一般是有组织有形式的，如基督教就是利用教堂、祷告等方式来传播教义的，而道德主要是靠社会舆论、道德品质和传统习惯等方式来维系的。其二，广泛的渗透性。道德区别于其他社会意识形态的另外一个特点就是道德具有广泛的渗透性。从纵向来看，在人类社会发展的各个历史阶段，道德虽然在具体规范上会随着社会经济关系的变化而不断变化，但道德作为一种社会现象，却是始终与人类社会共存。在马克思主义看来，到了共产主义社会将是消灭阶级、消灭国家的历史阶段，也就是说其他社会意识形态如法律、政治将不再起作用，而主要依靠道德来调节，说明了道德的广泛的渗透性。从横向来看，道德广泛渗透在社会生活的各个方面，渗透在社会经济、政治、法律、文化等各个领域。随着社会的发展，社会领域的不断扩展，道德也不断地拓展自己的领域和空间，广泛地涉及社会生活的方方面面。如不断拓展的网络、生态等领域，都有道德的调节和规范。其三，内在的自律性。虽然道德品行的形成过程是一个从他律走向自律的过程，但道德的存在方式和目的，都是以自律为依归的。道德主要通过社会舆论、传统习惯和信念来维持人们对社会规范的遵守，通过劝诫、说服、示范等方式起作用，而这些方式能否起作用，关键在于个人的自觉。如果缺乏内在的自省和自律，社会舆论、宣传教育都很难起到应有的作用。所以，道德建设的关键就是要唤起每一个人内在的道德自觉性，唤起道德的自律，使道德建设真正落到实处。

综合上述分析，从道德的词义看，道德是对主体的规范；从道德与政治、法律的关系来看，道德是一种强制性的规范；从道德与宗教的关系来看，道德调节的是现实世界的社会关系；从道德调节的层次来看，道德就是调节各种社会性关系的规范形式。由此可将道德定义简化为，道德即非强制地调节社会性关系的规范。

二、道德的本质

本质是指一事物区别于其他事物的特殊规定性，道德的本质就是指道德区别其他事物的根本性质，但由于历史条件和认识上的差异，人们对道德本质的认识也就存在许多不同甚至对立的观点。从不同观点汲取合理成分，可以为道德本质问题的研究与深化提供借鉴。

1. 对道德本质问题的探讨

中西伦理思想史上，关于道德的本质认识主要表现为道德本体论与道德工具论之争。道德本体论就是在道德的本质的问题上，确立道德原则和规范的至上性和超越性，将人视为道德的载体和工具。道德工具论就是在道德本质的问题上，确立人的中心和主体地位，把道德视为为人的需要而服务的手段与工具。

道德本体论在中西伦理思想史上都有体现，尤以中国伦理思想史为甚。西方古希腊思想家柏拉图就认为，对于每一种技术和每一个人来说都有各自的善，但在这一切善之上，还有一个最高的绝对的善，这就是善的理念即至善。至善是一切存在的终极原因和目的，而人生的根本目的就是要达到至善，而要达到至善就必须摈弃一切欲望和现实要求。将道德抬到了至高无上的地位。儒家也是将道德或道德化的"天"视为宇宙的本体和人生所追求的目标。孔子曰："天生德于予"，道德及道德化的"天"作为宇宙本体都是先于人而存在的。孟子更是强调道德对于人之重要甚于人的生命。"生，亦我所欲也；义，亦我所欲也。二者不可得兼，舍生而取义者也。"[①] 这在宋明理学中阐释得更为详尽。宋明理学所说的"理""天理"本身是不待于物而成为万物之所待，作为宇宙本体的"理"虽然带有自然法则之含义，但在中国伦理传统中，自然法则只是为道德原则提供的逻辑前提，确立道德原则的至上性才是各学说所要阐释的要义之所在。如朱熹就把"理"归结为仁义礼智之类的道德原则，经过演绎最终使道德的"天理"成为宇宙的真正本体。这样就把道德的"理"与具体对象区别开来，道德本体也就具有了超验、普遍的本质。由此，道德也成为压制人性、私欲的一种规范形式。"惟无私，然后仁。惟仁，然后与天地万物为一体。"[②] 在陆王心学中，虽然是以"心"为万物的本体，但从内容上讲，还是以道德为本体。如王阳明认为心之本体，即是天理，所以"心"并不是指意识或心理，而是以"理"为内容的，"心即理也"。因此，其重心还是在于强调道德本体的超验性和普遍性，以及对个体的超越性和统治性。把道德视为超越个人利益之上的最高标准，人就只能是道德的工具或道德的体现物。在儒家那里，道德并不依赖人的需要和利益而存在，如在孔子看来，道德的存在并不依赖于人的基本需要和其他物质利益或政治利益。在《论语·颜渊》中这样记载："子贡问政，子曰：足食、足兵，民信之矣。子贡曰：必不得已而去，于斯三者何先？曰：去兵。子贡曰：必不得已而去，于斯二者何先？曰：去食。自古皆有死，民无信不立。"在孔子眼中，一

---

① 《孟子·告子上》。
② 《朱子性理语类·性理三》。

个国家可以没有军队和生活资料，但决不能没有道德。而人的价值要在对道德履行中加以评价和衡量，"人能弘道，非道弘人"①，道德被视为超越于人的绝对存在。在宋明理学中，道德之"理"更成为超越欲望、需要的永恒存在，人只是体现这一道德之理，而不允许主体有选择道德律令的自由，最后却走向了"存天理，灭人欲"。

从理论上来看，道德本体论将道德的本质问题纳入到目的论的角度去思考，为道德本质问题的探索提供了一个思路。道德本体论的观点强调道德对个体需要的超越性，个体对道德本体的工具性质，其实质是揭示道德对个体所具有的规范性质，揭示出了道德的一般特性。只是，过分强调道德本体的整体力量，势必会造成对个人利益的轻视和践踏，并否认人的意志自由和主体的能动作用。道德本体论强调道德的至上性和永恒性，看到了道德在人类历史发展进程中的目标指向性作用。然而，将道德视为超验的普遍的永恒，将道德置于社会历史条件之上，使道德脱离了社会历史条件的发展和变化，又会滑入道德理想主义。道德理想主义主要是将道德抬高到超越于个体的地位，并运用道德的方式来达到社会的道德理想。道德理想主义主要就是通过强化道德的规范和约束作用来实现的，但由于其规范内容常常超越于社会现实，又使道德流于空洞与虚伪。在现实中，由于道德本体论忽视了道德的利益基础和社会历史内容，要求历史发展以道德原则为目标，要求社会和历史作出让步和牺牲来确立道德至上性，因而在一定程度上必然会阻碍历史的发展。从社会历史发展来看，道德本体论在社会发展中也起到了一定的稳定社会发展、修养个体道德的作用。但我们又要看到，道德本体论在社会历史上又为走向道德的工具主义提供了理论支持。统治阶级常常利用道德的目的性特征，来为统治阶级的政治服务，使道德成为阶级统治的工具。

道德工具论不同于道德的工具主义，道德工具论的核心是要确定人在道德中的主体地位，而道德工具主义主要是指利用道德的至高地位和作用来为某一阶级、某些政治集团服务，其根本是抹杀人的主体地位。道德工具论的思想可以追溯到古希腊罗马时期。早在古希腊时期，普罗塔戈那就提出"人是万物的尺度"，确立了人的中心和主体的地位。伊壁鸠鲁针对柏拉图的禁欲主义的倾向，提出了人生的目的就是追求快乐，"我们的一切取舍都从快乐出发；我们的最终目的乃是得到快乐，而以感触为标准来判断一切的善"②，开始动摇了道德的至上地位。至文艺复兴时期和近代资产阶级启蒙时期，认为人及其需要才是目的，道德只是为此目的服务的工具的思想，已被思想家们广泛接受。如霍布斯认为人们的自我保存、利己需要是目的，而自然法的一切条文，都是为此目的服务的工具，不得与之相悖。在霍布斯那里，自然法就是道德。约翰·穆勒认为，人及其快乐是道德的目的，道德就是要满足人们的需要，给人们带来快乐。到了当代，实用主义也认为善只是满足人的需要的工具，道德就是达到成功的工具性手段，坚持人是道德的主体的论点。道德工具论肯定人的主体地位，那么在道德与人的关系中，道德就成为人的工具。由于人的需要必然外化为对经济物质增长、个体发展的需要，而人的需要的满足与道德要求之间的矛盾也不可避免，道德工具论在处理历史与道德关系时是

---

① 《论语·卫灵公》。

② 周辅成：《西方伦理学名著选辑》上卷，商务印书馆 1964 年版，第 103 页。

以历史为本位来思考的，虽然历史发展与道德进步在发展的总趋向上是一致的，但从一定历史阶段和局部发展来看，两者仍然是有矛盾的，既然以历史的发展为本位，必然是要求道德的妥协与让步。如近代伦理学家孟德维尔认为利己之心是不道德的，是一种恶习，但利己心对人又是必要的和有益的。因为从整个社会来看，正是人人追求私利才使社会繁荣发展，而一旦不再有恶，社会即使不完全毁灭，也一定要衰落。表现出了对"利己"的恶的容忍和让步。功利主义思想家边沁也主张允许人在主观动机上以利己为出发点，而在行为的客观效果上具有利他性和利群性。他认为，"不存在任何一种本身是坏的动机"，"如果它们是好的或坏的，那只是因为它们的效果"①。功利准则就成为促进历史发展的道德手段和工具。

　　道德工具论强调人的需要、人的利益在道德生活中的重要地位，揭示了人在道德生活中的主体的创造性作用，突出了主体的主导地位，有一定的历史进步作用。但从另一方面，只强调道德的手段和工具性，也容易造成对道德作用所含有的社会历史内容的否认，也否认道德所具有的规范性这一重要特征。另外，道德工具论强调道德在历史发展中的工具地位，使道德从至上的权威走向现实生活，是有积极现实意义的。在调整道德与历史发展的关系中，强调道德的让步也符合一定阶段的历史发展要求。只是道德工具论更多的是对个人利益和欲望的注解，导致道德对历史的让步实际就是对个人利己欲望的让步，必然使道德成为个人的工具，实质上又否认了道德内容的丰富性和作用，容易导致道德相对主义甚至道德虚无主义。道德工具论在立意上是反对道德工具主义的，反对把道德看作政治的附庸和工具。但在现实中，由于道德不可能成为每一个人的工具，特别是在阶级社会道德也不可能成为社会全体成员的工具，道德工具论势必又会带来滥用道德的倾向，使道德走向工具主义。必须指出的是，道德工具论在理论旨归上是与道德本体论迥然有别的，如果说道德本体论是宗法社会、自然经济的产物的话，那么道德工具论则是与工业社会、大工业生产相联系的。道德工具论可以说是反封建、反专制的理论工具。

2. 对道德本质的合理理解

　　关于道德本质问题的研究实际上是与道德起源问题密切相连的，因为事物的存在与发生就蕴含了事物的内在关联与本质。同时，道德本质问题也与道德的目的观不可分割，道德毕竟是属人的存在物。所以，在道德本质问题上，存在论与目的论的思考都不可或缺。

　　首先，对于道德的本质，应当由浅入深地逐步加以揭示和把握，由认识事物的一般本质逐步进入到其特殊本质。事物的本质，一般是指事物内在的、相对稳定的必然联系，是该事物区别于他事物的内在规定性。就事物的一般本质而言，就是要与相对的事物作一总体的区别。道德的一般本质就是指道德与经济基础、与社会物质生活的区别。从道德的起源的角度来讲，道德的一般本质可以理解为道德是一种社会意识形式。作为社会上层建筑的一个组成部分，它由经济基础所决定；作为一种精神现象，它是对社会

---

　　①　［英］边沁：《道德与立法原理导论》，时殷弘译，商务印书馆2000年版，第152页。

物质生活条件的一种反映。然而，道德的一般本质的解决，还并不能把道德与政治、法律、宗教等社会意识形态区别开来，要把握道德的特殊内在规定性，还必须把握道德的特殊本质。道德的特殊本质是指道德存在的根本特征，是与其他事物相区别的根本所在。作为道德的特殊本质，应当主要是在更深层次上反映道德区别于其他意识形态的特殊规定性。道德的特殊本质可以从道德的存在前提和功能中去寻找。道德的存在前提就是社会利益关系矛盾和伦理关系的存在，道德在伦理关系中产生并作用于伦理关系。在社会关系中产生的道德必然要调节伦理关系，使伦理关系处于"应当"的要求之中。反映和规范、调节与整合伦理关系就成为道德的主要功能，而这些功能都是以非强制性的特点表征出来的。所以从存在论的角度而言，道德作为一种特殊的社会意识形式，是对人与人、人与社会、社会与社会伦理关系的非强制的反映和调节。

其次，把握道德本质还需要把握道德的属性。一般而言，事物的属性反映事物的质的特殊性，道德的本质也一定渗透在道德的属性当中。在道德的各种属性中，道德的规范性和主体性可以说是道德调节社会关系中的本质特征。可以说，道德的本质历史地使道德成为其道德，并使道德的属性逐步得到发展，而发展了的道德属性又反过来成为道德的本质进一步完善的条件。所以，对道德本质及其属性的把握，还必须放在社会历史中去解决。在人类历史上，从道德作为社会现象产生的那天起，道德就以其不同的方式作用于人类社会。由开始的与习俗、图腾崇拜结合在一起，到与政治、法律的融合与分化，形成独立的社会现象，不同的历史阶段表现出了不同的特点和属性。在氏族社会，道德不仅表现出满足氏族成员共同需要的规范性的特点和属性，也表现出满足氏族成员个体生存需要的主体性的特征。蕴含在风俗、图腾中的道德要求，以不自觉的方式体现了氏族成员以及氏族部落的需要。到了阶级对抗的社会，道德才由于国家的力量成为异己的力量，成为统治阶级的统治工具，并呈现出鲜明的规范性的特征。而在社会进步与斗争中，道德的主体性也渐渐地呈现出自身的力量。道德的主体性可以说是道德目的性的属性，并通过被统治阶级的不断反抗的形式表现出来。而到了阶级消灭的社会，道德的主体性将会进一步得到彰显，成为道德的本质属性。这也正如恩格斯所指出的，"社会直到现在是在阶级对立中运动的，所以道德始终是阶级的道德；它或者为统治阶级的统治和利益辩护，或者当被压迫阶级变得足够强大时，代表被压迫者对这个统治的反抗和他们的未来利益"，"只有在不仅消灭了阶级对立，而且在实际生活中也忘却了这种对立的社会发展阶段上，超越阶级对立和超越对这种对立的回忆的、真正人的道德才成为可能"。① 所以，在道德的本质属性中，我们既肯定道德规范的客观必然性，同时又承认道德主体的意志自律和选择自由。只是两者的统一并不是简单的并列关系，而是在社会的不同发展阶段上呈现出各自的特点，是在规范性与主体性的矛盾斗争中获得统一与共同发展的。另外，从道德目的论的角度，我们还应看到道德的主体性的属性更具重要地位。确立人在道德中的主体地位，不仅可以使道德的规范性更加具有合理性，也给道德的规范以目标导向作用。虽说，道德的主体是有层次的，特别是在阶级社会道德的

---

① 《马克思恩格斯选集》第 3 卷，人民出版社 1995 年版，第 435 页。

主体又体现为阶级性，道德主体论忽视了这一点，有抽象人性论的色彩，然而道德主体论对主体性的揭示，特别是对人类的类主体和个人的主体性的关注，却是有进步意义的。由此，我们既不能把道德的属性归为规范性，也不能归为主体性，道德本质属性是在调节和反映社会利益关系中的规范性与主体性的矛盾与统一。

最后，道德的形式特征也是道德本质的体现。现象和本质、形式和内容是统一的，道德形式是道德本质的对象化或外化，道德的形式特征可以从另一侧面反映道德的本质特征。我们不仅需要从道德的内在规定性揭示道德的本质，还可以从道德的外在形式上对道德的本质加以规定。从道德的外在形式和活动方式上，可以将道德的本质概括为具有实践精神形式的价值活动。生活实践证明，道德意识、道德品质不是独立存在的，而总是与人们的行为实践密切相连。就社会道德现象来看，道德不仅包括伦理观、道德情感等精神活动，而且包括道德行为、道德教育等实践活动，道德的精神与实践总是不可分割的。从个体道德来看，也是由道德选择、动机、行为本身及反省、评价等诸多形式来完成的，在这个过程中既有精神活动，也有实践活动，是两者的统一。因此，道德的本质并不是一个静态的组合体，而是在人们通过实践精神活动对人与社会关系的反映和调节，既有社会历史条件的客观规律性的制约，又有道德实践主体的能动性和创造性。此外，道德虽主要以善与恶的范畴来体现，但善与恶的问题还不是道德的全部。道德更主要的是一种道德价值活动，是在伦理关系中表现出的"应然性"的实践理性活动。道德不仅以善与恶的价值形式，而且还以公正与不公、义务与负义等价值形式表现出来。

综上所述，可以将道德的本质概括为在规范性和主体性的矛盾统一中，非强制地反映和调节人与人、人与社会之间利益关系的具有道德价值的一种实践精神活动。

三、道德的作用

道德的功能与作用是道德本质的外在表现。道德在今天中国现实社会生活中的作用主要表现在对个体行为的规范作用、对经济发展的保障作用和对和谐社会的促进作用上。

1. 对个体行为的规范作用

规范是指依一定的标准和准则对一定的主体进行的约束和制约。道德作为一定社会客观需要的反映，常常表现出对特定对象的规范和约束，规范的作用就成为道德的主要作用。因而，道德蕴含着对特定主体和对象的规范和制约的作用。具体时代的个体总是受制于特定历史时代的社会关系，所以个体成长也会受到社会道德的深刻影响。从道德对个体的作用关系而言，一方面，道德对个体具有外部的约束力，社会通过教育、宣传、习俗等形式使道德对个体发生影响和规范。另一方面，道德也会为个体发展提供导向和指导，为个体成长的目标与目的提供导向，促进个体行为的社会化，使个体发展更符合社会发展的需要。另外，就道德的形式与手段而言，道德还以反对的、禁止的形式和手段约束相应的主体，也会对个体道德的良性循环提供保障。

2. 对经济发展的保障作用

道德产生于经济关系，同时作为意识形态的道德对于经济基础又有反作用和能动作用。符合经济发展要求的道德规范必然会对维护经济秩序、保障经济发展起到良好的促进和保障作用。在今天，道德对于维护社会主义市场经济的发展也有着不可取代的地位和作用。市场经济在一定意义上被称为道德经济，这并不是说市场经济就等同于道德经济，或者说市场经济就不需要道德建设。在市场经济条件下，道德要求和道德选择的实现也不是一个自发的过程，因为市场经济总是在一定历史条件下并通过一定的社会主体而运行的。因此，社会各种条件的制约以及社会主体的利益的不同，都会使市场经济达不到道德经济的要求。为此，我们还应该通过人们在实践中不断增长的认识能力和意志能力去总结市场经济发展中出现的经验和教训，确立起一定的道德原则和道德标准，从外部灌输到市场经济的实施主体中去，从而建立起道德经济。市场经济是利益最大化的经济形式，但要求的是诚实守信的利益；市场经济是竞争的经济，但要求的是公平的竞争；市场经济是交换的经济，但要求的是自由的交换；市场经济是效率的经济，但要求的是合法的效率。而道德经济的建立，将会促进信用、公正、平等、守法等观念的形成，为市场经济的健康发展提供道德基础和保证，从而实现经济发展的有序和和谐。

3. 对和谐社会的促进作用

就社会形态而言，社会总是由各种基本的社会关系组成，和谐社会就是指各种社会关系共同组成的和谐体系。道德是各种社会关系之间和谐的桥梁，使各种社会关系之间相互协调、相互整合并共同发展。从横向来看，道德对经济制度、政治制度、法律制度之间的关系等具有协调作用。由于不同领域之间的关系总是有区别的，因此各自有着不同的发展目标与体系。如经济建设主要以效率为中心，以经济效益的好坏作为衡量其发展是否有效的标准；在政治制度中，则以权力为重点，以对权力的维护作为政治制度的根本；而法律制度则以秩序为重点，以维系社会秩序为己任。由于各项社会制度的重心和内容不同，其相互之间的关系就会有一定的矛盾和冲突，如经济领域的公正与效率之间的矛盾、政治领域中的民主与权威、法律领域中的自由与秩序之间的矛盾与冲突等，单靠自身常常无法解决根本问题。这就需要道德发挥调节作用，在各项领域中寻求平衡点，防止矛盾的激化。从纵向来看，社会关系的领域和层次也有宏观、中观和微观之分，不论是宏观的领域，还是中观与微观的领域，其发展也都需要道德的协调与调节。如经济制度在社会主义社会，其宏观层面是以公有制经济为主导地位的市场经济运行机制，而中观层面则是各种并存的经济成分，微观层面则是现代企业制度，这些不同层面构成了复杂的关系网络，其中必然会有矛盾甚至冲突。在解决这些问题和矛盾时，除了靠宏观调控、微观搞活的政策以外，还需要道德的协调，以使各个层面能够为社会主义物质文明建设服务。

道德的规范作用不是道德的根本目的，促进社会的发展与和谐才是道德的核心与目的。同时，也要看到只有在规范中，才有社会的发展与和谐，而社会的发展与和谐也是建构和谐社会的基础和保证。

第二节　伦理与伦理学

伦理学之所以被称为伦理学而不是道德学，是与伦理的概念的解读密切相连的，弄清伦理的含义，对伦理学的学科内涵的把握是十分必要的。

一、伦理

人们一般把伦理和道德作为同等概念来使用，说明这两个概念有相通之处，但从严格的字义和学科意义上来讲，两者还是有区别的。

1. 语义学上的解释

在我国古代文献中，"伦理"的"伦"字就有群、类、序等意思，即"伦，从人，辈也"。"伦"就是指人们之间的伦常及辈分关系，也即是表示人们之间的某种特定关系，"伦谓人群相待相倚之生活关系也"①。而这种特定的关系显然是客观的、社会的。"伦理"的"理"则有道理、规律的意思，而"理"所指的规律不仅是事物的客观规律，更指事物的"应当"之规律和规则，"理即当然之则也"②。"伦理"连用一般则指处理人们之间不同的关系以及所应当遵循的各种道理或规则。这就是说，伦理一词的特定含义是指关于人伦关系的道理。

从词义上看，英文伦理"ethics"一词渊源于古希腊文"ethos"，含有风俗、习俗、道理等意思，在西方，道德与伦理在词义上大致相通。但在思想家那里，对道德与伦理概念之间的差异已有所关注。如从亚里士多德的研究来看，他认为道德主要是个人修行和关及人生幸福的问题，而伦理则主要涉及一定的关系，主要是政治关系。亚里士多德虽对道德与伦理的区分未加详细说明，却也给后人不少启示。到了黑格尔那里，不仅在概念上对道德与伦理的区别作了明确的说明，而且还把道德与伦理放在伦理学的不同层面进行了深入的探讨。在黑格尔看来，道德就是主观意志的法，即"道德的概念是意志对它本身的内部关系"③，善与良心从属于道德的范畴。而"伦理性的东西就是自由，或自在自为地存在的意志，并且表现为客观的东西，必然性的圆圈"④，"关于伦理的对象，主要关于国家、政府和国家制度"⑤。从黑格尔对道德与伦理的区别领域来看，似乎只是个体道德与国家道德的区别。实际上，黑格尔对道德与伦理概念实质的区别，即道德是主观的，伦理是客观的，可以说真正把握了道德与伦理的区别。

2. 伦理与道德

从伦理与道德的关系的进一步考察中，可以进一步说明伦理的内涵。伦理与道德的

---

① 黄建中：《比较伦理学》，山东人民出版社 1998 年版，第 24 页。
② 黄建中：《比较伦理学》，山东人民出版社 1998 年版，第 25 页。
③ ［德］黑格尔：《法哲学原理》，范扬、张企泰译，商务印书馆 1961 年版，第 115 页。
④ ［德］黑格尔：《法哲学原理》，范扬、张企泰译，商务印书馆 1961 年版，第 165 页。
⑤ ［德］黑格尔：《法哲学原理》序言，范扬、张企泰译，商务印书馆 1961 年版，第 5 页。

区别并不是两者调节的社会关系的不同，确切地讲，正是因为两者调节的社会关系是相同的，才使伦理与道德有了如此密切的联系。伦理关系可以表现为人与人、人与社会、社会与社会之间的关系，而道德调节的也正是这些社会关系。没有社会关系，道德也就不可能产生，孤立的个人，如果不与社会发生联系，也就没有道德与不道德之分。两者差异只在于伦理构成的关系是道德的基础，伦理生成的道理是以道德的形式表现的。可以说，道德是伦理之网的网上之结。因此，伦理与道德的基础是一致的，不同的只是两者的侧重点和层次不同。

伦理更侧重"伦"的一面，即强调人伦关系，由人而构成的关系可以说都是伦理关系，而这些关系对于现实的人而言无疑是外在的、客观存在的。道德则侧重"德"的一面，即内得于己的一面，也即要将伦理客观化的道理、原则内化为内在的规范和德性。以往在道德问题上，我们常常强调个体道德修养，因此特别强化了道德的地位，而忽视了道德的伦理基础。如果只讲道德，不讲伦理恰恰是舍本求末。只有把伦理关系理顺并提升出合理的道德规范，才有道德内化的问题。从这一意义上讲，道德可以归为道德学的范畴，也就是对道德修养、内化方面的研究。当然不仅个体有道德内化的问题，社会也有道德规范及其内化为品质的问题。而伦理才真正是伦理学的研究对象。伦理还含有外在关系是否符合秩序的内涵，而道德则有是否自觉维护秩序的色彩。从这一层面而言，伦理更关注的是和谐，这是伦理关系的核心，而道德则更强调规范，是伦理关系的外在形式。在人类历史上，特别是在等级制社会，统治阶级为了巩固自己的统治，达到其伦理关系的"和谐"，而利用了和强化了道德这一形式，将人限制在一定的规范之内，而使道德成了约束人的私欲的代名词。以致今天人们仍只强调道德，忽视了对伦理这一概念的挖掘和分析。在道德与伦理的关系上，如果忽视了伦理的前提，只片面地强调道德，不是走向"以德杀人"，就是走向"假大空"。也就是说，道德如果不是从其所依据的社会关系出发而生成，就不能成为现实的品质，也就不会对现实的伦理关系发生影响，实际上也就无法发挥道德的真正作用。

另外，仅将伦理理解为实体性的社会关系是不尽全面的，它更主要是"由关系双方作为自觉主体本着'应当如此'的精神相互对待的关系"①。伦理的"理"是以"应当"的意识对现实关系的总结，而承担"应当"的形式和载体的主要是道德这一特殊的社会形式。从人类历史来看，伦理关系的最初承担形式就是道德，而随着伦理关系由人伦关系外化为政治关系、国家关系、阶级关系，伦理关系的调节载体也不断丰富，如政治、法律、国家、政党等都成为这种调节的形式、载体或主体。随着法律、政治对现实关系的"实存"调节的功能的加强，便愈发凸显出道德对伦理关系的"应然"的调节功能。如果说伦理是应然性的社会关系，那么道德就是应当如何的规范。"伦理"的"伦"侧重人伦关系，是实体性的范畴，伦理的"理"侧重"应当"的意识和道理，是主体性的范畴，而在这双重内涵中都与道德有着密不可分的联系。而在这种区别与联系中，伦理构成了道德的基础和前提，而道德则成为伦理的载体和形式。虽说伦理体现的是一种应然性的价值，但又不能完全脱离现实关系，否则伦理和道德都会变成空中楼阁。

① 宋希仁：《论伦理关系》，载《中国人民大学学报（社会科学版）》2000年第3期。

综上所述，伦理既是一定社会人们的道德行为、道德活动和道德关系的基础，又是对其总结和概括。由此我们可以把伦理定义为：伦理是对人的社会关系的应然性认识。

3. 伦理与幸福

伦理是一种和谐，伦理关系是一种应当的和谐关系，而人们追求的和谐实际上又是要在和谐中追求生活世界的幸福。

在思想史上，德谟克利特是最早集中思考"幸福"的哲学家，德谟克利特认为人生的目的就是为了追求幸福。由此，德谟克利特又指出，一个人幸福与否的关键不在于他占有了什么东西，而在于他怎样看待自己已具有的一切。所以，现实的幸福应是呈现于人的灵魂中的对于人与人之间的和谐、协调的一种体验。他已初步觉察到了幸福与伦理之间的关系。亚里士多德更是将幸福与道德、人生的目的相联系。他认为人生的目的是追求至善，这个至善就是现实的幸福，"幸福是人最大的和最好的善"①。费尔巴哈不同意亚里士多德的德行即是幸福的观点，反对将道德看成超感性的理性的东西，他认为人的本性就是追求此时此刻当下生活的幸福，离开生活的道德，必定是虚伪的，真正的道德必定基于感性存在的幸福。合乎道德也就是合乎人的本性的生活才是幸福的。他又指出对个人幸福的追求还不是道德本身，因为道德只能从"我与你"的关系中引申出来。费尔巴哈认为，道德决不应该否认个人对幸福的追求，决不应该把这种追求看作败坏道德，同时不承认他人对于幸福的追求也是不道德的。思想家将幸福与人的道德生活联系起来，也给我们极大的启示，幸福应该是道德、伦理的一部分，应该是伦理学的主题。

在日常生活中，人们常常把物质生活或精神生活的满足而产生的愉快感看作幸福，实际上，幸福比愉快有更深刻的内容。幸福应该是包括物质生活和精神生活两方面在内的整体的满足，而愉快则常是生活的一部分的需要满足。幸福应是一种长时间的持续的满足感，不因暂时的不快而否认满足感的存在。而愉快感则相对短暂，一有不快或痛苦感的出现，愉快感也就消失。幸福是一种更深刻、更完美的满足感，幸福不仅靠个人的感受，而且也靠别人的肯定和赞同。而愉快多是因物质或精神上的满足带来的主观感受，更多的是个人体验。幸福也不能等同于快乐，快乐是欲望得到满足时而产生的愉悦感。幸福是指总体性的需要得到满足而产生的愉悦感。幸福是指正当的、健康的、善的，更具理性的倾向，并且是持久的、深沉的。幸福是一种令人愉悦或者说是好的生活状态及过程。所以，幸福应该是物质生活幸福和精神生活幸福的统一，享受幸福和创造幸福的统一。幸福是指人们在追求和实现物质生活和精神生活的理想和目标中所产生的深刻而持久的满足感。

我们可以不同意将幸福等同于道德的看法，但不能否认人们追求的这种幸福与道德、伦理有着密切的关系。道德作为一种规范，常常会表现为对人的欲望的节制。道德的节制是必要的，但对人的愿望与欲望的限制，并不是道德的目的，也不是幸福的本义。道德作为规则、节制的要求是达成幸福的条件。从历史上看，并不是所有的道德都

---

① 苗力田主编：《亚里士多德全集》第8卷，中国人民大学出版社1994年版，第350页。

指向幸福本身，但没有对人类幸福与和谐的关怀的道德在历史长河中一定是短命的。所以，道德是手段，幸福才是目的。伦理作为对社会关系的应然性的认识，就是要达到社会的和谐与幸福，幸福是伦理关系和伦理认识的结果和目标。没有对幸福这一目的的追问，伦理就失去了应当如何的导向。幸福并不是排除在道德与伦理之外的东西，恰恰就是伦理与道德的应有之义。对人类走向幸福状态的追寻是伦理学的生命和本质所在。

二、伦理学

在弄清了什么是道德、伦理的基础上，我们再来讨论什么是伦理学。

1. 伦理学的界定

在我国，伦理学作为一门学问具有悠久的历史，早在公元前 5 世纪到公元前 2 世纪，我国就已有了"人伦""道德"等概念，并相继出现了具有丰富伦理思想的《论语》《墨子》《孟子》《荀子》等名篇。从此，伦理学成为我国思想发展史上的一个重要内容，以至可以把我国古代哲学称为伦理型哲学。然而，在我国古代伦理学并未真正成为一门独立的学科，而是一直和哲学、政治学、教育学等学科结合在一起。把中国伦理学从哲学、政治学、教育等学科中分化出来，成为一门独立的学科，始于清代末年近代资产阶级启蒙时期，启蒙学者通过翻译和介绍西方伦理学的研究成果来加以发展和拓展。

在西方，伦理学也是一门古老的学问，早在古希腊荷马时代，人们就开始了对道德的理论思考，伦理学的内容在古希腊、罗马哲学家的著作中占据着重要的地位。如亚里士多德的《政治学》《尼可马克伦理学》，柏拉图的《理想国》等，都含有重要的伦理学思想。大约在公元前 3 世纪，古希腊著名哲学家亚里士多德把关于研究道德品性的学问，正式称为伦理学。他的儿子尼可马克把亚里士多德在雅典学园对伦理学的讲述加以记录、整理成书，这就是西方最早的伦理学专著《尼可马克伦理学》。自亚里士多德后，伦理学成为一门独立的学科，在西方日益得到发展和探讨。

我国学者使用"伦理学"一词，实际上是沿用日语的说法。日本学者在翻译英文ethics（道德学问）时，由于在日文中找不到相应的词来表达，借用了汉字中"伦理"这个词，把它译成为"伦理学"，我国学者也沿袭过来，把专门研究道德的学问，叫做"伦理学"。

有的学者认为伦理学应称道德学。从伦理和道德含义上看，伦理与道德还是有区别的。从目前研究状况来看，伦理学和道德学的侧重点也不尽相同。道德学更注意行为规范、品质修养、道德教育等具体要求。而伦理学则侧重从总体上对社会伦理关系乃至道德现象的本质、规律加以把握，伦理学更注重理论性、概括性、研究性和探索性。

有的学者认为伦理学也就是道德哲学。就研究的学科而言，伦理学与道德哲学都从属于哲学学科。但就研究的层次来看，两者还是有所不同的。道德哲学主要是对道德问题的哲学反思，而伦理学的重点是对伦理的理性追问。当然，对道德的追问必然要涉及伦理，而对伦理的追问也必然要涉及道德，一般而言，可以将伦理学与道德哲学相通来使用。

根据对道德、伦理等概念的分析，我们认为把伦理学仅仅看作关于道德的学科还是不够的。伦理学不能失去对伦理及其伦理关系的思考，对道德的存在论的思考，不能脱离伦理的前提。同时，伦理学也更不能失去其对学科存在的目的论的思考，所以人类的幸福与和谐发展的问题也是伦理学所不能忽略的。伦理学是对人类命运的终极关怀，为人类社会的发展提供安身立命的学科。只有将伦理以及幸福的概念纳入到伦理学的视阈中，才能克服以往伦理学过于偏重对道德的研究的倾向，才能真正回到伦理学本身。所以，伦理学应该是对道德、伦理和人类幸福进行反思的一门理论学科。

2. 伦理学的研究对象

从伦理学成为一门相对独立的学科起，对于其研究对象在伦理学家中就存在许多不同的理解。虽然伦理学应以伦理、道德为研究对象是毋庸置疑的，但伦理道德可以说是极其复杂的社会现象，伦理学家从不同的世界观、方法论出发，从不同的范围和角度来研究伦理道德，就会产生对伦理学研究对象的不同解释。从理论层次来看，元伦理学、规范伦理学、德性伦理学、应用伦理学等对伦理学的研究对象的理解都不尽一致。

元伦理学也常被称为"分析伦理学"或"批判伦理学"，集中表现在直觉主义、实证主义等伦理学流派中。他们在把价值与事实、道德与科学知识绝对对立的前提下，把伦理学的研究对象局限于道德语言。在元伦理学家看来，伦理学的主要任务就是使道德语言规范化，即研究道德概念和判断的逻辑、道德语言的结构和功能，阐明道德概念彼此联结的规则等。现代科学的发展要求概念更加精确，判断更加严密，为此采取逻辑的、语言的分析方法对伦理学研究是十分必要的。元伦理学的提出和发展对于伦理学的发展也是有积极意义的。只是元伦理学把方法和形式提到首要的地位并作为伦理学的研究对象，从而脱离了社会道德生活本身，变成了对"道德语言"的纯形式分析。因此，20世纪60年代以后，元伦理学的影响急剧下降，人们不再指望靠它来解决现实的道德问题。有的学者认为元伦理学也是关于道德基本理论的阐述，是专门研究伦理学基本理论的学说，所以，元伦理学的研究对象应是道德基本理论问题。

规范伦理学侧重于以道德实践中的道德规范作为伦理学的研究对象。在他们看来，道德要调整人与人之间的关系，就必须依靠各种规范，节制人们的欲望，把人们的行为约束在一定的社会秩序的范围内。规范伦理学的任务就是通过揭示道德规范的性质、结构、功能，概括出道德原则和规范。在西方，大多学者也认识到人的行为必须有一定的规范化、规则化、制度化的指导，并把克服道德危机的重心寄托于恢复和发展规范伦理学。因此，目前在许多西方国家，规范伦理学又被提到重要地位。如现代功利主义、社会公正理论等都试图寻找论证道德理想、原则的新途径、新方向，重新探讨道德规范，重新解释善与恶、义务与责任、公正与不公正等道德规范和概念。

德性伦理学也称美德伦理学，认为伦理学的研究对象应该重点在德性、善行上。他们认为如果人们不具备良好的德性和美德，也不可能有良好的遵守规范和法律的行为。因此德性伦理学不仅从历史和传统批判的角度重新阐述正义与善的问题，也注重在现实社会对正义、善、德性等的建构和推动。它将伦理学的研究对象和视角转入人的内在德性的建设，是对规范伦理学的补充，也是对传统伦理学的进一步发展。

应用伦理学的学者认为，伦理学应以人们生活的实践问题、科技发展和现实生活中出现的道德问题为研究对象。近年来，西方伦理学界也在广泛地讨论和研究有关社会政治、外交、战争、经济、网络、生态的道德问题，讨论平等、公正、个人道德责任，以及医学、生命等应用伦理学方面的问题，如生态伦理学、生命伦理学、网络伦理学等具体学科的建立，正是应用伦理学发展的体现。以规范伦理、应用伦理为研究对象，虽然是一种倾向和潮流，但不能把其看作伦理学的全部研究对象。每个学者从自己的视角和知识角度看待自己所研究的对象，是无可指责的，但不能将自己的结论扩展为整体的概念，规范伦理学、应用伦理学实际上只是伦理学的一个分支、一个环节。

伦理学不同流派、伦理学的各种分支学科对伦理学的研究对象的界定也是不同的。如宗教伦理学将上帝和神看作伦理学的研究对象；功利主义者认为伦理学应以幸福与功利为研究对象；科技伦理学是以道德与科技发展的关系为研究对象；经济伦理学则以经济运行中的道德问题为研究对象等。

不管学界和学者本身对伦理学研究对象如何认识，对道德、伦理的关注始终是伦理学研究的对象。伦理学主要是从总体上对社会性伦理关系乃至道德现象的本质、规律加以把握，伦理学是一门注重理论性、概括性、研究性和探索性的学科。

第三节　伦理学的基本问题

伦理学的基本问题与现实道德生活的基本问题是不同的概念，对象本身现实存在的问题是不能与对象的研究所存在的问题加以混淆的。因为，现实道德生活所面临的基本矛盾和基本问题是随着时代的发展而有所变化的，伦理学作为对现实道德问题和矛盾加以分析和认识的理性产物，是对道德现象、道德基本矛盾和问题加以抽象概括的结果，是对道德现象更为深刻和更为根本的认识。

一、伦理学界的争论

伦理学的基本问题乃是对伦理、道德问题的总的看法，是道德问题的世界观和方法论，它所反映的是道德生活中的根本问题，是以往和当今伦理思想家们争论的最集中的问题和分歧的最高焦点。关于伦理学的基本问题学界也有不同的观点和争论。

1. 道德与利益的关系问题

在伦理学界占有主导地位的观点是认为"伦理学的基本问题，就是道德与利益的关系问题"①。并指出这个问题之所以成为伦理学的基本问题，是因为一切伦理学问题都为此展开，同时如何回答这一问题已成为决定各种伦理学说的分野。

这种观点认为伦理学的基本问题总是包括两个方面的内容：一方面是经济利益和道德的关系问题，即是经济关系决定道德，还是道德决定经济关系的问题。这决定着如何解决道德的根源、道德的本质、道德的社会作用和发展规律等问题，也决定着马克思主

---

① 罗国杰：《伦理学》，人民出版社 1989 年版，第 11 页。

义伦理学和一切唯心主义、旧唯物主义伦理学的根本区别。另一方面，就是个人利益和社会整体利益的关系问题，即是个人利益服从社会整体利益，还是社会整体利益从属于个人利益的问题。整体利益和个人利益从属问题是各种道德体系确定原则和规范的前提，如何回答这个方面的问题，决定着各种道德体系的原则和规范，也决定着各种道德活动的标准、方向和方法。也有学者将这一观点具体化，认为"伦理学的基本问题应该是道德与经济利益的关系问题"①。并指出这一问题又分为两个方面，一是经济利益与道德谁决定谁的问题，二是道德的外部必然性与意志自由之间的关系。

将伦理学的基本问题看作道德与利益的关系问题是有一定的合理性的。首先，对这一问题的不同回答可以成为划分不同学派的标志，也决定着马克思主义伦理学与一切唯心主义、旧唯物主义伦理学的根本区别。其次，这一论点的提出对伦理学其他诸问题的解决提供了一定的依据。如中国伦理思想史上的义利之辩、理欲之争等都与这一问题相关。如西方伦理思想史上的德性与幸福、功利与道德、决定论与自由论的关系的论争也与利益与道德的关系问题有着密切的联系。另外，从现实生活来看，道德也是要调节利益矛盾与利益关系的，这也是伦理学不能回避的问题。然而我们也应看到，将伦理学的基本问题看作道德与经济利益的关系问题，容易把伦理学的基本问题与哲学的基本问题相混淆。虽说伦理学是哲学的分支学科，与哲学问题有着千丝万缕的联系，但是伦理学之所以从其他学科中独立出来，就是因为伦理学有着自己学科本身的特点和基本问题。不应该把哲学的物质与意识的关系问题简单地推到伦理学的基本问题上去，尽管道德与利益的关系问题也确是伦理学所要探讨的重要问题。同时，把伦理学的基本问题深化为整体利益与个人利益的关系，使基本问题成为两个问题，这两个问题之间并无必然的逻辑联系，而后一问题的争论也不必然决定伦理学说在理论上的根本分歧，正像论者自己所说的，不是所有强调整体利益的就是进步的，也不是所有强调个人利益的都是落后的。既然如此，个人利益与整体利益的关系问题也就不能成为伦理学的基本问题。

2. 善与恶的矛盾问题

也有学者认为善与恶的矛盾问题是伦理学的基本问题。理由是：其一，善与恶的矛盾是伦理学中所特有的，因为只有在道德领域才存在善与恶的问题，因而这是伦理学区别于其他学科的一个根本标志；其二，善与恶的问题是古今中外伦理学家、伦理学派所普遍关注的重大问题；其三，善与恶的矛盾是道德发展的动力，人类社会的道德史就是善与恶的矛盾斗争史；其四，善与恶的矛盾渗透在人类道德生活中的一切领域并贯穿道德生活实践的始终；其五，善与恶是伦理学范畴的核心。②

将善与恶的矛盾问题看作伦理学的基本问题的合理之处就在于，善恶矛盾是道德领域最基本的社会道德现象，伦理学也可以说就是要研究善与恶的。实际上，在英文中不论是"善"，还是"好"，都可以用"good"一词表示。善与恶的研究也可以归为价值

---

①　陈楚佳：《现代伦理学》，武汉大学出版社1993年版，第16页。
②　参见魏英敏：《新伦理学教程》，北京大学出版社1993年版，第128～132页。

论的研究领域。在中文中，道德与好坏的内涵也十分相似。但从语言习惯上，善与恶作为价值词不再具有好与坏的广泛外延，鉴于汉语中"善""恶"所具有的道德含义，足以代替道德的好、道德的坏，因而善与恶的探讨，不同于好与坏的探讨，道德问题的研究应该主要是在道德领域的探讨。霍布斯也曾说过："道德哲学就是研究人类相互谈论与交往中的善与恶的科学。"① 另外，中外伦理学家对道德问题的普遍关注与探讨，也反映了善与恶的问题已成为伦理学理论研究的主题。同时，我们也应看到，伦理学家对善与恶的研究和阐释并不能反映不同学派的根本分歧和对立。不论是哪一位思想家，还是哪一派伦理学，他们对善与恶的理解尽管不同，但基本上是要扬善惩恶的。此外，简单地将现实生活中的基本现象与基本矛盾同伦理学研究的基本问题相等同，也是不尽合理的。伦理学的基本问题应该含有对道德的本质和根源问题上的分析与概括，含有对社会生活中的道德现象的总结与挖掘。

3. 道德与社会历史条件的关系问题

也有学者认为道德与社会历史条件的关系问题是伦理学的基本问题。这主要反映在两个方面：一是社会历史条件决定道德的产生与发展，是道德的基础；二是道德对社会历史条件具有能动的反作用。其认为对这一基本问题的回答，一是区分了伦理学中唯物论和唯心论这两条对立的路线；二是这一问题的正确解决是一切伦理学问题解决的基础。

道德与社会历史条件的关系问题无疑是伦理学的重要问题，但重要问题并不一定是基本问题。仅讲社会历史条件对道德决定作用，不仅"社会历史条件"这一概念缺乏严谨性、过于庞杂，而且也只是涉及对道德的起源、本质及社会作用等基本理论问题的探讨与解决，无法为伦理学中的其他问题的解释提供依据。

4. 应有与实有的关系问题

另有学者认为应有与实有的关系问题是伦理学的基本问题。"应有"就是指伦理学中关于道德原则和道德规范等形式和理想，"实有"则是指人类实际的社会道德生活存在和现实。这一观点认为，应有和实有是伦理学中特有的矛盾，伦理学总是用"应有"的尺度来衡量现实和现实规范，并试图使人们的行为符合"应有"的道德规范。而且应有和实有的矛盾渗透于伦理学的一切其他问题之中。

这一观点有其合理性，指出了伦理学与其他学科的不同之处，伦理学就是一门对应然的伦理关系和法则进行研究的学科。但从根本上讲，这一概括只是反映了伦理学中道德理想与现实的一种矛盾与关系，不能反映伦理学研究的实质和核心，因而，把伦理学的基本问题概括为应有与实有的关系问题还不尽全面。

当前学界对伦理学的基本问题的探讨仍在继续，新的观点也不断涌现，这些探讨都为伦理学的进一步发展提供了基础与前提。

---

① ［英］霍布斯：《利维坦》，黎思复、黎廷弼译，商务印书馆1985年版，第121页。

二、伦理学基本问题的理解

通过整合上述观点和对伦理学基本问题的内涵和规定的把握，可以把伦理学的基本问题概括为伦理与利益的关系问题。

1. 基本内涵

把伦理学基本问题界定为伦理与利益的关系问题，和把伦理学的基本问题概括为道德与利益的关系问题虽然在思路上是一致的，但其概念与内容却有很大的不同。

首先，伦理与利益的关系问题不能简单地界定为道德与经济利益的关系，并局限为经济决定道德，道德对经济是否有反作用的问题。将伦理学的基本问题仅仅同经济利益联系起来，不仅与哲学的基本问题相等同，也无法同其他学科，如政治、法律等意识形态研究的基本问题区别看来。虽然依此问题可以反映伦理学派的根本分歧，可以划分出唯物史观与唯心史观在伦理学基本观点上的根本差异，但难以成为划分思想家和伦理学派的具体依据，也难以成为伦理学家共同研究的问题。所以，在利益与伦理的关系中，利益不应仅仅指经济利益，还包括政治利益、阶级利益、社会利益、个人利益等。虽然"利益"主要是指经济利益，但不能因此否认利益概念的广泛性。利益概念的广泛性来自于伦理关系的广泛性和道德现象的广泛性，可以说凡是存在利益关系和利益冲突，就有伦理道德的存在，不管利益是经济利益、政治利益，还是社会利益、个人利益，都需要伦理秩序的调节。我们不否认伦理道德的根本基础是经济利益，但是包括经济利益在内的诸多利益关系，如阶级利益关系、集体利益关系、个人利益关系以及人类利益关系等，都构成伦理道德的基础。

其次，理解伦理与利益的关系问题又不能将"伦理"只理解为"道德"，单纯强调道德的规范性。以往我们片面强调经济关系的外在必然性，而且将集体利益或国家利益看作外部必然性的化身，道德成为顺应整体利益的需要的规范形式。把伦理与利益的关系问题理解为用道德来规范个人利益、节制或牺牲个人利益来维护整体利益，是对"伦理"的内涵简单化的理解。由此将整体利益与个人利益对立起来，不仅难以依此划分道德的先进与落后，也不能依此划分各学派的不同世界观和方法论，只能导致一种倾向，即道德与个人利益的对立。在伦理与利益的关系的问题中，"伦理"也是一个广泛的概念，伦理不仅仅指道德规范，还包括道德活动中主体的意志自由，更包含伦理关系和伦理的价值取向。不强调道德实践的作用，不重视道德活动中道德主体的意志与情感的作用，就不可能有道德对经济的能动作用。因为，不论是经济关系对道德的决定作用，还是道德的反作用总是要通过道德主体来实现的。如果仅仅将伦理狭义地理解为道德规范、道德原则，而看不到道德活动中活生生的人，那么伦理学的研究也只会陷入空洞，也就不会有伦理学的发展。伦理不仅仅是道德规范，还包括道德自由，没有主体的选择和创造，道德的进步也是不可能的。伦理更包括伦理关系和道德价值的内涵，伦理是对伦理关系和矛盾的应然性的认识和反映，是对伦理关系冲突中价值大小和取向的认定与概括。正是由于伦理是一种"应当如何"的认识，才会有对道德价值的不同认识，才有不同学说的交流与碰撞，才有伦理学的丰富与发展。

　　另外，还需要强调的是，伦理或利益都不是伦理学的基本问题的焦点所在，只有利益与伦理的"关系"问题才是伦理学的基本问题。利益与伦理的"关系"表现为以下几个层次。总体上看，利益与伦理的关系表现为经济利益与伦理这一意识形态之间的关系，对这一问题的不同回答决定了唯物主义与唯心主义伦理学的根本区别。从社会历史上看，利益与伦理的关系表现为各种利益关系与伦理调节之间的关系。伦理关系主要是指人与人、人与社会、社会与社会之间的应然性的关系，伦理则主要是对伦理关系中利益关系的应然的认识。特别是在阶级社会中，伦理关系主要表现为阶级关系，伦理也主要是调节阶级的利益关系。而对阶级利益的不同价值目标的维护，反映了各阶级道德的不同特征。在伦理思想史上，不同学派从各自所维护的利益出发，也有不同的伦理取向和价值选择，使伦理学说呈现出不同特点。从发展的环节上看，利益与伦理的关系表现为利益关系的外部必然性与伦理主体意志自由的关系。利益关系是伦理关系的基础，也是伦理关系的调节对象。一般而言，当利益关系处于矛盾和冲突的状态下，就需要伦理的调节与选择。在伦理的认识的基础上，通过道德这一形式对利益关系进行调整与选择，以达到利益关系的和谐，正是人的主体性和能动性的体现。

2. 具体论证

　　利益与伦理的关系问题是伦理学的基本问题，不仅因为利益与伦理关系问题贯穿于伦理学其他问题的研究中，而且也是划分伦理学不同流派的主要依据。

　　利益与伦理关系问题贯穿于伦理学其他问题的研究中。如个人利益与整体利益的关系可视为利益与伦理的关系的一个方面，可纳入利益关系与伦理调节中加以解决。如善与恶的关系问题，也只是利益调节中所呈现的不同道德价值取向，善与恶的关系问题并未超出利益与伦理这一基本问题之外。又如社会历史条件、经济利益与道德的关系，也是利益与伦理关系的一个侧面。如实有与应有的关系问题、道德规范与意志自由的关系问题，也没有脱离利益与伦理的界线之外。因为在利益与伦理关系中，既可以阐明经济与伦理的关系，又承认在一定的利益关系中，道德主体的调节和选择作用。

　　对利益与伦理的关系问题的不同解答，既是划分伦理学不同流派的主要依据，也是伦理学家不能不回答的问题，是中外伦理思想史论争的焦点和各派分歧所在。在伦理学说史上，神学伦理学、理念论、善良意志说等，因为在利益与伦理的关系上，一般认为伦理为超功利的神性、纯精神或先验意志，所以它们都属于唯心主义伦理学。他们对利益与伦理不同方面的不同理解，又可分为客观唯心主义和主观唯心主义。快乐主义、幸福主义、功利主义伦理学说之间也存在这样那样的差别，然而它们都不排斥利益与伦理的相互关系，是具有唯物主义倾向的伦理学说。但还不是唯物史观的伦理学，仍是脱离社会实践和社会历史发展的历史唯心论。对利益与伦理关系中的外部必然性与道德自由的关系问题的不同回答，又可以大致划分为理性主义伦理学和非理性主义伦理学。理性主义伦理学包括善良意志说、神学伦理学、理念论等，他们强调理性、意志在道德生活中的作用。如康德的善良意志说，主张人作为理性的存在，是可以超越自然规律而按照理性的原则去行动的。非理性主义包括情感主义，直觉主义等学派，他们否定理性、意志的作用，宣扬直觉、本能、感情等非理性因素在道德生活中的作用。如情感主义伦理学宣扬伦理观是任意的，不管人们选择什么道德价值，只要符合一定的感情状态，都是正当的、合理的。从中国伦理思想史上看，义利之辩就是关于伦理与利益关系的论争。儒家的重义轻利与墨家的义利并重的不同的义利观，实际上就反映了两个学派的根本分歧。古希腊伦理思想史上快乐主义与理念论的论争，也是反映在利益与伦理的关系问题上。快乐主义注重利益与伦理的关联，认为传统的美德如节制、勇敢等，只有和快乐联系起来才有价值。而理念论却将利益排斥于伦理之外，古希腊客观唯心主义的创始人柏拉图认为每一具体事物都有它自己的理念，理念组成了一个等级体系，最高的理念是善，而只有理性才具有绝对价值，是至善。并认为人只有过理性的生活，克服物欲，追求至善的理念，才是幸福。在中国伦理学史上的后来的理欲之辩，义与利之争，志与功之争，西方伦理学史的情感主义与理性主义，功利主义与意志主义的论争，可以说都是围绕着利益与伦理的关系加以展开的。

伦理学的基本问题既与哲学的基本问题有一定的联系，又有一定的区别。利益与伦理的关系问题不仅是对哲学基本问题物质与意识关系的深化，也是物质与意识关系在伦理学上的反映。另外，在唯物史观的指导下，结合伦理学的学科特点来分析和探讨伦理学的基本问题，才能合理地解释和说明本学科的基本问题。

◎ **思考题**

1. 什么是道德？
2. 如何理解道德的本质？如何理解道德的作用？
3. 什么是伦理？什么是伦理学？
4. 如何理解伦理学的基本问题？

第二章　中国伦理思想的主要传统

中国伦理思想史上对伦理学问题的探讨涉及了各个方面，诸如天人观、人性论、义利观、规范说、修养论等，我们这里主要就善恶观和义利观等进行分析，提供了解中国伦理思想传统的一个脉络。

第一节　中国传统的善恶观

中国传统的善恶观直接与政治生活相关联，多采用经验归纳、直接论证来代替抽象概念的思辨与推理，对中国伦理文化的现代进程也有着重要的影响。

一、先秦时期的善恶观

中国道德文化特别是善恶观的源头，必然要追溯到先秦时期，追溯到先秦时期的百家。先秦时期的善恶观与人性论的紧密联系，而且诸家的观点甚至内部的观点也不尽一致，出现了性善论、性恶论、善恶相混等不同的主张。

1. 西周时期的善恶观

作为伦理善恶观诞生的主要标志，当推西周时代。《淮南子·要略》中称：有周公之遗风，而儒者之学兴。我们对西周时期善恶观的考察主要依据《尚书》《易经》《诗经》等资料。

在《尚书》中，提出了善恶之心的观念，周公告诫臣民，要具有善心，善的反面是恶，而恶是遭人痛恨的。《尚书》不仅以道德释心，而且还多处出现"德""善""恶"具有明确道德含义的文字。如"克明俊德，以亲九族。九族既睦，平章百姓。百姓昭明，协和万邦，黎民于变时雍"①，即发扬尧之大德，可以及家及国而天下，使百姓变恶为善。而"德惟善政，政在养民"，"惟修正德，利用、厚生、惟和"②，说明德、善与百姓日常生活密切相关。《尚书》还明确指出，德的标准在于"善"，"德无常师，主善为师。善无常主，协于克一"③。另外，行善也在适宜，并要坚持不懈，否则就会丧失"善"，"虑善以动，动惟厥时。有其善，丧厥善，矜其能，丧厥功"④。另一

---

① 《尚书·尧典》。
② 《尚书·大禹谟》。
③ 《尚书·咸有一德》。
④ 《尚书·说命中》。

方面，《尚书》也注意到对"恶"的惩戒，曰："吉人为善惟日不足，凶人为不善亦惟日不足"，因而要"树德务滋，除恶务本"①，由此，告诫统治者"无有作好，遵王之道；无有作恶，遵王之路；无偏无党，王道荡荡"②。然而，"元恶大憝，矧惟不孝不友"③，《尚书》最终将"大恶"归为不孝、不友，这不单是对宗族内部的长幼关系，而且是对关涉国家内部君臣关系、臣民关系的约束和制约。不难看出，在《尚书》中，所阐述的善恶标准、道德的作用大都是与其政治生活密切相连的。其中"孝"就成为与政治相结合维系统治的重要"善德"。周人关于"孝"的思想，为后人所承袭，为后世儒家所发展，与"忠"德共同成为封建社会的基本道德规范。

在《周易》中也记载了当时起着维系社会秩序的善恶观念和规范，如"谦，亨，君子有终"，"人道恶盈而好谦"，"节以制度，不伤财，不害民"，"君子以制数度，议德行"等，"谦虚""节制"都被视为君子的善德。西周时代道德观的出现，为先秦时期道德观的进一步发展奠定了基础，如儒家的善政、仁政的思想无不是对"敬德保民"思想的继承与深化。

2. 先秦诸家的道德观

人性理论是先秦道德观的理论基础，也是其伦理思想的理论基础。在中国哲学史上，最初明确提出人性问题的当推孔子。他提出了"性相近也，习相远也"④ 的命题，但孔子并未对这一命题展开论述，"夫子之言性与天道不可得而闻也"。孔子没有建立起人性善恶的命题，善恶和人性还没有在理论中进行反思，然而，孔子将"性"与"习"相对应，把"性"作为人的本性的思想却成为先秦人性论的基本理路。

孔子以后，战国时代的世硕，将人性与善恶联系起来，以善恶论人性。"周人世硕，以为人性有善有恶。举人之善性，养而致之则善长；性恶，养而致之则恶长。如此，则性各有阴阳，善恶在所养焉。"⑤ 世硕把孔子提出的人性问题直接具体化了，认为人的本性有善也有恶，提出了善恶是人的内在本性所有，但世硕并未否认人性的能动方面，他重视后天的"养""习"的作用。世硕提出人性有善有恶的命题表明，人们已开始追溯道德的起源，而道德的本原却是与人性息息相关的。世硕的探索虽有主观臆断的成分，但其对道德价值本原的追问和思索却具有开创性的意义。

与世硕的"性有善有恶说"相反，告子提出了"性无善无不善"的观点，如同柏拉图的"白板说"。"其论性无善恶之分，譬之湍水，决之东则东，决之西则西。夫水无分于东西，犹人无分于善恶也。夫告子之言，谓人之性与水同也。使性若水，可以水喻性，犹金之为金，木之为木也。人善因善，恶亦因恶。初禀天然之姿，受纯一之质，

---

① 《尚书·泰誓中》。
② 《尚书·洪范》。
③ 《尚书·康诰》。
④ 《论语·阳货》。
⑤ 《论衡·本性》。

故生而兆见，善恶可察。无分于善恶，可推移者，谓中人也；不善不恶，须教成者也。"① 告子认为性无先天善恶，道德是后天的教化。告子不仅论证了道德的起源，而且还对人性提出了界定，告子曰："生之谓性"，"食色性也"。告子从人的自然属性上来规定人性，忽视了人的社会性，因而未能真正揭示人性的本质，也无法说明道德的普遍规定性。

孟子的"性善说"则力图解决道德规定的普遍必然性的问题，对人性善恶作了比较系统的哲学论证。孟子首先从确立人性的本质入手，说明人的本性在于社会性。针对告子的自然人性说，孟子追问："然则犬之性犹牛之性，牛之性犹人之性欤？"在孟子看来，人的本性同动物的本性是有区别的，而人的本性"心之所以同然者何也，谓理也，义也"，也就是社会伦理规范。因此，"仁义礼智，非由外铄我也，我固有之也"②。在这里，善成为人的内在本质的必然，并第一次被明确为最高的道德价值。而孟子却并没有由此否认后天修行的作用，这就在于孟子把"我固有之"的"四心"看成是"四端"："恻隐之心，仁之端也；羞恶之心，义之端也；辞让之心礼之端也；是非之心，智之端也。"③ 所以"固有"的还只是"善端"。而"善端"还需要扩充，需要消除后天的蒙蔽。另外，孟子认为"可欲之谓善，有诸己之谓信，充实之谓美"④，说明善是可欲的，可充实的。"善"体现在社会政治上则就是要落实"仁政"。孟子的"性善论"以其严密的逻辑体系论证了社会伦理规范的重要性，成为封建社会统治之道的重要理论依据，其塑造的"内圣外王"的理想人格也成为后世人们不断为之奋斗的目标和动力。

荀子是先秦儒家的最后一位大师，在人性善恶问题上，荀子反对孟子的"性善论"，明确提出了"性恶论"的观点。如果说孟子将人性归结为社会性，认识到了理性的重要作用，完成了从自然到人的转折，那么荀子却是将人性又归结为人的自然本能，并由此提出了与孟子不同的性恶论。荀子认为，"孟子曰：人之学者其性善。曰：是不然，是不及知人之性，而不察乎人之性伪之分者也。凡性者，天之就也，不可学，不可事"，"道礼义者为君子，纵性情安态睢而违礼义者为小人，用此观之，然而人之性恶明矣，其善者伪也"。⑤ 在荀子看来，人生来就有贪利求乐、好逸的欲望，这些天生的欲望是恶，至于善，则是后天人为的结果。荀子指出，礼仪规范是对人的本性的违背，而这种限制又是必要的，因为"从人之性，顺人之情，必出于争夺，合于犯分乱理而归于暴。故必将有师法之化，礼义之道"⑥。也就是说，基于人性恶，就需要圣人君主对臣民进行教化，立法制礼以使之"化性起伪"而达于善。孟子是基于先天道德理性的立场论证性善，如同柏拉图的善的理念，而荀子则是从经验主义立场出发，把欲望与

① 《论衡·本性》。
② 《孟子·告子上》。
③ 《孟子·公孙丑上》。
④ 《孟子·尽心下》。
⑤ 《荀子·性恶》。
⑥ 《荀子·性恶》。

功利视为人的本性，视为恶。荀子的可贵之处在于，他看到了人还有与动物相区别的一面，并从社会关系的角度说明了"善"的产生和本质。"水火有气而无生，草木有生而无知，禽兽有知而无义，人有气有生有知亦且有义，故最为天下贵也。力不若牛，走不若马，而牛马为用，何也？曰：人能群，彼不能群也。人何能群？曰：分。分何以能行？曰：以义。故义以分则和。"① 可见，"善"产生于社会关系的矛盾和争夺，善的本质就是要为人的行为提供一个可行的规范和标准。荀子把恶放在人的本性欲望上，把善放在后天人为中，看到了善与恶的对立，反映了人性的善恶斗争是一个历史发展的过程，却有着比性善论更深刻的历史内容。当然，荀子性恶论的实质上与孟子一样，并不是要张扬人的自然性，而是要赋予后天的道德善以先天的神圣性，赋予道德规范和约束的必要性和普遍性。

先秦的人性论是从本体论的角度对道德本原、本质的揭示，对后世学者产生了深远的影响。

二、两汉至明末清初时期的善恶观

秦汉以后，是中国封建社会上升、发展时期，为了适应政治统治的需要，出现了哲学与宗教融汇的思想倾向。在伦理道德观上，自然也是围绕天道、天理的权威进行论证和阐释，并成为占据中国封建社会的主导伦理观。但其间也不乏对有神论、天道权威的反叛和驳斥，明末清初时期的"异端"即启蒙思潮的出现更是表现出了对天道权威的叛逆和反抗。

1. 两汉时期的善恶观

两汉时期，以董仲舒为代表的神学目的论对封建伦理纲常作了神学宇宙论的论证，与此同时，在道德观领域，以王充为代表的唯物主义"异端"，抨击和否定了封建道德的天道神性。

在董仲舒看来，道德的根源在于"天"，"仁义制度之数，尽取之天"②。董仲舒所言"天"是指主宰宇宙的神，与基督教的人格神"上帝"的不同在于，"天"是对自然神的拟人化和神秘化，于是"天"就成了至善的化身，"天道"就成为必然遵循的道德标准。在维护"天道"即封建伦理纲常上，人们是没有选择的自由的，导致了道德问题选择上的宗教预成论。在道德修养上，董仲舒又肯定"教化"的作用，而其依据就是他的"性三品说"。将人性分为"圣人之性""斗筲之性"和"中人之性"，并认为"善出于性，而性不可谓善"，"善，教训之所然也"。③ 在教化具体内容上，提倡"正其谊而不谋其利，明其道而不计其功"，要"制欲""防欲"，还要"言不及利"，导致了片面的动机论，为宋明理学进一步提出"存理灭欲"奠定了思想基础。

王充用自然的"天"代替了董仲舒神秘化的"天"，从根本上否定了对道德的神

---

① 《荀子·王制》。
② 《春秋繁露·基义》。
③ 《春秋繁露·实性》。

化，否认了"天"的有意识性和目的性，并从"天道自然"出发，批驳了董仲舒的
"天人感应说"。王充认为人与道德的最终来源是"气"，认为人"禀气有厚泊，故性有
善恶也"。王充承继了董仲舒的性三品说，认为中人以上和中人以下的本性是不可移
的，而中人之性是可以变化和教化的，要"勉致其教令之善"①。王充进一步区分了
"命"与"性"，明确提出："操行善恶者，性也。祸福吉凶者，命也。""性自有善恶，
命自有吉凶。"② 最终，王充还是认为富贵贫贱是命，消极的宿命论又在一定程度上削
弱了对天道神学的批判。

2. 魏晋隋唐时期的善恶观

魏晋时期，儒学因其训诂章句、烦琐考证而失去活力，玄学成为社会的主要思潮。
与此同时，东汉时传入我国的佛教，在隋唐时期也得到了相当的发展。

魏晋时期的玄学，在善恶观上的主题不再是为名教纲常作神学目的论的论证，而是
遵循道家，崇尚自然，为名教也即封建伦理纲常的存在提供本体论证明。自王弼提出：
"名教本于自然"，中间经过嵇康的"越名教而任自然"，在郭象的"名教即是自然"
的论断中，达到了"名教"与"自然"的统一。玄学没有对善恶的具体内容展开论证，
而是以思辨的本体论形态为道德判断奠定了哲学基础。同时，也应看到，玄学虽然反对
天命神学，却又论证了"天道自然"的绝对合理，既高扬了自然，又维护了名教。

随着两晋南北朝时期战乱不断，玄学已不能满足人们寻求灵魂安慰、精神寄托的需
要，佛教适应了这一形势，而得到了迅速的发展。佛教是以探讨人生问题为出发点来阐
述其道德观的。佛教伦理的目的就是通过止恶修善以达到精神寂静的境界。佛教认为人
生一切皆苦，而人生痛苦的原因在于"无明"和"贪欲"，要消除"无明"，就要修
行、禁欲，自我净化。为此，佛教制定了众多戒律，违背教义戒律就是恶。并提出善恶
报应说，阐述了人的善恶行为与来世福祸之间的因果关系，以告诫人们以现世善行追求
来世的福果。

随着唐代社会矛盾的日益尖锐，一些有识之士开始了对玄、佛的批判，以复兴儒学
来力图挽救社会的危机，韩愈是其中主要的代表。韩愈指出，佛教的"治心""正心"
的目的是求其人生的清净寂灭，而非天下国家，这必然破坏了三纲五常。韩愈力图恢复
儒家的伦理纲常，明确提出以"仁、义、礼、智、信"五常为道德的标准，并以此将
人性划分为三等：至善之人生来就具有五德，可善可恶中等之人生来对五德有缺，而至
恶的下人生来就不具备五德。承继董仲舒、王充的性三品说，韩愈也认为中等之人可以
教化，通过师者的"传道、授业、解惑"，可以达到仁义之道。韩愈对玄、佛的批判虽
显粗糙，但其对封建伦理纲常的永恒性进行论证的企图，在宋明理学中却得到了系统的
发展，成为承启宋明理学的逻辑起点。

随着君主专制制度的加强，地主阶级也不断成熟，士大夫阶层的群体意识开始形
成，为了调和皇权和地主阶级的利益矛盾，他们依据先秦儒家的经典，融合佛、道的一

---

① 《论衡·率性》。
② 《论衡·命义》。

些思想，力图从世界观、政治观和道德观上构造一套论证封建制永恒存在的理论，这一理论形态就是理学。

3. 宋明时期的善恶观

北宋时期是宋明理学的形成和奠基阶段。周敦颐、邵雍、张载、程颢、程颐等人致力于哲学本体论和伦理学的结合，创立了以伦理学为主体的理学思想体系。

周敦颐首先建立了"以诚为本"的道德本体论，"诚"不仅是宇宙的精神实体，而且也是"圣人之本"和一切道德的根基。周敦颐将先验的"诚"神秘化并等同于"天道"不免牵强附会。在周敦颐看来，善就是"诚"，是寂然不动的，是天赋予人的本性，恶则是人们在行动中背离了人的本性而产生的，首次以动静关系来说明德道。周敦颐在道德选择和修养问题上，吸取和改造了道家的主张，提出"慎动""主静"的修养功夫。而"无则诚立"的思想，实际上奠定了理学"存天理，灭人欲"这一宗旨的理论基础，为后世理学所提倡。

张载从"气"是万物的本体出发，建立了"气本"理学道德观。张载不同意王安石的"性情一"、情生乎性，有情然后有道德的观点，首创了"天地之性"与"气质之性"之分的人性二重说。正像宗教伦理学陷入上帝至善与世俗恶的矛盾中一样，理学也陷入了天道至善与人性有恶的矛盾。张载为了解决这一问题，主张"天地之性"是善的，而"气质之性"则由于"所禀之气"的不同而有善恶之别，"气之偏"导致恶。"气质之性"是可以改变的，这就需要"自诚明"的修养功夫，"教能止恶"。张载的人性论较以往诸说圆通全面，但本质却仍是唯心主义的先验论。

二程反对张载的气一元论，建立了以理为本的理学体系。二程认为"万物皆只是一个天理"，天理不仅是万物的本原和本体，也是伦理纲常的本体。在从宇宙论推演到人性论上，二程也秉承了张载的衣钵，将人性分为"天命之性"与"气禀之性"。"天命之性"即"天理"，是至善，"气禀之性"因"气"有清浊而有了善恶之分，"谓之恶者，非本恶，但或过或不及便如此"。[①] 二程将张载的诚明节欲的修养论发展到了极端，即"存天理，灭人欲"。由此，二程在义利观的价值取向上，主张不论利害，以义为上。二程的理欲、义利之辩成为整个理学体系中的重要课题，并在朱熹的理学体系中得到充分发展。

朱熹是理学的集大成者，也是儒家道德观体系的完成者，朱熹的理学标志着理学进入成熟时期。朱熹从理一元论出发，将"天理"抽象化为客观的道德纲常，是构成道德的本体。为了具体论证封建伦理纲常的来源，朱熹发挥了二程的"理一分殊"说，用以回答善的统一性与多样性的关系问题。柏拉图认为具体的善是对"善的理念"的分有，朱熹的思想与此相似，认为不同社会地位的人的道德责任是不同的，各种具体的理实际上都是对"天理"的分解。朱熹的人性论是对二程人性说的直接发挥。认为"理，在天曰命，在人则曰性"，"性即理也"，但人性虽同，禀气却有偏重，因此人有善有不善。朱熹又将气禀之性看作天命所致，道德宿命论的思想必然导致对道德修养的

---

① 《二程遗书·卷二上》。

否定，朱熹只好求助"心"的作用去变化"气质"、复明"天理"。为了明天理，就要不顾利害，不能为利而行义，朱熹以鲜明的道义论反对当时陈亮、叶适等提倡的"功利"之学。所以为了能在行为上明辨义利，就必须在内心修养上"明天理，灭人欲"。朱熹理学以其理性主义建立起了完备而精致的道德论，适应了当时统治阶级维护社会秩序的需要，使"天理"成为封建统治的神圣信条。

朱熹的理学曾遭到两方面的批判，一方面是外部的以陈亮、叶适为代表的功利主义思想的批判；另一方面是理学内部以陆九渊为代表的"心学"体系的批判。程朱理学道德观本身包含着两个难题：一是天理为善与气质之性禀赋有善有恶的矛盾，一是天道为本体与个体修养之间的矛盾。为了克服理学自身的矛盾，陆九渊将朱熹客观的"理"变成了主观的"心"。既然心为本体，在道德修养上只需"自存本心"。沿着陆九渊的理路，明代王守仁把"天道""天理"移到"吾心"之中，人的良知成为判断是非道德的标准。从"心即性，性即理"出发，王守仁不仅否认了心之外的"天理"，而且也否认了天命之性与气质之性的区别，认为"气即是性"，人心内的"天理"即"良知"是至善的准则，也是性之本体，是人人皆有的。但王守仁又认为，常人多为物欲所蔽而趋于恶，这为他的"致良知"提供了理论依据。"致良知"的修养的目的与程朱理学是一致的，即"存天理，灭人欲"。王守仁主观唯心主义的心学体系将"吾心""良知"作为至善本体和道德标准，对于"天理"权威无疑具有破坏作用，这一积极意义在明末清初的启蒙思想家中得到了充分的体现。虽然，王守仁的目的是通过主观的修养去维护专制的统治，但其对理学的改善和补充，却使理学趋向瓦解，这也是时代的要求使然。

宋明理学对理欲、义利关系的具体论证不尽一致，但大体上都是将理欲、义利关系等同于善恶关系，把欲、利称为恶或致恶的原因，断定理、义是至善。

4. 明末清初时期的善恶观

随着封建制日益走向没落，资本主义生产关系开始萌芽，明末清初的进步思想家开始了对宋明理学的批判，李贽、黄宗羲、王夫之、颜元、戴震等理学异端是这一时期启蒙思潮的代表。

启蒙思想家对理欲、义利关系进行重新界说，反对将理与欲、义与利对立起来。在人性观上，李贽从"人必有私"的自然人性论出发，提出了"以百姓之迩言为善"的主张，给"民之所欲"以"善"的价值规定。从人性平等观出发，李贽主张以自我判断作为是非道德的标准，反对对"圣权"的盲从，反对对异端的排斥。黄宗羲、顾炎武也都肯定自私、自利是人之常情，满足天下万民的"自利欲求"，就是"天下之理"。王夫之更是以人性论为理与欲、义与利的统一提供理论基础。王夫之从气一元论出发，认为人性由"气"生化而成，"性者生理"，而情由性生，欲由情生，故"天理与人欲同行"，同为其善。王夫之在人性论上批判了人性命定的宿命论思想，提出了"性日生则日成"的人性形成过程论，因而就人性的形成来看，有善有恶，关键在于后天之习。颜元针对程朱的"气质偏为恶"的论点，从理欲同生、气质一元出发，提出气质之性无恶、本善的思想，从而在义利观上提出了"正其谊以谋其利，明其道而计其功"的命题。戴震主张天理、人欲都是人性的内容，并以"理存乎欲"，"达情遂欲"的主张，痛斥"存理灭欲"的观点和"后儒以理杀人"的倾向。

明末清初兴起的反理学思潮，尽管在理论上还不成熟，但其对封建专制和理学权威的批判和揭露不仅仅反映了时代发展的要求，动摇了封建伦理纲常的至上地位，而且成为近代资产阶级道德观的重要理论来源。

三、中国近代善恶观的发展

中国近代伦理思想在理论上，一方面是对明清之际启蒙思潮的承继，另一方面是对西方资产阶级伦理思潮的接受和吸取，从总体上也是围绕着理性、经验与人性论证而展开的。

1. 鸦片战争时期的善恶观

鸦片战争带来的历史沧桑剧变，使中国几千年的伦理传统受到了从未有过的挑战。近代伦理思想变革开先河的人物龚自珍、魏源将理论矛头直指封建伦理，表现了对天道权威的怀疑和否定。

龚自珍认为封建社会扼杀了人的自我发展，宣称社会是由自我组成，伦理纲纪是由人创造的。他明确申明道德并非人的天性，是后天才有的，每一个人都有私心，但私心不等于恶，肯定了"私"的合理性。他深深感到封建社会对个性的摧残，呼吁和提倡个性的解放，这些思想对资产阶级思想家产生了积极的影响。但为了拯救社会危机，龚自珍又把维护宗法制度作为其理论的目的，主张通过整顿道德、人心、明耻来挽救社会危机，又表现出地主阶级改革家保守的一面。

魏源也把整肃人心、道德作为挽救当时社会危机的一剂药方，极力主张加强官吏的道德修养。他认为，人们的思想总是处于善与恶的斗争中，修养就是要同恶念、恶行作斗争，主张无欲、知足，反对僭越、攘夺。魏源毕竟是站在时代前列的思想家，对封建制度也进行了揭露和批判，提出了在近代思想史上有巨大影响的"师夷长技以制夷"的爱国主义思想。虽然当时提出向西方学习，主要是集中在西方的科学技术上，思想文化包括伦理学说还没有被注意，但也反映了思想家的勇气和远见。在义利关系上，魏源提出了"以美利利天下之庶人"，"以实功程实事，以实事程实功"的功利主义思想，不仅是对程朱理学的批判，也是资本主义近代发展的反映。龚自珍、魏源等人处在新旧交替的时代，总体上并未跳出传统伦理思想的羁绊，但又预示着善恶观变革的到来。

2. 维新运动时期的善恶观

戊戌维新运动时期，进步思想家开始接纳西方近代伦理观念，并结合中国传统道德的深厚底蕴，构造出兼采中西的伦理思想，成为中国传统伦理观走向近代的里程碑。

变法维新运动的领袖康有为，在维新时期明确地建立了资产阶级的伦理思想体系。康有为接受了近代西方的人性观，认为求乐避苦是人类的共同本性，并指出人欲不是恶，它乃是社会进化的原动力，离开人欲无所谓进化。他指出，人类社会的一切礼乐政教、伦理道德准则都是依据人性的需要而产生的，所以，是否有利于人是判断是非道德的标准。康有为的"依人为道"的人道主义思想是与封建伦理说教完全对立的，对人们思想解放起到了巨大的启蒙作用。康有为还依据孟子的"人皆有不忍人之心"，建立了"以仁为主"的博爱观，认为只要逐步扩充人类的本性和爱心，就会进入人人平等、自由、独立的大同世界。康有为将西方近代资产阶级革命时期宣扬的"博爱、平等、自由"等原则，糅合进儒家的"仁学"中，阐明了以人道主义为核心的资产阶级伦理思想。

谭嗣同是"冲决网罗"、反封建的一位斗士。他批判三纲五常给中国社会带来了极大的危害，并以"仁学"为基础，提出了资产阶级伦理思想。谭嗣同认为，"仁"是天地万物之源，人性本善，情、欲为恶，指出"恶"乃是指不循条理的行为。谭嗣同所言的"仁"不同于儒家的"仁学"，已带有自然人性的色彩，并融进西方近代所倡导的"博爱、平等、自由"的内容，提出将"仁"也即博爱、平等、自由作为调节人与人之间的最高道德准则。谭嗣同还看到西方诸国的强盛在于道德的平等观优于中国，由此，他主张破除我见、我相，独任灵魂以实现社会的平等，这样也就把平等的最终实现归之于精神世界了。

严复在维新运动中的突出贡献是在翻译西方近代思想著作的同时，介绍了西方近代的伦理学说并阐明了自己的伦理思想。严复受抽象的人性论的影响，主张善恶即应以人的苦乐为标准。在公与私、人与己的利益关系上，严复主张"两利"，通过不背道义而得功利的"开明自营"，便能两利，这显然是"合理利己主义"的翻版。而"开明自营"就需要民智的增长，因此，严复又提出"鼓民力、开民智、新民德"的救国纲领，至于"新民德"，就是用"民主、平等、自由"的观念来代替封建伦理观念，并提出"开民智"是"新民德"的前提，智慧越发展，道德水平也越进化，看到了文化进步与道德进步的关系。

"新民"思想也是梁启超伦理思想的重要组成部分。"新民"主要是新民德，强调的是国民通过道德的改良、自新，努力改过迁善，做一个新民。"新民德"的主张，是十足的改良主义理论。通过接触西方近代伦理思想，梁启超认为，道德是由社会生活而产生的，道德的作用就在于利群，是否有益于群体公益是判断道德的唯一标准。但是他认为利群的目的最终还是利己、为我，所以梁启超宣扬的仍是资产阶级的狭隘的功利主义。维新运动时期思想家的伦理思想有其囿于传统的一面，但总体上已显示出近代资产阶级伦理思想的特点，为辛亥革命作了理论上的准备。

3. 辛亥革命时期的善恶观

辛亥革命时期，资产阶级革命派对封建纲常进行批判改造，对资产阶级的伦理思想作了进一步的论证和发展。

章太炎认为革命是艰苦的事业，要取得成功就需要提倡革命的道德，主张"私德"和为革命献身的"公德"结合起来，进而提出"无道德者不能革命"的论断。章太炎倡导道德建设具有现实意义，但它将道德堕落看成是革命不成功之原因时，又夸大了道德的作用，陷入了道德决定论。在如何增进革命道德的问题上，章太炎一方面主张以佛学克服"我慢心"，以树立不顾利害、不怕牺牲的革命道德；另一方面又以费希特的

"自我"来论证"个性解放""个人自由"的绝对化，提倡道德革命"依自不自他"。对于社会的未来，章太炎持悲观态度，因为善与恶都是进化的；在进化过程中只增进善只是幻想，人类社会不可能有美好的未来。章太炎看到了私有制社会带来的道德堕落，其思想在当时确有警世作用，但其主张退化到"五无"即"无政府、无人类、无繁落、无众生、无世界"的社会，又表现了资产阶级的软弱性和妥协性。

作为"中国革命民主派的旗帜"的孙中山先生，在物质文明与道德风尚关系的论述上比章太炎深刻得多。孙中山认为物质文明与心性文明"相待而进"，但其更强调物质文明的基础作用，并积极主张学习西方物质文明，重视民生问题和实业问题。他坚信随着物质文明的提高，人类的道德文明水平也将提高。在肯定物质文明重要性的同时，他也强调道德文明的重要，主张改造国家和改造道德同时并进。孙中山认为，一切恶都是源于残留在人类身上的兽性，而一切善则源于人类的互助性，因此道德便是不断地克服兽性、发扬互助本性的过程。从"互助论"出发，孙中山主张以"博爱、自由、平等"的新伦理思想来改造"三纲五常"等固有伦理思想。进而，孙中山提出三民主义的思想，以实现"平等、博爱、自由""天下为公"的"大同世界"。进化论的信奉者孙中山相信，文明进步是人类的必然趋势，天下为公的理想一定能达到，他的"天下为公"的理想带有一定的社会主义因素，但也带有平均主义的倾向。正像列宁所评价的那样，"孙中山的纲领的字里行间都充满了战斗的、真诚的民主主义"[1]，但"这位中国民主主义者的主观社会主义思想和纲领，事实上仅仅是'改变不动产的全部法权根据'的纲领，仅仅是消灭封建剥削的纲领"[2]，还不是科学社会主义的纲领。

4. 新文化运动时期的善恶观

新文化运动的兴起，发动了比辛亥革命时期更猛烈的反对旧道德提倡新道德的运动，同时马克思主义伦理学开始在中国传播。其伦理思想无论从深度还是从广度而言，都超过了戊戌、辛亥两个时期。

五四新文化运动的领袖陈独秀以进化论作为思想武器，以历史主义的态度对儒学作了具体、历史的分析。认为任何一种伦理思想都必然随着社会的变迁而变迁，孔孟之道已不能适应今世。与进化论、经验论相联系，陈独秀在伦理思想上主张个人主义和功利主义。他强调尊重个人独立的人格，指出人人独立的道德是建立在个人财产独立的基础上，并承袭了边沁和穆勒的功利主义思想，将功利主义作为最高的道德标准。强调不能把功利主义等同于图功贪利，而是既要追求个人幸福，又要为社会作贡献。五四时期，陈独秀作为激进的民主主义者，对抨击封建制和进一步宣扬资产阶级伦理思想作出了一定的贡献。五四后陈独秀开始接受马克思主义，逐步由革命民主主义者向马克思主义转变。

五四时期对马克思主义伦理学的传播是由以李大钊为代表的中国先进知识分子开始的。李大钊作为马克思主义伦理学中国化的开拓者，在世界观上由进化论向唯物史观转

---

① 《列宁选集》第 2 卷，人民出版社 1995 年版，第 291 页。
② 《列宁选集》第 2 卷，人民出版社 1995 年版，第 293 页。

变，以马克思主义为指导，为建立中国马克思主义的伦理思想作出了开创性的贡献。李大钊首先批判了唯心史观的伦理思想，认为道德既不是先验的，也不是天赐的，而是适应生活的要求和社会的需要而产生的。伦理思想、善恶观等是由经济基础决定的，应该从社会物质生活条件和社会需要中去探求道德产生的根源。他不仅进一步指出，在旧经济基础上产生的旧伦理关系和伦理思想或迟或早地会被新的伦理关系和伦理思想所代替，而且还看到适应社会经济发展要求的伦理关系和道德观念总是不同程度地对社会发展起着重要促进作用。当然，由于时代的局限，他的道德观中还有机械论的因素，但李大钊对道德根源、本质及作用的科学论证毋庸置疑地为马克思主义伦理学在中国的进一步发展奠定了思想基础。

概而言之，中西近代伦理思想史在善恶观的探讨上，大致是围绕着抽象人性论，从理性主义或经验主义，对宗教专制和封建专制的旧道德进行抨击和改造，建立和发展了为资产阶级作辩护的伦理道德观。而马克思主义伦理道德观的建立和传播，又预示着一个新的时代的开始。

四、中国现代善恶观的流变

20世纪上半叶，伦理思想的现代发展也呈现出科学主义思潮和人文主义思潮之争。同时马克思主义道德观在中国开始传播和发展，并呈现出光辉的前景。

1. 科学主义思潮

由严复开启的科学主义思潮，经过五四时期的发展，在20世纪20年代形成了经验论的科学主义。张君劢、胡适、丁文江等是科学主义思潮的主要代表。

张君劢认为科学是探求对象的规律性学问，而伦理学乃是关于超经验道德本体的学问，科学的、逻辑的、分析的、客观的方法不适用道德问题的研究，善恶是主观的、直觉的、非科学的。这与现代西方元伦理学的直觉主义的结论是一致的。

丁文江也是遵循实证主义方法研究道德问题，但结论却与张君劢不同，他肯定伦理学的问题也可以运用科学的方法加以研究。丁文江指出，善与恶是现象而不是本体，属于科学研究的范围，并认为性善性恶同达尔文的生存竞争论一样都是科学已经解决了的问题。丁文江将道德等同于现象、事实，实际上并未真正地解决事实与价值的关系问题。

胡适在伦理思想上曾大力宣扬实用主义，并发展了实用主义的道德观。实用主义作为现代西方哲学和伦理学的一个派别，在内容上具有明显的人本主义倾向。胡适对实用主义的继承与发展，主要是从方法论的角度，吸取了实用主义注重经验和实证原则，并结合赫胥黎的怀疑精神，形成自己的研究问题的方法，即"大胆的假设，小心的求证"的科学主义方法。由此，胡适认为人生问题、道德价值，包括情感、自由意志都可以用科学来解释。而其解释和研究的结果却是，将真理和道德都看成是人造的，都是对人有用的工具，善与恶最终只是人的一种兴趣，最终导致了个人主义和主观主义，在结论上又背离了科学主义。

2. 人文主义思潮

如果说中国现代科学主义思潮同西方科学主义思潮有着相似的轨迹的话，那么20世纪中国人文主义思潮的重建则是中华民族自我意识和文化精神的变革在哲学、伦理学中的反映和体现。这一思潮的主要代表人物是被称为新儒学大家的梁漱溟、熊十力、冯友兰等。新儒学并不是对儒学的延续和复兴，而是在对过于推崇科学和理性的怀疑和诘难的基础上重新估价中国文化与西方文化的价值，从中国传统文化中发掘出满足于现代人需要的人文精神，可以说是对儒学的重建和更新。

首先建立起与科学主义抗衡的人本主义体系的是梁漱溟。梁漱溟崇佛服儒，钟情陆王心学，又外承柏格森的生命哲学，构造了一个循因固本的伦理本位主义体系。梁漱溟以柏格森的直觉主义和克鲁泡特金的互助论为理论基础，论证了"人性善"，认为孔子所谓"仁"就是人类先天固有的道德意识和改恶向善的能力。他又发挥了"蔽于物"而为恶的观点，认为一切恶念和恶行都来自对物质利益的追求。由此，提出了一套"向里用力""反求诸己"的道德修养论，主张通过"情感教育"使人信奉并遵守道德。梁漱溟非常重视道德在社会秩序维系中的重要作用，他指出中国社会的"伦理本位主义"优于西方社会生活中的"个人本位主义"和"社会本位主义"。伦理本位主义的基础是家庭伦理，由此可衍生出自得自足、谐和互让等道德准则。可见梁漱溟"伦理本位主义"的目的还是企求光复弘扬传统伦理秩序。

熊十力的"新唯识论"援佛拓儒，对儒学进行了创造性的发挥并使之涵养了现代人文精神。熊十力虽致力于哲学本体论的重建，但儒学深厚的人文气质和伦理精神使他的哲学本体论更接近本体论的伦理学。熊十力以"本体即本心"和"体用不二"的本体论重建道德理想和终极价值。熊十力的"本体即本心"的命题使"本体"不单有万物之本原的意味，也具有人性之本或人性之真的意义，因此也是道德的根底所在。"体用不二"则揭示了人生价值的本体与生命价值的创造之间互成关系，昭明了现代化过程中所确立的主体创造精神，并引导人们去追求仁体善用的价值目标。受柏格森思想的影响，熊十力将本体理解为一种意志创化之流，作为本体的自由意志是一种创造性的至善的实践理性，所以人性本善。但由于人的气质也有"通"与"塞"的差异，于是人又要不断地磨炼道德实践理性即意志自由而择善而用，变染成净，造就人的理想人格。

在人本主义思潮中，冯友兰是试图用科学主义方法论证和强调人文主义内涵的思想家。"人性本善"是冯友兰道德观的主要观点，但他不是从经验科学的角度为人性道德提供科学依据，而是主张用哲学的逻辑的形式的方法来说明人性。并认为善是顺从人性的发展，是就合乎一定的标准而言的，恶是后天的蒙蔽。由于人性本善，后天的恶是可以消除的。以人性善为基础，冯友兰肯定了人人都有可能成为圣人，而要使可能变成现实，就必须进行道德修养。冯友兰设立了他的理想人格模式，至善人格的标准就是"理"，也即达到"人欲净尽，天理流行"这样的理想境界。冯友兰对逻辑分析方法的注重，最终还是为了在更高的哲理层面上对儒学传统人文精神进行弘扬和光大。

20世纪下半叶，伦理思想的发展在中国呈现了重建的过程。其一是随着社会主义制度的建立，在对资产阶级伦理思想和传统伦理思想批判的基础上，重建了新型的社会主义道德观。其二是伴随"十一届三中全会"和改革开放的春风，使中国化马克思主义理论不断地得到建设和发展。纵观思想史，一定的伦理文化和善恶观念总是特定历史时代的反映和体现。历史并不是断裂的，理论也有渊源和逻辑起点，面向 21 世纪，新的道德观也应是跨世纪的。近一个世纪的中西现代伦理道德观的流变和演进无疑为马克思主义道德观的继续丰富和进一步发展提供了丰富的理论资料和思想基础。

第二节　中国传统的义利观

"义"在中国伦理思想史上，一直都是伦理道德的代名词，"利"在传统文化的界说中主要指物质利益和获利的行为。从这一角度来看，传统中的"义"与"利"之争也就是现代的伦理与经济之间的争论。通过中国传统的义利之辩的分析挖掘传统文化的合理因素，适应社会主义市场经济发展的需要，是时代提出的课题。

一、义利之辩的历史进程

在中国伦理思想史上，义与利的关系主要是从以下两个方面展开论证的：一是在私利与公利之间的争论；二是在物质利益与道德价值之间的论争。义反映和代表公利，但不归结为或简化为公利，也不等同公利，因为义同时还反映着人类超乎功利之外的更深远的精神追求。这就是如何看待物质利益和如何调节物质利益矛盾的问题。在中国历史上，思想家们围绕着义利关系争论了几千年，不同学说不同学派纷纷就义与利之间的关系展开了争论与探讨，大致经历了五个大的发展阶段。

1. 先秦时期的义利之辩

春秋战国时期的义利之辩是中国历史上第一次大规模的义利之辩。

以孔子、孟子、荀子为代表的儒家认为，义与利为人之所两用。但义为上、利为下，倡导以义克利、先义后利，即重义轻利。墨家则认为义与利是统一的，讲义必须与人们的实际利益联系起来，既贵义又重利。法家批评儒家空谈仁义道德，主张重利轻义。道家则既卑视利又菲薄义，主张义利俱轻。这一时期的义利之辩，为今后的义利探讨奠定了理论基础。

2. 两汉时期的义利之辩

两汉时期的义利之辩是中国历史上的第二次义利之争。同春秋战国时期相比，两汉时期的义利之辩更具有政治斗争的特点。

董仲舒继承了儒家重义轻利的传统，倡导"正其谊不谋其利，明其道不计其功"。司马迁则继承了先秦管仲的利以生义论，提出"人富而仁义附"的思想。东汉时期的王充全面总结了司马迁等人的义利观，认为"让生于有余，争起于不足，谷足食多，礼义之心生"。

3. 两宋时期的义利之辩

两宋时期的义利之辩是义利关系争论的第三次大的交锋，围绕着经济与道德的关系而展开。

王安石为了变法的需要，公开宣称治理国家的根本要旨在于如何生财兴利。司马光指责王安石大讲财利是背仁弃义，惑乱人心，认为国家的存亡在于道德之浅深。二程兄弟程颢、程颐把义利同理欲、公私等联系起来，倡导去私为公，存理灭欲，崇义贬利。在义利关系上，李觏发挥了管仲"利以生义"的观点，反对"贵义而贱利"的俗儒之论。认为利不但不能贱，相反由于治国之实，必本于财用，故应理直气壮地"言利"。朱熹认为"义利之说，乃儒者第一义"，"学无深浅，首在辩义利"，主张"正其谊而不谋其利"。陈亮、叶适等人认为，义与利应该统一，陈亮认为"道之在天下，平施于日用之间"。叶适主张"理财"就是义，而今之君子却不言利之义，结果把财权交给小人，对国家造成了很大危害。

4. 明末清初时期的义利之辩

明末清初时期是义利之辩的第四个历史阶段，这一时期的义利之辩主要是围绕对程朱理学义利观的批判而展开的。

李贽、黄宗羲批判了程朱理学去私为公，崇义贬利的观点，主张要公开为私心、私利辩护，强调吃饭、穿衣是人伦物理。黄宗羲认为"自私""自利"是人之常情，主张对个人勤劳所得的权利的尊重，反对君主独享天下之利。何心隐、王夫之则批判程朱理学的存天理灭人欲的主张，认为天理寓于人欲之中，同时又不赞成以私利代仁义，认为义是人之所以为人的根本特征，重义是必要的，主张以理导欲，以义制利。颜元主张义利合一，将"正其谊而不谋其利，明其道而不计其功"改为"正其谊以谋其利，明其道而计其功"，并得出了"义中之利，君子所贵"的结论。

5. 近代的义利之辩

鸦片战争以后，义利之辩进入一个新的阶段，同中西学之争、救亡维新、革命与改良等问题交织在一起，使义利之辩具有了新的含义。

以龚自珍、魏源等为代表的地主阶级改良派既强调用道义扫除人心积患、革除腐败风习，又强调以实事程实功、兴利除弊、富国强民。魏源在义利关系上还有一个重要的思想，即在处理义利关系时，对于不同对象所强调的侧重面应有所区别，对于"治天下"之君子，要"开之于名而塞之于利"，而对于百姓则应"开之于利"，"以美利利天下之庶人"。以曾国藩为代表的地主阶级顽固派则推崇孔孟和程朱的义利观，认为解除内忧外患不在重利而在重义，义是正人心之危、平四方之乱的根本。以康有为、梁启超、严复等为代表的资产阶级维新派，一方面继承了龚自珍、魏源等人以实事求实功的观点，另一方面又以边沁、穆勒的西方功利主义为旗帜，推崇功利，强调趋乐避苦、趋利避害的道德性。以章太炎、孙中山等为代表的资产阶级革命派对传统的义利观作了全面的批判与反省，倡导一种全新的革命伦理思想。孙中山不仅强调国家利益的重要性，而且还重视民生民利，主张在民族独立、政治民主的基础上，发展国计民生。

今天，在市场经济的推动下，义利问题又成为现实生活中争论的热门话题，以历史为鉴，相信会对这一问题的探讨提供一些启示。

二、义利之辩的主要内容

不同学说、不同学派纷纷就义与利之间的关系展开了争论与探讨，形成了重义轻利、利以生义、利义并重、重利轻义、义利俱轻等不同观点。

1. 重义轻利

重义轻利是儒家的基本观点。在义利关系上，儒家把义看作人立身的根本，道德价值高于物质利益，人的精神需要远比物质需要更有意义。

孔子主张"君子喻于义，小人喻于利"，他认为一个有仁德的人，应"谋道不谋食"，"忧道不忧贫"。孔子重义但也不绝对排斥利，并没有以义否定利。他肯定物质追求和荣华富贵是人的正常的欲望，"富而可求也，虽执鞭之士，吾亦为之"[1]。但是孔子主张必须以道义标准去谋求物质利益，不能为利而损害义，在他看来，"富与贵是人之所欲也，不以其道得之，不处。贫与贱是人之所恶也，不以其道得之，不去也"，因为"放于利而行，多怨"[2]。孔子重义轻利的关键不在于否认利，而在于如何谋利："生财有大道，生之者众，食之者寡，为之者疾，用之者舒，则财恒足矣。仁者以财发身，不仁者以身发财。"[3] 孔子的重义轻利还体现在他的德治思想中，把仁义看作治理国家的第一要义，他特别重视仁义对于维护社会安定和国家稳定的意义。"丘也闻有国有家者，不患寡而患不均，不患贫而患不安，盖均无贫，和无寡，安无倾。"[4] 虽然孔子也主张富民、薄敛，但都是以仁为目的的。

孟子继承了孔子的义利观，继续主张重义轻利，同时，孟子把孔子的德治思想进一步发展为仁政思想，夸大了道义在治国、得天下中的作用，"仁人无敌于天下"。孟子讲道，"何必曰利，亦有仁义而已矣。王曰何以利吾国，大夫曰何以利吾家，士庶人曰何以利吾身。上下交相利，而国危矣"[5]。总之，在儒家看来，义是比富贵、功利甚至生命都重要的东西，对个体而言义重于利，对国家而言经济生产和物质发展也是轻于道德价值的。

王夫之在继承儒家的重义轻利的思想基础上，对重义轻利进行了发展与改造。王夫之认为"义"有多重含义，义既是道德动机又是行为正当适宜的标准，既是道德认识又是一种道德规范和活动的统一。"利"也有多重含义，成事成物曰利，利是功之遂、事之益；利是人的生存发展所必需的资料，是人的衣食住行等物质需要，生人之用曰

---

① 《论语·述而》。
② 《论语·里仁》。
③ 《大学·章句》。
④ 《论语·季氏》。
⑤ 《孟子·梁惠王上》。

利；人欲之私曰利。王夫之在总体上肯定义与利是相联系的，认为功之成与事之益都是要"功于天下，利于民物"。但在义与利具体关系上，即在"立人之道"与"生人之用"的关系上，则认为义是人的本性，是人区别于动物的根本点，是人们行为和生活的目的，离义无利，主张义为本，利为末，"生以载义义可贵，义以立生生可舍"。在公利与私利的关系上，王夫之主张以天理之公为善，以人欲之私为恶，为了天理之公和天下大利，提倡要能够自克己私，牺牲个人利益以成全公共利益，即使是赴汤蹈火、献出生命亦应在所不惜。在处理义与利的具体关系上，王夫之同儒家一样主张以义制利，以礼导欲，使利和欲符合于义。

重义轻利的思想含有重视国家和民族利益的精神，强调精神高于物质，伦理重于经济，在一定时期尤其在道德沦丧和人人趋利的情况下，重义轻利作为适当的道德价值导向，对人们的道德选择有一定的指导作用。但重义轻利的思想的实质是重整体公利而轻个人利益，虽然在理论上轻视个人利益不等于取消、否认个人利益，也不等于禁欲主义，但在实践中却容易造成也事实上造成了把整体利益放置于至高无上的地位，以整体利益等同、取代和吞没个体利益的现状，从而严重束缚了人们追求个人利益的欲望。另一方面，重义轻利强调道德价值高于物质利益，虽然并不是否认人的物质需要，但在这种价值观念的影响下，人们崇尚道德理性，刻意追求道德价值，专注于理想人格的塑造，已成为普遍的价值取向和社会时尚，这就直接和间接地阻碍了人们对物质利益的追求，并影响经济的发展和社会的进步。

2. 利以生义

利以生义派反对儒家的重义轻利的思想，认为义与利、伦理与经济是相互联系的，经济是伦理产生的基础。

管仲在义利问题上的独到之处，就是看到了道德与经济生活的关系。在他看来"仓廪实则知礼节，衣食足则知荣辱"，"不务天时则财不生，不务地利则仓廪不盈，野芜旷则民乃菅，上无量则民乃妄"。① 这就是说，农业生产的好坏，社会财富的多少，人民的衣食是否充足，对人民的道德品质有重要影响。有了利用民生，仁义道德也就随之而生，利是义的先行条件。汉代王充继承了管仲的思想，认为"让生于有余，争起于不足"，看到了利与义有着必然的联系；指出，"谷足食多，礼义之心生；礼丰义重，平安之基立矣"，"为善恶之行不在人质性，在于岁之饥穰。由此言之，礼义之行在谷足也"。② 在义与利的关系上，有利才有义，义由利生。王充又认为谷物之富足与否，在于年岁的好坏，在于时数的变化，而不在于为政者的德性。

利以生义论只是机械地说明义由利生，在物质决定道德问题上陷入了自然决定论，必然会导致对道德的能动性作用的否认。在义与利的关系上，利以生义论主要是从物质利益与道德的关系上论证两者的必然联系，从而看到了道德的产生与物质生活之间的关系，含有唯物主义因素。但利以生义观仅仅将物质利益等同于粮谷的富足，而不是在生

---

① 《管子·牧民》。
② 《论衡·治期》。

产关系、社会关系中说明伦理道德的产生，并不是科学历史观。

3. 义利并重

义利并重说强调义与利、物质与道德都是人类生活不可缺少的条件和基础，利不能脱离义，义也不是对利的否认，主张义与利、经济与伦理两者是统一和并重的关系。

墨子认为义与利必须统一，讲义必须与人们的实际利益结合起来。墨子指出，"所谓贵良宝者，为其可以利也"，"不可以利人，是非天下之良宝也。今用义为政于国家，人民必众，刑政必治，社稷必安。所为贵良宝者，可以利民也，而义可以利人。故曰：义，天下之良宝也"。① 因此，墨子把是否"中万民之利"作为评价人的行为义的准则，"仁人之所以为事者，必兴天下之利，除去天下之害"。②

陈亮、叶适从功利论出发也主张义利并重，反对离开人的日常日用来空谈伦理道德。陈亮首先肯定了人的自然欲望存在的客观性，认为"耳之于声也，目之于色也，鼻之于臭也，口之于味也，四肢之于安佚也，性也，有命焉。出于性，则人之所同欲也；委于命，则必有制之者而不可违也"③。从自然主义的人性论出发，陈亮认为，满足人的物质欲望正是人道之所在。在义与利的关系上，陈亮、叶适主张义离不开利，有了利就有了义。叶适明确说道，"仁人正谊不谋利，明道不计功，此语初看极好，细看全疏阔。古人以利与人，而不自居其功，故道义光明。后世儒者，行仲舒之论，既无功利，则道义者乃无用之虚语耳"④。认为"功到成处，便是有德"，有功就是义，也就是说功利实现了就是义。陈亮、叶适也认为要实现"利"应当在义的制约下进行，人欲要"得其正"，认为义与利结合才有实际意义，否则离利讲义就是虚妄之谈，所以陈亮、叶适十分强调实事实功，认为既有利则又合乎义。

义利并重的思想，提出了义不能离开利，是对儒家及其宋明理学重义轻利的反动，对于反对脱离实际的空谈和超功利的说教都有一定的进步作用。义利并重说被后人称为功利主义，作为中国古代的功利主义不同于近代西方的功利主义。墨子包括陈亮、叶适的功利思想是在个人利益没有得到发展的条件下产生的，它是在以利人、利天下为价值取向的前提下，肯定人的私利要求的合理性，并没有引向利己主义。中国古代的义利并重的观点还局限于经验论的范围，仅仅重视实事实功，也就是说过多地注重物质需要和实际功用，而忽视了物质利益的生产方式与实现途径的探讨，表现出了历史的局限性。

4. 重利轻义

重利轻义派在个人私利和社会利益的关系上，反对对个人利益的压制；在道德与利益的关系上，主张利益重于道德。

韩非子是重利轻义论的主要代表，他不仅承认人们追求私欲的合理性，而且认为个

---

① 《墨子·耕柱》。
② 《墨子·兼爱中》。
③ 《陈亮集·问答下》。
④ 《习学记言序目·卷二十三》。

人私利是一切社会伦理关系的基础。"好利恶害，夫人之所有也"，① 由此他认为君臣、父子、夫妻之间的关系都是以个人私利为基础的，君主之所以成为大家供奉的对象，是因为他处于利益的轴心。因此，韩非子认为儒家的"仁义"在当今之世已经全然没有价值，他指出，"世异则事异，""事异则备变"，"上古竞于道德，中世逐于智谋，当今争于气力"，"是仁义用于古不用于今也"，② 当今"君不通于仁，臣道不忠，则可以王矣"。韩非根据当今之世的需要，对仁义作出了新的解释，认为维护以封建君主为代表的国家利益就是义。为了封建君主的利益，韩非子强调以实际效果来检验人的言行，反对空谈义理，认为仁义的说教不切实际，无助于解决国计民生问题。最后他得出结论，"故明主举事实去无用，不道仁义者故"。③

重利轻义观反对空谈仁义，对儒家的超功利的道德说教的批判和责难，提出以实际效果检验言行的思想，有一定的合理性。但重利轻义贬低义的作用，厚功利而薄道义，只以实际功用为准则，将儒、墨所提倡的一些富有生命力的道德要求也予以否定，在现实中容易导致极端利己主义。由此又否认一切道德要求，势必容易造成道德的真空状态从而导致社会道德的堕落。

5. 义利俱轻

义利俱轻的观点认为不论是仁义道德还是物质利益，都是对世俗人生的桎梏，只有摆脱身心两方面的束缚，才能达到超然物外的人生境界。

老子认为，仁义道德的存在正是道德沦丧和败坏的产物，要使社会安定和人们安居乐业，就必须抛弃仁义。老子指出，"大道废，有仁义；智慧出，有大伪；六亲不和，有孝慈；国家混乱，有忠臣"④，因此要"绝圣弃智，民利百倍，绝仁弃义，民复孝慈"⑤。同时，老子认为"利"也是破坏社会安宁和人的本性的根源，指出"祸莫大于不知足，咎莫大于欲得"⑥，所以要"不尚贤，使民不争；不贵难得之货，使民不为盗；不见可欲，使民心不乱"⑦。主张从根本上消除人的物质欲望和要求，才能达到超越功利和尘世的理想境界。庄子也认为利与义都是人生的羁绊，只有义利俱轻，才能实现人生的自由。在庄子看来，儒家的仁义实际上就是获取贪欲和私利的借口，使人们都成为借仁义之名而贪图实利的伪君子，并造成"窃钩者诛，窃国者为诸侯，诸侯之门而仁义存焉"的怪现象。道家对利益与道德的超然的态度，既反映了其对社会现实的无奈，又折射出了其对理想社会的向往。

中国思想史上的义利之辩可谓异彩纷呈，重义轻利、利义并重、重利轻义、义利俱轻等不同论点相互交融与碰撞，形成了中国传统文化中一笔珍贵的思想遗产，也为我们

① 《韩非子·难二》。
② 《韩非子·五蠹》。
③ 《韩非子·显学》。
④ 《老子·十八章》。
⑤ 《老子·十九章》。
⑥ 《老子·四十六章》。
⑦ 《老子·三章》。

在市场经济条件下重新思考经济与伦理的关系提供了有益的启示。

◎ **思考题**

1. 如何看待中国传统人性论的历史价值?
2. 中国传统义利之辩的内容有哪些?
3. 如何理解中国传统伦理思想的现代价值?

第三章　西方伦理思想的历史进程

就中西伦理文化而言，两者对道德概念及其范畴的阐释在理路和方法上不尽相同。就单一伦理文化而言，伦理思想也没有永恒不变的见解。这里我们通过对西方伦理文化中较有代表性的伦理思想的分析比较，概略地把握西方伦理文化在道德问题解答上的基本脉络和特征。

第一节　古希腊时期的伦理思想

西方伦理思想发源于古希腊，"希腊哲学和其他的希腊精神产品一样，是一种始创性的创造品，并在西方文明的整个发展过程中具有根本性的重要意义"①。因此，我们探究西方伦理思想的源头，就不能不追溯到古代的希腊。

一、前苏格拉底时期的伦理思想

前苏格拉底时期的古希腊的伦理思想经历了萌芽时期、发展时期，最终形成了伦理学的学科和体系。

1. 荷马时期的伦理思想

荷马时期是希腊成文史的开始，也是古希腊道德思想的萌芽时期。荷马史诗是通过道德言说方式而不是哲学反思方式来表现其伦理思想的。

英雄时代的语言是一种由显喻、意象和比喻来组成的语言，这是由于当时还缺乏对事物加以明确界定所必需的种和类的概念。在这种认知方式下，荷马史诗突出地歌颂了骁勇尚武的英雄主义精神，对英雄时代的"勇敢""智谋"等美德备加赞赏，对"怯懦""软弱"则予以鄙视。需要注意的是，属于善德的"勇敢""骁勇"，实际上是与"力量""健壮"等自然素质相联系的，而"怯懦""软弱"作为恶德也是与"软弱无力"等身体素质相关联的。可以说荷马史诗中的"勇敢"是"英雄理想中的肉体上和精神上的美德"②，荷马史诗中善恶的道德与自然的善恶并未区分开来。英雄时代的伦理思想是对现实生活中直观的感受和体悟，还不是抽象的哲学原则。

荷马时期稍后的赫西阿德也用史诗总结了人类进入文明时代过程中所呈现出的伦理心态。赫西阿德拒绝荷马史诗中的英雄美德，从小自由民的利益出发，认为正是骁勇的

---

① ［德］E. 策勒尔：《古希腊哲学史纲》，翁绍军译，山东人民出版社 1992 年版，第 2 页。
② ［法］拉法格：《思想起源论》，王子野译，生活·读书·新知三联书店 1963 年版，第 101 页。

掠夺、智谋的欺诈破坏了社会的平等和公正，主张以辛勤、诚实的劳作来创造财富，以公正来保护财富和获取幸福，并把宙斯颁布的"公正"法则作为社会最高的道德标准和道德理想，并借助于宙斯这一公道正义的化身来赏善罚恶。在西方思想史上，赫西阿德第一次提出了"公正"的规范要求，并进行了道德上的论证，但是这些论述还带有一定的神秘的宗教理想色彩。

2. 希腊七贤的伦理思想

希腊七贤将古希腊的道德思想进一步推进和发展，成为希腊城邦公民信奉的道德规范。

"节制是最好的"（克娄布鲁），"勿说谎""关心要事"（梭伦），"听命于法"（奇仑），"勿取不义之财"（泰勒斯），"有节制地爱"（毕达各）等，这些格言主要表现了对国家和城邦利益的道德维护。其中所蕴含的道德规范和标准已经具有一定的普遍的抽象的形式。如果说荷马史诗描述的是活生生的英雄，赫西阿德所表述的是小私有者的道德理想，那么希腊七贤的伦理思想则是对城邦所有公民的要求和规范。七贤之一的梭伦将赫西阿德的分配公正引申为：公正就是不偏不倚，节制自己的欲望，并站在公正的立场上宣称法律"无贵无贱，一视同仁"。梭伦还对与道德密切相关的"幸福"概念作了理论上的探讨。梭伦认为幸福不在于肉体的享乐，也不在于财富的满足，而在于人的德行，只有善始善终才能真正获得幸福。格言式的道德论证使圣贤们的思想显得零散、突兀而缺乏论证，但却为道德思想的进一步发展奠定了基础。

3. 毕达哥拉斯的伦理思想

七贤之后，随着奴隶制经济的确立和发展，随着哲学思想的发展和演进，古希腊的伦理思想进入了一个新的时期，开始从哲学的高度来思考伦理生活中的善与恶。这一时期的代表人物是毕达哥拉斯。

毕达哥拉斯不是用水、土等自然物来解释万物的始基，而是把数看作万物的始基和本质，宇宙就是由奇数和偶数组成所体现的各种对立关系的和谐。毕达哥拉斯将数的对立关系归结为十种基本关系，其中善与恶是组成道德整体的对立与和谐的一种基本的关系。在二元对应中，不能夸大"善"而抹杀"恶"，正是在与恶的对应中才会呈现出"善"，才构成事物的整体和谐。由此，他主张美德是一种和谐，主张中庸、节制、净化灵魂、自我修炼。亚里士多德正确地指出，毕达哥拉斯是"第一个企图说明德性的人，虽然是不正确的。因为他把德性归为数目的比例关系，用不恰当的观点来对待德性"[1]。毕达哥拉斯虽没有建立起系统的伦理思想，却为其伦理思想奠定了哲学基石。他对道德二元关系的说明，寻求社会整体和个体生命和谐的理路，对以后的希腊哲学伦理学产生了相当大的影响。赫拉克利特也将世界看成一个内在的统一体，但它的始基和本质不是数，而是逻各斯。逻各斯本身是智慧，同时也是火，它体现了事物永不止息的运动。由此，赫拉克利特第一次将朴素辩证法引入了道德范畴，把善与恶、公正与非公

---

[1] 苗力田主编：《亚里士多德全集》第8卷，中国人民大学出版社1992年版，第242页。

正看成是既相互依存又相互斗争和转化的。这一思想比毕达哥拉斯前进了一大步，毕达哥拉斯没有认识到道德斗争和转化，而赫拉克利特指出，"正义就是斗争，一切都是通过斗争和必然性而产生的"，"善与恶是一回事"。① 应该特别指出的是，赫拉克利特主张通过教育使人的理智认识逻各斯，认识宇宙的必然性和普遍意义。这样赫拉克利特明确地把道德问题的思考纳入了唯理论的轨道，只有遵循逻各斯，才能避恶趋善。黑格尔把赫拉克利特所说的"逻各斯"理解为"理性的规律"是有道理的，正是这一唯理论的理路成为以后西方思想史研究道德问题的主流。

赫拉克利特在伦理思想上的局限也如恩格斯所曾指出的："赫拉克利特最先明白地表述出来的：一切都存在，而又不存在，因为一切都在流动，都在不断地变化，不断地生成和消逝。但是，这种观点虽然正确地把握了现象的总画面的一般性质，却不足以说明构成这幅总画面的各个细节；而我们要是不知道这些细节，就看不清总画面。"②

4. 德谟克利特的伦理思想

德谟克利特是西方伦理思想史上自然主义幸福论的最早代表。他不再似前人一般地讨论善，而是提出了"至善"的概念，并把"至善""完人"明确地同追求幸福的伦理要求联系起来。

德谟克利特认为，善是人们追求的目标，在具体行为善之上还有一个"至善"，至善所追求的是人的本性的需要，是现实生活的幸福。由此，德谟克利特把人的本性引起的快乐和痛苦，当作区分道德的标准。德谟克利特不仅重视个体的善，而且也注重对公共善的研究，把"善"看作公民行为的准则和道德上的要求。德谟克利特还认识到善与恶是可以转化的，"善从那里来，恶和避免恶的办法也从那里来"，"从善里有时也能给人带来恶的结果，要是人不知道引导它并很轻易地承受它的话。把这样一些事物看作恶是不恰当的，要把它们看作善。人若愿意的话，也能利用善来避免恶"。③ 德谟克利特对现实生活具体道德的论证和把握，虽然带有经验主义、自然主义的倾向，但至善说的提出，并将美德看作达到至善即个人幸福的手段，从一个侧面说明了"善"不是独立的存在，而是个人存在和自我肯定的一种形式。正是这一点为以后的西方伦理思想从工具意义上论证道德的本质奠定了思想基础。

二、苏格拉底时期的伦理思想

智者派使哲学研究的方向从研究自然转向了研究人，苏格拉底则使道德成为哲学研究的对象和目的，在一定意义上，苏格拉底开创了希腊伦理思想发展的一个新阶段，把伦理学加进了哲学，建立了伦理学。

---

① 周辅成：《西方伦理学名著选辑》上卷，商务印书馆1964年版，第12页。
② 《马克思恩格斯选集》第3卷，人民出版社1995年版，第733页。
③ 周辅成：《西方伦理学名著选辑》上卷，商务印书馆1964年版，第79页。

1. 苏格拉底派的伦理思想

苏格拉底派的伦理学又可以说是探讨善和至善的伦理学。他肯定在具体的善之上存在着一般的普遍的善即至善。

苏格拉底认为善、美德不论它们有多少种，而且如何不同，它们都有一种使它们成为美德的共同的本性；而要回答什么是美德这一问题的人，最好是着眼于这种共同本性。苏格拉底在寻找善的本性的同时，也看到具体的道德是相对的，并试图说明："任何事物的本身都无所谓善恶，而只是在和其他事物联系起来时才有善恶可言。"① 因为一切事物对它们适用的东西来说是善，对不适用的东西则是恶。由此，苏格拉底看到问题的关键是要作出善恶大小的正确选择，而这就需要技能和知识。这样至善目的论就演进为善即知识的命题。苏格拉底进一步认为善与恶应该由理性来证明正确与否，只有善变成了知识，才能成为善。苏格拉底肯定善与知识的联系，一方面肯定了善恶是人为的，另一方面又肯定善恶与知识一样有一个积累和学习的过程。另外，苏格拉底对事物本质的追问，教人以理性来"认识自己"的思路，标志着理性主义与情感主义的论争已开始形成。当然，苏格拉底的伦理思想也有着内在的矛盾，他深信至善的存在，但具体善的相对性又在破坏着至善的普遍性，也正是这一世界观中的矛盾和对立，成为以后苏格拉底学派的不同出发点。

柏拉图是苏格拉底学派的著名代表人物。柏拉图从解决普遍善与具体善的矛盾入手，开始将分散的、互相排斥的善恶观统一成为一个完整的体系。柏拉图承认现实世界具体事物的道德是相对的，但在具体善之上还存在一个最高的、绝对的善。这就是善的理念。柏拉图所谓的"理念"就是客观独立存在的一般，理念世界是永恒的真实的存在，现实世界不过是理念世界的影子。而在理念世界中，善的理念占有最高的地位。柏拉图认为："给予知识的对象以真理给予知识的主体以认识能力的东西，就是善的理念。它乃是知识和认识中的真理的原因。真理和知识都是美的，但善的理念比这两者更美。"② 善的理念是一，只有分有了善的理念，才有具体的善。在柏拉图那里，善的理念不仅是伦理观的来源，也是万物的创始者，认识了善本体也就认识了万物，善即真，真即善。柏拉图认为，人的灵魂在堕入肉体之前是处于理念世界中的，因此，已有对善的知识，只是受到肉体的玷污而忘却了，人可以通过回忆、学习的方法来认识善。由此，柏拉图主张用理性克制情欲，并以理性来认识善。柏拉图还进一步地将具体的善分为三种：肉体、财产和灵魂的善。在这个体系中，外在的善服从肉体的善，肉体的善服从精神的善，而精神的善又服从于理性的善，理性的善是统摄一切的力量。柏拉图用客观唯心主义、理性主义在本体论和认识论上对伦理思想的建构，为伦理思想的系统化奠定了理论基础。

---

① ［古希腊］色诺芬：《回忆苏格拉底》，吴永泉译，商务印书馆1984年版，第112页。
② ［古希腊］柏拉图：《理想国》，郭斌和、张竹明译，商务印书馆1986年版，第267页。

2. 亚里士多德的伦理思想

全面系统地论述伦理思想的古希腊思想家是亚里士多德。"至善"是亚里士多德伦理思想的出发点和归宿，他的伦理学主要研究个人的善，在政治学中又集中地探讨了城邦的善。

亚里士多德开宗明义地指出，"一切技术，一切规划以及一切实践和抉择，都以某种善为目标"[①]；"如若在实践中确有某种为其自身而期求的目的，而一切其他事情都要为着它"，"那么，不言而喻，这一为自身的目的也就是善自身，是最高的善"。[②] 亚里士多德不同意柏拉图将至善归为理念的观点，因为善既可以用来述说是什么，也可以用来述说性质，还可以用来述说关系，所以对于这些东西并不存在共同的理念。在亚里士多德看来，至善就是幸福，而幸福就是合乎德性的现实活动。亚里士多德认为幸福是可以学习到的，德性是可以由习惯而来的。德性就是中间性，所以就个人而言最高的善是中庸，对城邦而言最高的善是正义。进而，亚里士多德强调做一个善良之人还是邪恶之人，是由我们自己决定的。因此，人应该对自己的行为负责，做了恶行就应该受到责备。正是在这个意义上，他肯定了意志自由在培养善行中的重要作用。亚里士多德从他所处的奴隶制日趋衰落的历史时代和社会实践水平所能达到的深度和广度对道德的本质、标准、选择等问题进行了详尽和周到的论证。他的思想不仅对中世纪伦理思想的世俗化产生了积极的影响，而且对当今世界伦理学的发展方向仍有着重大影响，如麦金太尔就把亚里士多德的美德伦理视为摆脱当代伦理学困境的最佳路径。

在奴隶制城邦趋于崩溃的希腊化时期，出现了伊壁鸠鲁派、斯多葛派和怀疑派等典型的非主流伦理学。罗素曾这样评价亚里士多德，对于外界的不幸把他们驱使到了绝望的人，他却没有说什么话。而到了晚期希腊哲学，摆脱"苦难"成为伦理思想普遍思考的大问题。

3. 伊壁鸠鲁的伦理思想

伊壁鸠鲁面对着现实的苦恼和不平等，不是去企求论证社会的善与公正，而是将伦理思想的内核根植于不依赖于任何外在东西的个人自由。

伊壁鸠鲁派伦理学的核心是人生问题，而拯救众生的药方就是快乐主义。伊壁鸠鲁认为人生的目的就是快乐，快乐就是人生最高的善，并指出一切善的根源都是口腹的快乐，感性知觉是判断道德和选择行为的标准。但伊壁鸠鲁没有将肉体快乐作为唯一的善，快乐作为最终目的，是指身体上无痛苦和灵魂上无纷扰。伊壁鸠鲁又试图说明道德的相对性，快乐和痛苦是可以转化的，对于这一切必须要加以权衡、加以判断，由此伊壁鸠鲁得出结论：最大的善，乃是明智。目的就是要使人消除对神、对必然性、对死亡的恐惧，以达到心灵的安宁与宁静。罗素这样评价伊壁鸠鲁："他对人类的苦难，一定具有一种强烈的悲悯感情以及一种不可动摇的信心：只要人们能接受他的哲学，人们的

---

① 苗力田主编：《亚里士多德全集》第 8 卷，中国人民大学出版社 1994 年版，第 3、4 页。
② 苗力田主编：《亚里士多德全集》第 8 卷，中国人民大学出版社 1994 年版，第 3、4 页。

苦难就会大大地减轻。"① 伊壁鸠鲁不可能知道仅仅具有个人的善是不可能消除整个社会的苦难的，所以马克思的评价更切中要害，"在伊壁鸠鲁看来，对人来说在他身外没有任何善；他对世界所具有的唯一的善，就是旨在做一个不受世界制约的自由人的消极运动"②。

4. 斯多葛派的伦理思想

斯多葛派是在与伊壁鸠鲁学派论战中发展起来的。斯多葛派不似伊壁鸠鲁学派将人的目的独立于自然和世界之外，而是认为人的存在的最高目的就在于依自然而生活。

斯多葛派认为人是一个小宇宙，人自然是平等的。其在伦理思想上首先把自然法则和道德要求结合起来，认为道德的根源仅仅在于能否做到适应外部规律和理性原则来抑制自己的欲望。在斯多葛派看来，人依自然而生活也就是依人的本性而生活，人的本性是人的理性，所以善就是依理性生活的圆满。从本性和理性就是道德的观点出发，斯多葛派在明确了道德的道德意义与生活价值的区别，强调善恶本身就是道德价值。"善就是许多德：明智、公正、勇敢、节制及其他同类性质的德。恶就是善的反面，愚昧、不公正及其他同类性质的德。还有无关善恶者，既非有益，亦非有损，如生命、健康、快乐、貌美、有力、富有、名誉、门阀高贵；相反方面的，如死亡、疾病、劳苦、耻辱、孱弱、贫困、坏名誉、门阀微贱，及其他同类性质者。"③ 在人选择善恶的问题上，斯多葛派主张为善为恶在于自己，一个人可以贫困、可以受苦，但仍可以坚持善行，以获得圆满的人生。当然斯多葛派关于善恶行为自由选择的观点是与其宇宙论的必然性思想相矛盾的，最后不得不求助于神。而其中更深一层的矛盾是，当斯多葛派突破传统的视界，从人与自然、人与国家、人与世界的角度研究善与恶的关系时，却没能找到解决现实的善恶矛盾之路，最终仍是求诸内心的自由。所以，斯多葛派孜孜以求的并不是消除现实的苦难，而只是消除对于不公正和贪欲的愤怒。

5. 怀疑主义的伦理思想

希腊哲学沿至亚里士多德为止，大都对社会的发展抱有乐观的态度，至城邦时代结束后，面对着恶德丛生、物欲横流的现实，开始出现了一种悲观的、怀疑的思潮，逐渐形成了怀疑主义诸流派。

怀疑主义的真正创始人皮浪认为，感性认识是不可靠的，既不能从我们的感觉也不能从我们的意志来判断事物是真的或者是假的。皮浪由认识论上的相对主义和怀疑主义导致了伦理学上的相对主义和怀疑主义，否定道德判断的真实性和正当性，否认人们的行为有善恶、正邪的差别，各种行为、关系的善恶只是个人主观意志判断的结果。一切关于善恶的道德评价都是不能确定的，认为最高的善就是不作任何判断。怀疑派在善恶观上有一点是一致的，即认为伦理学是研究善与恶的区别的学科，但从哲学家对善恶的

---

① [英] 罗素：《西方哲学史》上卷，何兆武、[英] 李约瑟译，商务印书馆 1963 年版，第 311 页。
② 《马克思恩格斯全集》第 40 卷，人民出版社 1982 年版，第 78 页。
③ 周辅成：《西方伦理学名著选辑》上卷，商务印书馆 1964 年版，第 220 页。

不同的理解、分歧和冲突中，怀疑派得出的结论却是，不存在客观的善恶，只有不去作道德的判断，才有心灵的安宁。怀疑主义的功绩在于，揭示了情感机制在道德判断中的决定作用，有助于我们打破传统伦理思想的理性独断和权威。但怀疑主义不去正视现实的苦难和不幸，单纯强调不辨是非善恶，安身立命，却又是保守的、消极的。因此，"怀疑一切"的主张又毁掉了怀疑论本身。

总的来看，古希腊时期的伦理思想的演进呈现出如下特点：从方法论角度而言，由感性直观逐步过渡到理性层面的反思，对道德的本质、标准等问题进行了理论分析。从内容方面来看，一方面是主流思想家大都从目的论的视角，对善与恶以及相关的德性、幸福等问题进行了不断的探索，表现出对城邦统治阶层利益的维护；另一方面后期古希腊哲学在伦理思想上又表现出一种工具论的倾向，力图反对理性的权威，主张普世精神以寻求个人的心灵宁静。总之，古希腊哲学对道德的本原及其相关问题的不同视角的反思，不仅影响了以后的道德哲学研究的理路，而且也成为以后的思想家不断探索的起点。

第二节　西欧中世纪及文艺复兴时期的伦理思想

中世纪西方伦理思想主要体现为宗教伦理，表现出宗教权威和封建专制的社会特点。文艺复兴时期的伦理思想是西方文化从愚昧到文明的转折点，表现出反封建反权威的积极意义。

一、西欧中世纪的伦理思想

宗教是自然压迫与社会压迫的产物，当基督教成为封建罗马帝国的国教时，西方伦理就呈现出与宗教结合的特点，这一特点在中世纪尤为突出。中世纪的哲学家和伦理学家无不是在此基础上对"上帝"的权威和教义内容进行发扬和建构的。

1. 奥古斯丁的伦理思想

奥古斯丁是教父哲学的重要代表人物，他不仅对神学、上帝的权威性进行了哲学论证，而且对宗教的伦理思想也作出了系统的阐发。

奥古斯丁宣称上帝是至高的善，上帝是至仁、至义而无往无不在的，因而奥古斯丁认为上帝创造的一切存在必定为善，"存在的事物都是善的"。但奥古斯丁也看到了现实世界存在着恶，而恶的存在并不是来自于上帝，对于天主，绝对谈不到恶，上帝是至善，不能朽坏。而"恶的意志既不能从无始以来就有的，那末，我要问究竟谁创造它呢？唯一可能的回答：这是自身没有意志而又可使意志恶化的某种事物"[1]。在这里，奥古斯丁陷入了这样一个怪圈，而这个怪圈也成为宗教伦理思想无法解释的悖论："如果自然物是恶的意志产生底原因，我们除了说恶从善中产生，或善是恶的原因外，还能

---

[1]　周辅成：《西方伦理学名著选辑》上卷，商务印书馆 1964 年版，第 352 页。

说什么？一个善而可变的自然会产生恶，会使意志自身变成恶，这种事情怎么能够发生呢？"①奥古斯丁的回答也只能是，我们试着更进一步去问：什么是恶的意志的动因——那是没有的。这也说明了神学伦理思想的根本局限。既然自由意志使亚当和夏娃堕落，人类只有赎罪修行才能得到上帝的宽恕，达到永生，然而奥古斯丁又认为现世无论如何达不到至善，现世的人们要以信仰、爱、希望的德性永远地和恶习及肉欲作斗争，才能得到来世的解救和永生的幸福。奥古斯丁在伦理思想上宣扬绝对服从主义和禁欲主义，将至善、幸福推向了彼岸世界，强调了善的神圣性和纯洁性以及实现至善的长久性，但同时又否认了现实道德生活的丰富性和多样性。

2. 托马斯·阿奎那的伦理思想

适应成熟时期封建时代的要求，在教父哲学的基础上逐步形成了体系完整的经院哲学，其中最具影响的经院哲学家是托马斯·阿奎那。阿奎那的伦理思想将宗教神学与亚里士多德的思想相折中，创建了系统化、体系化的宗教伦理思想。

阿奎那沿袭亚里士多德的思路，从研究至善开始，进而研究导致至善的德性。阿奎那与亚里士多德的根本差别在于：亚里士多德的至善与德性有着内在的联系，至善通过德性来实现，而在托马斯那里，至善与德性却是通过上帝而结合在一起的。阿奎那也认为至善是一切活动的最终目的，一切现有的善都是至善的体现，因此上帝是至善的。同样，在这里阿奎那也遇到了奥古斯丁和其他宗教哲学家同样的难题，即恶的来源问题。阿奎那也清楚地认识到绝对恶的概念与上帝至善的存在是相矛盾的，因此他只承认偶然的恶，认为不存在像善的唯一始原的那种恶的唯一始原，恶只是作为善的偏离而存在。其结论是：产生于上帝的是善，而由意志偏离产生的则是恶，因此道德的目的在于求善除恶。阿奎那的神学伦理学最终目的是为了建立人们对上帝的信仰和爱，但为了使宗教适应人们的现实需要，阿奎那又不断调和上帝与尘世的关系。他告诫人们，至善也表现为人的理性遵从上帝的命令。至善由此又具体化为最高的幸福和尘世幸福，尘世德性即理智德性和实践德性是达到尘世幸福的条件，而尘世幸福又是达到天堂幸福的条件，并提出君主有责任来促进社会的福利，使它能适当地导致天堂的幸福。在现实幸福中，阿奎那又主张个人幸福服从公共幸福，公共社会幸福是个人行为的道德的标准，而托马斯·阿奎那所言的"公共幸福"实际上是指君主的幸福。总之，阿奎那的伦理思想的调和特征，既维护了基督教上帝的权威，又适应了时代的要求和变化。

二、文艺复兴时期的伦理思想

在欧洲中世纪后期，随着封建制的瓦解，先进的思想家们吸取宗教异端思想的进步因素，出现了人文主义、宗教改革和空想社会主义等思潮，在历史上被称为文艺复兴运动。文艺复兴运动在"重视人""发现人"的口号下，反对宗教神学的教义，总体上表现出对上帝权威的叛逆和批驳。

---

① 周辅成：《西方伦理学名著选辑》上卷，商务印书馆1964年版，第353页。

1. 人文主义思潮

文艺复兴时期的人文主义思潮主要是通过诗歌、小说等文艺作品来阐述其反神学的伦理思想。人本主义以"人性"否定"神性"，以"理性"代替"上帝"，颂扬世俗生活的幸福和价值。

人文主义者从揭示和抨击宗教伦理思想的虚伪性入手，阐明道德标准在于人类自己。被恩格斯称为"新时代的最初一位诗人"的文艺复兴运动先驱但丁明确主张，就人类的行为来说，道德就是善恶的标准，人们只要使用自己的理性就可以避免恶而得到幸福。彼得拉克和薄伽丘、拉伯雷等人文主义者更是彻底地举起了反叛经院哲学的旗帜，鲜明地提出了人文主义的伦理思想。其实质就是强调个性，主张人为自己的目的而生活。在道德选择问题上，人文主义者强调意志自由的重要性，拉伯雷认为，人性天然向善，给人们自由并不会造成恶，相反越是压制人性，人们就越会想去做恶事。在善的目的问题上，人文主义者认为其就是现世的享乐和幸福。人文主义者对封建神学的反叛，构成了近代西方思想史链条上重要的一环，奠定了近代西方伦理思想史上伦理思想的人文主义世界观基础。

2. 马基雅弗利的伦理思想

文艺复兴时期没有产生重要的理论哲学家，却在政治哲学中造就了卓越无比的一个人，即尼科罗·马基雅弗利。马基雅弗利的伦理思想与其政治思想密切结合，带有现实的经验性的特点。

马基雅弗利认为人的共同本性就是人的自私、利己的本性，明确提出性恶论的思想。同中国先秦时期的韩非的伦理思想相同，马基雅弗利也从人性恶出发认识到道德在当今之世是得不到践行的，因此主张君主的全部问题就在于巩固权力和保卫国家。他要求"君主必须有足够的明智远见，知道怎样避免那些使自己亡国的恶行，并且如果可能的话，还要保留那些不会使自己亡国的恶行"[①]。善与恶只是君主保持地位的手段，在行善有好处时就行善，在行善没有好处时就不应当行善。马基雅弗利的伦理思想可以说是对统治阶级道德本质的描述，反映了专制制度的非道德主义的实质。从伦理思想的理论发展来看，马基雅弗利提出了一个重要的理论问题，即目的和手段的关系问题。马基雅弗利的伦理思想从总体上而言，是与文艺复兴运动联系在一起的，为资产阶级在斗争实践中摘去沉重的道德枷锁而服务，其矛头也是指向封建特权和神权的。马基雅弗利思想的影响甚远，从霍布斯直到19世纪末的尼采，都从其思想理论中吸取了营养。

3. 早期空想社会主义的伦理思想

在这里还值得一提的是早期空想社会主义的伦理思想。空想社会主义者站在时代的前列，在资本主义生产方式还是初露端倪的时期，就已洞见其弊端。

莫尔指出，私有制是社会罪恶丛生的根源，幸福与不幸的根源就在于生产资料的所

---

① ［意］尼科洛·马基雅维里：《君主论》，潘汉典译，商务印书馆1985年版，第74页。

有制形式。在私有制基础上产生的是利己主义的思想，而在公有制下产生的是大公无私的思想。莫尔反对禁欲主义，"乌托邦人给至善下的定义是：符合于自然的生活"①。康帕内拉也认为私有制和利己主义是万恶之源，肯定财产公有制是最好的制度。早期空想社会主义对私有制的揭露与批判，并企望建立人与人之间新型的道德关系，以达到人类共同的幸福，虽然带有浓厚的理想色彩，但却为后期的空想社会主义的产生和科学社会主义思想的诞生作了必要的思想准备，其启发作用和历史意义是不容忽视的。

西欧中世纪时期的伦理思想在总体上表现出对上帝与权威的维护，将道德规范视为神圣天条，表现出对人性、情欲的压抑。而文艺复兴时期对人文精神的弘扬，又确立了人的本体地位，将道德的本质和规范视为人性发展需要的一部分。

第三节　近代西方的伦理思想

西方近代思想史上对伦理思想的认识与思考主要有两大倾向：一是通过经验、观察、归纳等方法建立伦理思想的经验主义倾向。二是通过以理性设定和认识普遍原则来演绎、论证伦理思想的理性主义倾向。无论是经验主义的理路，还是理性主义的理路，大都以人性理论为基础进行论证和阐述。这既与文艺复兴时期人本主义思想相渊源，更是与资本主义社会的制度背景和文化背景密不可分。

一、经验主义的伦理思想

16 世纪末至 17 世纪的英国是资本主义发展最早最强的国家，其自然科学和文化艺术也是独占鳌头，并在哲学上形成了强大的经验主义思潮，在伦理思想上也呈现出经验主义方法论倾向。

1. 培根的伦理思想

在英国思想家中，培根可以说是一个代表时代精神的思想家，他虽然没有建立起新伦理思想体系，但其对以往伦理思想的考察和总结，对道德问题的思考，对近代西方伦理思想的演变和发展却具有开拓性意义。

培根认为伦理学是研究善的学科，这种研究应当在人们的关系和行为活动中去研究，而不能孤立地抽象地去研究。他提出了基于观察和实验基础上的归纳法，主张从感性事物中引出公理，最后达到对普遍的公理的认识，从而达到理性与经验的结合。从经验主义方法论入手，培根认为传统伦理学探讨道德问题的失误是没有求教于自然。依据自然力关系的原理，培根提出了"全体福利说"，他给"善"下的定义是：善就是利人或有利于人类，明确提出道德是与利益相关联的思想。

2. 霍布斯的伦理思想

培根以后，霍布斯沿着经验主义的路线，进一步发展了格劳秀斯的自然法理论，完

---

① ［英］托马斯·莫尔：《乌托邦》，戴镏龄译，商务印书馆 1982 年版，第 73 页。

成了从中世纪到近代伦理思想的真正转折。

霍布斯认为研究美德与恶行的科学是道德哲学，并强调以理性和论证的方法研究道德问题，其所言的理性方法是指对感性经验的分解和组合，所以霍布斯在伦理思想上仍带有鲜明的经验主义特色。霍布斯以感觉论为起点，认为人是感性的物质的实体，而道德根源就在于我们的感觉，所以，"任何人的欲望的对象就他本人说来，他都称为善，而憎恶或嫌恶的对象则称为恶"①。并依据感觉将善分为三种：预期的善、效果的善和手段的善，相应的恶也有三种：预期的恶、效果的恶和手段的恶。因而，就善与恶本身而言，没有绝对的标准。霍布斯不仅以感性主义人性论解释道德的起源，而且还以此确立道德的行为准则，提出了一系列自然法条文，成为衡量人们行为善恶的标准。而"自然法"的核心就是：保存自己的利益，即使是放弃自己的一部分权利，也是为了获取更大的利益。霍布斯在伦理思想上的最大贡献，是以感性论为基础说明人性及善恶问题，彻底地割裂了与神学的关系，建立了近代利己主义的功利主义道德论体系。

3. 洛克的伦理思想

洛克是继培根、霍布斯之后最著名的唯物主义哲学家，也是经验主义的继承者。洛克在伦理思想上，反对"天赋道德论"，认为人们的道德原则和伦理思想不是天赋，而是人们在经验的基础上，通过理性而发现的。

从自然主义感觉论出发，洛克认为，所谓善就是能引起快乐或减少痛苦的东西，所谓恶就是能产生痛苦或能减少快乐的东西。追求幸福，避免不幸是人类固有的本性，而幸福与苦难也像善恶一样是相对的，相比较而存在的。在道德标准问题上，洛克肯定世上没有普遍接受的共同的善恶标准，在现实生活中，人们道德上善恶的标准就是法律，"善或恶，乐或苦是看我们遵守法则与否"②。洛克和其他经验主义者一样，并没有忽视理性在道德生活中的重要作用，而是在道德问题的探讨中以经验主义的方法和思维方式来确立伦理思想的理论基础，而这种方法往往注重对现实道德问题和直接的利益关系的探讨，而忽视了对道德普遍性和社会长远利益的反思。

4. 休谟的伦理思想

休谟也是英国传统经验主义的承继者，在同大陆唯理论的论争中，休谟在伦理思想上却逐渐走向了情感主义。

休谟在道德问题的研究中采用的是与心理学结合的观察和经验的方法。他用这种方法研究人性所得出的结论是：善与恶的区别不是从理性而来，而是从道德情感而来。休谟认为理性不是道德的源泉，道德判断只是性质不同的知觉，道德规则并不是我们理性的结论。因此，休谟发现无论是经验主义对理性作用的肯定，还是理性主义对道德原则的论证，都没有说明"是"是如何推出"应该"。他说："我所遇到的不再是命题中通常的'是'与'不是'等连系词，而是没有一个命题不是由一个'应该'或一个'不

---

①　[英] 霍布斯：《利维坦》，黎思复、黎廷弼译，商务印书馆 1985 年版，第 37 页。
②　[英] 洛克：《人类理解论》上册，关文运译，商务印书馆 1959 年版，第 328 页。

应该'联系起来的。"① 休谟提出了但并没有解决的这个新发现，就是被现代西方伦理学称为事实与价值的关系问题，而休谟在这个问题上将道德付诸情感的主张又为现代元伦理学继承和发展。

二、理性主义的伦理思想

在经验主义伦理思想形成的同时，欧洲大陆形成了理性主义的伦理观。17 世纪可以称得上是方法论创立的时代。理性主义方法论不仅以理性思维方式奠定了道德哲学的理论基础，而且还以理性为核心为其伦理观确立了至上的标准和尺度。

1. 笛卡儿的伦理思想

笛卡儿是近代理性主义的先驱，他以"我思故我在"的认识论命题宣告了人的理性的至上地位。

笛卡儿认为，"理性"就是人的本性，自我的本质。笛卡儿由此而提出了怀疑主义的思想，认为必须对已有的知识进行普遍的怀疑，一切意见和观念都要放在理性面前加以审视。他不仅怀疑感性经验的可靠性，而且怀疑外部世界的真实性。但在笛卡儿看来，伦理观念和道德原则不是由感性经验而来，而是理性本身所固有的，理性是道德判断的标准。笛卡儿并没有建立起伦理学的思想体系，但却为伦理学奠定了理性主义的认识论和方法论基础。

2. 斯宾诺莎的伦理思想

在方法论上，斯宾诺莎和笛卡儿一脉相承，提出理性是认识的唯一手段、是判断真理与错误的尺度。

斯宾诺莎肯定人有自保的本性和情感，而情感和情欲必须要以理性为指导，只有"主动的行为或者为人的力量或理性所决定的欲望永远是善的；其余的欲望则可善可恶"，"因此在生活中对于我们最有利益之事莫过于尽量使我们的知性或理性完善"，而阻碍人的理性趋于完善的就是恶。② 一个人要获得幸福，就必须依理性而生活，也就是要依照必然性而生活。而理性作为一种必然在某种意义下又可能丧失人的选择自由，但斯宾诺莎认为像"两善相权取其大，两恶相权取其轻"这样的道德律作为真理，已不是个人的判断和经验，而是一条规律，而自由是对必然的认识，只有完全听从理智的指导的人才是自由的人。

3. 莱布尼茨的伦理思想

如果说斯宾诺莎基于唯物主义的哲学世界观在道德问题的探讨上还有一定的经验论成分的话，那么到了莱布尼茨那里，则是完全用理性并结合理性的化身"上帝"来阐明其道德问题的。

---

① ［英］休谟：《人性论》下册，关文运译，商务印书馆 1980 年版，第 509 页。
② ［荷兰］斯宾诺莎：《伦理学》，贺麟译，商务印书馆 1983 年版，第 228 页。

莱布尼茨指出，我们的理性常常陷入这样一个迷宫：就是自由和必然的关系问题，特别是恶的产生和起源的问题。莱布尼茨依据"充足理由律"这一理性主义前提试图解决伦理思想上这些关键的问题。他认为，偶然的事物是存在的，但偶然的事物不是事物存在的充足的理由，必然的实体是自身存在的理由，而上帝就是必然的实体。他肯定偶然事物的存在，也就承认自由的存在，而道德选择上的自由，就是在理性的指导下摆脱情欲的役使。为了给精神王国设立理性这一最高裁决者，莱布尼茨用上帝来说明现实世界是最好的世界，而最好的世界并不是没有恶，正是因为"恶"的存在才使"善"显得更美，所以说恶的根源也在于上帝，这也是道德领域的"前定和谐"。他认为善由恶而起，由恶而获得，肯定恶也来自必然性，也就肯定了道德存在的客观性和绝对性。他主张以上帝所自任维护的理性的不变规则作为衡量道德的善和德性标准，"善的就是：出于上帝的一般制定的，是符合于自然或理性的"①。虽然莱布尼茨的伦理思想带有泛神论的倾向，但其建构的严密的理性主义体系，却对18世纪启蒙思想家和德国古典哲学产生了深远的影响。

三、功利主义思潮

功利主义是依据经验主义方法论而建立起来的，作为一种系统的完整的伦理学说，是在18世纪末至19世纪初由英国的边沁和穆勒完成的。

1. 边沁的功利主义

边沁主张，感觉经验是智识的最根本而又最真实的基础，道德判断的标准就是感觉经验的快乐和痛苦，并提出了快乐的计算方法。

从快乐主义出发，边沁认为功利就是人求福避祸的特性，因此，"功利原则是指这样的原理：它按照看来势必增大或减小利益有关者之幸福的倾向，亦即促进或妨碍此种幸福的倾向，来赞成或非难任何一项行动"②。最大多数人的最大的幸福，是边沁的功利主义的最高原则。边沁的最大幸福实际上不是指社会利益，因为社会利益就是组成社会之所有单个成员的利益之总和，所以功利原则最终还是保障个人利益的最大幸福。从功利原则出发，边沁又主张对人的行为道德的评价应看后果而定，认为人的任何动机都可以产生善或恶，所以，人只对行为的结果负责。效果论的主张有利于对道德行为作出客观评价，但忽视了道德内在价值的建设和思考，在实践中往往导致一味追求功利而破坏道德价值。

2. 穆勒的功利主义

穆勒的功利论是对边沁思想的延续和修正。从快乐可欲和快乐使人幸福这一经验事实出发，穆勒认为快乐就是道德的标准。

穆勒不仅与边沁一样承认快乐有量的差别，而且与边沁不同的是，他更强调快乐有

① ［德］莱布尼茨：《人类理智新论》上册，陈修斋译，商务印书馆1982年版，第260页。
② ［英］边沁：《道德与立法原理导论》，时殷弘译，商务印书馆2000年版，第58页。

质的不同。但对于快乐的质和量的区别，只能依个人的经验为基础，否认了道德的客观性。穆勒的功利主义也强调"最大多数人的最大幸福"，甚至把为大多数人的福利而牺牲自己的福利看作最高的幸福，但如果牺牲自我而没有增加幸福的总量就是没有意义的。穆勒认为之所以要顾及别人的利益，是因为人们通过心理学的经验联想明白共同的利益的需要对自己更有益，与边沁一样，功利主义最终追求的是个人利益。在道德评价问题上，穆勒比边沁进了一步，认为道德标准是评价行为的标准，而不是评价人的标准，对行为的评价只注重效果和责任，而对人的评价则要考察动机和内在品质。既强调功利，又重视道德价值，表现出一种动机与效果统一的趋向和努力，可以说是对功利主义的一大发展。

从总体上看，功利主义没有解决休谟提出的"是"如何推出"应该"的问题，将快乐的"可欲"等同于快乐的"应该"，而如果每个人可欲的都成为应该的，也就没有什么善恶了。

四、18 世纪法国启蒙思潮

18 世纪法国启蒙运动承接了理性主义的方法和视角，对道德问题进行理性反思和论证，并产生了具有唯物主义倾向的道德观。

1. 伦理思想启蒙的开始

18 世纪法国启蒙运动在伦理学思想领域的启蒙是从培尔和伏尔泰开始的，他们不仅把笛卡儿开始的怀疑主义、理性主义贯穿于道德问题的思考中，而且对封建道德和神学道德进行了否定和批判。

培尔认为道德是以理性的普遍规律为基础的，在选择自由的问题上，培尔采用了莱布尼茨的观点，认为理性的决定力量并不否认人的自由，人们认识到理性正是真实利益的体现，就会自由地选择善。培尔认为人心是向善的，强调人的意志不仅可以遵循理性，而且可以在行为习惯中规定自己，养成美德。培尔所表现出的确立道德的必然性、独立性和普遍性的企图，可以说是康德的绝对命令的理论准备。

伏尔泰认为人类历史是受自然法支配的，是合乎理性有规律地发展的，伦理观来自于自然法。因此，道德上的善与恶有客观标准，社会公共利益是道德的唯一标准。同时，伏尔泰也承认道德标准的相对性，不同民族有不同的标准，但他认为自然法是永恒不变的标准。他反对利用道德标准的相对性为私人利益作辩护，主张遵从自然法，尊重理性和人类的需要。

孟德斯鸠也接受了笛卡儿的理性怀疑精神和批判精神，确立了自然神论的思想，强调自然对上帝的独立，并试图进一步探求社会发展的规律性。按照这一思路，孟德斯鸠提出了理性法则是各种法则的根本原因。理性教导人们整体大于部分，因而在伦理思想上应重视整体的利益。但孟德斯鸠又强调公共利益就是要保护私有财产，所以"善"就是维护整体利益和个人的正当利益，反映了资产阶级的政治要求和道德要求。

2. 唯物主义的伦理思想

18 世纪法国启蒙运动的一个重要特点，就是在伦理观及伦理思想上表现出了唯物主义倾向，其主要代表人物有卢梭、爱尔维修、霍尔巴赫等。

卢梭认为，自然状态是人人平等、自由的状态，随着私有制的确立，形成了社会的不平等，才有道德的堕落。卢梭肯定道德是社会的产物，自然状态无所谓道德，看到了私有制带来的物质文明与道德文明的对立，这些思想无疑包含着历史唯物主义的萌芽。卢梭认为人性有两方面：情欲和理性，社会的人常陷于理性与情欲的斗争。卢梭反复强调理性的重要，强调理性指导情欲，教导人以道德。他把理性发现真理的过程看作内心的活动过程，因此，良心就是人们内心判断道德的最高标准。由此，卢梭又主张判断行为道德的依据在于动机，人是自由的，为善为恶在于自己。卢梭强调人要得到幸福，必须自己去努力去斗争。同时，他也看到了社会对人的命运的影响，因此，要获得幸福还必须改造社会。卢梭伦理思想中的战斗精神和对自由的呼声，成为法国大革命的思想武器。

爱尔维修从唯物主义感觉论出发，认为人性就是趋乐避苦的感受性，趋利避害是人们行为的唯一原因，推而论之，道德完全是由利益决定的，"利益支配着我们的一切判断"。爱尔维修将人的本质看作自私心和自爱，同时，爱尔维修又认识到个人离不开社会，又试图使个人利益与社会利益结合起来。由此就需要诉诸理性，理性的根本原则是社会利益高于个人利益，因此公共利害是判断道德行为的标准。正像他看到道德与利益的关系，却又将个人利益理解为道德的基础，无法说明道德的本质一样，爱尔维修在道德修养问题上也看到了环境和教育的重要作用，而由于其将环境的改变的原因推给立法者的意见，所以也无法解答现实社会如何培养有道德的人的问题。

霍尔巴赫主张道德科学应该像自然科学一样，建立在确定的、自然的原则基础上。而霍尔巴赫建立的科学伦理思想的基础也是爱尔维修的感觉论，认为人的本性是自爱，利益是人的行为的动力。霍尔巴赫着重指出了，由人的理性建立的道德义务是必然的、确定的，强调道德义务的履行会给自己和他人带来幸福。霍尔巴赫和爱尔维修一样，强调环境对人的伦理观、道德品质形成的影响。他从唯物主义认识论前提出发，认为政治、法律制度、社会舆论、教育可以决定人的道德品行。同样，霍尔巴赫也陷入了"意见决定环境"的悖论中。

总体上看，18 世纪启蒙哲学对道德的本质、起源及标准等问题的探讨所具有的唯物主义因素，不仅为法国大革命提供了思想准备，而且也为马克思主义伦理思想的创立提供了思想来源。

五、德国古典哲学的伦理思想

18 世纪法国启蒙运动和法国大革命，深刻地影响着德国思想界，其中最大的成果就是在伦理思想上形成了思辨的理性主义和唯心主义辩证法体系。

1. 康德的理性主义伦理思想

德国古典哲学创始人之一康德是理性主义伦理思想的集大成者，建立了严密的理性主义道德论体系。

康德在伦理思想上的"哥白尼式的革命",就是将"是"与"应该"区别开来,认为道德哲学就是研究"应然"的领域。康德的"应然律"是以理性为磐石而确立起来的,他主张人就是理性存在者,而自由是一切有理性的东西的意志所固有的性质,因此,人能够为自己立法。康德不赞同法国唯物主义者将道德标准归结为利益或快乐,认为这不仅亵渎了道德的崇高性,而且还抽掉了道德评价的依据。以人的理性意志自由为契机,康德确立了理性的普遍立法原则,即"你的行动,应该把行为准则通过你的意志变为普遍的自然规律"①。通过普遍意志而产生的普遍规律和法则就是人们行为的道德标准,也就是人们行为的绝对命令。由此而确立的绝对命令是普遍的没有任何条件的,是每一个人都必须遵循的义务。康德反对用狭隘的功利主义解释道德,而认为道德义务至高无上,主张"为义务而义务",特别强调对义务的尊重和自律的重要性,为动机论奠定了系统的理论基础。康德认为,人通过自己的努力可以达到"至善"的境界,"至善"是古希腊以来伦理思想的一个终极眷注的问题,康德也将德性与幸福联结起来以求取"至善",但德性不是获取幸福的手段,而是使自己配享幸福的条件。虽然恶的起源问题在理性和逻辑上不可探究,但康德仍认为人通过修养和道德自律的培养,可以改恶向善,只是获得至善和幸福是永无止境的过程,而"上帝存在"的悬设保证了彼岸幸福的可能性。"实然"与"应然"的完全割裂,使康德的道德法则与现实生活脱离,成为形式主义的东西。而康德对人性尊严的维护,对道德主体性的揭示,显示出一个理性主义者的睿智和深刻,比 18 世纪的唯物主义者前进了一大步。

2. 黑格尔的客观唯心主义思想

黑格尔从批判和继承康德的理性主义伦理思想中,建立起了庞大的客观唯心主义伦理体系。黑格尔将康德具有实践能力的纯粹理性,改造为绝对的理念,将道德的思考纳入了逻辑的历史的辩证法思辨体系中。

黑格尔反对抽象地谈论人性的善恶,而是通过逻辑、概念的历史分析的方法得出了人性既是善的也是恶的这一结论。黑格尔认为人的认识发展在自为阶段,才获得了支配世界的意志自由,意志自由是人的本性的规定,意志之间的差别产生了善与恶,所以恶也同善一样,都是导源于意志的。由此黑格尔认为,"善与恶是不可分割的,其所以不可分割就在于概念使自己成为对象"②。黑格尔用辩证的和发展的视角来探讨善与恶,可以说是开辟了道德研究的新思路。黑格尔还辩证地考察了伪善,认为伪善是善的一种假象,并历史地评价了"恶"的历史作用。黑格尔明确指出,情欲和冲动等,它们可能是善的,也可能是恶的,不能将情欲简单地等同于恶,并且"恶"可以"产生一种道德的目的,即憎恨和铲除没有规定性的恶"。③ 恩格斯也肯定在黑格尔那里,恶是历史发展的动力借以表现出来的形式。由于"理性意志"由绝对理念演化而来,黑格

---

① [德] 康德:《道德形而上学原理》,苗力田译,上海人民出版社 2002 年版,第 39 页。
② [德] 黑格尔:《法哲学原理》,范扬、张企泰译,商务印书馆 1961 年版,第 144 页。
③ [法] 黑格尔:《法哲学原理》,范扬、张企泰译,商务印书馆 1961 年版,第 150 页。

尔关于善与恶的论述仅是概念的演绎，只是黑格尔将概念的辩证法与历史进程联系起来，使其伦理思想呈现出丰富的历史感，其合理因素为历史唯物主义所吸取和借鉴。

3. 费尔巴哈的唯物主义思想

在唯物史观创立中，费尔巴哈的唯物主义思想也是其中重要的环节。在批判和抛弃康德、黑格尔的理性主义的同时，费尔巴哈又回到了 18 世纪唯物主义伦理思想的出发点上，以感觉论为理论基础，确立道德的来源和准则。

费尔巴哈进一步看到了追求幸福本身还不是道德本身，善与恶只能从"我与你"的关系中产生，在调节个人幸福与他人幸福的关系中产生。联结人与人之间关系的只有一个善，那就是"爱"，因此，费尔巴哈主张对他人的爱和对他人幸福的关注，并倡导为他人幸福而准备牺牲个人的幸福。费尔巴哈还看到没有物质生活条件难以取得幸福，并且缺乏物质条件也难以维持德行，揭示了道德生活和物质生活的关系。但是，正如恩格斯所指出的，费尔巴哈不善于利用这些原理，因此他的伦理思想整体上没有超出 18 世纪法国唯物主义的学说的水平。

近代西方思想家几乎对道德问题的每一个方面都进行了探索和反思。而其中的唯物主义对人本身、对利益与道德关系的探讨，德国古典哲学对实践理性的重视，对历史辩证法的运用，为马克思主义道德哲学的创立提供了理论来源。马克思主义经典作家在唯物史观的前提下，通过对以往哲学的扬弃和改造，建立了历史唯物主义的伦理思想，使整个伦理思想史发生了根本性的变革。马克思主义既是现代伦理思想史的开端，也是当代伦理思想的发展和未来。

第四节 现代西方的伦理思想

随着西方社会由自由资本主义时期进入垄断资本主义阶段，人们的生活方式发生了根本的变化，传统的精神价值和伦理思想发生了动摇和危机，昭示着现代价值观和伦理思想变革的到来。西方现代伦理思想的演进大致与西方现代历史的演化进程相吻合，经历了由近代向现代的过渡时期、全面发展和当代发展三个时期。

一、过渡时期的伦理思想

人们常常以摩尔《伦理学原理》（1903）一书的出版，作为现代西方伦理学开端的标志，而实际上现代西方伦理观念在 19 世纪末就已发生嬗变，尼采的意志主义、西季威克的直觉主义、新黑格尔主义和新康德主义等是西方伦理思想由近代走向现代的标志。

1. 唯意志论伦理学

唯意志论伦理学是现代西方非理性主义思潮的滥觞，尼采提出的权力意志说是西方伦理思想由近代向现代转型的开端。

尼采的意志主义思想是对叔本华的唯意志论的继承和发展。叔本华以唯意志论为主题反对黑格尔和康德的理性主义权威，并据此建立了唯意志论的思想体系。在叔本华看来，伦理学是研究人类行为的学科，"我们的任务就是要使行为的真正伦理意义获得抽象的和哲学上的明确性，并把它作为我们主题思想的环节来论证。这种伦理意义，人们在'日常'生活上就用善和恶这两个字来标志"①。叔本华认为，"只要是迎合意志的"，"只要满足意志的目的"，总而言之是把一切恰如我们所愿的都叫做善，至于和这个概念相反的就是恶。根据上面的说法，"任何'善'在本质上都是相对的"，"绝对善就是一个矛盾：最高善、至善都意味着矛盾"，只有"真正的无所欲求称为绝对善、至善"，是"唯一根治沉疴的良药"。② 意志自由问题，在叔本华看来就是道德自由，而所愿的就是善，这就"产生了这样的问题：想要本身可能是自由的吗?"③ 叔本华的回答是否定的。虽然意志本身是绝对的、自主的，但人在现实世界却不存在自由，善恶是相对的，人生是痛苦的，最终导致相对主义和禁欲主义。

　　尼采曾深受叔本华的影响，但他剥离了叔本华的悲观主义情愫，使生命意志成为强力意志而指向了未来超人的境界。在现代西方思想史上，尼采可以说是第一个摧毁旧有价值体系的思想家，"重估一切价值"是他思想的出发点，他用强力意志这个"潘多拉的盒子"，对迄今为止的一切生活价值和道德判断给予了全面的否定。在摧毁旧价值系统的废墟上，尼采以强力意志重建了一个全新价值标准。在尼采看来，传统的伦理思想包括基督教的伦理思想都是奴隶的道德，或曰弱者的道德。在弱者的哲学中，善就是温顺和善、慈爱，而恶则被看作危险和破坏，尼采称这种善、善良之人是"道德的半身不遂"，所以，尼采认为整个道德发展中还没有出现过任何真理，于是尼采宣布："上帝已死：现在我们热望着——超人生存!"④ 尼采的"超人"是强力意志的最高体现者，强力意志作为生命意志力量和潜力的本质就在于创造和超越，因此强者的伦理思想是"最大的恶属于最高的善。不过，后者是创造性的善"⑤。"超人"的行为就是强者道德的道德评价标准。尼采鼓励进取、创造、奋斗，鄙弃保守、妥协、服从这一新的伦理思想，是对传统伦理思想的一次历史性的否定，是与传统理性主义的划时代的决裂，从而引致了现代非理性主义的兴起。

2. 直觉主义伦理学

　　西季威克也是近现代伦理学中的过渡性人物，他既是近代功利主义的完善者，又是现代直觉主义伦理学的真正先驱，正是通过西季威克，才产生了20世纪以摩尔为代表的现代直觉主义的伦理学。

　　西季威克把伦理学看作关于正当或应当的科学或研究，西季威克首先区别了"正当"与"善"，认为"正当"意含能够和命令，是不可分析的概念，而"善"则是可

① ［德］叔本华：《作为意志和表象的世界》，石冲白译，商务印书馆1982年版，第493页。
② ［德］叔本华：《作为意志和表象的世界》，石冲白译，商务印书馆1982年版，第496页。
③ ［德］叔本华：《伦理学的两个基本问题》，孟庆时译，商务印书馆1996年版，第37页。
④ ［德］尼采：《查拉斯图拉如是说》，楚图南译，文化艺术出版社1987年版，第344页。
⑤ ［德］尼采：《权力意志》，张念东、凌素心译，商务印书馆1991年版，第100页。

以分析的。在西季威克那里，直觉主义不是指哲学家建构伦理体系的方法，而是指人们据以确定"正当"的合理程序的方法，按照他的理解，善是可以自明的，人们能够把行为中的某些品性和义务视为直觉可以领悟的绝对命令。功利主义原则就是一种直觉的自明的伦理原则，并主张把功利主义理解为普遍的幸福。西季威克对传统经验主义的改造，对"正当""善"等范畴的精心论证和分析，直接成为现代西方伦理思想的主题。

3. 新黑格尔主义

新黑格尔主义对伦理观、价值论的重新诠释，为现代西方价值论的崛起提供了理论的渊源。

被公认为新黑格尔主义领袖人物的布拉德雷，从分析"我为什么应该有道德"入手，提出了伦理思想的新见解。他认为这一问题实质上是目的善与手段善的关系问题。在他看来，任何善都没有自在的性质，只有当它与某种目的联结在一起时才有意义，善本身就包含着目的与手段的统一。布拉德雷借用黑格尔的历史主义方法把善的目的引申到历史的考察中，提出了自我实现的有限与无限统一的目的性原则。由此，布拉德雷用黑格尔理性辩证法论证了道德并不是快乐而是善良意志的实现，义务必须服从善良意志，也就是康德的"为义务而义务"。布拉德雷是用黑格尔的理性主义方法论证了一个康德式的形式主义义务论的体系，最终归于康德。

4. 新康德主义

新康德主义者文德尔班、李凯尔特则是直接以康德的"善良意志"的实践理性为出发点，建立了先验的价值学体系。

被西方学术界称为价值哲学创始人的洛采是从本体论的角度思考价值问题，认为"善"是具有普遍价值的事物的基础，是各种价值中的最高价值，善作为价值本体是一种"绝对目的"和"应该存在"的最高理想。依据康德的实践理性主张，洛采将"善"推演到个体生活领域，认为个体善性的普遍化使善概念获得了道德评价的意义，从而使本体论的"善"和实践领域的"善"统一起来。

继洛采之后，其弟子文德尔班和李凯尔特将价值论的研究推进了一步。在文德尔班那里，首先区别了"事实"与"价值"，"事实"属于客观自在的领域，属于本体论，"价值"是评价的领域，属于价值论。他认为虽然纯粹的客观的价值不存在，但评价的客观性即普遍有效性是存在的，因为评价的普遍的有效性存在于主体的先验规范意识中，也即康德所言的"善良意志"中。李凯尔特也将"价值"与"事实"区分开来，而"关于价值，我们不能说它们实际上存在着或不存在，而只能说它们是有意义的，还是无意义的"①。虽然，李凯尔特认为对历史事件只能作意义评价，而不能作肯定或否定的评价，但是李凯尔特和文德尔班一样，常常将"价值"等同于"评价"，忽视了价值与评价的区别。价值论的建立为解决道德价值与道德评价的关系问题提供了合理的见解和哲学基础，同时也使得当代价值论对道德问题研究方兴未艾。

---

① ［德］李凯尔特：《文化科学和自然科学》，涂纪亮译，商务印书馆 1986 年版，第 21 页。

二、全面发展时期的伦理思想

20 世纪上半叶是现代西方伦理思想的全面发展时期，这一时期伦理思想的发展主要表现为科学主义和人本主义的论争和流变。在伦理思想上科学主义既不是传统理性主义的延续，也不是对传统经验主义的简单摒弃，而是以逻辑经验主义为哲学基础，以科学主义为方法论，建立了具有严密逻辑性的道德学说体系，而在道德认识问题上却又得出了非理性的结论，将道德的认识与评价诉诸于直觉或情感。同样，人本主义也不是对理性主义和经验主义方法论彻底摧毁，从方法论上而言，人本主义是与科学领域的变革相联系的。20 世纪以来，随着相对论、量子力学的提出，统计规律、概率随机性、不确定性的思想出现，极大地推动了人们思维方式的改变，也导致了人本主义在认识论上陷入非理性主义和相对主义。

1. 元伦理学

20 世纪伊始，摩尔建立的价值论直觉主义开了现代元伦理学的先河，摩尔运用逻辑分析的方法，论证了"善"的不可定义性，并认为要认识善的内在价值，只能通过直觉。摩尔在批判传统的各种关于"善"的定义是"自然主义的谬误"的同时，认为道德哲学的任务就是分析伦理词语的意义，从而将道德哲学的研究推向了单纯对概念进行逻辑分析的境地。

以普里查德和 D. 罗斯为代表的义务论直觉主义承继了摩尔的科学主义方法，他们否认"善"或类似的价值范畴是伦理学的基本概念，认为"义务""正当"等概念是第一性的，是不能定义和解释的，只有道德直觉能够指明义务是什么。直觉主义关于"善""义务"等基本概念的详尽论述及其对逻辑分析方法的运用，对于克服传统规范伦理学中的片面的经验主义和形而上学倾向无疑具有积极的意义，也为 20 世纪元伦理学的发展提供了有益的启迪。然而，直觉主义把道德概念设定为不证自明的本体，把对伦理概念、道德判断的逻辑分析当作道德问题研究的基本方法，并以此建构所谓精确的道德科学，实际上是抽掉了道德哲学的基本内核，使其只剩下了道德词语这一空洞的形式。

20 世纪 30 年代，由于逻辑实证主义哲学的兴起，元伦理学的情感主义取代了直觉主义的地位。情感主义的早期代表维特根斯坦认为，价值判断只能表达人的心灵状态和情感，而后者是处于人类语言所表达的"事实"范围之外的。艾耶尔则认为，道德命题可以作逻辑分析，而一些实际的道德判断只是情感的表达。既然实际的道德判断并不表达什么事实，也不能对它作逻辑的分析，那么关于价值问题的争论就没有必要，也无真假之分。斯蒂文森对情感主义作了重大的发展，他不再将情感与知识完全分割开来，斯蒂文森认为，道德判断包含着描述和情感两个方面。情感主义对道德的认识、价值与事实等关系的探讨，对伦理语言的分析以及对道德判断中的情感问题的关注，丰富了道德问题研究的内容和方法。然而，情感主义者的逻辑实证原则，却使得它最终否定了道德问题研究的必要性，因为道德命题是不可能满足严格的逻辑和实证的要求的。

作为语言分析学派的规定主义虽然仍然坚持现代元伦理学的逻辑语言分析方法来研

究道德哲学问题，但却否定了情感主义的结论，并力图论证道德判断的合理性和可证明性。图尔闵认为，道德哲学的基本任务应当是寻求充分的理由来支持道德判断。通过对语言实际运用方式的研究，图尔闵认为，道德判断必须以群体生活的相互联系为根据，并指出任何关于道德判断的理论都不能代替对道德判断在道德经验中的作用方式的实际考察，从道德经验中可以推论出普遍的道德原则。黑尔通过对日常道德概念的逻辑分析认为，道德语言是一种规定性的语言，价值词"恶"与"善"的主要功能是用做谴责或赞扬，因此，可以通过建议、劝告来指导人们行为的选择，价值词的规定性具有规范的作用。20世纪70年代后，黑尔逐步由元伦理学的研究转向对规范伦理学的关注，主张只有通过对道德思维进行逻辑分析才能保证道德原则对实际生活的规范和指导作用。黑尔指出："行为之所以能以独特的方式展示道德原则，其原因正在于，道德原则的作用就是指导行为。道德语言是一种规定语言。"①　规定主义对道德语言的分析是卓有成效的，其试图将逻辑的形式与现实的道德内容相结合，反映了当代西方伦理学发展基本趋向。但是，规定主义局限于逻辑的方法论证道德判断的规范性，又使道德判断的应用过于严格，容易导致曲解道德原则的应有之义。20世纪下半叶，元伦理学的影响日渐减弱。

2. 存在主义

西方社会的固有矛盾和危机特别是20世纪上半叶的两次世界大战，造成人们精神世界的崩溃，使得许多思想家开始关注现实的道德问题。与19世纪后期非理性主义思想有着渊源关系的存在主义伦理学，就是在这种情况下产生的。

存在主义先驱克尔凯郭尔从非理性、非整体主义立场出发，强调自我的价值存在才是真实的存在。海德格尔进一步认为，人的存在是最根本的，同时对道德的探讨也提到了本体论的地位，"其存在为烦的存在者"，"这种本质性的有罪责存在也同样源始地是'道德上的'善恶之所以可能的生存论条件"。②　萨特的"存在先于本质"的命题，也首先指出了"存在"具有本体论意义上的优先地位，说明了自由是人的存在的最高价值的体现。因此，萨特主张没有客观的统一的道德标准，人们在道德选择上是绝对自由的。存在主义从传统的客体化道德转向关注人的感性生活的主体道德，从传统的理性主义的道德原则转向关注人的非理性的道德选择，并将关于道德的思考提高到本体论的层次有其历史合理性。然而片面强调主体自由，否认传统道德价值及其道德标准的合理性，又使存在主义陷入了极端相对主义和道德虚无主义。

3. 弗洛伊德主义

现代西方人本主义思潮的另一个重要派别，是19世纪20年代形成的弗洛伊德主义。弗洛伊德认为，道德根源于个人内在的心理结构，它是对无意识本能的压抑；并推

---

①　[英] 黑尔：《道德语言》，万俊人译，商务印书馆1999年版，第5页。

②　[德] 海德格尔：《存在与时间》，陈嘉映、王庆节译，生活·读书·新知三联书店1987年版，第342页。

测人类道德起源于原始人的悔罪感，非理性的情欲是道德原则的基础。新弗洛伊德主义的代表人物弗洛姆一方面继承了精神分析的方法并运用它来分析现代社会中的人和自由问题，另一方面又接受马克思主义的社会学说，强调社会因素对人和道德的作用。然而，弗洛姆主要是用精神分析方法来探寻符合人本性的道德标准。他认为，只有改变人的心理和道德面貌，才能改变现今的社会制度，才能实现"社会主义的人道主义"。弗洛姆对资本主义道德的现状的批判，无疑是有积极意义的。然而他那种企求从人的本性中寻找一种永恒的、抽象的"善"的做法却是马克思主义一向所反对的。

4. 实用主义

20 世纪初产生于美国的实用主义，实际上也是人本主义思潮的一个组成部分。

詹姆士把实用原则运用于道德领域，主张善就是满足人的需要，并认为每一种道德境遇都是独有的、不可重复的，从而把道德当成了获得成功的"一种方便方法"①，完全否认了道德的客观性。杜威从生物进化论和彻底经验论出发，认为任何道德判断和科学判断一样，都是来自经验的，都只不过是应付环境的工具；善是在具体境遇中人的要求的满足，个人具有选择对自己有用的价值的自由。因此，在杜威那里，道德判断变成了个人的主观经验与对利害关系的权衡。实用主义反对元伦理学将价值与事实、道德与科学割裂开来的观点是正确的，但它却忽视了道德与科学的本质区别，将道德工具化、实用化了，实际上否定了道德理想和道德价值的特殊性和重要性，走向了狭隘的经验主义和相对主义。

5. 现象学

科学主义和人本主义虽然在学理上对道德的探讨各不相同，但其认识论上对道德的价值相对性、非理性的肯定却似同出一辙。而价值论尤其是胡塞尔的现象学价值论，却表现出从认识论上追求绝对真理和永恒价值的努力。

胡塞尔在对科学的哲学理性的追求的同时，也展现了他对人类主体性的深刻理解。胡塞尔通过现象学的还原方法，摆脱一切前哲学的假设，从纯粹意识出发把握在纯粹直观中绝对被给予的东西，目的就是要把握绝对真理和永恒价值。依胡塞尔所言，"生活世界"是具有普遍理解性和普遍目的性的人性化领域，胡塞尔的现象学主体价值学可以说是追求至善目的的价值观。

承继胡塞尔的理路，舍勒创立了实质的价值学，实质价值伦理学就是善伦理学或目的伦理学，他指出："一种完善的行为不仅包括所求的客观之善，也拥有作为'至善'的对其建立在客观基础上的价值优先的自明性认识。"② 在区分了价值善与价值恶之后，舍勒指出个人才是道德价值的真正载体，"善"和"恶"乃是个人的价值，唯有个人才能成为道德的善或恶，人格价值也是最高的道德价值。舍勒价值论的伦理思想力图从自

---

① ［美］威廉·詹姆士：《实用主义》，陈羽纶、孙瑞禾译，商务印书馆 1979 年版，第 156 页。
② ［德］舍勒：《价值的颠覆》，刘小枫编，罗锦伦等译，生活·读书·新知三联书店 1997 年版，第 306 页。

明的公理出发，推出客观、普遍的道德规范，但对个人价值和人格责任过度张扬又易陷入主观主义和相对主义，舍勒不得不求诸"爱"，通过"爱的秩序"进入一个光明的价值世界。哈特曼也是基于胡塞尔的现象学方法，并吸取了舍勒的实质伦理学的观点，建立了价值现象学的伦理思想。哈特曼区分了善物和善性，认为善性是最基本的道德价值，一切善物价值均以善性为基准，与善相对的是恶或恶性，它是最基本的反价值。依哈特曼之见，个人才是道德价值的创造主体和现实载体，而且还特别强调伟大人物在价值存在中的优先地位。哈特曼将价值的实现推向主体的自由，但却没有流于主观随意性和不确定性，因为道德自由源于他自身之目的的追求和价值理想的原则决定，体现了对主体价值所具有崇高理性和精神理想的肯定。

现象学的价值论在西方伦理学史上第一次系统地确立了价值范畴包括道德范畴的本体论地位，为进一步研究道德与其他价值的关系提供了理论前提。

三、伦理思想的当代发展

西方伦理思想的当代发展再度呈现了摧毁与重建的态势。一方面以罗尔斯、麦金太尔为代表，试图在传统回归中寻找重建当代规范伦理学的理论基石；另一方面，以阿佩尔、哈贝马斯等为代表，力求在当代哲学发展的对话和交流中，建构伦理规则的普遍有效性。与重建伦理思想的努力相反，后现代哲学以其反基础主义、解构主义对当代西方哲学和伦理学的理论基石进行了摧毁和颠覆，从一个侧面又说明了 21 世纪伦理思想的重建方向必然是建设性向度的。

1. 正义理论

当代西方伦理学复归规范伦理学的一个重要表现，就是 20 世纪 60 年代后期出现的正义理论。这一转型的标志性成果就是当代美国著名伦理学家和政治哲学家罗尔斯的《正义论》的出版。《正义论》的出版，不仅标志着元伦理学向规范伦理学的复归，而且标志着制度伦理思想的进一步发展。

罗尔斯面对二战后西方社会的政治不平等、分配不公正、种族歧视、社会动荡等社会问题，通过"进一步概括洛克、卢梭和康德所代表的传统的社会契约理论"，提供了"一种对正义的系统解释"。[①] 罗尔斯认为，正义是社会制度的首要价值，"正当概念优于善的概念"[②]。在罗尔斯看来，正义（公正）是制度的首要价值，是人们通过原初状态进入契约社会的选择，因而罗尔斯反对功利主义将正义原则放入社会生活中次要地位的做法，第三章西方伦理思想的历史进程主张正义是社会制度的最高价值目标。为此，罗尔斯明确提出，"社会正义原则的主要问题是社会的基本结构，是一种合作体系中的主要的社会制度安排"。[③] 并提出关于制度的伦理与个体的伦理是两个不同的领域，拥

[①]　[美] 约翰·罗尔斯：《正义论》序言，何怀宏等译，中国社会科学出版社 1988 年版，第 2 页。

[②]　[美] 约翰·罗尔斯：《正义论》，何怀宏等译，中国社会科学出版社 1988 年版，第 382 页。

[③]　[美] 约翰·罗尔斯：《正义论》，何怀宏等译，中国社会科学出版社 1988 年版，第 50 页。

有不同的主题，应该分别加以讨论，而社会制度的正义就是罗尔斯制度伦理学说的主题。为此，罗尔斯系统地论证了平等原则和差异原则，并力图通过对满足正义原则的社会基本结构以及由它所决定的个人道德原则的考察来解决正义与善的一致性问题。

与罗尔斯不同，诺齐克的正义理论开宗明义地宣称"个人拥有权利"①，并把个人的权利作为道德的标准，认为既然侵犯了个人利益是不正当的，那么国家侵犯个人的权利也不是善的。诺齐克明确指出，社会正义的首要问题不是权利的社会分配问题，而是个人权利的社会保障问题。正是从个人权利的优先性的理论基础出发，诺齐克一方面探讨了国家的起源及其合理性的问题，另一方面证明最低限度、最弱意义上的国家的可能性和合理性。按照诺齐克的思路，每一个人都是不同的存在，不仅有着不可再生的生命，也拥有与生命相关的权利，个人不能成为他人或集体的手段和工具，每一个人都应是不可侵犯的。由此，诺齐克认为国家应该保障每一个人的权利，不能对某些人或群体有偏心，它必须对所有公民保持中立。

2. 德性伦理学

麦金太尔是 20 世纪思想史上的又一位思想大师，麦金太尔以其德性理论对罗尔斯和诺齐克的新自由主义思潮进行了驳难，也预示着伦理学研究路向的又一次转型。

与罗尔斯、诺齐克重视社会正义、个人权利的制度视角不同，麦金太尔希求回到亚里士多德的德性传统来拯救当代西方社会的道德危机。麦金太尔也承认，正义问题是当代伦理学的重要主题，但他认为仅仅将正义、公正问题的探讨限于社会公共领域，限于制度的秩序是不够的，所以他指出罗尔斯的社会正义理论和诺齐克的最弱意义国家理论都无法帮助人们建立起对正义的合理性的信念和理解。麦金太尔批评罗尔斯将善、德性、目的等观念排斥在正义之外，而在麦金太尔看来无论正义原则多么周全，如果人们不具备良好的德性，也不可能有遵守规范的行为。麦金太尔指出，"德性与法律还有另一种非常关键的联系，因为只有那些具有正义德性的人才有可能知道怎样运用法律"②。麦金太尔试图超越罗尔斯和诺齐克的对立，从历史和传统批判的角度重新阐述正义与善的问题。虽然麦金太尔局限于思想史层面的探索，对西方道德危机的社会根源挖掘不足，但它注重对正义、善、德性等进行社会历史的考察，注重内在德性的建设，是应该予以肯定的。

3. 现代功利主义

功利主义在 20 世纪初因受到实证主义的批判而失去原有的地位。20 世纪 60 年代以来，随着规范伦理学的兴起，功利主义又活跃于当代哲学界。现代功利主义派别众多，其中影响最大的有准则功利主义和行动功利主义。

准则功利主义的代表人物 R. B. 布兰特认为，理想的道德准则就是能最大限度地增

---

① ［美］诺齐克：《无政府、国家和乌托邦》，姚大志译，中国社会科学出版社 1991 年版，第 1 页。

② ［美］麦金太尔：《德性之后》，龚群译，中国社会科学出版社 1995 年版，第 192 页。

进每一个人福利的道德原则，从长远观点来看，遵守道德规则总会使大多数人获得最大的益处。准则功利主义在坚持功利原则的同时也承认道德准则对行为的重要性，其目的在于调和功利论和义务论的冲突。准则功利主义对传统功利主义的重构和改造，受到行动功利主义的批评。

行动功利主义的代表人物斯马特主张把具体情境下的个人行为作为道德评价对象。在斯马特看来，不必考虑行动的遥远的或长期的效果，因为未来是不确定的；人们只需根据此时此地的具体情境来选择自己的行动，什么样的行动结果是最好的，就是善的。可见，行动功利主义和准则功利主义一样都不过是对古典功利主义传统的复归，并没有带给人们真正普遍可遵循的道德信念。

4. 宗教伦理学

宗教伦理思想在当今社会仍具有广泛影响，其主要流派有新托马斯主义、新正统派、人格主义、境遇伦理学等。他们开始注意接受现代科学的知识，适应当代人生活的现实需要，并希图由此重构宗教神学的道德信仰。

20 世纪 60 年代以来，各派都力图改革正统宗教道德，关注现实的道德问题，并强调宗教在现代社会中的重要作用。新托马斯主义的代表人物马利坦一方面承认世俗生活是人的基本权利，另一方面又指出宗教道德才是人类道德生活的向导，并由此建立了人与神相结合的"以神为中心的人道主义"，以寻求个体善与共同善之间的和谐，并向上帝这一绝对善物跃进。境遇伦理学的代表人物弗莱切认为，要解决现实生活中的具体道德问题，正统神学的绝对主义道德准则是无能为力的，正确的方法是在任何时候都要根据行为者所面临的具体境遇并由行为者自己作出道德选择，而不是机械地遵循既定的道德规则。但是弗莱切又宣称唯一绝对的道德戒律是上帝的爱的律法。境遇伦理学重视和强调人的自由和创造性，反映了宗教伦理思想实用化、世俗化的倾向。西方宗教伦理思想总体上表现出的相对主义、人道主义的态势，是与社会发展要求息息相关的。

5. 后现代伦理学

尼采以"上帝死了"摧毁了旧有的价值体系，福柯、德里达等为代表的后现代哲学则以"人的死亡"摧毁了现代哲学和伦理学重建的基础。

后现代哲学在伦理思想上，主要是对人本主义进行了解构，摧毁了人的先在性、绝对性、自主性的地位。运用考古学的方法，福柯对"人"进行了考察，认为"人"并不是永恒的存在物，人的自主性和创造性都是一种神话。德里达从解构主义的立场出发，将人本主义原则视为一种"在场的形而上学"，认为作为中心概念和本原概念的"人"并不存在。人性论是传统伦理思想的重要理论基础，后现代哲学彻底摧毁了这一理论前提，他们不承认有普遍的人性和人的本质，认为"人类理性的进步"只是一种人本主义的虚构。由此，后现代哲学解构了西方近现代伦理思想的理论基石，也就彻底颠覆了西方社会的价值观和伦理思想。善与恶、价值与人都变成了知识、权力的工具或语言上的游戏。后现代哲学对人本主义原则及伦理思想理论基础的解构，导致了非基础主义、反人道主义和非理性主义的泛滥。然而后现代哲学对后工业社会中人的异化、人的不自由的现状的反对，并企图还人以本来的真实面目，引导人们审视人与人、人与自然、人与世界的关系及其重建价值观和伦理思想的努力，是应该予以肯定的。

6. 交往伦理学

阿佩尔、哈贝马斯等当代哲学家，试图以当代哲学提供的语言哲学、分析哲学、解释哲学等为理论基础，重建人类共同遵循的普遍有效的交往伦理学。

阿佩尔认为，任何人文科学都离不开道德判断和道德评价，并肯定了解释学的"理解的交往"在理解和判断他人和外来文化的生活方式中所起的决定性作用，但又认为仅仅靠解释学的"理解"和"评价"还不足以建立起人人共同遵守的道德标准。阿佩尔进一步吸取语言哲学的研究成果，提出主体间有效性是道德标准得以可能和有效的条件，即是说人们在交往中已存在的那些约定俗成的、得到共同承认的东西是制定基本伦理道德原则的先验条件。

在哈贝马斯看来，交往理论在道德问题的解决上，就是要建立话语伦理学。由交往理论引申的话语伦理学十分强调话语实践的重要性，哈贝马斯指出："话语伦理学论证道德视角的关键在于，认知游戏的规范内涵只有经过论证规则才会转变为对行为规范的选择，而且，这些行为规范和它们的道德有效性要求一道贯彻在实践话语当中。单纯依靠必要论证前提的先验强制，并不能得出道德的约束力；相反，道德约束力存在于实践话语的特殊对象之中：即话语理由所涉及的规范。"① 哈贝马斯希望通过话语伦理来建构一种普遍主义的道德原则，而实际上，建立在话语交往基础上的道德合理性只能是主观的合理性而不是实践的合理性。但哈贝马斯重建实践哲学的努力，为建立新的伦理思想体系提供了有益的启迪。

总之，现代西方道德哲学不仅在研究方法上对近代伦理思想理路进行了拓展，而且在道德问题的研究深度和广度上都有很大的发展。其研究的道德语词的明晰性、事实与价值、道德标准的相对性等问题逐渐成为当代伦理学今后仍必须关注的重要问题。

◎ **思考题**

1. 古希腊时期伦理思想的主要内容有哪些？
2. 中世纪宗教伦理思想的主要观点有哪些？
3. 如何评价近代经验主义和理性主义的伦理思想？
4. 如何理解德国古典哲学的伦理思想？
5. 如何分析当代元伦理学的伦理思想？
6. 如何看待当代正义论与德性伦理学的分歧？

---

① ［德］哈贝马斯：《包容他者》，曹卫东译，上海人民出版社1994年版，第48页。

第四章　道　德　原　则

道德原则也称作道德的基本原则或根本原则，它是处理人与人、人与社会、社会与社会利益关系的道德准则，是调整人们相互关系的各种道德规范要求的最基本的出发点和指导原则。在社会生活中，道德原则主要体现为调节个人与社会的伦理关系，所以关于道德原则的争论与探讨也往往集中在个人与他人、个人与整体关系问题上。如个人主义、人道主义、利他主义、集体主义等的探讨与争论，主要就是围绕着人与人、人与社会的伦理关系而展开的。

第一节　个人主义原则

一般而言，人们往往把个人主义理解为利己主义而加以拒斥，因此，个人主义原则一直被作为集体主义原则的对立面，而成为"自私自利""自我中心"的代名词。个人主义原则与把个人利益的得失视为衡量道德、是非的唯一的标准的利己主义是不同的。个人主义含有利己的内容，但个人主义不等于就是利己主义。个人主义原则包含三个方面的含义：一是强调个人的中心地位，个人是目的、社会是手段；二是强调个人尊严，个人的自由与平等；三是强调个人权利和个人利益至上。个人主义原则作为西方文化的主要价值原则，不仅渗透于道德生活领域，更是广泛地渗透于经济、政治、文化生活等各个领域，对西方社会的发展起到了极大的推动作用。

一、个人主义原则的历史审视

通过对个人主义原则的历史考察，深层地把握个人主义的内涵与演变，才能真正地揭示其内核，寻找其在西方社会合理存在的依据。

1. 个人主义思想的萌芽

在西方，个人主义思想的萌芽可以追溯到古希腊时期。古希腊智者派关于个人地位与作用的思考，成为西方个人主义最早的发端。伯利克里的"人是第一重要的"思想，确立了人的主体地位，也肯定了人的存在价值与意义。普罗塔戈那的"人是万物的尺度"命题，把事物客观的尺度转变为主观的、个别的尺度，开始把人自身作为衡量事物的原则和标准，强调人的个别性和独立性。"人是万物的尺度"命题是与普遍的"逻各斯"原则不同的个人主义原则的最初表达，同时也使西方个人主义开始就带有浓厚的人文主义色彩。

文艺复兴时期，是西方个人主义思想发展的准备时期。这一时期的个人主义思想集中表现为反对中世纪的禁欲主义，注重个性解放，强调个人的自由、权利。文艺复兴运动的先驱但丁认为，每一个人都自成一类，鼓励人们要走自己的路，按照自己的意志作出人生选择。人文主义之父弗朗西斯告诫人们应该只追求尘世的幸福，拉伯雷在《巨人传》中告诉人们"想做什么就做什么"，都表达了资产阶级个性解放和个性自由的要求。如果说古希腊的思想家对人的理解还是整体的人，那么文艺复兴时期则明确以个体的本真存在为本位。以人文主义形式表现出来的个人主义，对确立人的价值与尊严，反对专制主义和禁欲主义起到了历史推动作用。

2. 个人主义思想的发展

17、18 世纪是西方个人主义思想的发展时期。17 世纪个人主义思想的主要代表人物是霍布斯和洛克等思想家。18 世纪个人主义思想的代表有孟德斯鸠、休谟、爱尔维修、霍尔巴赫等人。

霍布斯从"人的本性是自私的"理论前提出发，认为人生的目的就是在追逐个人利益的赛跑中获胜。他认为在自然状况下，人的私利得不到保证，是"人对人就像狼一样"和"一切人反对一切人的战争"状态。要保证人们的私利需要的满足，人类必须进入社会状态，用道德即自然法来调节人与人的关系。他又把人类的各种伦理关系归结为唯一的功利关系，维持功利关系的基本原则就是公开的利己主义，并强调用国家力量、法律、道德来保证个人利己和自私本性的需要。洛克在霍布斯的公开的利己主义的基础上，提出了合理的利己主义的观点。主张个人利益的满足，还应与社会长远利益结合起来，不能为了个人利益而损害他人和社会的利益。"因此，人在选择自己力所能及的各种行动时，一定不看它们是否能引起暂时的快乐或痛苦而定，一定要看它们是否能引起来生的完全永久的幸福而定。"[1]

洛克不仅提出人的自由、平等的权利是天赋人权，而且认为人的自然人权和个人利益只有通过契约的形式，使国家和社会来担负起保护个人权利和财产的责任才能实现。由此，洛克提出了分权的国家学说，从政治上要求对个人利益的维护。这实际上也是西方个人主义思想的核心，即将个人主义原则与极端利己主义分别看来，又将个人主义原则运用到国家政权中，确立起保护个人自由与平等的制度。洛克的个人主义思想可以说为现代西方个人主义原则奠定了思想内核和基础。

爱尔维修从人的利己本性出发，认为判断道德的标准是利益。一方面人的利己本性是不可改变的，是合乎道德的；另一方面，人在追求个人利益的同时，也不要损害他人利益和社会利益。要看到社会利益是个人利益的总和，促进了公共利益也就增进了个人利益。由此，爱尔维修提出了"合理利己主义"的道德原则，试图调和个人利益与社会利益的矛盾。

总体上看，17、18 世纪的思想家提出的个人主义思想仍是分散的、不系统的，也没能与利己主义严格区分开来。

---

[1] ［英］洛克：《人类理解论》上册，关文运译，商务印书馆 1959 年版，第 243 页。

3. 个人主义思想的成熟

19、20 世纪是西方个人主义思潮系统化、理论化的成熟时期。19 世纪初空想社会主义者首先使用了"个人主义"这一术语,但是在与"社会主义"相对应的意义上使用的,主要指自由竞争的资本主义社会。19 世纪中期以后,个人主义开始表现出了与利己主义相区别的思想体系。

以往的思想家虽有现代个人主义意义上的主张与思想,但还未有明确的"个人主义"的概念。明确提出与利己主义相区别的"个人主义"这一术语的思想家是 19 世纪法国著名的政治思想家托克维尔,他说道,"个人主义是一种新的观念创造出来的一个新词。我们的祖先只知道利己主义"①,并开始使用了个人主义这一词,表示了与利己主义的区别。他认为个人主义是民主主义的产物,它随着身份平等的扩大而发展。因而身份平等造成了大量的"个人",他们习惯于独立思考,认为自己的命运只掌握在自己的手里。在托克维尔使用个人主义概念之后,人们专门在个人主义的术语下,对个人主义进行广义和狭义的研究。

20 世纪实用主义思想家杜威,试图在个人主义面临困惑的新形势下寻求个人主义新的发展活力,提出用"新个人主义"代替"旧个人主义"。新个人主义就是要在首创性、发明力和有力的进取方面表现出来。指出货币化造成了人的"个性"的泯灭,而新个人主义不是热衷于个人的赚钱和生活舒适,而是要发挥人的积极性、创造性和进取精神,这才是新个人主义所要追求的。杜威的思想倾向其实也代表了西方学者对个人主义的看法,即不断修正个人主义,使其能更好地为资本主义社会发展服务。当代美国思想家哈耶克指出,今天的个人主义与利己主义和自私自利没有必然的联系,"这种个人主义的基本特征,就是把个人当作人来尊重;就是在他自己的范围内承认他的看法和趣味是至高无上的"②。个人主义原则是与私人产权制度相适应的道德理论,在经济领域就是要求保障个人财产,肯定个人追求物质利益的正当性;在政治关系中强调个人的自由与平等,反对社会和国家对个人的过多干预;在生活交往中主张个人奋斗,自己的行为选择应由自己负责。

西方个人主义从其产生起,它对于西方社会的影响就是双重的,既有推动社会发展的一面,又有阻碍社会发展的一面。个人主义给西方社会造成的严重后果,也已令许多西方有识之士纷纷而起谴责个人主义。正如美国学者尼斯贝特指出,"如同在各种意识形态之间存在着各种差异一样,从博纳尔的保守主义到拉梅内和托克维尔的自由主义,蒲鲁东的激进主义,孔德的实证主义,涂尔干的社会学以及莫拉斯的天主教行动学说之间,也存在着各种差异,但他们显然都厌恶个人主义,认为个人主义是一种变态,一种显示社会崩溃的弊端"③。就连首先使用"个人主义"术语的托克维尔也批评道:"利己主义可使一切美德的幼芽枯死,而个人主义首先会使公德的源泉干涸。但是,久而久

---

① [法]托克维尔:《论美国的民主》下卷,董果良译,商务印书馆 1988 年版,第 625 页。
② [美]哈耶克:《通往奴役之路》,王明毅等译,中国社会科学出版社 1997 年版,第 21 页。
③ [美]尼斯贝特:《个人主义》,载《哲学译丛》1991 年第 2 期。

之，个人主义也会打击和破坏其他一切美德，最后沦为利己主义。"① 丹尼尔·贝尔指出，资本主义社会通过对个人的强调，对个人经验无休止的追索，不仅重新确立了它反体制的、独立无羁的、以个人兴趣为至上的价值尺度，"同样也造成对环境的掠夺，它是人们忽视社会公共事业，忽视其他集体需求的根源"②。西方学者对个人主义抨击并不亚于我们对个人主义的批驳，但我们必须看到西方学者对个人主义的批判以及对公共事业的追求，并不是要导向集体主义。他们大都是在肯定个人主义的内核的基础上，寻求个人主义的新的发展能力。所以，尼斯贝特指出尽管在西方如法国对个人主义是在负面意义上来理解的，在美国也曾因经济大萧条使个人主义受挫，但如果说个人主义已经衰败了，事实上并不是如此。只能说它现在比任何历史时期的个人主义都更加丰富多样，并更明显地在人们生活中表现出来。

个人主义原则作为处理社会关系的伦理准则，之所以在西方社会被视为占主导地位的价值准则，其合理性不在于对个人一己利益的肯定，而是对每一个人利益的肯定与维护，这是个人主义与利己主义的根本区别。同时，为了保障个人主义原则的实现，西方社会通过政治、经济、法律、制度等手段来进行调节以避免个人主义滑入利己主义。因此，个人主义也多表现为经济个人主义、政治个人主义、法律个人主义、宗教个人主义、伦理个人主义等多种形式。另外，个人主义中蕴含的对个人生命、尊严、自由、平等、公正的追求，也是人文精神的体现。然而，个人主义对国家、集体利益的蔑视，是西方社会的危机之所在，也是个人主义的危机之所在。

二、对个人主义原则的反思

对个人主义原则的反思，学界有两种针锋相对的观点。一种观点认为要坚持集体主义原则，坚决反对个人主义。另一种观点认为，个人主义原则在历史上起过巨大作用，今天仍有对社会发展的推动作用，因此，在市场经济发展中要为"个人主义"正名，推行个人主义原则。

1. 对个人主义的不同看法

反对个人主义原则的观点认为个人主义是以"人性自私"为理论出发点，强调个人利益和个人至上必然导致利己主义和无政府主义。实际上，这是对个人主义简单化的理解，"人性自私"的理论无疑是错误的，但是如果个人主义必然导致极端利己主义，为什么会成为资本主义社会的主导道德原则，而且为什么今天仍是资本主义社会所倡导的价值观念呢？这是反对个人主义的学者不能不面对的一个难题。对集体主义原则的提倡不是一味地建立在对个人主义的反对上，应该是在对集体主义原则的发展与建构上。况且对个人主义的理解也应弄清个人主义到底是什么，而不能以主观的设想去理解个人主义。

---

① [法] 托克维尔：《论美国的民主》下卷，董果良译，商务印书馆 1988 年版，第 625 页。
② [美] 丹尼尔·贝尔：《资本主义文化矛盾》，赵一凡等译，生活·读书·新知三联书店 1989 年版，第 319 页。

主张引进个人主义，为个人主义正名的学者认为，个人主义强调个人积极性的发挥，在历史上对唤醒自我意识，大胆追求个人生活，发挥人自身的潜力，推动科学文化发展曾起到了积极作用。进而认为在当今中国提倡个人主义，必将也会发挥个人积极性，推动社会发展。他们从个人与社会关系对立的角度出发，论证个人比社会更重要更根本。主张用自己的道德尺度去衡量，用自己的眼睛去观察，按自己的意志去行动。他们认为个人是更为神圣的目的，社会则不过是一种次生的主体和次要的目的，从归根结底的意义上来说，社会不过是人获得自由和发展的手段。认为如果把社会视为神圣的目的，就会造成目的和手段的根本颠倒。主张自我设计、自我选择、自我奋斗。进而，他们认为集体主义压制和否定个人利益、否定个性和人的自由，限制了人的全面发展。

2. 个人主义的评价

关于个人主义原则的反思与评价，必须放在社会历史中去理解。个人主义主张个性解放，强调个体创造性的发挥，是对专制主义、禁欲主义的反动。个人主义原则在西方社会不仅表现在道德生活中，而且渗透到社会生活的各个领域，其合理成分不仅对个人完善，而且对资本主义政治制度的完备和社会经济发展都有推动作用。这在对个人主义的历史考察中已经说明，是我们不能否认的。个人主义原则在西方社会所具有的合理性，并不必然说明个人主义在中国也应成为伦理的基本原则，这也是我们必须明确的。

从理论上看，首先个人主义原则是以"人的本质是自私"的观点为理论基础的。资产阶级思想家从抽象的人性出发，认为人生下来就有自利自爱的本性，所以人的本质是自私的，那么个体追求个人权利、个人利益都是符合人的本质的。从历史长河看，自私并不是普遍的和永恒的，自私是私有制的产物。人类的本性有自我保存的本能，这种本能容易导致利己，也会导致利他。人的本能如何发展为利己或利他，是与社会历史条件密切相关的。正如马克思所说，"人的本质不是单个人所固有的抽象物，在其现实性上，它是一切社会关系的总和"①。其次，个人主义原则把个人看作目的，把社会看作手段，没有看到个人与社会之间的辩证关系。在马克思主义看来，在历史中只有承认人既是目的又是手段才符合历史本身。马克思主义认为："（1）每个人只有作为另一个人的手段才能达到自己的目的；（2）每个人只有作为自我目的（自为的存在）才能成为另一个人的手段（为他的存在）；（3）每个人是手段同时又是目的，而且只有成为手段才能达到自己的目的。"② 所以，在人与人的关系中，在人与社会的关系中，目的和手段是对立统一的关系，片面地孤立地看待个人与社会的关系必然会得出错误的结论。再次，个人主义原则强调个性自由、个人利益至上，容易导致无政府主义，甚至导致反社会倾向的发生。如果以个人为中心，一切从人性解放出发去追求自由，就会把自由变成一种抽象的、不受任何制约的"绝对自由"。其实，抽象的绝对的无条件不受限制的自由和利益是不存在的。人的自由和利益，一方面要得到一定的社会关系的保障，另一方面要得到一定社会关系的认可。不受任何限制的自由和权利，只能破坏社会秩序的正常

---

① 《马克思恩格斯选集》第1卷，人民出版社1995年版，第60页。
② 《马克思恩格斯全集》第30卷，人民出版社1995年版，第198页。

发展。另外，个人主义原则提倡的个人至上、个人本位，容易导致利己主义倾向。主要在于个人主义提倡的主体创造精神没有确定的社会目标和价值导向，其重心仍然是个人私利，容易导致对社会和他人利益的损害。

从现实中来看，个人主义原则之所以在西方社会没有走向利己主义，除了西方思想家和政治家不断地对个人主义进行理论和现实的修正之外，除了通过法律、制度等保障个人权利、防止对他人和社会利益的损害之外，在道德上还主要通过宗教方式来加以弥补。而在中国，社会的经济基础与个人主义原则的经济基础是有本质区别的，其社会的政治制度、文化传统也与西方社会有很大的差异，如果在中国实行和倡导个人主义原则，并不能保证其不导向利己主义和无政府主义。所以，个人主义原则在中国并不具有合理性。同时，我们也要克服对个人主义的简单化和片面化的理解，可以积极汲取个人主义的合理成分，为社会主义市场经济的健康发展服务。

第二节　人道主义原则

英文的人道主义（Humanisms）是从拉丁文人的、人性的（Humanus），以及人类、人性、人道精神（Humanitas）演化而来的；是指把人和人的价值置于首位的观念，肯定人的权利或尊严的价值理论，以及倡导人的身心全面发展，主张人与人之间的互助、友爱的精神的道德原则。

一、人道主义原则的历史发展

人道主义原则作为一种人学理论和价值观念在思想史上源远流长，作为一种道德原则的提出则是在资本主义生产关系萌芽时期。

1. 人道主义思想的萌芽

在西方，人道主义思想萌芽于古希腊时期。雅典民主派政治家伯利克里提出，人是第一重要的，一切事物都是由人来创造的，充分肯定了人的主体性和人的价值，表现出了一种与神、与命运相抗争的精神与勇气。普罗塔戈那认为神是不可知的，并由此提出了"人是万物的尺度"的思想，凸显了人道的价值，是朴素的人本主义思想的体现。

在文艺复兴时期，人道主义以人文主义形态表现出来。人文主义者以人道主义为旗帜，倡导以世俗的人为中心，反对以神为中心的伦理思想。思想家们肯定人性存在和价值，主张现世的幸福和尘世享乐，否定神性和天国的幸福。人道主义之父弗朗西斯公开提出，我只是一个凡人，我只要凡人的幸福。蒙台涅指出要人们放弃现世的物质生活和感性快乐，是违背人的本性的。人文主义者提出的个性自由的观念，追求个性解放与平等的思想，也是对专制主义和等级制度的反抗。人道主义先驱但丁在他的划时代的长诗《神曲》中，鼓励人们走自己的路，按照自己的意志来生活，突出了人的伟大、人的地位，用"人权"反对"神权"。思想家们将人道主义作为一种新的社会理想和道德原则，适应了资产阶级反对封建制度、追求思想解放的需要，成为资产阶级反抗宗教神学和专政制度的思想武器。

2. 人道主义思想的发展

17、18 世纪是人道主义全面发展时期。17、18 世纪是理性主义伦理学兴起的世纪，人道主义思想也表现出了与文艺复兴时期的感性主义不同的理性色彩。

笛卡儿认为，人的自由是首先要建立起自主的理性能力，用理性来调节人的感性，以克服内心生活与外部生活的对立。从理性原则出发，培根认为自爱是个人利益的基础，也是公共利益的道德基础，所以善德就是利人、爱人，即要"有利全人类"、要"爱一切人"。但是，培根又强调在为他人和国家谋利益时也不要损害自己的利益。培根提出的"全体福利说"已不仅是人道主义的价值理论问题，也是对资产阶级的道德要求和原则。既反对利己主义，又表现出对个人利益的关注。莱布尼茨也认为没有理性的参与，人的自然本能不可能使道德原则具有确定性。因为，按照人的本性来说，没有人不追求自己的幸福，而理性告诉人们愈是追求普遍的幸福才有个人的幸福，也就是利他才能利己。但莱布尼茨也是认为自爱是基础，仁爱是条件。他的人道主义思想也是与自我利益相联系的。

18 世纪法国资产阶级启蒙家伏尔泰提出，要用符合人性的道德原则代替封建宗法原则，指出从人的本性来说，"爱"应该成为人类社会的道德原则。"爱"既是爱自己也是爱人类，因为，人与人的相互需要是爱的基石，自爱与博爱都是人的本质的表现。伏尔泰又提出，除了博爱原则以外，公正、平等、自由也是一个社会基本的道德原则，这些都是社会发展所需要的理性原则。

卢梭也认为人是有理性的动物，没有理性指导的人就不能成为一个有道德的人。同时，他也肯定感性的作用，主张道德也不能离开情感，因此自爱在道德上也是合理的。但卢梭更重视公共利益的合理性，认为公共利益才是道德的唯一规范和最高目标。他明确反对利己主义，主张从自爱走向仁爱。思想家们从不同的方面提出了以"合乎理性"，"天赋人权"，"自由、平等、博爱"为中心内容的人道主义原则，主张人生来就享有平等、自由的权利，倡导博爱，使"自由、平等、博爱"成为资产阶级所追求的人道目标。

3. 人道主义思想的成熟

19、20 世纪是人道主义思想的成熟发展时期，并以人本主义、存在主义、心理分析的形式而展开。

19 世纪，人道主义以人本主义形态出现，代表人物是德国古典哲学家费尔巴哈。他认为人是有血有肉的感性实体，具体的现实的人是构成人类社会的基础，也是道德的尺度和基础。人不仅创造了神，而且还创造了道德。道德是在"我"与"你"的关系也即人与人的伦理关系中产生，而人与人的关系应是建立在爱的基础上，"爱"就成为基本的道德原则。由此，费尔巴哈反对狭隘的利己主义，主张"普遍的利己主义"。也就是把"爱"推广到爱社会、爱国家，乃至达到对整个人类的爱。费尔巴哈所谓的"普遍的利己主义"实际上就是他的"爱"的人道主义。19 世纪 40 年代社会主义者格律恩、克利盖等继续用费尔巴哈的人本学的理论来宣传人道主义。他们认为爱是人的根本天性，视社会主义、共产主义为爱的天国，主张用人道主义来实现人性的社会主义。

20 世纪人道主义的主要代表是存在主义和精神分析学派。萨特关于"存在先于本质"的命题，主要是要说明人在世界万物中所具有的至上地位和自由。他认为人首先是"存在着的"，只是在后来人自己要成为某种东西，于是就按照自己的意志造成他自身。所以，人是绝对自由的，是一种能自己规定自己命运的实体。人的根本特征就在于它的"自主性"，即意志的绝对自由。人对自己行为的自由选择的可能性是他的最主要的本性，因此道德原则也只能是一种非限制的可能性，"自由"就成为存在主义伦理学的旨归和道德原则。自我行为的选择是完全自由的，同时人对自我行为选择应该负有责任。没有了上帝，人是世界的主人，因此人必须对自己的存在和选择负责。萨特明确指出，"这就是我们叫做的存在主义的人道主义。所以是人道主义，因为我们提醒人除了他自己外，别无立法者"①。弗洛姆在继承和发展弗洛伊德的精神分析学的基础上，吸取马克思主义的社会历史观中对人类命运关注的思想，建立了他的人道主义伦理学。在他看来，现代资本主义带来的只是表面的自由，实质上人成为资本和利润的工具，人变得越来越不自由和非人化了。弗洛姆认为逃避自由会使人陷入新的枷锁中，并深信会有一种积极的自由状态，而"获得这种自由的方法，是自我实现，是发挥自己的个性"②。由此，弗洛姆确立了以人为本的人道主义思想的前提，并由此出发提出了"爱"的人道主义伦理体系。认为"爱"是维系家庭、社会、民族和人类生存的力量，是保存人的完整性的道德力量，其中关心、责任、尊重和知识是"爱"的实现的重要因素。弗洛姆用现代心理学理论为人道主义伦理学提供了思想基础，但将实际社会问题都归于"爱"的情感又削弱了其理论的批判力量。

在当代，西方思想家对待人道主义原则，既有支持者也有反对者。美国学者库尔茨认为近年来对人道主义的批评是错误的，指出人道主义对当今科技和社会发展起到了重要作用，人道主义原则提出的伦理观对关注人类幸福有着积极的贡献。同时，强调人道主义作为一种道德哲学坚持认为，无须超自然的创造者或神的旨意，人的生活也是有意义的，指出"在人道主义捍卫的价值标准中，个体的自由是基本的"，"另一人道主义者的价值标准是致力于创造性的增长和发展"。③ 人道主义在世界观上将人类看成世界的中心，人可以随意地支配自然，从而导致了生态对人的存在的威胁。在当代，非人道主义主要也是从生态伦理角度，主张以自然中心论来克服人道主义对人的地位的过度张扬。作为价值理论的人道主义对人在自然中主体地方的过度弘扬，使人道主义在处理人与自然的关系问题上有欠合理的方面，但作为道德原则的人道主义的合理性却是应该给予肯定的。

二、马克思主义的人道主义

马克思主义的人道主义既是一种价值理论，也是一种道德原则。马克思主义的人道

---

① ［法］萨特：《存在主义是一种人道主义》，周煦良、汤永宽译，上海译文出版社 1988 年版，第 30 页。

② ［德］弗洛姆：《逃避自由》，上海文学杂志社 1986 年印行，第 120 页。

③ ［美］库尔茨：《保卫世俗人道主义》，余灵灵等译，东方出版社 1996 年版，第 8 页。

主义道德原则是与其价值理论密切相连的，马克思主义对人的价值的看法构成了马克思主义的人道主义道德原则的基础。否认了这一点，就否认了马克思主义的人道主义的理论意义与现实意义，也就无法切实地实现马克思主义的人道主义。

1. 对抽象人性论的批判

在对人性和人的本质的问题上，马克思主义批判了抽象人性论的观点，从社会历史出发在社会关系中历史地、具体地阐明了关于人的本质的思想。

马克思主义认为人性是现实的人性、社会的人性，人的本质是社会关系的总和。马克思主义对人的本质的现实的历史的阐释，为马克思主义的人道主义的价值理论提供了坚实的理论基础。马克思主义从来就没有否认人的价值和地位，马克思主义理论就是争取真正人的价值和地位的学说。马克思主义从批判资本主义社会的异化入手，对人类的未来命运表现出了极大的关注。马克思指出资本主义社会把人当作工具的深层原因就在于私人占有制，在资本占有制下，人与人的关系变成了物与物的关系，无产者的价值和地位都被异化了。正如马克思所说，"占有表现为异化，自主活动表现为替他人活动和表现为他人的活动，生命活跃表现为生命的牺牲，对象的生产表现为对象的丧失，转归异己力量、异己的人所有"①。指出只有推翻受压迫、受奴役的社会关系，才能消灭异化，才能有人的社会价值和尊严。马克思主义不仅重视无产阶级的解放问题，更是主张人类解放和人的全面发展。希望"在真正的共同体的条件下，各个人在自己的联合中并通过这种联合获得自己的自由"②。马克思主义对人类命运的关心，正是马克思主义的人道主义世界观的体现，也为确立马克思主义的人道主义提供了世界观和方法论。

2. 实践性的品格

马克思主义的人道主义原则与以往资产阶级理论家的人道主义原则最本质的区别就在于，马克思主义的人道主义原则带有实践性的品格。

马克思主义肯定平等、自由等道德要求是人道主义原则要求，只是反对抽象的平等和自由。恩格斯曾指出，现代社会的"平等要求更应当是从人的这种共同特性中，从人就他们是人而言的这种平等中引申出这样的要求：一切人，或至少是一个国家的一切公民，或一个社会的一切成员，都应当有平等的政治地位和社会地位"③。恩格斯还指出，"唯有借助于这些生产力，才有可能实现这样一种社会状态，在这里不再有任何阶级差别，不再有任何对个人生活资料的忧虑，并且第一次能够谈到真正的人的自由，谈到那种同已被认识的自然规律和谐一致的生活"④。对于"人权""博爱"等要求，马克思主义都是放在社会历史中去考察，并认为只有通过不断地发展生产力，不断地改变现实的不合理的社会关系，才能实现真正的平等、自由与博爱。

---

① 《马克思恩格斯选集》第 1 卷，人民出版社 1995 年版，第 52 页。
② 《马克思恩格斯选集》第 1 卷，人民出版社 1995 年版，第 119 页。
③ 《马克思恩格斯选集》第 3 卷，人民出版社 1995 年版，第 444 页。
④ 《马克思恩格斯选集》第 3 卷，人民出版社 1995 年版，第 456 页。

3. 积极的现实意义

马克思主义的人道主义不是马克思主义理论的全部,但却是马克思主义理论的一部分。坚持马克思主义的人道主义会给社会主义市场经济的发展提供道德基础。

首先,人道主义对人的价值的弘扬,可以克服市场经济的负效应。市场经济强调效益至上,容易导致一切都商品化,导致人的物化。人道主义对人的尊严和价值的追求,会对市场经济关系中出现的弊端有所修正。其次,人道主义对平等、自由的现实要求,会为市场经济的和谐发展提供基础和保障。经济平等和自由是市场经济的内在规则,平等自由也是人道主义的核心,人道主义的弘扬会为社会主义市场经济提供动力和前提条件。另外,弘扬人道主义,对建立和协调人与人之间的和谐关系也有促进作用。社会主义市场经济也存在两极分化的潜在可能性,它会破坏人与人之间的和谐。市场经济又把人际关系简化为人与人之间的竞争关系,容易形成人与人之间的矛盾冲突。人道主义强调互助互爱的和谐关系,强调救贫济苦,对确立人与人之间的团结、互助、友爱的人道关系有重要作用。最后,人道主义重视以人为中心,强调人的全面自由的发展,为社会主义市场经济提供了社会发展的目标和指向。将人的自由全面发展作为社会主义市场经济发展的根本目的和方向,不仅可以克服市场经济的负面效应,还能体现出社会主义市场经济与资本主义社会的市场经济的本质区别。

人道主义对社会主义市场经济有着重要的作用是毋庸置疑的,但不能将人道主义原则等同为社会主义道德的基本原则。因为,在现实中就人道主义原则所调节的主要关系来看,还主要是人与人之间的关系;就其调节的内容来看,还局限在社会生活的基本要求方面。而社会主义道德的基本原则调节的关系更加广泛,其调节的内容也更加丰富和深刻。就道德的角度而言,人道主义原则应该是社会主义道德原则的补充,其作为调节人与人之间关系的起码的最基本的伦理规范是包括在社会主义道德体系之内的。

第三节 利他主义原则

利他主义原则是与利己主义相对立的道德原则。利他主义认为凡有利于社会和他人的行为就是道德的、善的,反之则是不道德的、恶的。强调他人利益至上,鼓励为他人利益和社会利益作出牺牲,并以此作为道德的标准。

一、利他主义原则的考察

在中西伦理思想史上,利他主义都有提倡者,思想家从不同的角度为利他主义展开辩护。在中国伦理思想史上,儒家是利他主义原则的主要倡导者。在西方近代思想史上,夏夫兹博里、哈奇森、巴特勒、康德等都宣扬道德的利他主义。

1. 儒家的利他主义思想

儒家将利他人之利、利社会之利称之为仁和义,将个人利益称之为"利","利"带有贬义,强调重义轻利。

孔子的"君子喻于义，小人喻于利"①，就是将利他与利己对立起来。在利他的问题上，儒家更强调无私利他。利人、利他是以无私为前提的，而无私利人的极点就是自我牺牲。孔子强调，"志士仁人，无求生以害仁，有杀身以成仁"②。荀子也认为君子仁义就在于其"公正无私"，鼓励人们"以公义胜私欲"，到了朱熹便成了"公而无私便是仁"。同时，在儒家看来利他也是人性的需要，孔子认为人的本性中的同情心、报恩感是"行仁"的动机，即"仁者爱人"，只有爱人才能无私利人。孟子也认为，人皆有不忍人之心，也即恻隐之心，而恻隐之心即是"仁之端也"。

2. 西方的利他主义思想

利他主义思想不是西方社会的主流传统，但也有思想家为之论证和倡导，在现代社会还有学者从自然科学的视角进行论证。

17世纪英国思想家夏夫兹博里是利他主义的倡导者之一。他认为人的本性是善的，人生来就有道德感，互助与仁爱都是人天生的本性。人虽然也有自私的本性，但不是人性的根本方面。一个具有道德真实感的人，会为社会利益和他人利益而舍弃个人的私利。因此，他对利己主义进行了批判，确立了利他主义的道德准则。生于爱尔兰的英国学者哈奇森继承了夏夫兹博里的主要观点，也认为人的本性是仁爱的，反对人性自私论的主张。他认为："凡在仁爱为人所设想的任何地方，它都会被视为无私，并为了他人的善而得到筹划。"③ 他进一步认为，人只有在无私地为他人利益付出时才能获得快乐和满足。他强调自我牺牲也是必要的，指出人的道德价值就体现在为他人和社会利益的追求中。夏夫兹博里的继承者巴特勒也认为人的本性就在于社会性，是由自爱、仁爱和良心构成的，而良心又起着统治作用。由此，巴特勒认为利己主义是行不通的，只有促进了公共利益才是符合道德的。康德也反对合理利己主义，而把"无私利人"作为评价人们行为是否符合道德的唯一原则。他认为一个人的行为是道德的，不是因为他得到了个人利益，而恰恰是因为他牺牲了个人利益。"所以，只要哪一个人比较自己本性的感性偏向与道德法则，道德法则就不可避免地贬损他。"④

当代利他主义者主要是借助动物的利他行为，特别是社会性程度较高的动物的利他行为来证明人类天性中也存在着这种利他动机。其中最典型的是流行于西方的社会生物学观点。美国哈佛大学教授威尔逊在其巨著《社会生物学——新的综合》中，就对动物的利他现象和人的利他现象作了分析比较。认为动物个体以牺牲自己的适应性来增加其他个体的适应性，高级动物的双亲对子女的普遍牺牲，都表明了动物的利他主义。他认为："当一个个体（或一个动物）牺牲其自身适合度而增加另一个体的适合度时，我

---

① 《论语·里仁》。
② 《论语·卫灵公》。
③ ［英］哈奇森：《论美与德性观念的根源》，高乐田等译，浙江大学出版社2009年版，第102页。
④ ［德］康德：《实践理性批判》，李鹏、刘将译，商务印书馆1999年版，第81页。

们就可说前一个个体已经履行了利他主义。"① 由于自然选择在增加生物个体的利他行为的过程中增加了个体和种族存活的可能性，从而巩固了动物的利他行为。而人的利他行为与动物一样，也是人类社会进化的条件。从生物学的角度对利他主义提供了支持。

在当代西方社会，不少学者开始从不同的角度来研究利他主义，为利他主义提供经济学、人类学、社会学乃至宗教学的支持。这些研究表明，人们已认识到利己主义的危害，试图从利他主义中寻找出路。

二、利他主义原则的评价

在现实生活中，对待利他主义原则有两种不同的评价。一种观点认为，利他主义与个人主义、利己主义是对立的，集体主义是反对个人主义和利己主义的，因此把集体主义同利他主义等同起来。认为利他主义和集体主义是反个人的，与市场经济的要求不相适应，主张反对利他主义。另一种观点认为，利他主义原则强调他人和社会的利益，对克服市场经济片面追求个人利益所带来的负面效应是一个矫正，主张社会主义市场经济应提倡利他主义。

1. 利他主义与集体主义

在实践中，将利他主义等同于集体主义并反对集体主义，实际上是对集体主义原则的误解。

集体主义同利他主义是有区别的，"集体主义虽然包含着利他精神，但决不归结为利他主义"②。无论是利己主义还是利他主义，都是抽象人性论的观点。马克思主义则从社会历史出发，客观地指出"共产主义者既不拿利己主义来反对自我牺牲，也不拿自我牺牲来反对利己主义，理论上既不是从那情感的形式，也不是从那夸张的思想形式去领会这个对立，而是在于揭示这个对立的物质根源，随着物质根源的消失，这种对立自然而然也就消灭"③。利他主义对人的利他行为和个人牺牲精神颂扬，建立在"无私"的前提上，容易导致对个人利益和要求的压制，容易导致禁欲主义。集体主义并不包含着反个人的倾向。

2. 利他主义的合理性

在实践中主张利他主义有一定的合理之处。首先，利他主义对他人、社会利益的维护反映了一定社会发展的需要。在市场经济条件下，人们对自身利益的追求成为人们从事社会活动的根本动力，而正是人们对个人利益的不断追求，也促进了经济的发展与进步。而在市场经济体制不完善、法制还不尽健全的情况下，个人利益的过度膨胀必然带

---

① ［美］威尔逊：《社会生物学——新的综合》，毛盛贤等译，北京理工大学出版社 2008 年版，第 109 页。

② 罗国杰：《伦理学》，人民出版社 1989 年版，第 177 页。

③ 《马克思恩格斯全集》第 3 卷，人民出版社 1960 年版，第 275 页。

来负面影响，如充斥市场上的假冒伪劣的产品、坑蒙拐骗的行为、唯利是图的现象等都会破坏市场经济本身的良性发展。而利他主义对他人和社会利益的重视，对克服利己主义有一定作用。其次，利他主义对个人私欲的限制与规范，对个人道德品行和人格的完善有促进作用。强调无私利他可以使人在面临利益冲突与选择中，以他人和集体的利益为重，表现出良好的情操和高尚的品格。

3. 利他主义的局限

利他主义原则的合理之处是应该给予肯定的，但利他主义作为社会主义社会的道德原则却不具有合理性。

利他主义原则片面强调"无私利他""个人牺牲"，不仅与市场经济的内在要求不相适应，而且也与市场经济的发展目标不相符合。社会主义市场经济要满足的是社会全体成员的物质和文化生活需要，不是对个人私欲的一味地限制。在现实中利他主义的实行还会导致一部分人对另一部分人的利益的侵占。现实中，无私利他的行为就个体来说，不可能成为一个人唯一的行为选择；就社会整体来看，也不可能成为每一个人的行为。在这种情况下，由一部分人利他行为带来的利益，如果得不到合理和恰当的分配，就会使另外一部分人侵占这部分利益。利他主义作为道德原则不可能普遍化，不可能成为社会遵守的道德标准。从道德调节的领域看，利他主义原则不适用于一切领域。如经济领域的生产与交换关系中，每一个企业和个人都奉行无私利他，买卖就无法交易。从调节的范围上看，利他主义原则也不适用于所有情况。也就是说我们在"毫不利己、专门利人"的时候，也有合理适度的问题，起码要合法。特别是我们对弱者的帮助，应以帮助其自立为原则，而不能不讲原则一味地无私奉献。在实际生活中，常常出现由于好人做好事，而使被帮助者产生依赖心理和懒惰行为的现象，可见过度的好心并不一定会带来好的结果。从利他的对象上看，利他主义原则也不适用于所有对象，只是针对个体。利他主义原则调节的关系主要是人与人之间的关系，无法调节人与集体、集体与集体之间的伦理关系。所以，利他主义不能作为社会主义伦理的基本原则。

利他主义不能作为道德的基本原则，并不说明利他的行为是不应当提倡的。应该说正是因为"先人后己""无私奉献"的精神和行为并不是每一个人都具有的，所以利他的行为才是值得称赞的，是高尚的行为。问题在于我们对利他的行为和精神只能是倡导，而不能是命令。我们不能在道德上强迫人们一定要"毫不利己、专门利人"，"无私利他""先人后己"的精神和行为只能是个体的自觉和自愿的选择。

第四节　集体主义原则

我们历来主张社会主义道德的基本原则是集体主义。尽管在过去一段时期内，我们对集体主义的宣传出现过片面强调集体利益和忽视个人利益的简单化倾向，但不能因此而否认集体主义原则的合理性。而是需要在马克思主义的集体主义思想的指导下，适应社会主义市场经济发展的内在需要，为集体主义道德原则注入新的要求和活力，发展和完善社会主义的集体主义，并使集体主义更具现实性和合理性。

一、集体主义原则的由来

集体主义思想并不是一开始就成为无产阶级的道德准则，也不是社会主义社会才提出来的主张，其发展也有一个历史过程。

1. 集体主义思想的提出

在思想史上，集体主义思想与原则的提出是在资产阶级启蒙时代。比较系统地阐述集体主义思想的是 18 世纪法国启蒙思想家卢梭。

卢梭从反对洛克等人的个人主义思想出发，认为自爱与仁爱即个人利益与他人利益、社会利益是相互结合的。但就社会道德要求来说，公共利益是最高的道德目标，个人利益应该服从公共利益。并通过契约理论为人们献身于整体利益提供支持。在他看来，每个公民将自身的权利转让给共同体，使共同体以一种联合的力量来保障每个人的利益，这样一个道德共同体所体现出的公共利益与集体利益即"公意"，就成为社会的最高目标和标准，个人利益就应该服从"公意"。卢梭认为"这种转让所具有的唯一特点是：集体在接受个人财富时远不是剥夺个人的财富，而只是保证他们自己对财富的合法享有"，但又指出"无论用什么方式进行这种占领，各个人对于他自己那块地产所具有的权利，都永远要从属于集体对于所有的人所具有的权利；没有这一点，社会的联系就不能巩固，而主权的行使也就没有实际的力量"①。通过社会契约论，卢梭将自爱与仁爱结合的人道主义思想发展为以公共利益为标准的集体主义原则。并认为对于一个有道德的人而言，应该自觉地把公共利益和集体利益放在首位，为了集体利益要与自己的私欲作斗争，并主张为了公共的利益可以牺牲个人的利益。在卢梭看来，"公共的利害就不仅仅是个人利害的总和，像是在一种简单的集合体里那样，而应该说是存在于把他们结合在一起的那种联系之中；它会大于那种总和，并且远不是公共福祉建立在个体的幸福之上，反而是公共福祉才能成为个体幸福的源泉"②。卢梭对集体与个人利益关系的思考，已具备了集体主义思想的内核和道德要求，不仅表现出了人道主义的精神，而且还洋溢着革命民主主义精神。

德国古典哲学家黑格尔虽然在政治上有保守的一面，但他在反对个人主义、反对地方自由主义、强调社会责任和国家利益方面还是有一定的合理因素的。在黑格尔看来，道德作为主观的存在是以普遍的东西为目标和依据的，是要把个人特殊利益上升为普遍利益，在特殊中追求普遍。因此，主观的道德要上升为客观的伦理，"个人存在与否，对客观伦理说来是无所谓的，唯有客观伦理才是永恒的，并且是调整个人生活的力量"③。黑格尔认为，人是社会的存在物，没有人可以孤立地存在，每个人都是生活在社会中的人，而伦理正是调整这些关系的力量。坚持个人利益与普遍利益的结合，并强

---

① ［法］卢梭：《社会契约论》，商务印书馆 1980 年版，第 33~34 页。
② ［法］卢梭：《社会契约论》，商务印书馆 1980 年版，第 192~193 页。
③ ［德］黑格尔：《法哲学原理》，范扬、张企泰译，商务印书馆 1961 年版，第 165 页。

调个人利益要服从于普遍利益，服从普遍利益和国家利益就成为黑格尔提出的最基本的道德原则。由此，黑格尔反对个人主义和利己主义，认为个人主义和利己主义都是抽象地、孤立地看待个人及个人利益，指出无论是社会还是国家都不是仅仅依靠个人的意志和契约就建立起来的。个人在社会历史的长河中是渺小的，个人只是社会历史实现自己的手段，因此国家才是伦理理念的现实，是伦理的客观精神。"由于国家是客观精神，所以个人本身只有成为国家成员才具有客观性、真理性和伦理性。"① 人只有服从国家的利益，才能成为有道德的人。黑格尔虽然反对个人绝对服从整体利益的利他主义观点，但在个人利益与集体利益特别是与国家利益的关系上，最终还是将国家利益放置于高于个人利益的地位上。黑格尔的学说虽然在形式上是唯心主义的，但其主张将道德现实放入社会历史中去考察却极富历史感和现实感。其思想中蕴含的集体主义思想也给予我们今天反思集体主义提供了借鉴与启示。

2. 马克思主义的集体主义思想

马克思主义没有用专门的集体主义这一术语表述自己的思想体系，但马克思主义却有明确的集体主义思想。

马克思主义认为人是社会关系的产物，人在社会中才能获得存在，"只有在集体中，个人才能获得全面发展其才能的手段，也就是说，只有在集体中才可能有个人自由"。也就是说离开了集体，人也就失却了自己的本质。马克思主义与以往资产阶级学者所提出的集体主义思想不同，是把集体放入社会历史中去理解，而不是抽象地谈论整体利益和社会利益。在马克思主义看来，集体主义原则强调的集体应该是"真实的集体"。认为"从前各个个人所结成的那种虚构的集体，总是作为某种独立的东西而使自己与各个个人对立起来；由于这种集体是一个阶级反对另一个阶级的联合，因此对于被支配的阶级说来，它不仅是完全虚幻的集体，而且是新的桎梏。在真实的集体的条件下，各个个人在自己的联合中并通过这种联合获得自由"。② 在虚幻的集体中，私人利益与公共利益常常是矛盾的，"正是由于私人利益和公共利益之间的这种矛盾，公共利益才以国家的姿态而采取一种和实际利益（不论是单个的还是共同的）脱离的独立形式，也就是说采取一种虚幻的共同体的形式"。③ 马克思主义强调在虚幻的集体下强调集体主义必然导致对个人利益的扼制，因为它不能代表社会成员的根本利益。而在真实的集体中，它的存在是以根本的普遍的代表大多数社会成员的利益为前提的，"它排除一切不依赖于个人而存在的东西"。④ 因此，真实的集体是个人全面自由发展的手段和条件，而真实的集体主义是个人与集体的和谐与统一。

3. 社会主义道德原则的提出

第一个明确提出将集体主义原则作为社会主义社会的道德原则的是斯大林。开始把

---

① ［德］黑格尔：《法哲学原理》，范扬、张企泰译，商务印书馆 1961 年版，第 254 页。
② 《马克思恩格斯全集》第 3 卷，人民出版社 1960 年版，第 84 页。
③ 《马克思恩格斯全集》第 3 卷，人民出版社 1960 年版，第 37~38 页。
④ 《马克思恩格斯全集》第 3 卷，人民出版社 1960 年版，第 79 页。

集体主义作为一种思想体系和道德规范与西方学者将集体主义看作一种组织和社会体系的看法区别开来，指出集体主义是共产主义的道德原则。

毛泽东在关于个人利益与集体利益的关系的阐述中，也明确提出集体主义原则是社会主义社会的道德原则。指出个人利益要服从集体利益，暂时利益要服从长远利益，局部利益要服从全局利益。

邓小平同志也多次强调在社会主义制度下必须坚持集体主义原则，指出："在社会主义制度之下，个人利益要服从集体利益，局部利益要服从整体利益，暂时利益要服从长远利益，或者叫做小局服从大局，小道理服从大道理。我们提倡和实行这些原则，决不是说可以不注意个人利益，不注意局部利益，不注意暂时利益，而是因为在社会主义制度之下，归根结底，个人利益和集体利益是统一的，局部利益和整体利益是统一的，暂时利益和长远利益是统一的。"①

今天，集体主义原则作为社会主义的基本道德原则已明确写进《中共中央关于加强社会主义精神文明建设若干重要问题的决议》和《公民道德建设纲要》，成为社会主义社会成员的基本行为准则。

二、集体主义原则的合理性

关于集体主义原则的合理性的问题，尤其在市场经济条件下集体主义原则是否具有现实合理性的问题，学界也有不同的观点。一部分学者认为市场经济是自由经济，是效率经济，集体主义原则已不符合市场经济的需要；并认为集体主义原则强调集体利益高于个人利益，是对个人的主体性和能动性的束缚，必然导致专制主义和极权主义。另一部分学者认为集体主义原则并不是从计划经济中派生出来的，而是与社会主义经济制度和政治制度相适应的道德原则，坚持认为集体主义原则是社会主义道德的基本原则和价值导向。不能否认，以往我们受"左"的思想的影响，在集体主义原则的论证和宣传上，片面地强调了集体利益的"至上性"，忽视甚至否定了个人利益的合理性，导致了集体利益与个人利益绝对对立。所以，在强调集体主义作为社会主义社会的道德原则时，我们还必须对集体主义原则作出科学的、合理的解释。

1. 对"集体"的规范

马克思主义的集体主义是真实的集体主义，强调"集体"的真实性。在真实的集体中，集体是个人得以存在的条件和方式，所以集体主义的核心和重点应该是对"集体"的规范和建设。

集体主义原则自产生以来，就受到主张个人主义原则的资产阶级理论家的攻击，他们把集体主义同个人自由对立起来，把集体主义同专制主义和奴役制度相提并论。虽然，这些学者对集体主义的认识有些片面，但不能否认我们以往在集体主义宣传和教育中确有将集体凌驾于个人利益之上的倾向，也有忽视对"集体"的要求和建设的一面。

---

① 《邓小平文选》第2卷，人民出版社1994年版，第175页。

"文化大革命"中对个人利益的极度蔑视就是在"集体利益至上"的口号下造成的。实际上，片面宣传"集体至上"，要求"个人利益要绝对服从集体利益"的确会导致专制主义和禁欲主义。而这种集体主义不是马克思主义的集体主义，马克思主义的真实的集体主义恰恰是对人的自由和发展的肯定，并通过真实的集体的建设来保障个人自由全面发展的实现。正如马克思主义所指出的，"代替那存在着阶级和阶级对立的资产阶级旧社会的，将是这样一个联合体，在那里，每个人的自由发展是一切人的自由发展的条件"①。社会主义社会的建立为人类社会走向真实的集体奠定了基础。还要看到由于我们的社会主义是建立在物质基础非常薄弱的基础上的，我们的集体虽然在整体上是真实的，但是仍然会有不真实的集体的存在，就某些具体的集体而言，可能存在虚假成分，甚至本身就是虚假的。因而，如果不加强对集体的建设与发展，片面地要求个人的奉献与付出，也会导致不正当、不真实的集体对正当个人利益的侵害。

真实的集体首先是能够代表社会全体成员利益的集体，是能够代表组成集体的成员正当利益的集体。而所谓的小团体主义、地方保护主义，都是同真正的集体主义背道而驰的。另外，在市场经济中，我们确立一个具体的集体是否真实，还要以法律为依据。也就是说，进入市场经济中的集体必须是合法的，这是判断一个集体是否真实的最低尺度。集体主义原则中确立的真实的集体还应该是一个公正的有效率的集体。公正的集体才能代表组成集体的成员的共同利益和长远利益，而效率的集体才能保证集体的公正和真实的实现。

2. 个人利益与集体利益的辩证统一

集体主义原则强调个人利益与集体利益是辩证统一的。一方面集体是真实的集体，不是虚幻的、凌驾于个人之上的利益实体，是个人利益最集中的代表。另一方面，个人利益离不开集体利益，个人利益的实现目的和手段都与集体利益密切相关，个人利益不能脱离集体利益而独立存在，因此，为集体服务与奉献也是集体主义原则的内在要求。

首先，集体主义原则强调对个人利益和个人自由的保护和发展。集体存在的动因就在于保护、发展加入集体的个人的利益和自由，发挥每个集体成员的活力，实现个人价值和维护个人的尊严和权利。没有个人的发展，没有对个人正当利益和要求的保护，也就不可能有集体的发展。这就要求集体首先要保护个人利益和自由权利不受他人的侵犯，集体是个人利益的保护者，是维护个人自由的重要力量。集体要充分利用自身的力量为个人的发展创造必要的条件，集体是真正实现个人自由的可靠保证，集体是个人自由的前提，是个人发展的前提。

其次，个人为集体奉献和服务，也是集体主义原则的要求。马克思主义认为，人的自由和个人利益的社会本质与集体主义是一致的。指出人的自由和个人利益是一个历史的范畴，因此人的自由自觉活动的实现，必须依赖于社会活动。同时个人利益又是与社会生产方式紧密相连的，是通过社会生产方式实现了的个人需要。而社会的发展、生产

---

① 《马克思恩格斯选集》第 1 卷，人民出版社 1995 年版，第 294 页。

力的提高、社会关系的进步正是集体、社会的内容。基于社会生产方式来看，个人与集体利益在本质上是一致的。集体主义认为，无论是维持个人生存，还是个人发展，都是通过集体的运动来实现的，因此，获取个人利益的合理的正当的途径也不是对他人和社会的索取，而是在生产劳动中对社会的奉献，因为个人利益和集体利益都是由生产劳动创造的。一般而言，正当的个人利益与集体的真实利益是一致的，个人对集体的服从实际上也是对自身利益的服从。集体主义原则认为，个人是构成集体的基础，集体是个人利益得以实现的前提和保证，两者之间是辩证统一的关系。集体主义肯定个人利益是社会客观存在的事实，但集体主义提倡的是正当的个人利益。正当的个人利益是一定时代、一定社会制度中个人物质利益和文化生活的合理需要。不能把正当的个人利益说成是个人主义加以否定和批判。同时，也不能把个人的欲求、需求都当成正当的利益而加以肯定和保护。个人利益是否正当可以以社会成员的共同利益为标准加以衡量，同时也可以以是否符合生产力、符合历史发展的要求来加以衡量，只有与集体利益，与历史发展趋势相一致的个人利益才是正当和合理的。集体保障的是正当个人利益的实现，同时排斥不正当个人利益。当不正当的个人利益与集体利益发生矛盾时，个人应当服从集体利益，以维护集体的利益。

此外，在集体、人民利益受到严重威胁的紧急关头，要求个人利益服从集体利益，甚至牺牲正当的个人利益也是必要的。当然，正当的个人利益与不正当的集体利益发生矛盾时，不正当的集体利益也不应当得到保护和庇护，否则就会损害正当的个人利益。与市场经济发展相适应，在处理个人利益与集体利益的关系上，集体主义提倡以契约的形式保障个人的正当利益和集体的正当利益的实现和公正分配。通过法律、合同等契约形式合理地明确个人与集体的权利与义务，才能有效地保证各自的权利不受侵害，才能相互公正、平等对待，才有个人利益与集体利益的共同发展。只有如此，集体主义原则才能落实到实处，才能成为人们可以恪守的行为准则。

3. 调节集体之间关系的准则

集体主义原则也是调节集体与集体之间关系的准则。以往集体主义原则在集体与集体利益之间的调节，常常是要求局部利益服从整体利益，小集体的利益服从大集体的利益。一般而言，两者的利益也是一致的，对整体利益和大集体利益的服从也是对自身利益的服从。但是，在两者发生矛盾时，片面地要求局部利益服从整体利益，小集体的利益服从大集体的利益也是不合理的。按照马克思主义的真实集体的原则，应该是不真实的集体利益要服从真实的集体的利益，不正当的集体利益要服从正当的集体的利益，不合法的集体利益要服从合法的集体的利益。在市场经济条件下，处理集体与集体之间的关系，首先要以法律为准绳，其次要以是否代表人民利益为准绳。随着市场经济的发展，各种经济成分并存的局面将会持续存在，各种利益冲突与矛盾也会凸显出来，为此通过法律确立合法的集体，并通过契约来规范集体与集体之间的关系也是集体主义的应有之义。通过法律规范和道德建设使集体能真正代表广大人民的利益，更是真实的集体主义的内涵所在。

　　总之，真实的集体主义原则的合理性体现在它是社会主义处理人与社会关系的现实的道德原则，特别是处理集体与个人、集体与集体之间关系的基本原则，集体主义原则是对每个集体和每个公民的基本要求。同时，真实的集体主义原则的合理性还体现在，集体主义原则不否认社会主义现实道德的层次性，也不否认调节个人与个人、个人与他人之间关系的伦理准则的存在，集体主义原则不是社会道德生活的全部准则和规范，而是社会主义社会的基本的道德原则和要求。

◎ **思考题**

　　1. 如何理解个人主义？
　　2. 如何理解人道主义？
　　3. 如何理解利他主义？
　　4. 如何理解集体主义？

第五章 道德评价

善与恶、正当、义务都是道德价值，也是我们进行道德评价时所使用的价值词。这些价值词及价值术语是否仅仅就是主观的断定，其与事实有没有关联？我们在作道德评价时，依据的标准是什么？对这些问题的解答是我们作出合理的道德评价的基础。

第一节 道 德 价 值

价值不仅是包括自然事物和社会事物在内的客体属性对主体需要的满足和有用与否，而且价值也体现了对主体的目的性、应然性和理想性的肯定或否定。所以，价值是主体在与客体的相互作用中对自身的需要的目的性或应然性的肯定与否定。道德价值就是主体对对象是否符合需要与目的的有无价值、正负价值或多少价值的判断和评定，是关于社会性关系中利益价值取向的评价和认识的活动形式。

一、事实判断与价值判断

"事实"一词在英文中为"Fact"，源于拉丁文 Facere，原意为"做出来的事"，即指真实的事。在汉语中"事实"是一个组合词，"事"指事物或事情，"实"指实际状态或真实状态。从字源学意义上讲，事实是指事物的真实状态或实际状态，所以事实判断是指对实际状态或真实状态的判定。价值判断是指对某些事实和存在引发的需要、好坏、善恶的应然性的判断和认识。

1. 休谟问题的提出

"是"与"应当"的问题，是休谟最先提出来的，因此，关于事实判断与价值判断的问题也称作休谟问题。

在传统哲学史中，哲学家们并没有明确区别事实与价值之间的关系，也没有怀疑在道德理论领域内建立真理性认识的可能性。西方哲学史上在休谟以前及同时代思想家中，有人就力图在道德研究上获得如几何学或代数学那样的真理性和可靠性，如斯宾莎诺就依此方式完成了他的《伦理学》一书。在中国哲学史上，特别是儒家学说，也是将事实与价值、事实判断与价值判断混淆一道，事实与价值这两方面的要求常常纠缠于同一论述之中。儒家的"所以然"与"所当然"的统一，也是为了给道德判断、善恶判断确立起普遍的客观有效性。而休谟却发现了事实与道德之善恶的价值领域是两个不同的领域，由"是"为联系词的事实判断是不能直接推导出以"应该"为联系词的道德价值判断的。休谟指出，"在我所遇到的每一个道德学体系中，我一向注意到，作者在一个时期中是照平常的推理方式进行的，确定了上帝的存在，或是对人事作了一番议论；可是突然之间，我却大吃一惊地发现，我所遇到的不再是命题中通常的'是'与'不是'等联系词，而是没有一个命题不是由一个'应该'或一个'不应该'联系起来的。这个变化虽是不知不觉的，却是有极其重大的关系的。因为这个应该或不应该既然表示一种新的关系或肯定，所以就必须加以论述和说明；同时对于这种似乎完全不可思议的事情，即这个新关系如何能由完全不同的另外一些关系推出来的，也应当举出理由来加以说明。不过作者们通常既然不是这样谨慎从事，所以我倒想向读者们建议要留神提防；而且我相信，这样一点点的注意就会推翻一切通俗的道德学体系，并使我们看到，恶和德的区别不是单单建立在对象的关系上，也不是被理性所察知的"①。这里就蕴含了这样一个问题，事实判断的真理性并不必然导出价值判断的真理性，道德评价的真理性的问题由此受到质疑。休谟只是提出了问题，并没有作出明确的解答。

2. 休谟问题的不同解答

在休谟之后，思想家在对待价值评价或道德评价的真理性问题的思考大致有两种思路：一是继续割裂事实判断与价值判断的关系，将价值问题包括善恶评价问题驱逐出科学研究的范围，断言善恶评价没有真理性和科学性而言；二是不懈地论证事实判断与价值判断的一致性和融合性，为价值判断的科学性和真理性作论证。

事实认知与价值判断的分离在 20 世纪初兴起的逻辑实证主义哲学中达到了顶点。按照逻辑实证主义的证实原则，如果一个命题的陈述能够用逻辑分析的方法加以证明，那么其就具有了逻辑意义上的真；如果一个命题的陈述能够被实验与经验所证实或证伪，那么其就具有经验意义上的真。而伦理学中的价值命题包括善恶判断等伦理陈述是不能被经验或逻辑所证实的。因而在逻辑实证主义看来，"道德上行善的劝告完全不是命题，而是故意激起读者去作出某种行动的叫喊或命令"②。逻辑实证主义一贯坚持"ought to be"（应当是）与"to be"（是）是两种不同的判断，从"是"中不能逻辑地推导出"应当"，从事实判断推导不出道德判断。艾耶尔就明确提出："一个伦理符号出现在一个命题中，对这个命题的事实内容并不增加什么。恰如，我对某人说：'你偷钱是做错了'，比起我只说'你偷钱'来，我并没有多陈述任何东西。"③ 实际上，"你偷钱是错的"这一命题不仅表述了一个事实，而且对这一事实进行了道德上善与恶的评价，增加了评价性的陈述内容。如果就孤立的事实而言，价值性的判断对事实本身的确没有增加什么内容，所以艾耶尔的命题从逻辑意义上而言也有合理性。

与逻辑实证主义割裂事实与价值的关系的做法相反，现代自然主义却力图沟通事实判断与价值判断的联系。自然主义代表人物培里通过把价值定义为"兴趣"的对象来

---

① ［英］休谟：《人性论》下册，关文运、郑之骧译，商务印书馆 1980 年版，第 509~510 页。

② ［英］A. J. 艾耶尔：《语言、真理与逻辑》，尹大贻译，上海译文出版社 1981 年版，第 117 页。

③ ［英］A. J. 艾耶尔：《语言、真理与逻辑》，尹大贻译，上海译文出版社 1981 年版，第 121~122 页。

联结事实与价值的关系。培里认为："当一件事物（或任何事物）是某种兴趣（任何兴趣）的对象时，这件事物在原初的和一般的意义上便具有价值，或是有价值的。或者说，是兴趣对象的任何东西事实上都是有价值的。"① 如某人对某物持肯定态度某物便是善的，相反对某物持否定态度某物便是恶的。培里并没有因为"兴趣"一词的主观性和相对性而否认道德判断的真理性。由于事实与价值相联系，因而认识也与兴趣相关联。被看作对象与兴趣关系的价值可以存在也可以不存在，因此关于价值判断可以是真的也可以是假的。培里将价值判断理解为主体的心理事实的一种描述和判断，因而价值判断是可以认识的，真理性就取决于是否如实地描述了客观事实。培里通过心理事实来联结和沟通事实与价值的关系的努力是值得肯定的，但将价值诉诸"兴趣"又将面临这样的问题：在兴趣发生冲突时，要判断其对象哪一个更善或更恶就是不可能的，这又有导致否认道德评价的真理性的倾向。

利用现代心理学的研究成果沟通事实与价值之间的桥梁，研究道德哲学的诸种难题，是现代西方哲学的又一大贡献。在探讨事实与价值特别是道德善恶价值的关系上，现代西方心理学有两个最有影响的派别：一是以斯金纳为代表的新行为主义心理学，二是以马斯洛为代表的新人本主义心理学。斯金纳认为，行为的价值实质上是一种感觉事实，事物的善恶取决于它们能否强化行为这一可以解释和证明的感觉事实。因此他认为价值判断就是关于人们如何感觉事实的问题，"称某物好或坏时所作出的价值判断，其实就是根据事物的强化效果将其加以区别"②。而行为科学就是研究强化作用的科学，因此，行为科学也就是价值科学，价值科学面向的价值是事实性的而非感受性的，因此必须诉诸严格的科学分析。斯金纳从科学主义立场出发，用环境强化来说明行为的善恶，以科学方法来说明价值问题，试图确立价值判断上的因果决定论的做法受到了马斯洛新人本主义心理学的驳难。马斯洛首先批判了新行为主义的唯科学主义的方法论，指出"科学产生于人类的动机，它的目标是人类的目标。科学是由人类创造、更新，以及发展的。它的规律、结构以及表达，不仅取决于它所发现的现实的性质，而且还取决于完成这些发现的人类本性的性质"③。马斯洛认为是人超动物的存在，传统的科学方法无法解释人自身的问题，必须超越行为主义的环境决定论，从人的本性中去寻找价值之源。另外，马斯洛认为传统的人本主义也有致命的缺陷，即对人的研究停留在形式上的视界，没能得到实证科学的证实。为此，马斯洛提出唯有从人性需要出发，才能建立真正的价值科学。他认为，人性及其发展的需要是事实与价值统一的基础，事实的描述性陈述本身就具有内在的价值，事实判断的目的不只是提供信息，而且还要提出行为的建议以达到某些效果。因此，"应该性"由"事实性"所创造，"事实的'事实程度'、它们的'事实的'性质的增强同时也引导到这些事实的'应该的'性质的增强。事实

---

① ［美］R. B. 培里等：《价值和评价》，刘继编选，中国人民大学出版社 1989 年版，第 44 页。

② ［美］斯金纳：《超越自由与尊严》，王映桥、栗爱平译，贵州人民出版社 1988 年版，第 104 页。

③ ［美］马斯洛：《动机与人格》，许金声、程朝翔译，华夏出版社 1987 年版，第 1 页。

程度产生应该程度"①。价值探索由于它是对知识、事实和信息的探索，即是对真理的探索，因而也是处于科学的范围内的。诚然，马斯洛并不是如自然主义者那样，将价值等同或还原于某种事实以确立价值判断的科学性，而是将科学、事实与价值的相通奠基在人性需要和发展的基石上，但是其仍将价值的科学性归于人性需要的实证、自我实现的心理需要，仍带有科学主义真理观的痕迹。尽管如此，马斯洛试图通过整合科学主义与人本主义，来确立价值判断的真理性的努力却是一种有益的尝试。

无论是割裂事实与价值的关系以否认价值判断的真理性，还是沟通两者的关系以说明道德评价有真假之分，其基本思路都存在着一种唯科学主义的倾向，即以事实认知或科学认识的立场和标准来确立价值评价的真理性。

3. 事实判断与价值判断的关系

事实判断与价值判断在性质上的差异，并不说明两者之间的分离，更不能说明价值判断仅仅是直觉、情感，事实判断与价值判断的区别不是否认价值判断的真理性、合理性的理由。

道德评价是一种价值判断，必然要涉及具体的对象也即一定的客观事实。当然并不是所有的客观事实都与道德评价有联系，也不是所有有价值属性的事实都可以进行道德评价。如作为天然物的空气、阳光等，它们对人的作用和影响也是不容否认的，对诸如此类的客观存在或与价值相关的事实可以作出存在与否、真假与否及有用与否的评价和判断，但不可能作出道德上的善与恶的判断。道德上的道德评价所涉及的必然是关联到属人的事实，即关联到主体的人在一定社会中处理各种利益关系所表现出来的行为或观念。对主体在道德关系中所呈现的行为或观念的事实的把握是进行道德评价的前提。通常人们或将"事实"等同于物质或客观事物，或将"事实"等同于对事物的感知或经验知识，这容易造成将属于人的活动和客观存在排除在"事实"之外。道德评价显然是对社会现象中所发生的道德现象和事物的评价，对道德事实进行善与恶的评价，必须首先对评价对象和评价中所包含的事实进行准确的把握，即评价中所包含的关于评价对象的信息必须是符合实际的，是真实的。如果在评价中关于评价对象及评价中包含的其他事实的信息是错误的，不符合实际状态，那么这个评价就必然不能为真，所以，道德评价的真与假首先就是对道德事实的实际状态的判断。这里需要指出的是，道德评价的善与恶并不与事实评价的真与假相对应，也就是说，善与真、恶与假并不是简单的对应关系，道德评价的真与假是指道德评价的客观内容即与道德事实的真与假对照的。

事实与价值在道德命题中是一个统一的整体，其揭示的是人的行为与社会秩序及他人利益之间的价值关系，如果把它们分解割裂开来，对一个完整的命题来说，就失去了其本来的意义。从维护社会秩序和他人合理权益的角度我们可以认定"偷钱是恶"，而且我们也可以从偷钱行为对他人、社会利益的损害程度中分为大恶或小恶等，并加以惩戒。如果我们只有对事实的描述，而没有对其价值的判断，我们就不可能有对"南京大屠杀"的侵略者和残害犹太人的纳粹的审判和谴责，也不会有对犯罪分子的法律和

---

① ［美］马斯洛：《人性能达的境界》，林方译，云南人民出版社 1987 年版，第 121 页。

道德惩罚。因此，在相应的事实与价值的关联中我们可以从逻辑上得到这样的完整的推理：偷钱是恶，你偷了某人的钱，你偷钱是恶。从这里我们可以看到，只要命题的前提为真，从"是"就可以推导出"应然"的道德判断为真。而命题的大前提的确立在一定程度上也可以通过逻辑方法加以推导出来。运用传统归纳逻辑的简单枚举法、排除法和类比法，我们可以得出相应的伦理命题。如 A 偷东西损害了 X 的利益、B 偷钱损害了 Y 的利益、X 偷某物损害了 Z 的权利，如此类比、枚举，我们可以得出"偷窃是恶"这样的伦理命题。以归纳推理得出的前提作演绎推理时，就可以得出相应的道德评价的结论的真与假。因为，演绎推理的基本特点就是：当大小前提皆为真时，结论必然为真。当然归纳推理也有自身的局限性，当所有前提为真时，其结论为真的可能性增大，但不能排除其结论为假的可能性。正像恩格斯所指出的："从动产的私有制发展起来的时候起，在一切存在着这种私有制的社会里，道德戒律一定是共同的：切勿偷盗。这个戒律是否因此而成为永恒的道德戒律呢？绝对不会。在偷盗动机已被消除的社会里，就是说在随着时间的推移顶多只有精神病患者才会偷盗的社会里，如果一个道德说教者想庄严地宣布一条永恒的真理：切勿偷盗，那他将会遭到什么样的嘲笑啊！"① 可见，单靠归纳推理是难以完全说明社会现象中的道德命题的。人类社会的道德现象，不仅涉及社会历史条件的制约性，也有主体主观条件的因素的限制，甚至必须考察各种利益的合理与否。尽管如此，在归纳推理中，多找到一个例证，即是为归纳判断多找到一条理由和证据，就可以使诸多相似的、个别的、特殊的道德现象上升到一般性的或普遍性的价值命题。诸如"切勿偷窃"虽不是永恒的真理，但在一定条件下确是具体的真理。另外，归纳逻辑的现代发展趋向是把归纳逻辑与概率逻辑结合起来，从而使归纳逻辑能够精确化甚至定量化，这无疑会更加促进归纳逻辑的完善。正如奎因所说，随着我们的知识进步，"我们的归纳逐渐变得明白和周密起来，在条件成熟的时候，我们甚至会超越归纳，进入假说演绎方法的领域"②。虽然我们从道德生活中归纳出的道德命题是一个价值判断，而我们在运用演绎推理的三段式进行推论时，小前提实际上是一个事实的判断，得出结论又是一个价值判断。如果前提为真、事实为真，那么结论也必然为真。可见，不仅"是"在一定程度上可以推导出"应该"，而且价值判断的逻辑推理与事实判断的逻辑推理在规则、程序上是一致的。价值判断也可以用"是"作谓词，如"X 是善的""Y 是恶的"等。所以，从形式上看，评价性的句子也可以用陈述或命题来表达，评价性的判断也有真假之分。然而，事实判断与价值判断在内容上是不相同的，因为作为逻辑推理的大前提的价值判断不可能用像自然科学那样的实验或实证的方法获得。因为"应当""善""恶"等道义词的确立不是逻辑的问题，也不是科学实验的问题，价值判断不可能获得事实判断那样的精确性和可检验性。不论怎样，逻辑上为道德评价所作的证明，主要是形式上的真与假的证明，道德评价的真理性的证明仅仅依靠逻辑推理是无法作出的。

价值判断从根本上来说，不是一个逻辑问题，而是人类实践问题。事实判断的特点

---

① 《马克思恩格斯选集》第 3 卷，人民出版社 1995 年版，第 434~435 页。

② ［美］奎因：《论道德价值的本质》，载《哲学译丛》1988 年第 6 期。

在于描述事物的属性、关系以及其内在规律，相对于价值评价与认识，事实认知与人的需要没有必然的联系。而在道德评价中，却不可避免地包含着人的需要、利益和目的等主观的东西，所谓的利害、损益、道德都是对人而言的。此外，事实判断的结果主要是通过科学实验和经验活动而形成规律性认识和理论认识。道德评价的结果则是通过实践活动形成道德判断，进一步使人的活动符合人自身的内在尺度，实现人类自身的需要和目的。在现实生活中，道德的评价之真假、对错，一方面取决于对评价对象事实如何的描述性认识的对与错、真与假，另一方面也有对主体需要的正确性的认识。也就是说，道德评价不仅依靠事物的客观的尺度，而且还要依据主体自身的内在尺度，只有两个尺度共同为真，都有真理性，道德评价才具有真或真理性。道德评价的两个尺度的真理性检验只有依靠人类社会的实践活动。道德评价的目的是形成一定的规则和原理，从而指导人们的道德活动，因而道德评价不仅要如实地反映道德现象的存在状况，还要能够深入地了解和探讨道德现象发生的社会历史规律。而要真正地把握社会历史规律，必须有认识世界和改造世界的实践活动，人类实践的历史过程，就是不断追求获得并检验真理和规律性的过程。人类的具体活动和行为是否符合客观规律也只有通过人类实践的活动来验证。特别是对历史现象或社会现象进行道德上的道德评价，首先要有对社会实践所处的社会发展状况和历史规律的正确认识，才可能作出正确的客观的评价。如对资本的原始积累过程中出现的种种罪恶，马克思主义者并不是简单地加以谴责，而是认为这是私有制社会发展规律的表现，资本家是以恶的手段和方式来打破旧有的善以创造满足资本家利益，同时也促进了生产力的发展的"善"。另外，当一事物被评价为善或恶时，一定是与特定的主体的利益需要和目的相联系的，而对人的这种"内在的尺度"的真理性的认识，也需要通过人类的实践活动而获得。人类实践活动本身并不是单纯地适应外在规律的过程，而是为了满足自身需要和目的的利用规律和改造世界的过程。正是在人类的道德实践中，人们把满足了特定主体需要和体现了主体目的的活动，看作善，反之，就视之为恶。所以，恩格斯指出："如果我们达到了我们的目的，发现事物符合我们关于该事物的观念，并产生我们所预期的效果，这就肯定地证明，到此时为止，我们对事物及其特性的知觉符合存在于我们之外的现实。"① 可见，我们是可以在实践中达到对目的性的内在尺度的真理性认识的。

总之，事实判断与价值判断的关系问题的症结就在于社会实践。正是由于人类实践活动所具有的合规律性与合目的性相统一的品格，才使得具有目的性特征的价值判断与具有规律性特征的事实判断联系起来，并为道德评价奠定了认识的依据和标准。

二、道德价值的层次

大致而言，善与正当在表现形态上处于道德价值的不同层次。善与恶是道德价值规范的两极，善作为利益关系中的行为价值取向，是指目的性、理想性和先进性的层面，善是对目的性、理想性和先进性价值取向的肯定和维护，恶则是对善的否定和破坏。而正当则是道德价值的基础性层次。

---

① 《马克思恩格斯选集》第 3 卷，人民出版社 1995 年版，第 702 页。

1. 义务论与目的论之争

关于善与正当的层次关系问题，形成了义务论与目的论之争。义务论主张把针对人的行为的基本规范看成是具有优于善的优先地位，道德的价值最终要归于行为的正当与否。目的论则认为人的一切行为都是有目的的，人们可以确立某种价值为最根本的或最高的善，并依此来规定行为的正当与否，善优先于正当，正当依赖于善来确定。

在近代西方思想史上，康德主张义务的应当和正当是道德最基本最牢固的支柱，是绝对命令的唯一真正源泉。只有为义务，而不是为任何别的动机，才使行为具有道德的性质。康德指出，如果诚实是一种义务和基本道德规范，那么人一生中在所有的情况下都应当老老实实、不能说谎，只要允许有极小的例外，那也会使这条规范成为不可靠和对任何人都不适用的东西。在康德看来，任何道德要求都是来自纯粹理性，自然和经验不可能成为"应当"的内在根据。根据纯粹理性，"人应该这样行动以使你遵循的规则能够同时成为普遍的道德法规"就成为康德的绝对命令。绝对命令就是"正当""应当"和"必须"，不能有任何例外和条件，即使一个人的动机夹杂着利他成分，如果没有对绝对命令的尊重，也是没有道德价值的。"为义务而义务"成为分辨道德价值与非道德、善与恶的界限，康德通过义务论在形式上建立的先天的普遍的绝对的道德律，抬高了道德规范的至上地位。而实际上一个人行为的最高准则如果能成为所有人都能够普遍遵循的准则的话，那么这个准则不可能是高尚的善，而只能是基本的"正当"的行为准则。

功利主义则持目的论的观点。在功利主义派的边沁和穆勒看来，趋乐避苦是人生的目的，因此功利作为最终目的，是一个无须证明的公理，是经验中的事实。对于人而言，所做的一切都是以快乐、功利为目的的，相对于目的的善而言其他都只是手段。穆勒指责康德的义务论，认为假如一切有理性者都采纳不道德的行为律，并使之成为正当的规范，那就存在逻辑上的矛盾带来道德上的混乱。功利主义认为正当、义务都是为目的的手段。为了防止个人目的成为终极的善，边沁、穆勒主张以人类以往的经验而得出的"最大多数人的幸福"为最高的目的。

目的论与义务论之争在现代西方思想史上首先演变为价值论直觉主义与义务论直觉主义之争。价值论直觉主义代表人物摩尔指出康德局限于形而上学，把"正当"和"应当"当作超然的实体，是犯了自然主义的错误。摩尔提出，对于事物的内在价值的探讨，可以归结为"什么是善的"这一理论问题，而对于外在的价值的探讨则可以归结为"什么是应当做的"，或"什么是正当的"等实践问题。也就是说，作为一种外在的工具价值，"'正当的'东西，或者成为我们的'义务'的东西，无论如何，必定可以定义为作为取得善的手段的东西"。① 摩尔区分了手段与目的，区分了善与正当的价值范围。针对摩尔的价值论直觉主义，普里查德提出了义务论直觉主义的观点。他认为把善看作比正当、责任更根本的东西，实际上是颠倒了正当与善的关系。在普里查德看来，正当性与善性是有根本区别的，他认为善作为某种目的涉及的是动机，而"应当"

---

① ［英］摩尔：《伦理学原理》，长河译，上海人民出版社2003年版，第210页。

则只涉及行动，相互间不可互约。他指出，任何一种正当的行为并没有预先的目的，仅仅是我们直觉到它的存在并行动而使行为成为正当的。普里查德的义务论直觉主义完全否认了正当范畴与善之间的联系。为了克服普里查德的极端性，罗斯逐步深入地探讨了正当与善的关系。罗斯认为，在一般意义上，正当与善都是非自然的、不可定义的，人们可以通过直觉把握它们。罗斯指出摩尔的价值论无异于用善性来规定正当，颠倒了正当与善的关系。在罗斯看来，对于行为结果的善性考察虽然涉及如何决定一种行为的正当，但却不是对行为的正当性的规定。道德上的善与正当是各自独立的，善不必然是正当的，正当的不一定是善的。因为，行为的善主要依赖动机，而正当则诉诸行为本身。尽管在一般情况下善与正当不相一致，但罗斯又承认在具体情境中，正当与善行又可能是一致的，就是说在特殊情况下出自善的动机的行为总是能符合客观上的正当，而出自于中立的或恶的动机的行为则是不能成为善的，也无法与正当达到一致，看到了正当与否与道德又有一定的联系。

现代功利主义仍然坚持目的论的主张。斯马特开宗明义地指出："行动功利主义是这样的观点，它仅根据行动所产生的好或坏的整个效果，即根据该行动对全人类的福利产生的效果，来判断行为的正确或错误。"① 表明了行动功利主义首先是一种价值目的论，行为的正当性质取决于其目的或效果的价值，行为的正当性与不正当性应依据其行为本身的结果的道德来判断。斯马特认为义务论只要求行为符合某些规则，而不管行为的效果，那么在某些情况下义务论原则所命令的行动则常常可能会导致不应有的苦痛，而与人类福利的命令相冲突。规则功利主义的代表人物布兰特试图调和目的论和义务论之争。他认为道德的善与正当主要是实践规范的问题，而不是逻辑的问题。同时，他不同意斯马特将道德仅仅规定为行为的效果，而是把行为的善性规定为行为的合理性。认为道德法则不仅是一种工具，而且更主要的是道德法则能够影响人的行为，道德法则可以定义道德上的正当与否，而且道德法则系统又可以指导人们最大限度地增加福利和善。规则功利主义对规则所指向幸福的强调，既含有对义务论肯定与批评，同时又避免滑入唯效果论。尽管其理论上的论证和说明还不尽完备，但其对善与正当之间内在联系的说明还是有合理成分的。

在中国哲学史上，思想家常常将正当、应当抬高到目的的地位，将"正当"看作与"善"的统一。朱熹《大学或问》中指出："至天下之物，则必各有所以然之故与其所当然之则，所谓理也。"由于传统中国哲学中"理"即是自然之理，也是道德之理，是善的载体，因此当然之则与善等同。善就成为"正当"的要求并成为人们的行为准则，而正当的要求不再是社会基本伦理规范，而是更高层次的"善"的要求。如儒家中，正当之则的标准是仁义礼智信，而杀身成仁，舍生取义的"善行"也是仁义之要求。将鼓励为国家民族利益牺牲自我的高层次的要求作为普遍法则来推行，将正当之则置于高尚崇高的地位。所以在中国伦理思想史上，善与正当的合二为一是在伦理价值的最高层次上的统一。"善"的才是"正当"的思路，容易导致在现实生活中片面强调高

---

① ［澳］斯马特、［英］威廉斯：《功利主义：赞成与反对》，牟斌译，中国社会科学出版社1992年版，第4页。

层次的道德要求，而忽视了最基础层次的道德建设。

思想史的简略考察说明，善与正当的范畴还是有区别的。不能将"善"等同于"正当"，也不能把"正当"看作就是"善"的。

2. 善与正当

善与正当是道德价值的不同层次，善与正当之间层次关系的分析，还需要立足于唯物史观，从实践观点出发使之得到历史的具体的阐释。

从历史发展过程来看，善与正当的关系是处于不断发展变化之中的。从历史生成角度来看，善与正当都是在实践活动中对一定的社会关系和利益关系调节过程的反映，都根源于社会的物质生活条件以及形成的社会利益关系之中，是对利益需要矛盾与冲突中实践活动价值不同取向的认知，可以说，善与正当都是对社会伦理生活中主体与客体互动关系的应然性的反映。正是因为善与正当的生成有着相似的生成基础，因此善与正当有着紧密的联系。在社会历史中，善与正当的联系又由于社会历史的发展呈现出不同的范型。在氏族社会，由于社会历史条件的局限和认识水平的低下，氏族成员对于具有抽象含义的善与恶、正当与不正当的认识是相当模糊的。当一种行为如向外族和自然掠夺食物而满足了氏族共同体的生存需要，都会被认为是正当的，神圣的并且是善的，而相反，则认为是不正当、应鄙视的且是恶的。所以，在原始社会"善"与"正当"作为"应当"的不同层次是没有明显的界限的。随着掠夺成为社会普遍的现象，掠夺本身不再具有为整体利益的目的服务的性质，善与正当的同一关系开始出现分离。大致而言，对行为活动的意向、动机、手段的思考不是农业社会道德认识的中心，人们关注的中心是行为的结果的好坏或道德。因此，统治阶级常常把有利于自己统治的道德规范体系上升为"道德标准"来强迫社会成员的履行。这种将"正当"抬高到"善"的标准难以成为普遍的法则，致使现实社会中出现大多数人奉行自己选择的"正当"行为，而少数人去履行"善"的现状，出现"善"与"正当"在现实中的分裂的局面。资本主义社会大工业的发展，使社会交往日趋频繁和复杂，为了协调人们之间的利益关系，为了维护社会秩序，资产阶级开始以契约、法律的形式对人们的行为、手段、动机进行制约，以使道德规范的履行处于正当、合理、有序的状态。不可否认，这种以强制性、他律性特点表现出来的"正当"的要求，对于维护社会稳定、维护资产阶级利益起到了应有的作用。而这种将"正当"看作社会生活的基本要求，将"善"完全看作个人的选择而忽视"善"的要求的做法，又使资本主义社会缺乏了对社会伦理价值的更高追求。随着社会主义新型社会关系的确立，正当与善的关系在新的基础上获得了统一。"正当"是为"善"的目的服务的，而目的的"善"又为"正当"的实施指明了方向，也就是说，在实践中不仅要求行为有一定的目的和满足一定的利益需要，还要有对行为目的的自觉认识和手段的正当、适度。在历史发展中，我们可以看到善与正当之间有着内在的联系，但也有不能混淆的区别，也就是说"善"总是指向一定的结果和目的，而"正当"则常常是就手段和规范而言的。如果说"善"在现实实践中表现出一定的目的性，那么"正当"就是主体在现实实践过程中对其目的追求的最基本的要求和合理的方式与手段。

　　从具体要求来看，善与正当的具体内容也是不断变化和发展的。由于人类实践本身有一个从初级向高级形态发展的过程，主体认知也有一个由低到高的演进过程，因此，人们对善以及正当的具体要求也会发生相应的变化。从社会发展角度而言，善与正当都表现出由对生存需要的维护发展为对人的享受、发展需要的维护这一过程，并表现为满足社会需要的不同价值层次。从个体角度而言，对不同的社会层次的个体，其正当要求和道德标准都是不尽一致的。不同社会、不同主体的"正当"和"善"的要求的差异是与社会历史条件和社会实践的水平相适应的，因此，一定社会道德价值的目的取向与正当的具体要求，也应与社会历史发展的条件相符合。也就是说既不能把目的性的价值作为正当要求而加诸实践主体，也不能把正当的要求的履行当作目的本身；否则，就可能导致伦理思想和价值观的失衡。如，"文革"时期在意识形态领域不顾经济基础的条件而过度宣扬所谓的共产主义道德，将社会理想和社会目标中的善值作为基本规范而付诸社会，导致人人都讲"大公无私""狠斗私字一闪念"，造成了虚假的道德繁荣的局面。实际上，这种道德善的实现是违反社会规律的，也是在强大的意识形态下通过不正当、不人道的手段强制实现的。"善"作为一种目的性价值，可以说是现实性与理想性的统一，是在现实的利益需要的冲突中表现出来的对人和社会需要和目的的维护，甚至是长远利益和需要的维护，因此，善行不是社会的每一个人都能做到的，常常是社会最高伦理价值的体现。正当的要求总体上是指向目的的，但具体而言，对具体主体的具体要求总是该群体中的所有主体都能够做到的底线伦理。如社会公共生活中要求的"不准随地乱倒垃圾""公共场所禁止吸烟"等，只要是具备一定的意识能力的人就都能做得到。如家庭生活中要求"尊敬父母""爱护子女"等也是不难做到的。如果将人人都能履行的规范当作"善"来赞扬，就会降低"善"的内容要求，从而导致社会道德水准的下降。在社会规范中，正当的要求和规定的践行是社会文明最基础的工程，如果人人只要想做就能做到的正当要求都得不到履行，祛恶扬善的目的也就不可能实现，也就不可能有道德水准的提高。若要达善，必须从正当做起。另外，善与正当的具体内容也会随着社会条件的变化而互相转化。如果在一个社会中应当履行的正当要求都不被人们去遵循，而只有一部分人去践履时，正当的要求也就会成为善的要求。如"为政清廉"是对每个从政人员的基本要求，而在社会中其只被少数人践履时，就会被称为善行。如果本是一定社会善值规范的要求，而又能够被大多数人实行时，善的要求也会成为正当要求。如在氏族社会争夺生存权是道德矛盾和斗争的要求，而在文明社会特别是在现代社会，生存权已成为最基本的要求。同时，我们还应看到，对一定主体的正当要求可能也是对另一层主体的善的要求，而对一定主体的善的要求也可能是另一层次主体的正当要求。如对党员干部要求的"为人民服务"的基本道德要求，对一般群众而言则是善的要求；如见义勇为对一般人而言是善的要求，而对公安干警而言则是职业正当行为。尽管善与正当的内容是具体的变化的，但从中我们仍可窥见两者在内容上的差异。善是指伦理价值的理想形态，正当总是现实的人们应当达到的基本伦理价值和要求。因此，依据社会发展需要指明善的价值目标和理想，同时又要对不同的主体提出应当履行的现实职责，只有坚持理想性与现实性的统一，才能保证道德建设向着健康有序的方向发展。

就善与正当的表现形式而言，两者在社会生活中呈现出既相联系又相区别的不同的层次和特点。从外在形态来看，善属于高层次的伦理价值，正当是基本的底线的伦理价值。从评价形态上看，对社会基本规范的履行与否，可以评价为正当的或不正当的；而对社会倡导的道德理想的践履与否，可以评价为善或恶。一般而言，对道德规范和道德理想的实行与否，可以概括为正价值或负价值；那么，正当与善同属于正价值，而不正当和恶则都是负价值。所以善与正当是道德评价形式的不同层次，共同构成道德评价的重要组成部分，不能把善归为正当，只作正当与否的区分。从善与正当的实现形式来看，善的实现或达成一般而言应是自觉自愿的行为，而正当却往往通过法律、规范等强制手段来保证落实。即使人人都能够做到的，如"乱倒垃圾"等简单的道德要求，若有人没有做到甚至影响了环境卫生，也可以通过法律或行政手段予以处罚。行善常常是主体自觉自愿的行为，是对道德理想和信念的信仰，行善不应具有强制性。由于"善"是伦理价值的高层次的要求，因此善行的达成又常常会得到人们和社会的赞誉，是社会所倡导的伦理价值。

总之，从道德建设而言，正当的伦理价值的建设是基础，善的伦理价值是目标和境界。正当的价值是道德规范的依据，善的价值是美德的依据。

第二节　道德评价

道德评价是关于道德行为或观念善与恶、正当与不正当的价值判断。道德评价是关于价值属性的判断，不仅与历史评价有一定的区别，同时也有着与历史评价不同的评价标准和尺度。

一、道德评价与历史评价

历史评价所涉及的领域包括政治、经济、文化、道德、法律等人类生活各个领域，更多的是对社会历史现实成果的事实评价。可以说，道德评价只是历史评价的一个侧面，而历史评价则是综合的、宏观的。

1. 道德评价与历史评价的"二律背反"

道德评价作为社会整体评价的一部分，既可能是与历史评价的进步与倒退的结论相对应，也可能与社会的进步与退步的结论相反。这即是说，依历史评价作出的评价可能与道德评价在评价的结果或方向上是不一致的甚至是相违背的，也即道德评价与历史评价的"二律背反"。

道德是社会生活领域的一个部分和侧面，对于作为部分领域的道德评价与作为整体的历史评价发生"二律背反"，并不是社会历史的必然现象，而是在特定历史条件下社会历史发展不平衡的一种反映。一般情况下，社会进步的尺度也可以成为道德评价的尺度，人们也以促进社会进步的行为或观念为善，以损害社会进步的行为或观念为恶。但是，在具体历史条件下，某一行为依社会进步的标准可以划归为进步或善，而依道德标准却可以被判定为退步或恶。如历史上奴隶社会取代原始社会是社会历史的一大进步，而这一进步却是以道德上的极恶来实现的。如现实生活中，随着改革开放和市场经济的发展，各种经济形式的并存使"剥削现象"又出现在部分私营企业、合资企业、独资企业中。剥削作为对部分人劳动的无偿占有，从道德上而言肯定是一种恶，而从对社会发展而言，这一现象在一定程度上又可以促进生产力的发展，有利于安排剩余劳动力，所以其又有存在的合理性。如此说来，似乎是有利于社会进步的现象和行为并不一定是道德上的善，而被评价为恶的东西并不一定阻碍生产力的发展。对于历史评价与道德评价的所谓的"二律背反"问题，在思想史上也是由来已久。自从卢梭断言人类科学的进步必然带来道德的衰退，到康德确立了实践理性中的幸福与道德的二律背反，马克思主义以前的思想家都没有找到解决二律背反的方法。

当代现实生活似乎又再一次地证明了"二律背反"的存在，物质的进步没有带来精神上的进步，社会的发展却又带来人类生存环境的危机。而当今中国正在进行的社会主义市场经济建设无疑是历史的进步，而市场经济却又引发了种种道德问题。对此，我们只能立足于唯物史观的立场，从理论和实践中解决所谓的历史进步与道德退步的"二律背反"。

在理论上我们解决历史评价与道德评价的"二律背反"，最根本的问题就是要进一步分析社会历史进步的标准与道德评价的标准之间的关系。不论是对道德的判定，还是对社会进步与否的评价，总是按其相应的标准作出的判断。而在社会进步标准的确立上，我们又容易步入这样一个误区：即将社会进步的标准等同于或主要地归于经济的标准或物质的标准。这一倾向的明显表现，就是将社会进步的标准等同于生产力的标准，甚至将道德的标准也归结为生产力的标准。

历史唯物主义认为，包括科学技术在内的生产力因素是社会机体中最活跃、最具活力的因素，随着生产力的发展必将会引起社会关系的变革，社会的发展最终也取决于生产力的发展。因此，将生产力的标准看作社会进步的尺度是正确的，归根结底，没有生产力的进步也就没有社会的进步，社会进步的标准必须要包含甚至主要是生产力的标准。问题在于，生产力在社会发展中的决定作用虽然是主要的，但却不能将其等同于社会进步的标准。社会进步是一个总体性的概念，社会进步的标准不仅应包含物的尺度，还应包含人的尺度，不仅包括物质文明的进步，也包括精神文明的进步。社会是一个由各种因素组成的有机的系统，与此相应，检验社会进步的标准也应是一个系统，而不能简单地将某一子系统的标准等同于社会整个系统的标准。尽管在社会标准系统的圈层结构中，最基础、最根本的部分是生产力标准，在一定程度上，生产力标准可以成为其他标准的参照系。生产力本身包含劳动者、劳动手段和生产资料三个要素，其中劳动者是属于人的范畴，但在生产力中劳动者的地位，正如马克思所说："不论生产的社会的形式如何，劳动者和生产资料始终是生产的因素。"① 由此而言，生产力标准只是物的尺度、代表的是物质文明进步的标准。所以，将社会进步的标准仅仅归结为生产力的标准是不全面的，我们还必须将社会进步中最具创造性、能动性的实践活动中的人这一主体性内容融入社会进步的标准中，不能将主体性中包含的目的性、自主性、理想性的因素

① 《马克思恩格斯全集》第45卷，人民出版社2003年版，第44页。

排除在外。实际上,社会进步的标准不只是实体性的范畴,也应是关系的范畴和价值的范畴。当我们不顾主体的价值要求,不问动机和效果,而一味地追求经济的增长和科技的发展时,我们面对的却是人的异化、生存环境的危机、精神家园的失落、核武器的威胁。当我们将人的精神因素、道德因素、文化因素等进步都包容在社会进步的尺度内,那么依此标准来评价社会的进步,也就不存在历史评价与道德评价的二律背反。马克思主义认为,社会历史的进步都是相对的进步,奴隶制代替氏族制也只是相对的进步,而且相应地道德上也有进步,"甚至对奴隶来说,这也是一种进步;成为大批奴隶来源的战俘以前都被杀掉,在更早的时候甚至被吃掉,现在至少能保全生命了"①。如对"剥削"现象,马克思主义更是予以道德上的批驳,并指出正是"剥削制度"的固有本质将导致资本主义社会的灭亡。而对于现阶段的剥削现象,并不能因为暂时对生产发展有利,就认定其会促进社会的进步。

2. 道德评价与历史评价的统一

总体上,我们并不认为历史进步与道德进步存在必然的背离,之所以产生历史评价与道德评价的所谓的"二律背反",主要是我们在确立历史进步标准问题上的以偏概全。

在特定的情况下,我们并不否认物质进步与道德进步之间的分离。从特定的历史环境而言,一定社会的经济水平向前发展和提高进步,而相应的道德水准可能还处于滞后的状况,从而出现物质发展与道德进步之间的二律背反。正像物质发展并不等同于社会发展一样,物质进步与道德进步之间的"二律背反"不能等同于社会进步与道德进步之间的"二律背反"。而实际上,一个社会如果出现物质提高与道德退步的状况,其社会必然不能断定为是进步的,或只能是相对的进步、片面的进步。物质发展与道德进步之间出现分离的状况,并不是社会发展过程中的必然规律,所谓的"二律背反"也只是特定的历史条件下的产物,特别是在阶级对立的私有制社会尤甚。况且就是物质生产自身也存在着矛盾和背离的情况。物质进步的目的是满足人的生存和发展的需要,而物质生产不仅就其方式、过程,而且就其效果而言,常常会出现有违于人的需要的境况。而我们在认识上,又通常地将物质生产带来的恶果归结为道德的"罪过",而没有看到要校正物质生产的片面化、异化的倾向,因此,还需要在一定程度上确立道德标准来加以规范。

在认识经济进步与道德进步的关系上,我们也不能用旧有的道德标准来约束和制约经济的合理发展与进步。我们进行的市场经济建设作为历史的必然,必须要有相应的政治、文化、法律、道德等领域的变革,因此我们就不能再用传统的计划经济条件下的道德标准来判断今天的改革开放。虽然,我们认为社会进步的标准应包括人的因素和价值的因素,但是我们并不能因此就取消社会进步标准中的物的因素和客观的尺度,更不能因社会发展带来的各种问题而片面地诉诸道德的标准和理想,从而阻止社会的进步与发展。先秦儒家和宋明理学中浓厚的"道德主义"色彩造成中国封建社会几千年的封闭

---

① 《马克思恩格斯选集》第 3 卷,人民出版社 1995 年版,第 525 页。

与落后的教训，我们今天仍应记取。

在理论上我们确立社会进步的标准应包括应然性、主体性、目的性的价值因素，从根本上说是当今人类社会实践活动使然。由于道德标准自身带有目的性和理想性的价值取向的色彩，因而由其和其他标准系统构成的社会进步标准的大系统也应带有一定的目的性和理想性。社会进步的标准也应该指向未来，进步是对以往的发展，也是向未来的接近。所以，道德评价的标准和社会进步的标准在目标上是一致的，这种统一也可以说是历史事实与历史价值在实践中的统一。

二、道德评价标准的确立

道德评价标准不是认识的真假问题而是确立行为的合理性标准的问题。据此理解，我们认为要确立一个合理的道德标准必须遵循以下原则：

1. 主体性原则

马克思主义从未否认道德的主体性的本质，历史唯物主义的基本理论原则也是以"现实的人"为基本出发点。马克思主义道德学说中对人的本质、人的需要、人的自由、人的解放、人的全面发展等问题的关注，无不充满着对人类主体命运的关注。马克思主义对资本主义社会"人的异化"现象的批判，实际上也说明了资产阶级道德在本质上的扭曲。当代西方哲学中的结构主义、后现代主义等流派，在其发展中又呈现出一种反主体性的倾向，似乎主体性问题和研究已进入黄昏阶段。我们应当看到，当代西方哲学和道德哲学的主题嬗变中对主体性问题的深刻反思是有积极意义的，然而对传统的主体性观念的反思并不意味着消解主体自身，其中也蕴含着对人类主体命运的重新思考和憧憬。当代人类文明进程和发展的实践昭示着我们，必须要充分认识道德的主体性，只有主体自觉的价值追求和创造，才有可能实现人的自由全面的发展。

首先，道德标准的主体性原则要求确立主体为道德价值存在的目的。道德标准要包含人的目的，是一种哲学本体论或形式上的规定，正像康德的"人是目的，不是手段"的命题一样，是一种抽象的终极意义上的肯定。人自身就具有自在的最高价值，决定了我们在一般意义上可以确立这样的基本的道德标准，即尊重和爱护生命。所以在日常生活中我们总是把"救人性命"看作最大的善，而将"无辜杀人"看作最大的恶。正是从最基本的保护生命的原则出发，我们反对战争，渴望和平。尽管战争只是人们寻求某种利益和目的的手段，对其道德的评价还需要依靠其动机和效果来加以评价，但战争对人的生命的摧残，尤其是20世纪两次世界大战的阴影和核武器威胁仍然存在的当今世界，更是提醒人们要本着尊重和爱惜人的生命的原则消除和减少战争的威胁。也正是从保护合理的生存权不受侵犯出发，我们反对奴役战争和侵略战争，而对反抗奴役、反抗侵略的战争予以道义上的支持。由此，我们可以将灭绝人性的"南京大屠杀"和"希特勒残杀犹太人"看作罪大恶极。尽管在今天仍有极少数人为"南京大屠杀"辩护，新纳粹分子又有死灰复燃之势，但全世界人民对侵略者和暴行者的正义审判和谴责也是共同的心声。由此，我们不仅对中国共产党领导中国人民抗击日本侵略者的抗日战争予以道义上善的肯定与支持，而且将一切有利于抗日的行为确立为善，而将有损于抗日的行为确立为恶。尊重生命与保护生命是统一的。我们抽象地谈论道德标准的主体性原则，并不是否认主体性原则的具体性。马克思就曾说过，"每个人是手段同时又是目的，而且只有成为手段才能达到自己的目的，只有把自己当作自我目的才能成为手段"①。问题在于，人把自己作为手段是为了更好地达到自己的目的，目的的思考始终是人的价值的核心。人类社会不断争取解放的历程，实际上就是人类确立自身为目的的奋斗史。另外，道德标准确立以人为目的，不仅确立了道德标准的目标，而且也为工具的合理性和手段的合理性提供了依据。为目的的手段必须是人道的、正当的，这也可归结为简单的为人准则：己所不欲，勿施于人。

其次，道德标准的主体性原则要求人的能动性和创造性以需要的发展为目的。毋庸置疑，人的需要与主体的发展是多层次的，不同主体依自身的需要和目的，可以确立相应的利害观念或道德标准。但要寻求道德标准的确定性，还必须从普遍性的角度对主体的需要进行探讨和分析。人的普遍性不是某种生物学意义上的共同性，而是指人的普遍地历史地形成和发展着的实践本质和社会本质，人的本质力量及其功能的发挥是人的普遍性的基础。而人的本质力量及其功能的发挥最主要的就是主体的能动性和创造性的发挥和发展。道德作为满足主体需要的一种活动方式，必然要在道德标准中制定满足人的创造性活动、自主性活动需要的原则和内容。而人的实践本质和社会本质的发展又总是趋向于"人的自由全面发展"，这是主体的能动性和创造性充分发展的目标和前景。因而，我们可以确立的最高道德标准就是"人的全面发展"。"人的全面发展"不仅是我们奋斗的目标，而且也是衡量具体道德标准是否合理的最高尺度，可以说"人的全面发展"是一种"元标准"，一种"标准的标准"。当然，"人的自由全面的发展"作为最高的或一般性的道德标准，其实现和达成需要一个相当长的历史阶段，其实现也受到各种历史条件的限制。同时，从不同的领域、不同角度，我们对"人的自由全面发展"可以作不同的理解和阐释，并将"元标准"在不同时代的要求具体化。因而，根据马克思主义具体问题具体分析的原则，在社会主义市场经济条件下，我们可以依据时代的具体条件，根据"人的全面发展"在现阶段的要求而提出符合社会主义社会的发展要求的道德标准。当然，我们也不能因为道德标准的具体的变动性，就否认确立一般主体性原则的合理性。恩格斯曾预言："只有在不仅消灭了阶级对立，而且在实际生活中也忘却了这种对立的社会发展阶段上，超越阶级对立和超越对这种对立的回忆的、真正人的道德才成为可能。"② 社会主义社会已进入了这样一个发展阶段，我们需要以主体性的原则来确立真正属于人的道德标准。

在主体性原则的确立中，我们还必须注意到，符合主体性原则而订立的道德标准，不仅是对个体的要求和规范，而且更是对社会主体包括政治制度的规范和要求。社会主体不能因为是道德标准制定者而忽视了标准本身对自己的制约，更不能因此而忽视和抹杀具体个体的需要与权利。"人的自由发展"是通过普遍的社会全面发展才能最终实现

---

① 《马克思恩格斯全集》第30卷，人民出版社1995年版，第198页。
② 《马克思恩格斯文集》第9卷，人民出版社2009年版，第100页。

的。而且从终极的角度而言，人的全面自由发展是与类主体的全面自由发展相联系的。道德的最终标准所应符合的主体的利益应是全人类的总体利益和根本利益。它包括种的合理保存和发展，人类生活质量（物质的与精神的）的不断改善与提高，以及类主体（包括个体）的自由而全面的发展。凡是有利于此标准的为善，反之为恶。不过，在一定的具体的历史发展阶段上，体现这个最终标准的又是具体的特殊的标准。丰富而具体的道德标准总是从不同层次、不同侧面对道德最高标准的具体化，而各层次的道德标准不仅是社会发展不同阶段的要求的反映，而且也可以是对同一阶段同一层次的需要和目的的不同的反映。不论怎样，只要符合人及其类主体的全面自由发展的总体要求，具体的道德标准都具有合理性。

2. 科学化原则

一个合理的道德标准的必要条件是其正确性，只有科学的道德标准才可能使人信奉和遵守，也才能为人们进行道德评价提供证明。

首先，科学化原则要求道德标准的确立要符合社会发展的客观规律。一方面，道德标准要适应社会历史发展条件的变化和需要。如在市场经济条件下，原有的道德标准已难以评价人们今天实践中出现的种种问题，那么，我们就必须确立适应市场经济发展的竞争、进取、创新等伦理思想。另一方面，道德标准要适应社会客观规律的未来发展的需要。道德标准相对于义务标准、规范标准而言，是一种更高层次的道德标准，它具有的目的性、超越性的特点使其必然要指向未来的道德状态。而这种理想性特征的道德标准并不是随心所欲地设立的，它必须符合社会历史发展的方向和客观规律性。将不符合科学的东西、不符合社会发展的东西作为理想性的最高原则，是没有生命力的，也必然会随着社会的发展而成为形式上的东西。

其次，科学化原则要求道德标准的确立要符合人自身的发展规律的要求。科学化原则要求道德标准不仅要符合社会发展的规律，而且也要符合人自身发展的规律。作为人自身的发展的规律，首先就是生存的需要，因而保障人的生存需要是最基础的要求，其次是享受和发展的需要。所以道德标准在确立过程中，必须要满足人自身发展的规律要求，以确立人自身发展的内在尺度。由于以往我们认识上的偏差，往往认为个人只有克服和牺牲个人利益才是高尚的、可贵的，因此，导致对个体正当合理权利的漠视，并常常以利他主义原则作为衡量行为的道德标准。不能否认，在特定的场合如在他人生命、国家财产遇到危害的时刻，个人奋不顾身、勇于奉献的行为所表现的高尚精神是一种善举，这种善举也是当今社会为人们所提倡的和赞颂的。但将一定特殊情形下要求的善行作为一般的原则推广到其他领域，必须看其是否符合人自身发展的要求和社会生活的规律。真正符合人自身需要的道德原则和标准，必须要满足个人的正当利益和需要，虽然，在一定条件下满足个体正当权利和需要会受到种种限制，但是并不能以此为借口而否认个人生存和发展权利的必要性和重要性。当然，个人自身需要的满足又是与社会、他人密切相关的，因此，以人与人、人与社会之间和谐关系和发展关系为依据而制定道德标准才是科学的、有效的。

3. 普遍化原则

当代价值观的危机，主要表现为相对主义的危机，而试图摆脱相对主义的泥沼，寻找一条道德标准普遍化的道路也是伦理学的任务。

首先，道德标准的普遍化要求道德标准内容上的普遍性。从道德标准所要维护和满足的现存主体需要和目的的角度而言，道德标准不仅包含着具体主体的各种需要和目的的满足与否，而且还要有对社会性主体满足的需要和目的的普遍性的规定。我们看到，一定社会的道德标准总是以占社会统治地位的主体的利害为依据的，却并不归结为统治阶级的某个人的利益或个别的利益，而是指向共同的利益、集团的整体利益。既然，道德标准不是以具体的某个人的利害为标准，对占社会主导地位的群体或集团而言就存在着道德标准的普遍化，并将其共同利益和整体利益普遍化的需要。另外，就满足主体的需要和目的的发展角度而言，道德标准不仅要满足一定主体的眼前利益的需要，更重要的是要满足一定主体的长远利益和未来利益的需要。

其次，道德标准的普遍性原则要求其对对象的要求和规范也要具有普遍性。一个社会总体的或一般性的道德标准的确立总是对其社会所有成员的规范和制约。尽管，一定社会的道德标准总是带有目的性甚至理想性，很难转化为全社会成员的实际行动，但是对其相应对象的约束却是共同的。由于社会领域处于多层次和多样化的形态中，各个具体领域也会有相应的具体的道德标准，而无论道德标准怎样具体，对于同一领域的主体来说都是应该遵守的。

此外，道德标准的普遍化原则还要求道德标准在形式上具有可通约性。一方面，道德标准表达形式上要语言准确、清晰，表达充分、翔实。如果语义上不具有清晰性、精确性，不仅容易引起不必要的误解，而且也难以在实践中达成一致的认可。另一方面，道德标准作为一种"文本"样式，要具有可解释性和可理解性。使道德标准作为一种精神产品成为人们信奉的观念，必须经过人们心灵的理解才能起作用。但由于解释和理解并不是一个孤独的主观的过程，在社会生活中，人们可以根据生活的经验、客观的条件、相应的理论、共同的利益等因素的影响来理解和阐释相应的生活信念和道德标准，从而达到对相应道德标准的合理的阐释。

◎ **思考题**

1. 如何理解事实判断与价值判断之间的关系？
2. 如何理解善与正当的关系？
3. 如何理解道德评价与历史评价的关系？
4. 道德标准确立的原则有哪些？

第六章　道 德 选 择

道德评价的目的之一是更好地指导人们进行道德选择。选择是人们特有的有目的的活动方式，是主体在与环境的相互作用过程中对面临的各种可能性进行取舍的一种自主性的活动。道德选择是指人们在一定的道德意识支配下，对道德行为或观念所呈现的善与恶、正当与不当、利与害等的各种冲突和可能性进行抉择和取舍的一种道德活动。

第一节　道德选择的前提

人们在现实和在历史道德冲突和矛盾中是否有选择的自由，人类社会能否实现扬善惩恶，是道德选择的前提问题。

一、道德选择的前提的争论

道德选择是具有自主意识的主体的行为，作为自主意识的主体特别是个体，在面临的各种善与各种恶进行道德选择时，是完全自主自由，还是受到种种限制而"身不由己"，在哲学史上出现了两种针锋相对的观点，这就是道德决定论与意志自由论之争。

1. 道德决定论

决定论作为一种哲学理论，它的基本观点是一切现象皆是由某种原因引起的，而这些原因最终又是由某一终极或客观的原因所决定的。

道德决定论最杰出的代表就是黑格尔。黑格尔认为，世界上的一切现象皆是"绝对精神"的运行和展开的结果。绝对精神作为囊括宇宙间万事万物的精神，是自然界和人类社会的本质。在绝对精神的辩证运动中，世界就是绝对精神按其客观规律不断展现自身的过程，因此，世上万事万物都是早被决定了的、必然要展现出来的存在。尽管在黑格尔的哲学中并没有否认自由的存在，但黑格尔所谓的自由，是指符合绝对观念运行法则的自由，是被必然决定了的自由。道德决定论是哲学决定论的理论延伸，其基本观点是，道德及其道德标准是先验地被设定的，是由自然、权威或上帝等绝对原因预先设定的，人只能服从或遵守这些道德律令，不能在此律令之外自行决定或选择道德标准及行为。

从派别来看，宗教预成论也是道德决定论的主要力量。基督教神学大师奥古斯丁、托马斯·阿奎那是其主要代表。奥古斯丁认为，人类不能自己得救，因为人类已为原罪所决定，已经失去了意志自由，陷入了不得不犯罪的状况。除非上帝给人们以恩赐，否则人是不会有自由的，人们唯一的选择就是皈依上帝，不断忏悔，以使自己的灵魂得到解脱，这样才能在天堂中享有至善和幸福。阿奎那吸取了亚里士多德伦理学的基本观点，认为善的生活就是符合人的本性的理性的生活。这并不是说阿奎那承认了人本性中的自由，因为在阿奎那看来，人的理性本身就具有不受错误判断影响的善良意志，所以人们在选择行为时必然是趋向天赋的律法，也就是来自上帝的永恒的法则。因为，在阿奎那那里，无论是信仰的真理，还是理性的真理最终都来源于上帝。如果说传统的宗教预成论还为意志自由留有余地，那么到了 16 世纪加尔文所创建的新教中，绝对预成论成了其教义的显著特点。加尔文宗的教义主张，"按照上帝的旨意，为了体现上帝的荣耀，一部分人与天使被预先赐予永恒的生命，另一部分则预先注定了永恒的死亡"，"因此，一个自然人，完全与善背道而驰而且在罪孽中死去，便无法依靠自己的力量改变自己，或为这种善做任何准备"。① 所以人之为善为恶完全不是由自己所能决定的，而完全是上帝的安排，而人活在世界上唯一的意义就是服从上帝。进入现代社会，绝对预成论已失去其理论地位，但是，在西方国家其并未完全失去影响，教会组织仍希望通过上帝的至尊来起着平衡、稳定社会发展的作用。

另外，将某种精神性的实体作为道德选择的前提的主张主要是儒家学说。儒家的天道论将伦理纲常、道德是非标准皆归于天，而儒家的"天理""天道"却没有给人以意志自由的权利，因而人也就没有什么道德选择的自由。人们的道德选择的唯一依据和前提就是"天理纲常"，即君君、臣臣、父父、子子之类。"君"在儒家看来是"天"的代表，服从君王就是服从天意，因此在现实社会，君王就成为绝对的权威，人们只有服从天道、服从王道。黑格尔的理念论实际上也是将一种精神性的实体作为道德选择的唯一的依据。黑格尔的道德思想就是他的客观精神的哲学，由抽象法、道德、伦理三个部分组成。黑格尔认为在抽象法阶段，它的确定地位和出发点是意志，意志是自由的，而这种不经过矛盾斗争，人人都自在享受的"自由"，只是抽象的形式的自由。抽象法还必须向前发展进入道德阶段，道德是自为地存在的自由，在黑格尔看来，人有了自由意志，就既能自由为善，又能自由为恶。但是，由于道德是主观的，只有伦理才是主观与客观的统一，因此，个人的意志自由，均要以社会性的客观的伦理实体为归宿。所以，法和道德单就本身而言是没有现实性的，它们必须以伦理为基础。伦理精神通过分化，"即在国家制度中，返回于自身，并在其中统一起来"②。由此，人的主观的道德自由又最终要服从独立自存的永恒的绝对的"国家"。在这里，为"王权"辩护成为儒家和黑格尔伦理观的共同之处。

依据科学技术发展的成果，将道德选择看作人的机械的决定，是新行为主义的主张。斯金纳把其在动物实验中的发现搬到社会生活中，提出了行为技术学的机械决定论的观点。他认为，人的行为服从决定论的原则，因为人的行为主要是操作行为。人的操作行为由三个要素组成：刺激、反应、强化。而强化是人与环境关系的主要形式，通过对人的行为的处罚或奖励的强化就可以决定人的行为的方向。无论是罪恶还是美德，完

① ［德］马克斯·韦伯：《新教伦理与资本主义精神》，龙婧译，生活·读书·新知三联书店 1987 年版，第 75 页。

② ［德］黑格尔：《法哲学原理》，范扬、张企泰译，商务印书馆 1961 年版，第 174 页。

全都是由环境的强化的状况所决定的，善是能加强肯定强化因素的一切东西，而恶则是能加强否定强化的一切东西。在这里，人作为道德行为主体被环境所替代了，实际上也就排除了道德选择的可能性。道金斯等人在现代分子生物学的基点上，将人之道德归结为基因，认为人们道德选择是由人的基因所决定的。如同 18 世纪机械唯物主义者拉美利特、霍尔巴赫等将人看作机器、植物，主张人不能自由地选择善或恶，将人降到动物、机器的水平一样，现代的机械决定论的最终结果也必然导致对人的自由和尊严的否定。

道德决定论在理论上还有其他的流派和形式，还可以分为严格的决定论和非严格的决定论，但其实质都是否认人的选择的自由。决定论者大都从人本身之外的外在世界或外在力量来寻找道德行为的依据，并常常将决定自然事物的原因简单地推及人及其生活领域，或片面夸大人自身的某个因素，将其看成是决定人们道德选择的唯一因素。在实际生活中，原因和结果并不总是一一对应的单线序列，一因多果和多因一果的现象是大量存在的，同样的道德选择可能有不同的动机和原因，将道德选择仅仅归结于一个终极原因的决定与人类的道德实践是相违背的。道德决定论往往容易忽视人作为主体在道德生活中的作用。人只有一种选择，即只是对永恒法则的服从，这不仅否认了道德选择的各种可能性，而且还容易导向宿命论。

2. 意志自由论

所谓意志自由论，在哲学上是指一种与决定论相对立的关于自由的理论，它主张人的意志不受自然、社会或神的束缚，把人的行为选择看作不受任何必然性制约的一种自主的活动。近代的意志自由论是作为反对封建等级制和神学统治而提出来的。同样，道德自由论者也主张人们的道德行为或观念的选择，是在自由意志指导下的选择，强调人是不受外在必然性决定的自由的主体。

康德是近代哲学史上道德自由论的主要代表。在康德看来，人之区别于动物，就在于人是理性的存在物，而人的自由本性就存在于人的理性之中。康德强调自由是人的本质，人不自由就只是一个附属品或工具，就只是一个被役使的奴隶。康德指出，自由就其抽象的意义而言就是自我选择和自我决定，作为有理性人的意志自由，是不受外来原因的限制而独立地起作用的。在康德的哲学中，意志就是理性的实践能力，也就是实践理性，由此出发，他认为具有普遍道德价值的东西，只能来自人理性本身的善良意志。善良意志之为善就在于它是理性意志的自由。康德进一步指出，善良意志的自由不是任性的自由，而是真正的自由，意志自由作为自我决定论是按照理性的固有规律和法则来决定自己的行为。这就是说，人作为理性的存在物，是自由的、自己给自己立法，同时，人又要绝对服从由己而立的道德律令。由此，康德十分强调意志自律作为一种规律性、必然性不是外在的，而是自身的，它是一切道德法则的依据。由于康德将自由又引向对普遍理性法则的寻求，在理性范围内将自由与必然统一起来，所以，康德的意志自由又容易导向一种自由决定论，这是与康德的理性主义立场相一致的。尽管如此，康德对人的理性自由的强调，主张人能够为自己立法并执法，主张人的道德选择，要求人对自由选择的行为负责，对反对绝对决定论的主张是有积极意义的。

道德自由论在现代西方哲学中又得到了很大的发展，尤以萨特为代表的存在主义最具代表性。如果说康德是在理性主义的基础上建构起自由论，那么存在主义则是在非理性主义的基石上重建道德自由论。存在主义的先驱克尔凯郭尔认为自我不能用理性只能通过忧惧和内心体验去把握，每个人的现实存在都是自我选择的结果。在他看来，人的选择是遵循"非此即彼"的原则而进行的，其间不存在联系和发展的关系。他以个人选择为核心的自由观，使其承继者萨特的自由观成为选择论的最典型的代表。萨特从存在的本体是虚无和存在先于本质的本体论出发，指责过去的哲学不是只研究外部世界就是只研究与外部世界相对应的感觉思维，而没有深入到人的内在的特性中去，因而不可能了解人的真实存在，由此，存在主义主张只有人才能有真正的存在。萨特认为，每个人都是自我意识的无限扩张，是个人自由选择的结果，每个人都按照自己的意志选择自己的本质。"人是自己造就的"，"他通过自己的道德选择造就自己"。① 在萨特看来，人在进行道德选择时是绝对自由的，个人对行为的选择完全不受社会环境和他人的影响，完全出于自己的自由意志。除了自己之外，无所谓其他立法者，所以，道德选择只是当时当地具体情境下的主观的抉择，既不受历史条件的制约，也不依靠自己的情感和信仰，而且与过去的一切选择无关。对存在主义而言，任何寻找外在根据和依靠权威的道德选择，都是企图逃避自己的道德责任、逃避自由。依照这个观点，无论怎样选择都是自由的、允许的，也就没有什么道德不道德、善与恶可言。萨特举了这样一个例子：一青年向萨特求教，是去战场抗击德军的进攻，还是留在家里和母亲在一起。萨特的回答是：你是自由的，所以你选择吧，因为"没有任何普遍的道德准则指点你应当怎样做"。在这里，选择是无条件的、绝对的，"自由是选择的自由，而不是不选择的自由。不选择，实际上就是选择了不选择"。② 存在主义主张自由是一种主体选择的自由，有充分地弘扬人的自主性和能动性的一面，但又走向一个极端，滑入了唯心论和绝对自由论的空想之中。这个信条事实上也是无法贯彻到底的。

道德自由论是对决定论的反动，其对自由的呼唤也是对人的价值和尊严的尊重。只是，道德自由论在论证自由的本质时是抽象的，往往将个体的道德选择与具体的社会历史条件相脱离，而脱离任何社会关系而谈论个人的绝对自由只能是一种空想。而且意志自由往往最后导致一种不自由和不负责任。在自由面前人没有选择性，这就蕴含了一个悖论：将自由看成是绝对的、必然的，自由本身又成了决定者。意志自由论强调选择的自由目的是强调道德责任，但强调至极必然走向反面，人人都有责任导致了人人都没有什么具体责任，从而人人都可以不负责任。因此，道德自由论和道德决定论一样无论是在理论上，还是在实践中，都没能合理地解决道德选择的前提问题。尽管如此，哲学家们对自由论与决定论的不断探讨，会为我们进一步揭示道德选择的前提提供有益的启迪。

二、道德选择前提的论证

马克思主义创始人虽然没有对道德选择的前提作过专门的系统的阐述，然而马克思

---

① ［法］萨特：《存在主义是一种人道主义》，周煦良、汤永宽译，上海译文出版社 1988 年版，第 26 页。

② ［法］萨特：《存在与虚无》，陈宣良译，生活·读书·新知三联书店 1987 年版，第 599 页。

主义创立的实践唯物主义，通过对人的实践本质的肯定，对人与社会规律、自由与必然的关系的辩证分析，为我们正确地认识道德选择的前提问题提供了科学的理论根据和认识方法。

1. 人类实践创造了道德选择的前提

人们在进行道德选择时，必须是在各种善与恶的可能性中进行选择，因此，选择善或恶必须具备两个关键的前提，即善、恶存在的客观性以及主体选择的主观性。而不论是道德选择的客观前提，还是道德选择的主观前提都是由人类社会实践活动提供和创造的。

首先，人类社会实践活动创造了道德选择的客观前提。实践的观点不仅是马克思主义哲学的逻辑起点，也是马克思主义认识社会和改造社会的方法论。从实践的观点出发，我们可以看到实践不仅提供了道德选择的各种可能性，而且为道德选择的合理存在提供了前提和条件。实践不仅在认识的形成、真理的检验等方面有着决定性的意义，而且在创造认识对象和选择对象中也起着决定性的作用。人类通过自己的实践建立了与外部自然界的实践——认识、实践——选择的关系。在认识活动中，人们又不断地根据实践发展需要的变化，在自然界提供的各种条件和环境中，选择最有利于自身发展需要的对象和条件。随着实践活动的不断扩展，认识对象的范围也不断扩大，由认识单纯的自然物，到认识由人类实践活动创造的社会事物。正是在劳动实践中，人类先天条件不断地得到进化和发展，使人类的认识活动不再是简单地感性直观，而是不断地通过事物的表象而认识事物的真正本质。而人通过各种表象来认识本质的过程，实际上就是人的选择的过程。实践不仅创造了可供选择的对象，同时也创造和发展了人的选择的能力。实践活动不仅创造了一般意义上的选择活动，而且创造了道德选择活动和道德实践活动。随着人类社会的发展，物质生产方式的进步，人们之间的交往关系，各种利益关系也呈现出多层次性和多样性，而每一层次和领域都会有相应的道德要求和道德标准，这些道德要求和道德标准又构成了相互独立又相互影响的道德关系网络，这就为社会或个人的道德选择提供了客观前提。物质生活方式越是向前发展，社会越是进步，实践可供人们进行选择的可能性越大。从某种意义上来说，道德绝对论只适应于某些特殊的情况，也就是实践活动水平十分低下的情况。而随着人类社会实践的不断深入，人们交往关系的日趋频繁，人们之间的利益矛盾和冲突也会呈现多元化，人们的道德要求和道德尺度也将日渐复杂，这些都为人们进行道德选择提供了更加广阔的背景。所以，实践活动不仅创造了道德选择活动而且也为道德选择提供了广阔的客观前提。

其次，人类实践活动创造了道德选择的主观前提。道德选择达成的关键因素是选择主体的存在，没有一定的主体进行选择，实践所提供的客观前提也就不会变成现实的存在。而选择主体从根本上而言，也是在实践中发展和完善的。人作为万物之灵，是从大自然中孕育出来的，但人类脱离动物界却并非仅仅是自然的产物，而主要是劳动实践的结果。尽管，人类最初的"劳动"还带有一定的动物性的特征，但其却是人类劳动实践的最初形式。正是最初简单的对象化活动，使人类与自然分化为主体与客体的关系，为人类通过有目的的活动改造自然并在其中改造人本身的实践活动的发展奠定了基础和条件。所以，马克思指出，当"人开始生产自己的生活资料的时候，这一步是由他们的肉体组织所决定的，人本身就开始把自己和动物区别开来"①。无论是自然的人化还是人的对象化，都是在人和自然的物质变换过程的实践中完成的，没有人的劳动实践也就没有认识的主体和客体，也就不会有选择的主体和客体。随着劳动发展带来了社会大分工，分工为创造具有独立意识并能从事创造活动的人奠定了社会基础。分工形成了人与人之间不同的关系，造成了人与人之间的差距和不平等，同时也造就了人或者说一部分人的自主意识的增强和创造性的本质的呈现。马克思就曾指出："分工和交换是人的活动和本质力量——作为类的活动和本质力量——的明显外化的表现。"② 由此，我们可以认为，劳动实践带来的分工，不仅创造了社会文明的开始，也创造了真正的具有主体性的人。随着实践活动的不断复杂化，主体把握世界的方式也不断地发生变化，一方面，外部的活动经过一系列环节被主体所认识与把握，促进了主体内部意识活动水平的提高；另一方面，当意识达到了一定形式化或抽象化水平，又使人类活动不断地分化。在此基础上，人们开始对人与人、人与社会的关系以宗教、政治、道德等方式进行把握和理解。人的意识开始不断地脱离具体的认识事物的活动水平，而走向抽象化以至辩证、思辨的水平，人们在一定程度上也就具有了自由、自主的主观认识能力。而自主性、主动性的意识能力也就是人们在社会实践中进行选择的主观前提。同样，在善与恶及各种善或各种恶的选择中，具备一定的自主意识是必要的前提条件。所以，社会实践又是创造道德选择的主观条件的决定性因素。

2. 道德选择是自由与必然的统一

不论是道德行为抑或伦理观的选择，总是要有可供选择的各种方案和各种可能性，而客观前提的存在对于选择主体而言是一种外在的必然性。而外在的必然性存在的各种趋向要达成现实的存在还必须经过主体的取舍和抉择。道德选择的两个最基本的环节缺一不可，外在必然性和主体内在的自由的统一，构成了道德选择的基本前提。

首先，道德选择要受到客观历史条件的制约。人总是生活在一定的社会历史条件之中，无论是具体的个人还是群体，其道德选择都只能是在社会历史所提供的条件下进行的，都要受到外在客观必然性的制约。社会历史条件尚未成熟到要人们在某种可能性中进行选择，而且客观环境尚未提供道德选择的几种方案时，就不会发生如何进行道德选择的问题。因而，只有当客观历史条件要求道德主体在各种利益价值取向中进行选择，且又提供可供选择的方案时，道德主体才可能进行善与善、善与恶或恶与恶之间的选择。社会历史条件包括一定的社会制度、社会交往关系、具体的生活环境以及社会意识形态、社会风俗习惯等，都会在一定程度上提供或制约主体的道德选择。因而，在具体的历史时代和阶段，主体在社会关系中所处的地位、具体需要和目的的满足方式，都会影响主体认识和选择的方式。人们总是处于特定的社会关系中，总是需要调节各种利益关系，而且随着社会的发展，人们之间的利益关系的多样化必然形成各种利益价值取向

---

① 《马克思恩格斯选集》第 1 卷，人民出版社 1995 年版，第 67 页。
② 《马克思恩格斯选集》第 3 卷，人民出版社 2002 年版，第 357 页。

的多层次化和各种可能性。随着物质生产方式的进步，社会意识形态也不断地走向宽容，人们的价值观念也发生了变化，道德选择也不再是非此即彼的选择。如此一来，社会环境不论从物质形态还是从精神形态，都为道德选择提供了各种的可能性。所以，主体需要进行的道德选择，一方面是社会历史条件所提供的，另一方面主体也只能在社会历史条件提供的范围内进行选择。虽然社会历史条件提供的选择的可能性，对于选择主体特别是对个体而言都是一种客观必然性，但是这并不意味着所有的客观可能性都是符合历史规律的客观必然性。不管怎样，主体总是在客观环境提供了几种可能性时才能进行选择，正如马克思所言："如果他要进行选择，他也总是必须在他的生活范围里面、在绝不由他的独自性所造成的一定的事物中间去进行选择的。"①

道德选择不仅在客观历史条件所提供的可能性中进行选择，而且还需要在客观历史条件所造成的各种道德冲突中进行选择。从特定的社会道德标准本身来看，各个领域具体的道德要求与社会占主导地位的道德标准在特定情况下会发生冲突或矛盾。此外，从一定的社会道德要求来看，往往存在着不同层次的道德要求，对于具体的主体而言在选择道德标准时就会产生困惑。从道德发展过程来看，道德选择还会面临新与旧、实有与应用之间的矛盾和冲突。而从道德主体的社会角色来看，在一定条件下，社会角色之间的不同道德要求也会发生矛盾。客观环境带来的各种可能性和各种矛盾、冲突，为道德主体进行道德选择提供了社会基础和客观基础，而使可能性变为现实性，在冲突中进行合理决策还必须依靠主体的内在的主观条件。

其次，主体的意志自由是道德选择的主观前提。在道德选择中，意志自由是关键性的因素。意志自由是指人的自决的能力，是主体在道德之间、道德要求的诸层次之间作出抉择并采取行动的一种自主的能力。马克思主义认为，人创造环境，同样环境也创造人。这就是说，人一方面按照社会客观规律和历史规定性去展开其活动，另一方面又能以自己的实践活动去认识、选择和创造外在的客观环境。因此，社会历史条件的客观前提并不能直接决定人的具体的选择方式，不能认为人只是对客观环境的适应和反映，否则，我们就会陷入道德决定论。选择是人特有的能动活动，正是在选择中使人的自主性和自由的本质力量得以展现。自由是人类在自身实践活动中创造的结果，是人类现实的和可能的不断扩展和完善的本质特性。所以，自由一方面是对必然的认识，"自由不在于幻想中摆脱自然规律而独立，而在于认识这些规律，从而能够有计划地使自然规律为一定的目的服务"②。人对客观规律的认识和掌握的程度越深，自由的能力就越大，就越可以使规律为人服务。另一方面，自由是一种创造性的活动，自由不仅是对必然的认同，还是对必然的改造与完善，唯有对现有的不符合历史未来发展的必然性的超越，人类才能由必然王国走向自由王国。自由在本质上并不是一种任意和放任自流，而是人类不断追求和开拓的自主性的活动。从这个意义上而言，任何具体的自由、个人的意志自由都只是相对的自由，我们获得了自由的同时又创造了新的不自由，人类就是在自由与不自由的斗争中不断发展和完善。只有承认道德选择的自由，才能克服机械决定论，才

---

① 《马克思恩格斯全集》第3卷，人民出版社1960年版，第355页。
② 《马克思恩格斯选集》第3卷，人民出版社1995年版，第455页。

能承担主体应有的责任。在道德实践中生长的意志自由使道德主体能够在诸多可能性中自主地作出抉择和取舍。

在道德选择的主观条件中，人的认识能力、知识水平等因素也会对道德选择产生直接或间接的影响。人的意志、理性认识能力，不仅使人与动物相区别，而且使得人的思想和活动具有了目的性和选择性。认识能力的发展与提高，不但使人认识了社会及其客观规定性，而且还不断地认识人自身和完善人自身。我们可以说主体的认识能力、认知能力、思维能力是产生自由的前提。虽然认识能力、理性认知并不是自由本身，自由是一种自觉地主动地运用认识能力、理性认知的一种能力，然而，正是因为认识水平在促进自由发展中起着关键性的作用，而自由又是道德选择的必要前提，因而，人的认识水平也会影响人们道德选择的范围和方向。一般来说，对于一定利益关系价值取向的认识，对道德标准和要求的认同，对于选择什么样的行为或观念才能符合社会历史发展的需要，对于具有一定的理性认识的人来说是要有一定的认识和判断的。只是在现实生活中，由于各种社会条件的限制和自身主观条件的制约，使人的认识能力呈现出高低不同的层次，从而也使具体的主体意志自由能力呈现出明显的差异。对于认识能力与意志自由强者而言，不仅在现实的各种可能性和冲突中能够克服非理性情感因素的影响而作出抉择和决断，而且还能够在客观环境提供的可能性的未来趋向尚未清楚时也易作出判断和取舍。而对于能力有限者，在道德选择中就易出现偏差和失误。

总之，在道德活动中，人并不是环境的奴隶，在受动状态中人们可以通过理性自觉、意志自由，对众多的道德可能性决定其取舍。所以，面对社会历史条件提供的道德的可能性，主体的能力越强，其选择中受客观条件限制性就越小，反之，其受客观条件的制约性就越大。

第二节　道德冲突与选择

道德冲突是伦理学中最为重要的论题之一，也是人类社会生活中最常见的问题。道德冲突是指在道德生活中伦理观、行为准则的相互矛盾而导致道德困惑的一种特殊的境遇。道德冲突并不仅仅在道德选择时发生，人们可能面临各种冲突而回避矛盾，但道德冲突却是道德选择的条件，没有冲突和矛盾也就不会有选择。

一、道德冲突的合理性

道德领域是讲求和谐、秩序的领域，于是，人们也总是希求通过道德的作用来实现和谐与安宁，人们对道德生活的理想向往从一个侧面也反映了现实生活中的矛盾与冲突的存在，所以，在道德领域中的种种冲突的存在都具有一定的现实性和合理性。

1. 社会进步的表征

从社会历史来看，道德冲突的存在与发生，是社会进步的表现。在人们的意识中常常存在着这样的看法，认为有冲突有矛盾就是社会的倒退，社会进步应该是一个和风细雨的过程。而实际上，人类历史的每一次大的进步和发展，都是通过新与旧、善与恶的冲突和斗争而实现的。善与恶作为道德生活的重要内容，其矛盾与冲突是与生产力发展的进程相适应的。不仅如此，道德反映并作用于一定的经济关系，并不是机械地适应的过程，而是以其自身的规定性和超越性的特点表现为对当下的经济关系、利益关系的调节与批判。因而，道德的善与恶不仅自身存在着冲突，还会与社会其他领域包括经济领域产生矛盾与冲突。当道德不仅仅是为经济、政治生活作辩护和论证，而是以其否定性、超越性的特征不断地要求经济、政治生活的完善与发展时，这种道德的矛盾与冲突实际上正是社会进步的标志。从人类历史的进程来看，一个社会若是对道德的冲突、矛盾采取相对宽容、对话、理解的方式，表明该社会正在走向社会的自由，也就愈是说明该社会较以往的社会是一个进步。因为社会进步不会仅是物的尺度，还包括人的尺度。

2. 主体意识的增长

从主体来看，道德的冲突的存在是人的自我意识进化的表现。在人类自我意识发展初期，面对着客观历史条件，人们还不能认识到其复杂性和差异性，也就是说人们面临困惑和矛盾的境地却不能自觉地认识到，因而，矛盾与冲突也不会反映到主体自身之中，人们进行道德选择也只是囿于环境和生存的需要。而随着客观条件的日益发展，人们自我意识、主观能力也不断地进化与发展，人们开始对已有的道德体系、道德准则进行反思和怀疑时，就会出现道德冲突与矛盾。所以说，道德生活中出现了诸多的矛盾并使之公开化，也表明了一定社会对主体意志、自我意识觉醒的尊重与信赖。当我们以过多的规范和禁令去约束主体而减少道德冲突时，实际上只能是形式上表面上的和谐，实际上是或造成主体的屈从，或造成主体的双重人格，或造成主体反抗意识的增强，并不能达到真正的道德和谐与进步。因此，允许人们在特定的历史条件下，尤其是社会变革和转型时期，对伦理观念、标准、行为等诸方面进行反思和批判，不仅有利于为尽快地消除困惑和矛盾找到合理的出路，而且也是对人的自我意识进步的肯定。

3. 道德发展的要求

从道德发展来看，道德冲突的存在是促进新道德价值体系建立的推动力量。尽管道德冲突的存在有其合理性的一面，但就具体的现实生活中的人们而言，却是希望减少矛盾与冲突。人们在希望和谐与幸福的同时，也应看到一定时期的道德冲突正是建立新型道德规范体系的一个重要环节。道德冲突的主要表现为道德标准的新与旧的冲突，而正是在新与旧的斗争与冲突中，旧的道德体系才会倾斜和动摇，新的道德体系才得以新生和建立。在道德冲突的实践中，人们不断地反思和寻找适应新型生活方式的道德标准和道德观念，促使道德体系更加符合人类自身全面发展和完善的需要。不可否认，道德冲突的加剧也会带来暂时的道德失衡和道德危机的现象，这一阵痛过程如果持续时间长、范围广，会给人类的文明进程和社会发展带来断裂和危机。因此，减少道德冲突，特别是减少由此带来的道德危机的对抗性的道德冲突，也是伦理学的任务。为此，既不能把道德的矛盾与分歧看作不道德的现象，或者将道德的困惑与冲突看作道德危机的根源；同时也不能无视道德冲突的存在，而是要力求探索解决道德冲突的途径。实际上，道德冲突在现实生活中更多的不是对抗性的道德冲突，而是非对抗性的道德冲突，也即更多的是善与善、大善与小善之间的冲突。正是在大量的非对抗性的道德冲突中，我们才可能更好地把握道德冲突的内容并找到解决冲突的途径，从而建立新型的道德体系，使社会生活的和谐真正得以实现。

二、道德冲突的合理选择

为了解决道德冲突带来的种种问题，不同的学者给出不同的回答，因而难以有一个可以直接拿来就用的方法或原则。在此我们也只是提供一些解决此类问题的原则。

1. 思想史上的探索

从思想史上看，解决道德冲突的方案，主要有如下四种。

一是权威主义的方式。当面临新与旧的伦理观的冲突时，以权威或占统治地位的阶级的一方的道德标准和观念牺牲另一方面的伦理观或标准，这是在阶级社会中普遍采用的一种方案。在理论上，先秦儒家也持此态度，主张新的伦理思想要服从原有的伦理思想，即孔子所言："吾从周。"在启蒙思想家那里，则是主张用新道德代替旧道德，以资产阶级的"平等、自由、博爱"来代替封建专制的"不平等、不自由"。

二是虚无主义的立场。对道德采取否定的方式来加以解决，这一主张的主要代表人物就是叔本华。在他看来，"生物愈高等，意志现象愈完全，智力愈发达，烦恼痛苦也就愈显著。如此，欲望、烦恼循序接踵而来，人生没有任何真正价值，只是由'需求'和'迷幻'所支使活动。这种活动一旦停止，生存的绝对荒芜和空虚便表现出来"①。生存意志的最后终结者是虚无。

三是绝对自由论的观点。主张在道德冲突中由主体自主自由地选择，其代表人物是萨特。萨特的"存在先于本质"的判断，旨在指出"存在"在本体论意义上的优先地位，并由此提出自由是人存在的最高道德价值。由此，萨特主张没有客观的统一的道德标准，人们在道德选择上是绝对自由的。在萨特看来，在道德冲突中，个体无论怎样选择都是合理的。存在主义从传统的客体化道德转向关注人的感性生活的主体道德，从传统的理性主义的道德原则转向关注人的非理性的道德选择，并将关于道德的思考提高到本体论的层次有其历史合理性。但是，存在主义对"存在"的探究实际上只局限于个体的存在，并由此而过于夸大个体的自由和责任，否认道德标准和道德价值的合理性，导致了道德相对主义和道德虚无主义倾向的泛滥。

四是境遇论的观点。主张道德冲突解决依具体环境、具体条件而决定，其代表人物有境遇伦理学的弗莱彻、行动功利主义的斯马特和实用主义的杜威等。他们都告诫人们在选择自己的行为时，只根据此时、此地的具体情境来进行选择。上述方案各有其合理之处和依据，然而在现实中却都难以解决具体的问题，其根本就在于其缺乏历史的依据和实践的合理性。

---

① ［德］叔本华：《生存空虚说》，陈晓南译，作家出版社1987年版，第99页。

2. 道德冲突的选择

在道德冲突中进行选择，绝不是选择主体的单个的行为，即使选择主体是具体的个人，其在选择中面临的也是各种客观和复杂的具体境遇，因而，在冲突中进行道德选择的方案也应是多层面的，既有对宏观的把握，也有主体自身能力的培养等具体环节。

首先，确立合理的道德标准。从社会选择的角度而言，一定的社会应适应社会变革的要求，确立符合社会发展要求和人自身发展要求的可供指导人们合理选择的道德标准和行为准则，从总体上明确昭示人们什么是善、什么是恶。尽管一定社会的道德标准总是有其时空的局限，有其适用范围的限制，但是确立一定的符合新道德体系要求的道德准则，却是解决人们的伦理观冲突和指导人们行为选择的重要环节。如果一个社会失却了占主导地位的道德标准，必将使人们在道德选择中失去方向和依据。从这一层面来说，权威主义是有其合理性的。问题的关键在于，占主导地位的道德标准必须是科学的、合理的，是合规律性与合目的性的统一。如在义利关系上，应坚持义利并重，反对以利害义，见利忘义，并鼓励人们对精神价值的追求，对合理的整体利益的奉献。

其次，加强社会舆论的导向作用。社会舆论是主体进行道德选择的重要社会依据，社会舆论与一般的意见、理论不同，它总是与社会迫切需要解决的问题联系在一起的，是社会各种冲突在公众中形成的较为一致的意见和倾向。正如黑格尔所说，"公众舆论不仅包含着现实界的真正需要和正确趋向；而且包含着永恒的实体性的正义原则，以及整个国家制度、立法和国家普遍情况的真实内容和结果。这一切都采取常识的形式，这种常识是以成见形态而贯穿在一切人思想中的伦理基础"。① 社会舆论从表现形式看常常是庞杂的、无系统性，但其表现的内容却主要是一种群体的意识，我们可从中概括出普遍的、真实的意向和行为准则。作为一个社会的政府职能部门，应该正确地把握公众舆论的方向和内核，并积极地正确地引导公众舆论。通过舆论导向对先进的道德行为、善行进行宣传和褒奖，对于恶人、恶行进行谴责和惩罚，使社会舆论成为社会扬善惩恶的杠杆。因为，社会舆论与社会矛盾、利益冲突是密切相关的，社会舆论也会有各个层次上的矛盾与冲突，所以，不是任何舆论都对道德选择起到良好的作用。这就需要一个社会能够从总体上把握社会舆论，切实反映人民群众共同利益和社会的整体利益，从而使社会舆论更好地发挥监督作用和教育作用，为人们抑恶扬善提供依据和指导。

再次，建立利益制约机制。利益制约机制的建立可以使利益关系处于规范和调节之中，保证合理的、正当的利益的实现与履行，为人们进行道德选择提供制度保障。同时，对于利益失衡进行制约和监督，对于社会和人民群众倡导的德行施予保护和奖励，对于危害社会发展和人民利益的恶行进行相应的惩罚。从组织机构上看，可以由政府权威部门通过法律方式来实行，也可以由政府和民间组织以各种方式加以实施。从内容上看，奖罚可以是精神上的，也可以是物质上的。尽管从现实生活中德行施行者的动机和效果来看，其常常是无偿的、超越个人利益的行为，但对其善行的精神或物质上的奖励，不仅表明了社会对其行为的赞赏态度，而且也会为其他社会成员善行的选择提供导

---

① ［德］黑格尔：《法哲学原理》，范扬、张企泰译，商务印书馆1961年版，第332页。

向。善行得不到相应的奖励，恶行得不到应有的惩罚，这就会为其他社会成员在冲突中选择善行带来阻碍，使社会正气得不到弘扬。因此，一个社会建立起有效的**扬善惩恶**的机制，不仅可以为解决道德冲突提供保障，而且会在很大程度上促进社会风气的好转。因而，有必要以各种组织甚至权威机构和组织的方式，对道德行为实行奖惩措施和利益制约机制，从制度上为道德冲突的正确选择提供保障。

另外，增强个体的选择能力。培养主体的认识水平与认识能力是合理进行道德选择的重要的主观因素之一，在道德冲突与矛盾中，主体首先要认识什么是善，什么是恶，哪些是大善小善、哪些是大恶小恶，只有对善与恶的正确认识，人们才可能择善而从。而一定主体具备一定的知识或认识，对于分辨道德是非是非常重要的。虽然认识能力、知识水平并不等于道德，但丰富的知识和认识能力对于人们认识道德、分清是非是有极大帮助的。道德意识的完善实际上在个体身上也就是良心的完善，而良心作为个体自觉认识到的对自身、对他人、对社会的道德责任感和自我评价能力，也是个人进行道德选择的内在的心理制约机制和价值尺度。所以，良心对于个体来说，就是判断道德的尺度和判断道德是非的标准，具有良心的人会在道德冲突中自觉地作出合理的选择。个体道德情感的培养也是主体进行道德选择的必要的主观条件，人们在冲突中进行道德选择，不仅要有对善与恶的认识，而且还要有对道德的爱与恨的情感，具备了一定的道德情感，才能从"应如何"走向"愿如何""想如何"。在主体面临着具体的道德冲突与选择时，主体的情感反应的状况是决定其选择方式的必要的环节。此外，个体的意志能力的培养是主体道德选择达成的关键。在面临具体的道德冲突时，主体是否能选择善行，不仅需要知识、情感，更重要的是主体的意志能力。由"愿如何"到"能如何""敢如何"是需要坚强的意志力量才能完成的。无论是克服道德冲突中客观的制约，还是战胜利害得失的顾虑，善行的施行都取决于人的道德意志。有了坚强的意志，不仅会坚持自己的选择，使自己的选择符合意志的自由，不盲从他人和固守陈规，而且也是保障道德选择不中途夭折，完成善行的重要力量。

总之，道德选择是一个知、情、意统一的过程，而在善行的达成中"意"起着决定性的作用。坚强的意志能力是使主体在面临各种道德困境和道德冲突中，克服各种矛盾和阻力，使道德选择得以完成的根本保证。特别是善的选择和行善主要是一种自由和自愿的行为，因此，意志自由、意志能力的培养显得尤其必要。作为具有一定自主意识的人，在社会生活中总会面临一定的选择，特别是在一些特殊的情况下，能够主动地自主地选择善，既是人的意志能力的体现，也是人性的升华。人们在选择中可以权衡利弊，也应该权衡利弊结果的好坏，而问题的关键在于，在权衡之后应勇于为善、乐于行善，这才是善的真正达成。

第三节　道德代价与选择

代价的基本内涵是指人们在社会实践中为满足一定的需要或达到某种目标而导致某些需要和价值目标的牺牲和损害。从社会历史发展进程来看，人类付出一定的代价是不可避免的，代价的存在也有其合理性。但是如何在付出较小代价而取得较大收获中合理选择也是道德选择需要解决的问题。

一、道德代价及其合理性

道德代价是指在社会发展中人们对道德的牺牲和丧失，主要是指正向的、合乎道德的、善的价值的丧失和舍弃。道德代价主要有两个基本的层面，一是宏观的即社会历史发展中出现的道德价值的沦丧和背弃，二是微观的即一定主体在具体的道德选择中对一定善的价值的背离和舍弃。无论是社会发展中的道德代价，还是具体道德选择中的善的代价，总是表现出对一定善的形态的否定和牺牲，因而人们也总是对道德中出现的代价现象予以道义上的谴责。通过具体的分析，我们可以看到道德代价的存在有其合理性的一面，同时，对于道德代价的非必要的层面我们也应该坚决地予以制约和规范。

1. 社会发展中的道德代价

社会发展与进步从总的历史进程来看，是付出代价获得进步，再付出代价再取得进步的过程。道德的进步从社会历史发展来看，也是不断付出代价又不断取得进步的过程。

在一定历史进程中，物质的不断丰富是以牺牲道德为代价的。特别是在私有制社会付出的道德代价是与其私有制的本质相联系的，在社会制度变革和转型时期，统治阶级为了获取本阶级的利益通常也是不择手段的。在消除了阶级对立的社会主义社会，在发展经济的过程中，也会在一定程度上付出道德代价，但这与私有制社会有着本质的区别。社会主义社会出现的一些道德问题，主要是与生产力不发达相关联，付出一定的道德代价并不具有规律性和必然性。随着生产力水平的提高，社会主义精神文明建设的加强，社会主义社会必然会逐渐减少甚至消除经济发展带来的道德问题。随着市场经济的发展，必然会牺牲计划经济条件下形成的道德观念和价值体系，这是社会转型时期必须要付出的道德代价，没有这种代价也就不会有道德的重建和进步。当然，市场经济也不是对原有道德的完全否定，对于符合市场经济要求的，符合人民群众的共同利益，符合时代精神要求的人类生活的基本道德准则，是不能完全丢弃的。

道德的代价与人类社会利益发展需要的取舍是密切相关的。正确理解利益是道德的基础，在利益需要的各种形式中，经济利益是最重要的方面。由于人类社会生产力与生产方式的制约，经济利益的分配还不可能达到满足全体成员的需要，所以，经济利益的解放除了靠政治斗争取得外，在任何一个社会都还需要通过生产关系、政治手段乃至道德手段进行调节。因此，在私有制社会，道德作为利益关系的调节者其满足的只能是占优势地位阶级的经济利益，进而满足该地位优先者的各种利益和发展的需要。所以，道德满足了部分人的优先利益就必然舍弃另一部分人的利益和需要。社会其他成员的经济利益和其他利益也具有一定的道义上的合理性，而对其的舍弃又是一定社会的必要条件。尽管社会制度的存在可能由合理走向不合理，其道德要求也会由正当走向不正当，然而，就其存在而言，其道德就有保护其占统治地位的利益的义务，因而舍弃和牺牲另一阶级的利益即付出一定的道德代价也就具有合理性。总之，人类社会的利益需要的总量是有条件性的，而人类的需要又是一个无止境的过程，其中必然会存在为了某些利益和需要而舍弃另一些利益和需要的过程。为了人类的共同利益、社会稳定发展的利益和需要而牺牲一定的特殊利益和现实利益又是必要的、合理的。

道德代价的合理性也是人类自身进行道德选择的合理性。代价总是人类自身选择的结果，道德代价的合理性也取决于人类自身进行道德选择的合理性。由于社会历史提供的可能条件的不完善性，人类自身利益需要又呈现出复杂多样性，就需要人们根据社会发展需要和人类自身发展的目的进行取舍和选择。在社会所提供的诸多道德取向的可能性中，一定的社会主体总是可以依据当时的社会发展提供的条件和自身所处于的社会地位，根据社会的共同利益需要和自身发展的需要作出选择。从历史发展来看，人类的每一社会形态、每一具体时代其所作出的道德选择总是要付出一定的道德代价，或为社会整体发展牺牲局部发展的需要，或为社会发展的目标要求牺牲个体发展的目的，或为他人的利益而牺牲个人利益等。而道德选择中付出的道德代价是否合理，取决于道德选择中主体所依据的社会要求、道德准则是否合理，如果一定的道德选择符合一定时代的社会要求和价值体系，其道德选择在其当时就具有合理性。当然，道德选择的合理性的完善也是一个发展的历史的过程，因此，道德代价的合理性也是具体的、历史的、相对的。正是在主体的不断的道德选择的实践中，使道德代价的合理性不断地趋向完善和合理。

2. 个体道德选择的代价

具体时代具体的个人在道德选择中也会面临选择的代价的问题，具体的道德选择中的代价也具有一定的合理性。

在社会客观条件提供的诸多目标性道德选择的可能性中，任何一种选择都会有代价。除了在社会变革和新旧交替时期，会出现道德代价问题，就是在社会稳定发展时期人们的具体的道德选择也存在着选择的代价问题。道德选择主要是一种目的性的选择，在诸种目的性中，无论是选择了善或恶都要付出一定的代价。当一定的社会把为社会利益的付出视为最大的善，那么为国家和人民的利益牺牲个人利益就是合理的，同时为了实现人自身完善的更大的目标而牺牲较小的目标也是必要的。一般而言，恶的选择除了在新旧交替时期对道德旧体系的破坏和超越有积极合理性之外，在社会正常运行的秩序中，恶是被禁止的，因而从道德要求的角度而言，选择恶是不合理的、不正当的。但就其现实条件的具体状况、个体的主观能力状况而言，一个人选择了恶总是有其存在的合理性。而恶的存在实际上又为扬善抑恶提供了合理性，恶总是与善相对应的，没有了恶也就无所谓善。然而，无论如何在道德选择中代价最大的选择是选择恶而牺牲善，因此，对恶的制约才是合理的社会选择。

道德代价不仅体现在目标、效果中，而且还体现在工具和手段上。道德选择中一定的手段和工具的运用和使用也会有付出、有牺牲，而一定的付出和代价也是合理的必要的。在善行的施行中，常常要借助一定手段的付出和条件，而手段和条件可能是物质的也可能是精神的，是外在客观存在，也可能是主体自身。虽然在达善的过程中，并不必然表现为手段和工具的损失，但通常情况下，只有通过一定手段的付出和工具的损失才能帮助主体更好地达到善，这样的手段付出和工具损失才是合理的。特别是在危难的情况下，如救人可能就需要一定的人力、物力的付出才能达成，在这种情况下，人力与物力的付出与牺牲显然是必要的。道德选择在根本上是一种目标性的选择，但目的的实现和达成也需要手段和条件，因此，手段与条件的选择也是道德选择的重要内容。道德选择中的手段、工具也存在着为目的服务的性质，随着科学技术的进步，能达到同一目的的手段和工具愈来愈多，因此，手段与工具在道德选择中也有一个选择的问题。一般而言，达到了一定的目的的手段都具有合理性，而为达到一定的目的的手段的付出也具有一定的合理性。但是，我们也应看到，同一手段的付出可能是为了达善也可能是为了作恶，因此，手段的合理性还需要目的的合理性的制约。同时，也并不是为了善就可以不择手段，手段的使用和代价也有合理和正当的问题。

二、道德代价的合理选择

道德代价存在的合理性不意味所有代价都是可选择的，我们的关键问题便是如何在道德代价中进行合理的选择，以使付出的成本小、获得的收益高。

1. 代价最小与善值最大相统一

代价一般总是指向正价值，是指对有益、有利的价值的损害和牺牲。在道德选择中，对善值的选择总是趋于有益的价值，因而对善的追求就成为一定社会不断弘扬和提倡的精神境界。对善值的选择其善值愈大、影响愈广，其行为价值也就愈大，因此对善值最大量化的追求是道德选择中的最佳选择。

在人们对最高善值的追求和选择中，不免要舍弃一定的有益和合理性的价值，但是如果有益价值、正当利益的损害过大，就会妨碍人们对善值的追求。如张华跳入粪坑救出老大爷而献出生命这一事迹引发的争论，实质就是关于代价问题的争论。张华救人是善行这一点人们并无争议，问题的关键是张华以生命为代价救出一个其生存价值有限的生命，其付出的代价太大。因为对于具体的个体而言，生命只有一次，其付出和牺牲相对于任何东西而言都是巨大的，无法挽回的。所以，人们总是企望能够以较小的代价获得较大的价值，而且付出较少代价获得最大价值也是人们最合理、最理想的选择。问题在于，具体的事件的发生常常是难以预料的，有时以预想不到的较大的代价才能获得较好的效果。正如张华救人虽说付出了代价，但其行为所呈现出的高尚精神却是有着积极的社会价值和意义。代价与效果并不具有必然的正比例关系，不是付出代价愈大，获得的价值就愈多。这就要求人们在善行的选择中，尽量地减少对其他善值的牺牲，经过权衡、比较以选择最妥当的方式使善值最大限度地表现出来。亚里士多德提出"中庸是最高的善"，孔子"中庸之为德也，其至矣乎！"都是说明权衡、协调对于克服事物走向极端的重要性，这对于我们今天在道德选择中减少代价也有指导意义。

另外，我们要看到个体不仅在为社会利益奉献中存在个人利益牺牲的问题，而且个人在自我完善中也有着自身的代价问题。在这个问题上，"共产主义者既不拿利己主义来反对自我牺牲，也不拿自我牺牲来反对利己主义"，"无论利己主义还是自我牺牲，都是一定条件下个人自我实现的一种必要形式"。① 这里提出用较小的代价获得善值最

① 《马克思恩格斯全集》第3卷，人民出版社1960年版，第275页。

大相统一的原则，并不是让人们在道德选择中采取妥协、退让、自保的方式来维护自身的利益，因为妥协的方式是不可能获取更多的价值的。只是说明，只有付出较小的代价来获取最大的善值，不仅是实践的要求，也是人们的意愿，而且只有如此，人们才乐意为善、勇于为善。

2. 选择手段的合理性

道德选择及达成总是需要一定的条件、手段，选择合宜的条件、正当的手段以减少手段的付出和工具的损失，就必须保证选择手段的合理性。

手段的选择要具有合目的性。手段是达到目的的方式和工具，目的决定何种手段的取舍，为达善而选择的手段首先就要具有善性，手段是善的目的在不同层次中的体现。手段的不合理最终会导致目的的不合理，使善行的达成付出更大的代价。所以，达善的手段最基本的要求是必须不损害善，且手段自身是正当的、合理的。正因为合理的手段在达成目的中起着重要的作用，使恶者在为达恶的目的中也会选取看似合理的手段，减少为恶的代价，而实际上这常常是一种伪善。当然，在特殊的场合，如对敌人以恶的手段来达到合理的目的也是允许的。只是不能将具体问题的解决之策当作普遍性的准则来奉行。一般而言，善的目的的达成总是与相应的合理的手段的选择相对应的。

手段的选择要具有科学性。随着科学技术的进步，社会体系的完善，人们选择善恶的手段也日益多样化和社会化。这就要求人们在诸多手段的选择中能够采取科学的方式，以科学的手段来实现善。科学的发展是以提高效率、减少成本为目标的，依据科学化的手段和工具可以在最短时间、最低成本的情况下，获得较大的价值。所以，掌握科学化的手段，提高科学认识，不仅是自我发展的最佳途径，也是服务社会、服务他人的有效手段。另外，随着社会分工的完善，一定的社会组织依靠科学的快捷的方式来实施善行也是科学发展的成果。主体可以在一定的社会组织中，并可以通过一定的社会组织为他人和社会服务。在善行的施行中，选择合理的、科学的手段可以减少代价达到最好的效果。

总而言之，在道德选择中达到合理性的选择，是一项复杂的社会工程。其不仅要求社会能够提供在道德选择中进行善的选择的环境和前提，而且还要求主体自身不断具备向善的意志和能力。因此，在社会生活中扬善惩恶仍是一项艰巨的任务。

◎ **思考题**

1. 道德选择前提的争论有哪些？
2. 如何理解道德选择的前提？
3. 道德冲突的合理性有哪些？
4. 在道德冲突中如何选择？
5. 在道德代价中如何选择？

第七章 公民道德

公民道德是伦理原则和价值由准则通向行为实践的必不可少的环节,通过公民道德规范的具体体现和现实调整,直接地规范和指导人们的道德行为,才能使伦理原则在社会生活各个领域加以贯彻。

第一节 社会公德

《公民道德建设实施纲要》指出,"社会公德是全体公民在社会交往和公共生活中应该遵守的行为准则,涵盖了人与人、人与社会、人与自然之间的关系。在现代社会,公共生活领域不断扩大,人们相互交往日益频繁,社会公德在维护公众利益、公共秩序,保持社会稳定方面的作用更加突出,成为公民个人道德修养和社会文明程度的重要表现。要大力倡导以文明礼貌、助人为乐、爱护公物、保护环境、遵纪守法为主要内容的社会公德,鼓励人们在社会上做一个好公民"。

一、社会公德的作用

社会公德是全民性的道德规范,它是对社会的全体公民所提出的,在规范对象上具有普遍性,是绝大多数人所应遵守的道德要求。因此,社会公德在内容上具有简单性、易行性,只要具有一定认识能力的人都能够理解和执行,所以社会公德在社会生活中有着独特的作用。

1. 社会公德是社会文明的表征

公德意识的增强是现代文明的反映,人与人之间平等关系的确立,为社会公德调节作用在广度和深度上的增强提供了有力的保障。

从历史上看,社会公德的产生与演进是与社会的文明程度相一致的。在中国传统中,道德规范主要还是以家族为本位的,因此,在中国古代家庭道德内容比较丰富,而社会公德内容则显得较为贫乏。对社会公共生活准则的忽略,是与传统中国封建社会以家庭为单位自给自足的小农经济生产方式相联系的。自中国近现代实现工业化伊始,资产阶级启蒙思想家曾呼吁社会公德的建设,梁启超就曾指出,"我国民所最缺者,公德其一端也"①。孙中山也企望国人能把社会公共生活中举止文明作为修身的第一步。近代史上思想家们关于社会公德要求的提出,是与中国近代社会工业发展的必然趋势相联

---

① 梁启超:《新民说》,中州古籍出版社 1998 年版,第 62 页。

系的。西方社会公德规范要求的发展从本质上而言，也是与其工业现代化的经济基础相联系的。社会公德调节的领域和内容的增加，一方面是对社会文明发展的客观规律的反映，另一方面又以其特有的功能对社会文明进步起着推动作用，维护并表征着社会文明的有序发展。在当今西方社会，工业文明带来了社会公共生活领域的扩大，带来了人与人之间关系互动的多样化，使社会公德成为标志着工业文明的基本道德内涵。因此，人们在共同生活领域大都举止文明，维护公共秩序，讲究公共卫生等。

从现实来看，社会主义现代化的发展进程要求社会公德成为社会文明进步中的道德基础和象征。市场经济的发展必然要打破传统的血缘关系的狭隘视野，广泛地建立起人与人之间的信任、合作与交流的关系，这就必然要建立适应市场经济发展的社会公德规范。社会公德的完善始终是与社会文明，尤其是与人的素质现代化过程同步发展的。人与人之间交往的频繁，人与社会的紧密联系，人与生存环境的和谐相处，都达到了前所未有的程度。个体的行为随时都可以影响社会的公益、他人的利益和生存的环境，因而，社会共同生活中的道德要求比历史上任何时代都显得重要。个人要融入现代化的进程，首先就必须做一个遵守社会公德的现代人，因而，社会公德的好坏也从一个方面表征了人的文明和现代化的水平。因此，社会主义社会公德建设既是社会主义社会现实发展的需要，同时又是社会主义社会文明程度的指针，更是一个社会公民文明程度的表征。

2. 社会公德是社会有序运转的保证

社会公德之所以在市场经济的发展中愈来愈显示出重要地位，是因为它所反映和调节的是直接与人们生活相关的公共生活领域的利益关系，而这正是一个社会和谐有序发展的最基本的层面。

从社会公德具有公共性、全民性的特点来看，社会公德对于社会生活的有序发展有着特殊重要的作用。社会公德既然是反映和调节社会领域中人与人、人与社会之间最基本的必须共同遵守的公共生活准则和行为规范，因此，相对于其他社会道德规范社会公德要求更具普遍性。一个社会的全体成员若都能在公共生活中爱护公共设施，讲究公共卫生，遵守公共生活准则，保护自然环境，那必然会创造出一个安定团结、秩序良好的社会氛围。在社会主义市场经济确立发展的过程中，尤其需要一个安定团结的环境，因此维护公共生活和社会生活的秩序已成为广大公众的共同利益和要求。在全体公民的共同努力下，人们社会公德水平的提高，对于促进安定团结的社会局面必将起着不可替代的作用。由于社会公德所规范的都是人们生存发展的最基本、最起码的公共生活要求，而这些最基本的要求直接关系到个人与他人的利益，是社会发展必需的准则，所以社会公德相对于其他社会道德规范无论从内容上还是形式上都具有稳定性和简单性，因而易于被广大社会成员遵守或接受，从而保证了社会环境在基本层面上的和谐与发展。

从社会公德具有广泛性和渗透性来看，可以在更广泛的领域内对社会发展产生直接或间接的影响。社会公德调节的是个人与社会生活的各个方面，就个人而言，个人居住环境、个人社会活动的空间，个人社会交际与生活都在不同程度上与社会公德发生着联系；就社会而言，公共设施的设立，公共环境的保护，公共场所的秩序等也需要社会公德的维护。不仅如此，社会公德还以其极大的渗透性与其他社会道德规范发生联系并产生影响。社会公德可以渗透到社会其他领域中，起到调节人际关系、人与社会关系的作用。如讲究文明礼貌作为公德的基本要求，渗透到商业活动中，可以为提高服务质量起到积极的作用，对于社会成员间和谐关系的确立也会有积极的影响。因此，遵守社会公德可以广泛地促进社会道德的有序和良性发展，并促进社会文明向着有序和合理的方向延伸。

从公民道德的构成来看，它主要包括社会公德、职业道德、家庭美德三大领域，其中社会公德居于重要的基础性地位。社会公德作为社会道德不可或缺的有机组成部分，对于职业道德和家庭美德的建设也起着重要的社会作用。人们的职业活动虽然主要由职业道德来加以规范，然而，职业活动的开展常常又是通过广泛的社会交往才能实现，社会公共生活就成为必要的一个环节。同样，家庭生活主要由家庭道德来加以约束，但家庭的联系又常常需要通过公共交往、社会关系去实现，因此，公共生活又成为家庭生活联系的纽带。这都说明，公共生活准则是否得到遵守，社会公德的水准如何，又直接关系到职业道德和家庭美德的建设，因此，社会公德建设作为一项基础性工程在社会主义精神文明建设中居于重要的地位。现阶段，由于生产力不发达，市场经济体制还有待进一步完善，职业道德、家庭美德乃至社会公德的现状还很难令人满意。在这种情况下，从最基本的社会公德建设入手，在全社会内倡导和遵守社会公德规范和要求，将会对促进整个社会道德风尚的好转起到一定的作用，也会对社会各方面的有序运转起到更好的保障作用。

3. 社会公德是培养高尚道德的起点

社会公德的主要功能就是通过人们对公共生活的认识和调节，促使人们遵守社会公德要求，维护社会生活的有序和正常的运转。

社会公德作为社会道德风尚培养的起点，在整个社会道德规范体系中具有基础性的地位和作用。社会公德可以说是社会风气和社会风尚的最基本、最直观的标志，因此，社会公德是整个社会道德规范体系的基本支柱。一个社会连起码的道德规范要求都难以实行，是很难去实现更高和最高层次的道德规范要求的。值得指出的是，社会公德要能发挥支柱作用，还必须有更高层次道德规范的指导和导向，否则社会公德规范就难以向最高层次发展。在社会主义道德建设中，以社会主义集体主义为原则，以高尚的共产主义道德规范为指南，社会公德不仅有良好的发展和建设基础，而且可以以社会公德为起点来促进整个社会道德风尚的提高。

对个人而言，社会公德的践行也是培养个人高尚道德品质的奠基工程。道德品质作为社会道德原则和规范在个体道德行为中的集中表现，既不是先天具有的，也不是自发形成的，而是道德主体的实践和接受教育、培养的结果。同时，道德品质修养又是一个由较低道德境界到较高道德境界的发展过程，由此，对个体道德品质的培养就需要从最基本的道德规范要求抓起，从简单易行的小事做起，才符合道德教育的发展规律。所以，对于个体而言，所应具备的最基本、最简单的道德修养就是社会公德修养。只有从最易操作的身边的公共生活小事做起，并以此为起点，才能将道德品质的培养引向更高的层次。虽然社会公德意识强并不表明一个人整体道德素质的优异，但是一个人如果没有社会公德意识，就决不会有高尚的道德境界。从另一个角度而言，一个人若具备高尚的道德素养，就一定会有良好的公德意识，因为高尚的道德素养的形成是由较低层次的道德品行的修养和积累为起点而逐渐发展起来的。从这个意义上讲，社会公德可以说是个体高层次道德品行的外在形式和外显特征，是个体立身做人的道德基础。一个人要成为有道德的人，必须从社会公德规范做起。高尚的道德品质是在社会公德良好品行的基础上发展起来的。

总之，从社会公德在社会主义精神文明建设中的地位来看，社会公德是建设社会主义精神文明的一项基础性工程。社会公德作为社会主义精神文明建设中不可缺少的有机组成部分，还在于它可以进一步促进公民道德建设的其他环节和领域的有序发展，乃至最终推动社会主义社会物质文明与精神文明的和谐演进。所以，我们应当高度重视社会公德建设，使它在社会主义精神文明建设中发挥更大的作用。

二、社会公德的规范

《公民道德建设实施纲要》中指出，"要大力倡导以文明礼貌、助人为乐、爱护公物、保护环境、遵纪守法为主要内容的社会公德"，为社会公德提出了基本的规范要求。

1. 文明礼貌

文明礼貌实际上就是在处理人与他人关系方面要求平等相待、尊重他人、行为文明、礼貌待人。在公共生活中，与他人相处，要平等相待、尊重他人、行为文明、礼貌待人。在私人关系中，与亲友、师生、同学、朋友、邻里等的相处，也需要礼貌待人、亲切坦诚。文明礼貌是衡量一个人道德水准高低的最佳尺度。文明礼貌的道德规范还要求我们要努力养成使用文明用语的习惯。现在，我国提倡的礼貌用语主要有十个字："您好""请""谢谢""对不起""再见"，这十个字体现了语言文明的基本形式。与人交流时，语言态度要诚恳、亲切，声音大小要适宜，语调要平和沉稳。礼仪文明也是文明礼貌的具体体现。礼仪是维系社会正常生活而要求人们共同遵守的最起码的道德规范，它是人们在长期共同生活和相互交往中逐渐形成，并且以风俗、习惯和传统等方式固定下来的一种形式。对一个人来说，礼仪是一个人的思想道德水平、文化修养、交际能力的外在表现。对一个国家来说，礼仪是一个国家文明程度、道德风尚和生活习惯的反映。

2. 助人为乐

助人为乐是关心人、帮助人的体现，也是一种朴实的中国传统美德，更是个人品质在社会公共生活中的体现。关心人是乐于助人的基本前提。对朋友、亲人、同事、他人的关心，相互帮助，不仅能让我们感受到彼此之间的爱护和情义，也是人与人关系和谐的秘诀。所以当我们主动去关怀别人，自然而然就会带动人与人当中的互爱互敬。在我们主动去关怀他人当中，你更能感受到施比受更有福，你内心的状态会更幸福。在看到别人需要伸出援手的时候，你会更体会到你的人生的价值。我们主动关怀帮助他人，关怀朋友，关怀家人、亲友，关心周围的人，我们的生活会有意义得多。随时随地去关心身边的人，随时随刻去关心需要关心的人，也是助人为乐的体现。即使一次真诚问候，一次打扫卫生，一次雪中送炭，一次指点迷津，也都是实实在在的在学习雷锋的乐于助人的精神！特别是对待儿童、妇女、老人、军烈属及鳏寡孤独、残疾人时，要有仁慈、互助、友爱的精神和态度。这就是说既要尊重他人的价值和尊严，又要帮助他人解决生活上的疾苦，关心和照顾他人。助人为乐，不仅是在日常生活中对他人的点滴关心和帮助，也是在别人危难的时候给予帮助。

3. 爱护公物

公物是指国家、集体、社会的公共财产和物品，是公民共享的公共物品。传统公物的范围一直只是限于有体物，如上面所提到的街道、道路、广场、河流、绿化设施、体育设施、学校、医院、铁路、电信设施、邮政设施、广播设施、行政大楼、港口、公园、堤坝、剧院、寺庙、图书馆、博物馆等，现代公物范围颇为广泛，包括无体物，如无线电波、空气、环境、资源、网络、信息等都纳入到公物的范围。因此，爱护公物就是爱护一切公共财产，珍惜公共资源。首先在公共场所活动，社会公德规范要求遵守公共场所制定的纪律、爱护公物。其次，对待公物要珍惜，不要损坏公物，不要在公共设施上乱涂乱画。另外，对他人损坏公物的行为要及时制止、及时纠正。

4. 保护环境

在日常生活中，人与环境关系的调节，主要体现在公共生活领域，因此，维护人文环境、人造环境是环境保护原则的重要内容。社会公德作为对人们在公共生活中的行为和意识的规范与调节，需要对人们交往的公共场所、人文环境进行保护。全社会都采取有利于环境保护的生产方式、生活方式、消费方式，建立人与环境的良性互动的关系。为了克服工业文明带来的弊端，转变高消费、高污染的生活方式，必须提倡生态文明和低碳生活。低碳生活就是为减少二氧化碳的排放，主张低能量、低消耗、低开支的生活方式。低碳生活代表着更健康、更自然、更安全，返璞归真地去进行人与自然的活动。就公民来说，在家时尽量少用电器，不用时拔掉电源；出行时选择公共交通或公共自行车，或骑行或步行；用餐时，不要用一次性餐具，也不要浪费粮食；旅行时，自带洗漱用品，不用一次性牙具；购物时，少用塑料袋，多用布袋，多选购棉质、亚麻和丝绸的衣服等，这些都是低碳生活的方式。低碳生活，对建设环境友好型社会看似点滴之举，其意义却很大。少用纸巾，重拾手帕，每张打印纸都双面打印，就是保护森林。人人都有环境保护意识和低碳意识，就是社会文明的开始。

5. 遵纪守法

社会公德是对全体社会成员最低的、最基本的和最起码的规范要求。在社会公德的要求中，遵纪守法又是最基本的道德要求，也是人人都要遵守的道德底线。如不随地吐痰、公共场所禁止吸烟、遵守交通规则、遵守公共秩序等，几乎是人所共知、简单易行的纪律法律要求。虽然遵纪守法是处于最低层次的道德要求，然而遵纪守法作为维护社会正常秩序的最基本的层面，却是广大社会成员道德面貌的最直观的体现。社会公德的完善始终是与社会文明、尤其是与人的素质现代化过程同步发展的。人与人之间交往的频繁，人与社会的紧密联系，人与生存环境的和谐相处，在今天都达到了前所未有的程度。个体的行为，随时都可以影响社会的公益、他人的利益和生存的环境。因而，社会共同生活中的道德和法律要求比历史上任何时代都显得重要。个人要融入现代化的现实进程，首先就必须做一个遵守社会公德、社会法律的现代人。遵纪守法、遵守社会公共秩序、维护社会生活的安定是公民的基本道德义务。

三、社会公德的建设

《公民道德建设实施纲要》的颁布与实施，为建设社会主义道德文化指明了方向。通过采取各种形式和方法，促进社会公德建设内容的落实，才能真正发挥社会公德在调节社会生活中的重要作用。

1. 道德教育与文化教育相结合

现代化所需要的公民素质，首先就是文化素质和道德素质。把文化素质的教育和社会公德建设结合起来，使公民素质朝着合理的方向发展，从而培养合乎现代化需要的合格人才。

进行社会公德的建设，首先要依靠道德教育。在对公民进行社会公德的教育中，要注意教育的层次性与科学性的结合。层次性是指在社会公德建设中应具体问题具体分析，有层次、有区别地进行公德教育。对领导干部要从严，要求他们身体力行，率先垂范，做履行公德的表率。对于一般群众，要开展多种形式的教育，依城市和农村的地域差别，以居委会或村委会为基本组织形式，开展文明社区活动，使广大群众广泛地认识遵守公德的必要性和迫切性，自觉地维护与切身利益相关的生活的秩序与规范。从社会公德教育的手段和方式而言，还要讲究方法的科学性。要依据公德自身的特点和规律性来进行教育和建设，以保证公德建设的切实有效。采取多种形式和通过多种渠道进行广泛的宣传和教育活动，家庭、社区、各级组织互相配合，领导干部带头，使公德通过教育、宣传、舆论等多种形式灌输给广大公众，使社会公德由外在的命令真正转化为人们内心的道德律令。

要保证社会公德建设顺利进行，还需要提高全体社会成员的文化素质，而提高社会成员的文化素质又主要是通过教育来实施的。公德作为社会文明，尤其是作为工业文明现代化的指针，是社会成员自身现代化的迫切需要，而人的现代化首先必须是具有现代的文化素质。虽然一个人的道德水平并不能反映个人的文化水平，但是全社会成员道德水准的高低，却可从一个侧面直观地表现出社会成员的整体文化修养和素质。社会成员整体文化素质高，就易于接受现代文明的熏陶，公德规范作为现代文明的最基本的体现和要求，也就更容易内化于社会成员的行为意识中。另外，在文化建设中还要注意为社会公德建设创造良好的文化氛围。在文化教育中，培养人们追求真善美、抵制假恶丑的意识与行为，为推进社会公德建设提供良好的舆论环境。

2. 道德建设与法制建设相结合

由于道德不具有强制制约的机制，对不道德行为的发生，单靠道德常常起不到立竿见影的效果。而法制所具有的强大制约力，尤其是对违法行为可以迅速地给予约束和制止，其作用是道德建设所无法取代的，加强社会主义法制，是社会公德建设健康发展的重要保证。

道德建设对于公德观念和习惯的形成具有独特的作用。将外在的、他律的道德规范转化为自觉的、自律的内在德行，道德建设是首要的环节。道德建设是一项系统工程，不仅包括道德教育，而且还包括道德环境、社会风气、舆论宣传等各方面的建设。正如《公民道德建设实施纲要》所指出的，"要仅仅抓住影响人们道德观念形成和发展的重要环节，通过家庭、学校、机关、企事业单位和社会各方面，坚持不懈地在全体公民中进行道德教育"，促进公民道德建设的深化。

进行法制建设，首先要有健全的公德立法体系。如在社会公德方面，可以将最基本的道德要求上升为法律，对违反规定者进行一定的惩戒，相应地制定一些社会公德的法规，对违反社会公德法规的行为予以不同程度的惩治，不仅会收到明显的社会效果，而且也会有力地制约社会活动中不道德行为的产生。其次，严格执法，加大执法力度，为社会公德建设提供强有力的法律支持。法制建设作为对道德建设的补充，可以直接地规范人们的道德行为，对法律所禁止的行为进行长期的制约和惩罚，在不同程度上也可以起到教育人、劝诫人的作用，促进人的行为朝着符合法律、道德规范要求的方向发展，将会有力地促进社会公德的建设。要切实保证法制的有效实施，还必须相应地建立起社会赏罚机制和监督机制。社会赏罚意味着以各种利益为中介，促进主体选择社会所提倡和接受的行为规范。当社会赏罚机制的确立与特定的社会道德要求和规范相认同时，借助于赏罚机制，可以确保道德要求落实到社会大众的行为层面。建立监督机制是通过人们对违反或符合社会道德行为的发现，督促人们依德办事、依章办事、依法办事的必要措施。对于违反法律的或不道德的行为，可以通过有效的监督使其得到法律上的制裁或道德上的矫治，从而提高公民的道德责任意识和义务意识，达到扬善惩恶的目的。

3. 舆论宣传与组织管理相结合

在加强舆论宣传导向的同时，还要加强和发挥各级群众自治性组织的作用。政府部门在建立相应的精神文明建设机构的同时，还应注重发挥各种群众自治机构的作用，加强社区文明建设和农村基层组织工作，把社会公德的建设和实施落实到社会生活的每一个方面，以有效地推动全民性的公德教育和建设的展开。

在社会公德建设中，要重视大众传播媒介的宣传导向功能，大力宣传公德建设的重要性，宣传社会公德的规范，宣传相应的法律法规，造成一个维护社会道德的良好舆论环境。大众传播媒介不仅在宣传和传播社会道德规范方面发挥作用，而且通过传媒对违反社会道德行为的谴责和监督，可以更好地促进公德建设的开展，推动社会公德的建设。通过广播、电视、报纸、刊物、网络对模范遵守公德的群体或个体的榜样和典型进行宣传报道，激励全社会的人们向他们学习，这无疑可以为社会道德的建设和发展提供正确的舆论导向。同时，还可以通过媒体开展舆论监督，对那些违反公德的群体和个体予以曝光，从而引导社会舆论对之指责，使多数人从中受到教育和启迪。另外，文艺作品的创作要注重价值导向，积极宣传和反映广大人民的奋发向上的精神和良好的道德风貌，宣传真善美，抨击假恶丑。根据社会公德的现实发展和目标趋势，因势利导，发挥基层组织和群众团体的骨干作用、先进典型和先进单位的带头作用、广大群众的主体作用，坚持从具体事情做起、从群众最关心的事情抓起，使道德实践活动与各项业务工作紧密结合，贴近基层、贴近群众、贴近生活，防止和克服形式主义，促进公民道德建设稳步向前发展。

在社会公德建设的组织管理中，还必须切实加强对公德建设的领导。正如《公民道德建设实施纲要》所指出的，"加强公民道德建设，共产党员和领导干部的模范带头作用十分重要"。在公德建设中，党员干部既是组织管理的领导者，也是公德的实行者。这首先就要求广大党员干部要以身作则，带头履行社会公德规范与要求，同时又要切实抓好公德建设的教育和组织与管理工作。其次，各级宣传、教育、文化、组织人事、纪检监察等党政部门，也应各尽其责、加强管理，把社会公德建设推向新的水平。

总之，在道德教育和文化教育相结合，道德建设与法制建设相结合的基础上，通过舆论教育、宣传和监督，并结合各级组织形成相应的管理制度、制约机制，社会公德规范将会成为全体社会成员自觉奉行和自愿履行的义务，并促进社会主义道德建设和精神文明建设目标的实现。

第二节 职业道德

《公民道德建设实施纲要》指出，"职业道德是所有从业人员在职业生活中应该遵循的行为准则，涵盖了从业人员与服务对象、职业与职工、职业与职业之间的关系。随着现代社会分工的发展和专业化程度的增强，市场竞争日趋激烈，整个社会对从业人员职业观念、职业态度、职业技能、职业纪律和职业作风的要求越来越高。要大力倡导以爱岗敬业、诚实守信、办事公道、服务群众、奉献社会为主要内容的职业道德，鼓励人们在工作中做一个好建设者"，为职业道德建设指明了方向。

一、职业道德的特点

自社会出现分工以来，人们一经进入社会生活，便需要较长时期地从事某种具有专业业务和特定职责的活动，并以此作为自己获取生活资料的主要来源，职业就是人们在社会生活中对社会所承担的一定的职责和专门业务。由于职业活动不仅是公民社会化的主要形式，也是获得正式生活来源的手段，因此职业活动对于一个公民来说，是一项主要的社会化活动。正因为职业有着特殊重要的地位，所以职业道德也有着与其他道德规范不同的特点。

1. 约束对象具有确定性

职业道德是对职业活动过程中形成的特殊伦理关系的反映，是对职业行为进行道德调节的专门领域，所以，它只适应于特定职业的从业人员，而且只适应于从业人员在职业活动中所发生的行为。所以，职业道德规范的对象是一定职业活动的从事者及其行为，超出这个范围就不具有道德调节的功能。

2. 规范内容具有特定性

职业道德主要调节的是从业人员与服务对象、职业与职工、职业与职业之间的伦理关系，是同各种职业特点相联系的伦理关系，具有强烈的职业色彩和特征。每一种社会职业，都是适应社会的特定需要而产生的，都以自己的特有方式与整个社会发生联系，不同职业总是以不同的活动内容和手段，对社会负责，履行社会义务，从业人员也正是在特殊的职业生活中，看到了本职业的特殊利益和对社会应尽的特殊责任。如何协调各种职业利益关系和职业伦理关系就成为职业道德的内在要求。因此，职业道德是与职业的特殊利益、特殊活动相联系的伦理规范形式，职业道德调节的内容有着不同于社会公德和家庭美德的个性特征。

3. 形式具有多样性

职业道德要求总是与本行业的特点相联系的，因此职业道德规范常常是具体的、易行的，容易为广大从业人员接受和实践，也易于社会对其进行评价和把握。在职业活动中，一是从业人员与同一职业的内部人员之间的关系，二是与其服务对象之间的关系，三是不同职业之间的交往关系，为了适应这种频繁又具体的人际关系调节的需要，人们概括和提炼出具体而又明确的道德要求，采取简明实用、生动活泼的多样和具体的可操作性的方式约定俗成下来，成为从业人员普遍遵守的道德规范和准则。把职业理想、职业态度、职业责任、职业技能、职业纪律、职业作风、职业荣誉等职业道德的基本要求，用制度、守则、公约、条例、口头约定等简洁明快的多种形式公布于众，一方面容易促进从业人员道德习惯的形成，另一方面又可以使社会监督有章可循。

4. 功效上具有适用性

职业道德不仅在于维护本行业秩序和发展，而且还要有利于促进社会的进步和发展。职业道德规范是对职业领域的道德要求，它不仅关系到本部门、本单位的经济利益和从业人员的利益，而且还关系到社会利益和服务对象的利益，因此，职业道德也要对社会和他人产生有益的影响和作用。另外，一定社会的基本伦理原则总是要体现于各种社会分工和社会关系中，即具体体现在各种职业活动中，因此，一定的职业道德规范也必然是对一定社会伦理原则和利益要求的反映，也要适应社会发展的需要。职业道德规范不但是对职业活动有着适应性和适用性，也要注重社会的利益，职业道德应是经济效益与社会效益的统一。社会主义社会的职业道德更具有公益性的特点。因为社会主义职业道德是把从业人员的利益同社会和人民的利益有机地统一起来，使职业道德服务于社会利益和人民利益，同时只有符合人民利益才有职业者自身的利益。

二、职业道德的规范

爱岗敬业、诚实守信、办事公道、服务群众、奉献社会是职业道德的主要内容规范，需要在各个行业大力提倡和践行。

1. 爱岗敬业

爱岗敬业是职业道德的基本要求。热爱自己的工作岗位，遵守行规，兢兢业业干好工作，是职场从业人员的基本职业态度。提倡爱岗敬业，热爱本职工作，在现代社会并不是要求人们终身只能"干一行，爱一行"，而是要求从业人员选定一行就应该爱一行，忠于职守。树立劳动者的敬业意识，使从业人员热爱并敬重自己的职业和岗位，看到职业中所蕴含的社会价值，才能履行职业操守。各种职业及其从业人员都应忠于职守，爱岗敬业，这是职业道德最一般性的规范，对所有从业人员都具普遍约束性。

2. 诚实守信

诚实守信既是社会道德的准则，更是职业道德的基本原则。诚实守信的要求就是诚实无欺，恪守信用，这是规范职业道德的基本法则。现代市场经济实际上也是法治、契约经济，诚实守信本身就是市场经济得以维系的道德纽带。在交易行为中遵守协议、履行合同、买卖公道，防止假冒伪劣、以次充好、以假充真的产品进入市场，是从业人员的基本道德素质。从业人员要确立信用至上、信誉至上的伦理原则，做到诚实无欺、买卖公平、货真价实、真诚服务。信用不仅是企业伦理的基本要求，而且也是企业能够立足市场的根本。诚实守信可以说是企业的生命，有了良好的信誉才会赢得效益，不讲信用就会失去市场、失去效益。

3. 办事公道

办事公道也是最基本的职业道德要求，特别是对掌握一定权力部门从业者的职业道德要求。有关从业人员在运用权力时一定要有社会责任意识，用权力更好地为人民服务，真正把党和人民赋予的权力用到为人民谋福祉上来，努力做合格的人民公仆，办事公道，做到公平公正。做到办事公正，首先要树立全心全意为人民服务的思想。"全心全意为人民服务"是对中国共产党立党宗旨的高度概括，体现了社会主义道德的根本要求，是社会主义经济基础的客观需要，是履行职业职责的精神动力和衡量职业行为是非善恶的最高标准。全心全意为人民服务是对党员干部的道德要求，也是对政府权力部门从业人员的要求。做到办事公道，还要踏踏实实地为人民办实事，多为老百姓办事、办好事。这不仅要求要讲究工作效率，还要讲究工作质量，按规定办事、按程序办事，做到公开透明。办事公道，不是口号，也不是形式，是实实在在的要求，在职能范围内，要求从业人员勤劳工作，讲究规则，公平公正地为人民服务。

4. 服务群众

一切为了群众，一切依靠群众，从群众中来，到群众中去，是党的群众路线的基本内容。坚持服务群众，既是贯彻群众路线的根本体现，也是职业道德的基本要求。维护群众利益，回应群众诉求，解决群众最关心、最直接、最现实的利益问题，是为群众服务的首要任务。努力为群众，特别是困难群众做好事，解难事，办实事，也是服务群众。具体而言，我们面对服务对象、客户、热情体贴、认真负责、耐心周到、态度积极等，都是服务群众的具体表现。具体做到对所有群众全心服务，对重点群众尽心服务，对特殊群众贴心服务，对问题群众细心服务，对挑剔群众耐心服务，对困难群众热心服务，就可以说是全心全意服务群众。

5. 奉献社会

奉献社会是社会主义职业道德中的最高境界，体现了社会主义职业道德的最高目标和最终目的。所谓奉献社会，是一种对事业忘我的全身心投入，愿意为他人、为社会或为真理、为正义事业献出自己的力量，是为人民服务精神的最高体现。在职业活动中，它要求各行各业的从业人员能够在工作中不计较个人得失、名利，鼓励不以追求报酬为最终目的的劳动和付出。提倡奉献社会精神，不是只讲牺牲精神，不讲物质利益，而是从个体角度提出的道德境界，作为社会和集体理所当然应该为乐于奉献的人提供良好的物质基础和相应的报酬和待遇。当一个人兢兢业业、不计较个人得失，他对人类、对社会的奉献不仅具有整体意义，也是个人价值的体现。奉献社会是在职业岗位上对国家、对人民、对事业的无限热爱的真情流露，是有社会责任感、有爱心的表现，体现了个人高尚的品质。奉献社会是一种境界，奉献也不分大小。在自己的岗位上尽自己所能多做贡献，就可以使自己的精神境界和道德素养在奉献社会的过程中得到提高和升华。

三、职业道德建设的重要性

职业道德有着与其他道德要求不同的特点，表明职业道德在社会生活中也有着其他伦理规范所不能取代的价值和作用，因而加强职业道德建设对市场经济的发展，对公民道德的完善都有着不可替代的作用。

1. 推进市场经济的健康发展

市场经济不但是职业不断分化的推动力量，而且也是职业道德建设的外在动力。市场经济要求的是有序的环境、公平的规则、合理的竞争、诚实的品格等，这些要求都与职业道德有着密切的关系，甚至就是职业道德的要求。加强职业道德建设，建立公平与公正的信念，引导人们合理地竞争，树立信誉观念和服务观念等，无疑会促进市场经济的有序发展与完善，为市场经济的良性循环提供内在的动力。

2. 提高全社会的道德水平

从现实生活来看，社会的绝大多数成员为了获取必需的生活资料来源，必然要与一定的职业相联系。职业活动不仅是构成社会领域的重要组成部分，也是个体生活的重要组成部分，因此，职业活动必然会对个人及社会产生广泛而持久的影响。因而，一定社会的道德准则以及各行业的道德要求，只要能在职业活动中体现出来，一定会在很大的程度上表现出行业的道德水准和一个人的行为品质。可见,注重职业道德建设,促进职业道德水准的提高,对道德建设也有着积极的作用。

3. 纠正行业的不正之风

从职业活动的广泛性和特殊性来看,职业成员能否遵循职业道德,对抵制和纠正带有行业特点的不正之风,对于社会风气的净化有着重要的作用。良好的职业道德主要就是为了维护本行业及其职员的共同利益和长远利益,要求克服短期行为。因此,树立良好的职业道德,一方面不仅维护了本行业的利益,另一方面也维护了服务对象的利益,结果必然是行业内部人与人之间关系,行业与外部之间和谐关系的正常、良好的发展。为了维护一个行业的大多数员工的利益及长远利益的发展,必须加强职业道德建设,这必然有助于行业之间正气的产生和社会风气的好转。

4. 有助于行业效益的增长

从职业活动的根本目的来看,职业活动主要是为了促进社会生产力的发展,以及在生产力发展过程中个人素质和能力的展现与提高。提高生产力,发展经济,并不与道德建设相对立。职业道德建设的好坏直接关系到生产力的发展和经济效益的增长。人是生产力中最活跃、最积极的因素,没有人的素质的提高,没有良好的职业道德水准和职业荣誉感,就不可能有生产效率的提高和合理发展。加强职业道德建设,除了可以提高职业活动者劳动技能和社会化程度之外,还可以促进劳动者在和谐、正常的社会运行关系中充分发挥积极性和创造性。而且随着人的道德素质的提高,必然又会促进行业质量、效率、竞争观念的形成,最终获得生产效率的提高,并促进经济效益的增长。

5. 有助于个体道德的完善

职业道德作为公民道德的主要组成部分,是公民道德修养的重要内容,也是个体道德修养的重要体现。因此,加强职业道德建设与修养,对公民道德建设和个体道德修养的完善有着不可替代的作用。另外,职业道德特别强调责任意识,人们从事一定的职业,既意味着职业的权利,也更蕴含着职业的责任,职业道德对职业责任的注重,正是职业的特殊要求。而责任的意识和道德要求,也正是现代社会一个公民所应具有的基本品质。加强职业道德建设,对促进公民道德和个体道德的义务、责任意识的形成和巩固,对公民道德的提高有着重要的作用。

四、职业道德的建设

市场经济带来了职业道德观念的变化,却不可能自然而然地带来职业道德的根本好转,要看到现有的职业道德水平与我们时代所要求的道德目标相去甚远,市场经济所呈现的负面效应和消极影响也需相应的措施和对策加以正确地引导。由于产生职业道德新问题的原因是多方面的,加强职业道德建设的措施和对策也应是多方位的、多角度的。

1. 加强制度建设

职业道德是对从事专门行业的从业人员的道德需求，作为一个企业、行业、部门创造一个良好的道德环境，对于职业道德建设的发展是十分必要的。

首先，强化职业道德的运行机制，创造良好的职业环境。在职业道德建设中，有必要把职业道德规范制度化，加强对职工的职业道德素质的培训，形成牢固的服务意识。建立监督制度，严格管理，一方面是接受群众的监督，另一方面加强内部自我监督，以有利于良好的职业环境的形成。建立考核制度，奖优惩劣，加强对从业人员的检查、评比，创立一个积极向上的职业环境。只有严格管理制度，使职业道德规范的操作和运行在一定的良好的环境中通过职业主体的掌握和运用，才能形成一个良性循环的职业道德机制。

其次，深化行业体制改革，建立良好的内部环境。体制作为系统的组织形式、机构设置和管理体系，其管理和设置是否得当，不仅会关系到行业的发展，而且也关系到能否充分发挥从业人员的才能和积极性的问题。我国现行的行业体制，在管理上多采用行政手段，缺乏经济手段、法律手段的配合，管理体制中还存在责、权、利相脱节的现象，从业人员在工作中作出了成绩，却没能承担相应的责任和取得应得的权利，人才的合理流动也受到各种限制，使从业人员缺少创造更多效益的动力。因而，提高从业人员的敬业精神、乐业意识还必须进行体制改革。管理运行机制方面，各行各业应不断改革使机构具有自我发展的能力和活力，使各方面的人力物力得到合理的配置，以适应市场经济发展和国际竞争的需要。随着我国加入 WTO，要求我们在管理体制上更加符合国际竞争的标准和准则。在体制方面要建立健全规章制度，实行岗位责任制，不断地促进行业机制的良性循环，创造良好的内部环境，为从业人员提供广阔的施展才华的舞台。

另外，还要健全职业政策和法规，为职业道德建设提供良好的外部环境。健全的职业政策和法规，是加强职业道德建设强大的后盾。通过一系列的行业和部门的政策、法规，一方面可以为维护从业人员的利益提供良好的条件，对从业人员的正当权益给予支持和保护。如对从业人员的管理、培养与交流，对于从业人员的合理流动，职务聘任，都可以通过政策法规来明确责任与义务、权利与权益，为从业人员安心本职工作，发挥才干提供了政策和法律上的依据；一方面可以为各行各业的活动和行为进行规范，克服垄断，为合理竞争提供政策和法律的保障。只有这样，才能为职业道德建设创造良好的外部环境。在制定政策、法规的同时，还必须完备和健全立法和执法机制。这就需要进一步加大执法力度，严格执法。

总之，通过健全和完善相应的制度和体制以及相应的政策和法律，并加大执法力度，是职业道德建设的前提条件。

2. 完善职业道德规范

结合"以爱岗敬业、诚实守信、办事公道、服务群众、奉献社会"为主要内容的职业道德，建立和完善本单位和本部门的具体职业道德规范。

在市场经济条件下，职业道德建设的内容必须以市场经济的发展在本行业的具体要求和客观规律为依据，要体现出信誉、正当竞争、效率、服务、质量至上等具体的规范。并将本部门、本单位的利益与社会主义市场经济发展要求相统一，将职业集体利益与从业人员的个人利益相统一。职业道德规范不仅要调节本职业集团内部的各种利益关系，以及职业与服务对象之间的利益关系，而且还要调节国家整体利益和职业集团利益之间的关系，以及职业集团和其他相关职业集团利益之间的关系，促进各行业之间的互相协作、共同发展。与市场经济的利益主体的要求相适应，职业道德建设在内容上必须立足于职业集团及其从业人员的利益，不能片面强调国家利益与他人的利益，否则职业道德要求就容易成为空洞的口号。在立足于本行业利益的基础上，也要注重国家、集体和他人的利益，要看到只有更好地为国家、集体和他人服务，才有行业自身的利益的满足。

职业道德规范为从业人员所接受就必须符合从业人员基本需要，一是要符合从业人员的切身利益和保障其基本的生活需求；二是必须满足从业人员的个人积极性和创造性的发展的需要，人们接受道德规范的目的并不是为了损害和压抑个人利益，而是为了在符合社会秩序的基础上更好地发展自我；三是职业道德规范必须符合从业人员的职业特点和需要。职业道德规范要有针对性，只有符合职业道德规范对象的特点和需要的要求，才会被从业人员遵守和践行。

3. 加强职业道德教育

职业道德教育，对人的社会化具有决定性的意义。通过职业道德教育可以使人们懂得自己所从事的职业的社会意义，明确自己在职业生活中的地位、义务与权利，以及如何在职业活动中充分地展现自己的才干，从而提高从业人员的职业道德水平，为职业道德建设提供内在动力。

对从业人员进行职业道德教育，也就是通过对从业人员的职业道德原则和规范的理解和教育，培养人们的敬业、乐业意识，并通过人们的职业行为得到落实和实现。通过职业道德教育树立工作者的敬业意识，使从业人员热爱并敬重自己的职业和岗位，看到职业中所蕴含的社会价值。没有敬业、爱业的精神，就不会忠于职守。因此，职业道德教育必须要从培养人员的敬业意识入手。通过职业道德教育确立从业人员的乐业意识。通过乐业意识的培养可以使从业人员认识到在职业活动中所体现出的人生价值，并在职业中找到人生的意义和乐趣，就会以极大地热情去工作、去奉献。通过职业道德教育可以树立从业人员正确的职业观念和态度，养成遵守职业纪律的习惯，培养良好的职业责任感和荣誉感，促进良好的职业作风的形成，并自觉地履行职业道德准则。同时，对于违反职业道德规范的行为要进行批评和再教育，并通过适当的奖惩监督制度保证职业道德教育的实施效果。道德教育对职业道德品质的培养有着重要作用，通过道德教育使从业人员养成自觉遵守职业道德要求的习惯，使职业道德要求真正成为从业人员的内在德性，将会形成职业道德建设的内在力量，有力地推动职业道德建设的发展。

职业道德建设应该说是一项系统的工程，仅仅靠道德教育也是无法奏效的，必须在制度建设、法制建设、体制改革以及道德建设的整合作用下，才能切实搞好职业道德建设。

第三节 家 庭 美 德

《公民道德建设实施纲要》指出，"家庭美德是每个公民在家庭生活中应该遵循的行为准则，涵盖了夫妻、长幼、邻里之间的关系。家庭生活与社会生活有着密切的联系，正确对待和处理家庭问题，共同培养和发展夫妻爱情、长幼亲情、邻里友情，不仅关系到每个家庭的美满幸福，也有利于社会的安定和谐。要大力倡导以尊老爱幼、男女平等、夫妻和睦、勤俭持家、邻里团结为主要内容的家庭美德，鼓励人们在家庭里做一个好成员"，为促进性别平等和家庭和谐指出了具体要求。

一、恋爱道德

家庭是由男女双方经培养爱情的恋爱过程而建立起来的，因此，恋爱道德是家庭美德建设的前提。恋爱道德主要是指相互产生爱情的男女双方之间的行为准则。

1. 爱情

在培养爱情的过程中，遵循恋爱道德将会使爱情更加健康和美好。在确立恋爱道德的具体内容之前，我们先来探讨一下什么是爱情。

首先要弄清爱情与好感之间的关系。从生理上看，男女在青春期时，随着男性体内的雄性激素和女性体内的雌性激素的增长和成熟，会形成一种潜在而又巨大的力量，促使青年男女去注意异性，也容易对异性产生好感。爱情是在两性之间发生的，一般以生理特征为基础，爱情也一般由男女间的好感开始。但生理上的好感并不等于爱情，爱情不仅仅是异性间生理上的吸引。虽然好感可以发展为爱情，但爱情是需要经过发展、深入和巩固好感才会达到的。从心理上看，男女的思维方式、感情与个性等是各有差异的，而且就单纯的男性女性而言，心理特征都是不够完整和完善的，这也需要男女之间的互相补充，相互完善。一个具有男子汉性格的人常常为女性所钟爱，一个具有女性魅力的人常常引起男士的好感，由心理特征引起的好感也不等于爱情。如在男女交往、接触中的一见钟情就是好感的产生，也就是在特定场合、特定时间内对对方异性美的钟爱，但这也不等于爱情。以好感为基础，在今后的了解和认识的渐进过程中才能决定由好感是否能产生爱情。从社会性看，一个人在学业和事业上的成就、美好的品德、强烈的责任心和义务感等，也会对异性产生吸引力，同时，人类社会要延续和发展，也需要男女的结合。由此，社会要求男女相爱并结合，也促使两性之间产生相互需要、相互依赖的情感。无论好感在爱情中具有怎样的作用，都要弄清好感本身并不是爱情，好感中可能蕴含着爱情的可能，但离爱情还有一段路程。好感与爱情的主要区分在于对异性的好感是对其言行表示肯定和赞赏的态度及感情，在任何一个集体或环境中，都可能对某些异性持有这样的态度。但爱情的对象则具有明确的个体性和严格的感情界限，只有对单一的异性产生强烈而持久的感情，好感才可能转变为爱情，不要以为感情萌动就是爱情。

其次要弄清爱情与友谊之间的关系。从心理上讲，异性之间的交往有助于青年男女正常健康地发展，青年男女分隔越严，越是强化对异性的好奇心，对异性的一切就更觉神秘和敏感，容易产生对异性的不正常心理。因此异性之间的友谊越是得到健康发展，人们越是能够比较自然而稳妥地把握自己的情感。从个人成长来讲，异性间友好的交往，容易形成一个和谐的真诚的生活环境，对于自己精神世界的丰富和个性的全面发展都是有利的。把对异性的关心和好感，变成学习和生活的帮助和关心，不仅会提高自己，而且会促进双方精神情感的正常和深入的发展。男女的友谊应该是建立在广泛的范围内，应有一个以上乃至几个比较亲密的异性朋友，而且这种友谊应以集体或友爱圈的和谐为前提。异性间的友谊只是相互间的交流和帮助，不管友谊多么深刻，都不存有半点对异性朋友的占有欲，所以任何挑逗性的语言或者过分亲昵的举动，都被视为是对友情的亵渎。而爱情则是男女双方相互倾慕，相互渴望结成终身伴侣的情感，与友谊有着明显的界限。友情和爱情虽有区别，但又有千丝万缕的联系，一方面友谊为双方提供了互相了解的机会，由友谊发展为爱情是完全可能的，而且爱情只有产生在友情的基础上，才更为长久和深刻；另一方面爱情的产生并不意味着友谊的结束，爱情只有包含着友谊才会在今后的岁月中使两个人互相协助、相互关心、走向更高层次的爱，可以说爱情是两个人之间特殊的友情。爱情只有在广泛的友谊交往中才能得以巩固和完美。但无论怎样，友谊毕竟不是爱情，友谊中没有爱的意识，只是男女双方相互交流、相互了解对方和自己的一种形式。

最后还要弄清爱情与性爱之间的关系。爱情与性爱有着不可否认的内在联系，爱情的产生是与人的性生理和性心理的成熟为前提的。但不能把爱情和性爱混为一谈，放纵的性爱不是爱情。因为人是有思想、有感情的，所以并不是任何一个异性都能引起人的欲望，也不是在任何情况下都会产生性爱。爱情不能离开人的思想与感情的内容而独立存在，爱情本身就包括了有意识的选择和思想感情的交流，只有当爱情发展到一定程度，才明显出现性爱倾向。当然，性爱是爱情的生理基础，没有正常性欲的人，对异性没有兴趣和爱慕，往往容易导致不健康的性行为。不能否认性爱作为人的本能是无法完全压抑的，恋爱时的亲昵行为和婚后的性生活，也会给人在生理和心理上带来愉快。但无论怎样，爱情都不仅是满足于生理上的需要，更多的是要得到精神上的欢悦，并由此产生出对他人、对社会的强烈的义务感和责任感。爱情是对性爱的提高过程，炽热的爱情不仅可以激发人的性爱，也为性爱增添了诸如道德、义务、尊重、责任等内容。

总之，爱情是两性间的一种特殊关系、特殊友谊，是男女双方基于共同的生活志向，以相互吸引、相互倾慕为前提，并渴望对方成为终身伴侣的一种持久深刻和强烈的情感。

2. 恋爱道德规范

男女双方培育爱情的过程就是恋爱，在男女恋爱过程中，由于男女双方之间的关系，及其相关的社会关系需要调节，因此，在恋爱过程中也有一定的道德规范要求。

坚持自愿、择偶自由，尊重双方自愿选择的权利，是恋爱道德的基本要求。我国的未婚公民，都有自主自愿地选择配偶的权利，这一权利受到国家法律的保护。男女双方不但享有自愿选择伴侣的权利，也有尊重对方自愿选择配偶的义务，也有自愿中断恋爱关系的权利，不可强求恋爱。尊重自愿选择配偶的权利，不但是对恋爱当事人的道德要求，也是对社会成员的道德要求，任何人不得干涉法律容许的恋爱自由的权利。

尊重人格，忠贞专一是恋爱道德的核心内容。在恋爱过程中，男女双方在人格上是平等的，相互尊重、平等相待，是恋爱的前提。男女双方一旦相爱，必须持严肃的态度，双方都应努力培育和发展爱情，真正的爱情应该是忠贞专一的，只有持认真的诚恳的态度来进行交往、了解，才能获得真挚的爱情。

相互信任，相互帮助是恋爱道德的规范要求。爱情是在相互了解，相互信任的过程中形成的，这就要求男女双方能在学习和工作中对对方的志趣性格，生活志向有全面深刻的了解，有了了解才会建立起相互信任的关系。从友谊过渡到爱情，就表明男女双方已开始承担起相互帮助、共同进步的道德责任，互相帮助、互相体贴是建立双方义务感和责任感的基础。

3. 性道德要求

性道德也是恋爱道德的主要内容。关于性道德的探讨，历来就有两种倾向，一种是对于性冲动的合乎自然的维护，在现实生活中表现为"性解放""一夜情"等；另一种是禁欲主义倾向，即用外在的力量来控制性本能的冲动并力图使之精神化，主要表现在宗教和传统习俗中。在性与道德关系中，纵欲和禁欲都不是合理和全面解决问题的办法，而正确的方法应该是节欲。

节欲有双重含义，一方面指在道德和社会规范的约束下适当地控制性活动；另一方面则仅仅指在婚前不能发生性行为。当节欲被狭义地使用，仅指婚前的克制时，也有许多道德上的困惑。一方面是人的自然的生理功能，另一方面是对性行为要进行道德的规范，我们面临的问题就是如何使性本能与社会道德规则协调一致。从恋爱道德规范上，我们反对婚前性行为，虽然现实实际生活中关于婚前纯洁的规则常常不被遵守，社会近年来对此也表现出宽容的态度，但由于婚前性行为不受法律保护，多少都会影响男女双方的行为和思想。从法律上看，由于男女双方的性行为是在恋爱过程中发生的，是在没有缔结正式的婚姻关系的基础上发生的，因此，这种关系是不被法律承认的。一旦一方负情薄义，常常带给另一方极大的痛苦，而法律又不能强制其非结婚不可。另外又会给不道德的人玩弄异性以可乘之机，带给另一方身心上的痛苦。未婚同居的后果也可能造成女方怀孕，这既给女方的生理、心理、学习和工作带来损害，又常常使双方关系紧张、不安，甚至造成不良后果。如果发生过婚前性行为，又没有与对方成婚，对今后两个人的婚姻和家庭生活也会带来一定的影响。正是由于婚前性行为有不良的后果，才使得人们用道德和婚姻加以规定，使性活动在婚姻中达到统一。

道德对性的约束是必要的，如果只强调两性关系的自由发展，并认为这才是人性的自由，其结果不过是回到动物的层次上去，反而抛弃了人性。因此，人类社会正常的、健全的性爱，需要道德的指导和规定，性道德的指导和规定必须与健全正确的性爱要求相适应。

关于性道德的标准，恩格斯的观点在今天仍有指导意义，即"对于性关系的评价，产生了一种新的道德标准，人们不仅要问：它是婚姻的还是私通的，而且要问：是不是由于爱和对应的爱而发生的?"① 根据马克思主义的观点和时代的变化,对待婚前性行为,要区别对待未婚同居的不同情况,而不是一味地将婚前两性关系看成是不道德的。因为性作为一种自然本能,是人性的一部分,无所谓善也无所谓恶,而性本能在婚前的宣泄手段和方式却有道德与不道德之分。即出于爱情的性行为不能看做不道德,而出于性发泄乃至有欺骗行为的性行为才是不道德的,所以,性关系必须建立在真正爱情的基础上,以恋爱为幌子达到性满足的行为是必须加以谴责的行为。

虽然性爱应建立在爱情的基础上,但有了爱情并不一定就不要克制欲望,对于青年男女而言,婚前的节制是日后美好、健康生活的重要条件,战胜自己是伟大的,也是人格成熟的体现。

二、婚姻道德

恋爱双方通过法律的确认而进入婚姻和家庭状态,就有了婚姻道德和家庭美德的问题。所谓婚姻就是一定社会制度所确认的男女两性结合的社会形式。其含义有两点,一是指男女双方夫妻关系的缔结;二是指夫妻关系的存续状态。婚姻道德主要是指调节夫妻之间关系的行为准则。家庭道德不仅是调节夫妻关系的准则,还是调节亲子关系、亲戚关系和邻里之间关系的准则。婚姻道德是家庭美德的主要组成部分,家庭美德主要是围绕着夫妻关系而展开的。

1. 婚姻的道德基础

婚姻的存在需要相应的生理基础、物质基础、政治基础、法律基础和道德基础等。婚姻的道德基础是在婚姻的物质基础和思想基础上对婚姻关系的道德调节,同时又指婚姻关系调节中的道德的基础和基点。

关于婚姻的道德基础问题,出现了不同的认识和观点。一种观点认为爱情是婚姻的基础。指出婚姻的缔结不是爱情的结束,而是在新的环境下为爱情的发展创造了条件。双方当事人如果没有共同的生活理想,他们之间如果不存在最真挚、最强烈的渴望和对方结为终身伴侣的感情,也就是说,如果缔结婚姻的双方没有真正的爱情,他们的婚姻关系是不可能美满幸福的。为了婚姻家庭生活的幸福,还要通过社会舆论的力量给这种婚姻以道义上的支持。因此,婚姻必须以爱情为唯一的基础。判断婚姻生活中男女双方的行为是否合乎道德,其基本的依据就是看他们之间是否存在真正的爱情,因此提出,没有爱情的婚姻是不合理的,因而也不是道德的。一种观点认为婚姻不仅要以爱情为基础,还要以政治为基础。所谓婚姻的政治基础,就是指爱情中的政治思想和政治条件。指出构成爱情的本质有两个因素,即自然因素与社会因素,所以爱情既有性爱,又有政治,两者不可偏废。这种观点在"文革"中特别突出,近年来有所淡化。一种观点认为爱情和义务的统一是婚姻的道德基础。指出道德义务是婚姻的补充和发展,随着人们行使爱的权利,也就产生了爱的义务,这种爱的义务一经产生就有一定的约束力,这种约束力既反映了义务与爱情的一致性,也体现了义务和爱情的矛盾性。一方面,由于义

---

① 《马克思恩格斯选集》第4卷,人民出版社1995年版,第75页。

务的存在，爱情变得具体化，现实化，义务推动爱情向前发展和深化；另一方面，义务比爱情更稳定，当爱情减弱和消失时，义务并不能完全随着爱情的减弱而减弱或消失。尤其在今天，婚姻生活越来越不稳定的情况下，对婚姻义务的强调尤为必要。

对婚姻的道德基础问题的把握，首先要弄清婚姻道德基础的内涵。婚姻的基础与婚姻的道德基础是不同的概念。婚姻的基础是指婚姻的缔结及其持续状态的基础和前提，婚姻是在自然条件基础上形成的特定的社会关系，所以物质基础、法律基础是婚姻的基础，而不能是婚姻的道德基础。婚姻的道德基础与婚姻的道德规范也是不同的概念，婚姻的道德规范是对婚姻关系的道德要求和规定，是在婚姻的道德基础上对婚姻关系的制约和要求。婚姻的道德基础是婚姻道德规范的指导原则和出发点，婚姻的道德规范更具体、更丰富，婚姻的道德义务、道德责任实际上是属于道德规范的内容，是建立在婚姻的道德基础上的对婚姻的道德要求。可见，义务及其具体的婚姻道德规范都不能构成婚姻的道德基础。婚姻的条件与婚姻的道德基础也是不同的概念。婚姻的条件是指婚姻的缔结及其持续状态中组成婚姻关系的因素。婚姻的条件包括夫妻双方的自然生理条件、如相貌、身高等，也包括物质条件及其地位、才能等政治和思想条件，乃至人格、品质等道德条件。婚姻的道德基础一方面是构成婚姻的基本道德要素，另一方面又是在婚姻的条件基础上，对组成婚姻的各方面因素的调节和反映。

由此，我们认为爱情是婚姻的道德基础。爱情的产生不是孤立的，而是同一定社会结构中的道德意识联系在一起的。爱情的形成过程是使两性关系更加丰富、更加人道的过程，爱情本身就是一种道德意识。在婚姻生活中，道德规范都是基于爱情的基础上的对夫妻关系的要求。因为尽管婚姻是在爱情的基础上缔结的，但夫妻仍会有矛盾，仍需要调整夫妻关系，以爱情为道德基础对夫妻关系进行调节，将会促进以爱情为基础的婚姻的巩固、加深夫妻之间的爱情。爱情也是婚姻的道德标准。爱情是社会发展到一定阶段的产物，随着人们在政治、人格上达到平等，爱情才能成为婚姻的唯一道德标准。另外，爱情按其本性是排他的，以爱情为基础的婚姻，按其本性来说就是一夫一妻制。正如恩格斯所说，"如果说只有以爱情为基础的婚姻才是合乎道德的，那么也只有继续保持爱情的婚姻才合乎道德"①。所以，爱情也是婚姻的道德目的。从人类婚姻发展史可以看出，爱情婚姻的历史不仅短暂，而且至今还未形成人类社会的普遍现实。但这并不能说明以爱情为基础的婚姻的实现是不可能的。社会主义制度的建立，恋爱自由、婚姻自主得到了道德上的肯定，为爱情作为婚姻的基础提供了思想基础和客观保证。两性间实际的平等关系和婚姻自主同爱情婚姻的本质要求第一次真正统一起来。随着社会主义经济的不断发展，对精神生活的不断追求，人们将会普遍地认识到爱情不仅是恋爱的要求和婚姻缔结的要求，而且是调节婚姻的最好保证，从而追求爱情将成为婚姻的真正基础和最终目的。

2. 婚姻的道德规范

婚姻的道德规范主要体现在互爱上，即在男女平等的前提下，互相尊重、互相信

---

① 《马克思恩格斯选集》第4卷，人民出版社1995年版，第81页。

任、互相关心、互相了解、互相吸引、互相支持、互相珍惜，因为只有以爱情为基础的婚姻才是合乎道德的。

义务和责任是婚姻道德的重要规范。夫妻婚姻中的义务是指夫妻之间相互承担的责任，同时也表明对方向自己提出一系列的道德要求。夫妻间道德义务的一个重要特点就是建立在高度自觉的基础上，不是靠外在力量，而是靠履行义务的自觉性和坚定的信念。道德义务的内容包括和睦相处、相互照顾、赡养老人、抚育子女、勤俭持家等。责任是对义务的履行以及对行为负责的态度。只要有了强烈的责任感，就会努力地履行自己应尽的义务。另外，不断追求新的精神境界，不断提出新的奋斗目标，不断推进新的情感生活，也是现代婚姻生活的道德规范。爱情是需要双方培养和不断完善的，爱情也是双方不断进步的动力和保障，因此，根据时代的要求和变化，不断地更新自己的知识和才能，不断地追求更高的人生和事业的奋斗目标，也是爱情持续发展的外在力量。因为只有继续保持爱情的婚姻才是合乎道德的。

家庭道德在亲子关系的规范上，强调父母对子女尽抚养和教育的义务和责任，子女对父母要有尊敬和孝敬的义务与责任。在亲属关系上，强调的是相互关心和相互帮助。在邻里关系上，强调相互尊重和相互团结，以及互帮、互助、互谅的品格等。

3. 离婚道德

离婚是指夫妻双方由于种种原因不愿意或不能共同生活，而按法律规定的条件和程序解除现存婚姻关系的一种社会行为。离婚道德是指一定社会离婚的道德标准和要求，是家庭婚姻道德的组成部分。

在离婚的道德标准问题上，我们认为爱情既然是婚姻的道德基础，而有无爱情也就是婚姻存废的道德前提，因此没有爱情、感情完全破裂应成为人们评价离婚的道德标准。在离婚道德标准的问题上也有不同观点和主张。一种观点认为，感情是否破裂是是否准予离婚的唯一道德依据和标准，即使感情破裂是由一方的错误，如喜新厌旧、忘恩负义造成的，也不能把不准离婚作为处罚有责任一方的手段；否则，既违背法律规定，也违背社会道德。一种观点认为具有正当理由是判断是否离婚的道德标准。如果离婚理由正当，如一方有生理缺陷，属于强迫结婚等，应准予离婚。相反，如果理由不当，例如一方社会地位发生变化，喜新厌旧或另有新欢等，即使夫妻关系十分恶化，也不应准予离婚，否则就是放纵和支持错误思想。一种是感情与理由结合说。这种观点认为，处理离婚问题，既要看感情是否破裂，也要看理由是否正当，仅以感情是否破裂作为解除婚姻关系的唯一依据，有悖于社会主义道德。只有将感情与理由结合起来，才是判断是否准予离婚的道德标准。

只有以爱情为基础并继续保持爱情的婚姻才是合乎道德的，因而解除这种已经丧失爱情基础的婚姻也是合乎道德的。因此，如果抱住已经死亡的婚姻不放，也是不符合道德的。离婚在道德上的许可是为了更好地巩固和发展爱情，离婚是悲剧的结束，是新生活的开始。以爱情的有无作为离婚的道德标准，不是轻率地对待婚姻，也不是滥用离婚自由。以爱情作为离婚的道德标准，恰恰是反对滥用爱情、亵渎爱情的行为。同时，对于破坏他人家庭与爱情的行为，我们也要予以道德上的谴责。另外，也要指出，爱情只是离婚的道德的标准，并不否认离婚的其他标准如离婚的法律标准的存在和作用。

在离婚的具体道德规范上，我们还应确立义务和责任观念，同时又主张离婚自由。夫妻双方感情的破裂，不仅关系到夫妻双方之间的义务与责任的问题，还关系到对子女的义务与责任，甚至关系到对双方父母的义务与责任的问题，因此对离婚中和离婚后双方应尽的义务和责任必须有道德的要求和规范。强调义务与责任意识与规范，并不是否认离婚自由的原则。离婚是在夫妻双方感情破裂的基础上，双方自愿解除婚姻关系的行为，只要符合法律规定，任何人不得干涉。只是无论感情能否挽回，彼此双方的义务与责任是不能消失的。即使夫妻之间没有了彼此的义务与责任，还有对子女的共同抚养与教育的义务与责任。不能因离婚自由而忽视和否认双方应尽的责任与义务。

三、家庭美德的规范

尊老爱幼、男女平等、夫妻和睦、勤俭持家、邻里团结为主要内容的家庭美德是我们要大力倡导的道德规范。

1. 尊老爱幼

尊老爱幼是家庭生活的基本美德。尊老，顾名思义，就是尊敬老人、长者。尊老自古以来就是中华民族的传统美德，几千年来，人们一直把尊老作为一种责任和行为规范。孟子曰："老吾老，以及人之老；幼吾幼，以及人之幼。天下可运于掌。"[1] 尊老，在现实生活中，首先就体现在我们对老人给予力所能及的帮助。可以帮助那些生活不便，有困难的老人，用实际行动向老人们献上我们的一份心意，为自己的爷爷奶奶或者邻居老人做些力所能及的事，比如帮他们洗衣、洗碗、扫地等。其次，尊老还要求我们要对长辈有礼貌，尊重老人，礼让老人。比如乘公车的时候主动给让个座位，搀扶年迈的老人过马路，帮助年迈老人搬东西等等，这些都是我们很容易做到的事情。其实尊老、敬老、爱老、助老也绝不是一天一时的事，而是日常生活中时时刻刻的事，因为尊老、爱老，就是尊重我们每一个人的未来，这是我们义不容辞的责任。老人为社会奉献了一生，让老人安享晚年，是尊敬老人的最好的体现。我们一方面要尊重老人对养老方式的选择，另一方面也就提供更多的方便和便利，使老人时刻能感受到社会对他们的关爱。特别是一些孤寡老人和空巢老人，社区和街道也建立联系制度、帮扶制度，不仅让老人老有所依，还要让老人精神愉悦，安享晚年。在家庭生活中，晚辈要以实际行动将尊老、敬老、助老的优良道德传统发扬光大，为老人们营造一个美满、安详、健康、幸福的晚年，努力让每一位老人都能老有所养、老有所乐、老有所医。

爱幼，顾名思义，就是关爱幼小。爱幼自古以来也是中华民族的传统美德，人们也一直把爱幼作为一种责任和行为规范。在关爱孩子方面，家长既要进行智力方面的教育，也要对孩子进行品行教育，要知道成人比成才更重要。对孩子的过度保护，会造成孩子心理承受能力差和欠缺健全的人格。一个人的成长过程中，家庭是他性格着色的第一个染缸，家人是他行为塑造的第一任教师，所以为人父母言传身教尤为重要。关爱自

---

[1] 《孟子·梁惠王上》。

己的孩子、教育自己的孩子，大多父母能做到。但关爱与自己没有血缘关系的孩子，可能就没有那么容易做到。由于社会的发展的不平衡，加之自然灾害或失去父母等因素，疾病、饥饿、贫穷、留守、暴力等，也在威胁着不少儿童的生存。比如孤儿，比如流浪儿等，一旦缺失父母的关爱、社会的关注，就有可能成为问题儿童。因此，要求我们能更多地伸出援手，爱护与我们没有血缘关系的儿童和弱势群体，完善社会福利制度，救助这些无助的祖国的花朵和未来。另外，还要关注留守儿童，由于父母外出打工，留守儿童的监护的责任一般由祖父母或外祖父母承担，而现在的孩子们的祖父母辈大所受的教育无论从质量还是年限来说都是较低的。一方面祖父母不能够给孩子以足够的父母之爱，另一方面也无法承担起家庭教育的责任，使留守儿童的心理问题加剧增多，伤害的事件也屡见不鲜，这些也应该引起社会的关注。关爱儿童，是一项系统工程，必须要依靠全社会的力量来解决。作为一个公民，我们可以从身边做起，关爱身边的每一个孩子，给他们温暖和爱，相信这个世界也会美好起来。

2. 男女平等

男女平等是我国的基本国策。它要求在承认和尊重性别差异的前提下追求男女平等。随着社会经济、政治的变革，传统的身份社会的基础有所动摇，但由于其以强大的文化的承载，至今还影响着人们对女性的看法，社会还存在诸多男女不平等的因素。如人们生育观上的"重男轻女"、家庭观的"男外女内"、择业观上的"择男弃女"等，多是受"男尊女卑"传统文化的影响。在社会转型时期，要推进社会的进步，必然要从身份不平等社会走向人人平等的社会、从男女不平等的社会走向男女平等的社会。现代社会要求主体具有独立的人格和平等的地位，首先就是要实现身份平等。通过市场经济对主体意识的强化，通过政治体制的完善对身份平等制度的确立，通过法律制度确立男女平等的地位和权利，通过文化教育提倡男女平等的观念，是打破身份社会的途径和基础，是建立身份平等的基石。身份平等的关键还是男女平等，只有男女实现平等，男女拥有平等的地位和权力，尊重女性才能真正实现。只有建立起男女平等的观念，夫妻双方和睦相处才有良好的基础，夫妻双方才能相互尊重、平等交流和沟通，家庭才能和谐。其次，要保障妇女实现发展的权利。只有让妇女拥有了更充分的发展权利、机会和资源，才能实现真正意义上的男女平等。同时要给予妇女必要的政策倾斜与保障，并充分考虑不同地区和阶层妇女的发展要求。必须通过法律、政策、教育、舆论等手段，在推动经济社会发展的同时，解决妇女平等发展问题。同时通过法律法规确立女性的恋爱自由、婚姻自由、离婚自由的平等权利，维护女性在家庭生活中的平等地位。

3. 夫妻和睦

夫妻和睦首先要做到夫妻之间相互尊重，相互尊重是基础。如尊重对方的爱好和兴趣。每个人都有自己的爱好，这是一种心理需要，也是精神生活中必不可少的一个内容。作为夫妻，必须尊重对方的爱好，尽量满足对方的正当精神需要和生活情趣，而不要加以过度的限制和干预。如尊重对方的家人和亲人。很多年轻夫妻结婚以后，认为婚姻只是夫妻两个人的事，与别人没有任何关系，不自觉地表现不尊重对方的家人或其他亲友的情况,这对于夫妻的和睦影响很大。即使与对方家人和亲人生活习惯、文化习俗等有不同之处,也要相互尊重、相互宽容、彼此友善,不能因为不能善待家人和亲人而影响夫妻感情。

夫妻和睦还要求夫妻双方的忠诚和信任。因为夫妻的相互忠诚,才会产生信任,使双方关系融洽,心情愉悦,家庭和睦。因此,夫妻之间的相互信任,是夫妻和睦的一个非常重要的条件。夫妻之间凡事要以诚相待,相互取长补短;要学会宽容对方的过错,在大小事情上尽量互相协调。夫妻间要相互信任,以诚相待才是婚姻的保护神。夫妻相处要多想对方的好处,欣赏对方的长处,体谅对方的难处,包容对方的短处,这样才能做到夫妻和睦。

4. 勤俭持家

"勤俭持家,俭以养德"是我们的古训。然而在现代社会随着生活水平的提高,人们铺张浪费、摆阔气、讲排场、花钱如流水的浪费现象随处可见。实际上过度的浪费不仅给生活环境带来了破坏,也造成家庭生活开支的不必要的浪费。在家庭生活中,我们每个人都有责任、有义务勤俭持家,避免过度浪费。当然,勤俭持家不是要求大家过拮据的生活,在现代社会适当的消费、娱乐、旅游、休闲活动等,也是生活丰富的体现。所谓勤俭持家,是指在家庭生活中避免过度奢侈和浪费,牢固树立起节约的意识。让节约成为家庭的生活方式,坚持从自己做起,从每一天做起,节约每一滴水、每一度电、每一粒粮,只有时时处处、点点滴滴都节约,勤俭持家,我们才能节约资源,不仅有利于小家,更有利于地球这个大家。

5. 邻里团结

邻里团结也是体现中华民族传统美德的体现。中国自古以来就有"邻里好,赛元宝""远亲不如近邻"的说法。然而随着时代的飞速发展和高楼大厦的林立,邻里关系似乎越来越远了,特别是在城市,住在同一小区、同一幢楼,相互之间不了解、不熟悉的人并不少,有的甚至对门对住了好几年,也不知邻居姓甚名谁。在这样的社会环境中,要建立和谐的邻里关系,首先要注意邻里之间的互相尊重、互相帮助、互相谦让、互相谅解。如尊重邻居的生活方式,减少不必要的打扰和干扰,尊重邻居的合法权益,不要给邻居带来麻烦。在邻里需要的时候能帮的尽量给予帮助,积极主动地为邻居做好事。邻里之间若因生活琐事发生矛盾,不必斤斤计较,多一点宽容,多一点沟通,多一点热忱,就可以建立良好的邻里关系。当然,要形成邻里守望相助,社区最好也要提供一些相应的措施和条件,如组织志愿者活动和文体娱乐活动等,加强居民之间的良好联系。邻里团结,就是要建立良好的邻里关系,既要做到尊重邻居的人格、生活方式和生活习惯,又要邻里守望,相互礼让和相互帮助。

家庭道德包括恋爱道德、婚姻道德和邻里道德等内容,调节的伦理关系虽然只限于家庭伦理关系,但涉及的社会关系却也是各个方面的。因此,家庭美德建设不仅仅是家庭伦理关系的道德要求和规范,实际上也是社会伦理关系在家庭生活中的体现。家庭是社会的细胞,家庭美德建设是公民道德建设的基础,从小抓起,从家庭抓起,公民道德建设才能有一个良好的开端。

◎ **思考题**

1. 如何理解社会公德的作用？
2. 职业道德建设的途径有哪些？
3. 怎样看待婚姻的道德基础？
4. 家庭美德的规范有哪些？

第八章　经济伦理

伴随着市场经济的发展，经济伦理的研究已然成为伦理学的热点。经济伦理是指在调节经济活动中形成的各种伦理关系的伦理原则和应然性的要求与评价。经济伦理主要是从宏观的经济制度、中观的组织管理和微观的经济行为等方面，对生产、交换、分配和消费等环节进行伦理调节与规范。

第一节　市场经济与道德建设

随着市场经济的发展和不断完善，人们愈发感到市场经济与道德建设之间有着密不可分的关系。而在市场经济与道德建设之间的具体关系问题上，人们的看法却不尽一致。如在市场经济与道德的主体关系上，就有"经济人"与"道德人"之辨；在市场经济是否需要伦理道德建设的问题上，还有"内引论"与"外灌论"之别，等等。如何看待和解决市场经济与道德建设之间的关系问题，也就成为我们不能回避的重要的现实问题和理论课题。

一、经济人与道德人

市场经济本身有着不以人的意志为转移的客观规律性，但市场经济毕竟是由人来实现的社会活动，人是市场经济的实践主体，因而人作为主体在市场经济中表现出的行为特征，必将会对市场经济的发展产生重要影响。"经济人"作为人性假设就成为市场经济中对人性的基本特征的概括，而"道德人"作为人性假设主要是对经济生活之外的道德活动中的人性特征的概括。"经济人"与"道德人"的分裂似乎就成为市场经济条件下社会生活中主体之间的关系的一种反映。而从市场经济的发展来看，"经济人"与"道德人"却需要在市场经济和社会生活中不断地走向融合与和谐。

1. "经济人"之辨

所谓"经济人"，意指参与经济活动的主体，都是按经济原则进行活动和只追求个人经济利益的人。"经济人"概念的提出，是与市场经济的初步发展相联系的。

从古典经济学对"经济人"的具体特征的理解来看，"经济人"首先追求的是自身利益的满足。在亚当·斯密看来，生产者和经营者为社会提供各种必需品，并非出于仁慈，而是出于各自私利的需要。正由于人对自身利益的需求，社会才出现分工和交换，使自身利益的满足可以通过经济活动得以实现。同时，在古典经济学看来，人又是有理性的存在物，因此，人在追求个人利益的同时也不能妨碍他人对个人利益的追求。正如亚当·斯密所说的那样，"管理产业的方式目的在于使其生产物的价值能达到最大程度，他所盘算的也只是他自己的利益。在这场合，像在其他许多场合一样，他受着一只看不见的手的指导，去尽力达到一个并非他本意想要达到的目的。也并不因为事非出于本意，就对社会有害。他追求自己的利益，往往使他能比在真正出于本意的情况下更有效地促进社会的利益"。① 其次，"经济人"把追求经济效益最大化看作经济活动的唯一目的。亚当·斯密认为，从事产品生产和交换的主体，其活动的动力既然来自于人的自私本性，那么就必然要求在经济活动中追求最大限度的利润以满足自身利益的追求。所以"把资本用来支持产业的人，既以牟取利润为唯一目的，他自然总会努力使他用其资本所支持的产业的生产物能具有最大价值，换言之，能交换最大数量的货币或其他货物"。② 所以，经济人追求效益最大化既是市场经济的内在要求，也是经济人满足自身利益的最有效的形式。最后，"经济人"在伦理思想和价值观上是以自我为中心的。经济人在从事市场经济活动中，并不是完全不讲道德，而在于经济人对道德的恪守是以自我为中心的，以市场经济能否获利为价值标准的。由此，遵守契约、价格公平、合理竞争、交换自由、生产自主等道德要求也就成为经济人所遵循的道德标准。当然，"经济人"是否遵循道德要求，都是与效益和利润联系在一起的。在新古典经济学看来，诸如假冒伪劣、行贿受贿、污染环境等不道德行为，都会相应地增加成本从而降低效率，因此，从自由经济的角度都可自行调节，使不道德的行为得到避免。新古典经济学对市场经济的认识显然是建立在一种理想状态中的，这种理想假设状态不仅脱离了社会历史条件，也脱离了具体的具有情感的人。美国学者泰罗从管理科学角度把"经济人"的假设称为"X 理论"。X 理论认为人的天性都是以自我为中心的，是好逸恶劳的，因此，人对安全的需要高于一切。缺乏进取心和变革精神，不愿承担责任，一心只想追求金钱和财富是"经济人"的特点。由此，X 理论认为只有金钱和财富才能刺激生产者的积极性，从而把提高生产效率看作经济活动的中心。这从一方面也说明了"经济人"的伦理思想和价值观主要是由市场经济的活动方式所决定的，并以是否符合个人自我利益的满足为唯一标准。

应当承认关于"经济人"的假设有其合理性，它不仅反映了市场经济条件下人性的基本特征，而且也反映了市场经济的基本特点和主体自我价值实现的客观要求。但是，我们也要看到"经济人"关于人性的假设不论在理论前提还是在价值选择上，都存在着不合理之处。从理论前提来看，"经济人"对人性的理解是以资产阶级人性论为基本理论前提的。正如马克思主义指出的，抽象的人性论由于脱离了社会历史条件，必然是非现实的、非历史的。在马克思主义看来，人性是现实的、历史的，人性只有放在社会关系中才能得到合理理解。所以，人性不是市场经济建立和发展的根源，"经济人"的人性特征恰恰是市场经济的体现，特别是资本主义社会市场经济初期发展的特

---

① ［英］亚当·斯密：《国民财富的性质和原因的研究》下卷，郭大力、王亚南译，商务印书馆 1974 年版，第 27 页。

② ［英］亚当·斯密：《国民财富的性质和原因的研究》下卷，郭大力、王亚南译，商务印书馆 1974 年版，第 27 页。

征的体现。正如马克思所言，在商品交换和市场经济中，"私人利益本身已经是社会所决定的利益，而且只有在社会所设定的条件下并使用社会所提供的手段，才能达到；也就是说，私人利益是与这些条件和手段的再生产相联系的。这是私人利益；但它的内容以及实现的形式和手段则是由不以任何人为转移的社会条件决定的"①。马克思主义不仅指出"经济人"的理论缺陷，还明显提出在资本主义制度下市场经济中的"经济人"恰恰是人性异化的表现，并不是市场经济的必然的价值选择。马克思主义在科学的唯物史观立场上指出了资本主义社会将一切都物化和商品化了。在资本主义社会，"货币不仅是致富欲望的一个对象，而且是致富欲望的唯一对象。这种欲望本质上就是万恶的求金欲"。于是"货币本身就是共同体，它不能容忍任何其他共同体凌驾于它之上。但是，这要以交换价值的充分发展，从而以相应的社会组织的充分发展为前提"②。指出了商品拜物教、货币拜物教不仅是资本主义社会的必然产物，而且其实质是人格的资本化和资本的人格化。因此，马克思主义断言，"经济人"并不是真正意义上的人，资产阶级不仅把工人当作机器和工具，同时也把自己当成追求利润的工具，所以，资产阶级的伦理思想和价值观不能代表人类未来的方向。

2. "道德人"之辨

所谓"道德人"，是与"经济人"相对应的概念，意指社会生活的主体，是按照社会道德标准进行活动，并表现为利他利社会行为倾向的主体。

亚当·斯密认为，"无论人们会认为某人怎样自私，这个人的天赋中总是明显地存在着这样一些本性，这些本性使他关心别人的命运，把别人的幸福看成是自己的事情，虽然他除了看到别人幸福而感到高兴以外，一无所得。这种本性就是怜悯或同情，就是当我们看到或逼真地想象到他人的不幸遭遇时所产生的感情"③。在亚当·斯密看来，"道德人"就是表现出对他人同情、仁慈和帮助的人。同情心是使人成为"道德人"的心理基础。他指出，"正是这种多同情别人和少同情自己的感情，正是这种抑制自私和乐善好施的感情，构成尽善尽美的人性；唯有这样才能使人与人之间的情感和激情协调一致，在这中间存在着人类的全部情理和礼貌"④。在此基础上，他进一步指出，公正的美德和令人尊敬的美德都来自于人的同情心。即在"旁观者努力体谅当事人的情感和当事人努力把自己的情绪降低到旁观者所能赞同的程度这样两个基础上，确立了两种不同的美德。在前一种努力的基础上，确立了温柔、有礼、和蔼可亲的美德，确立了公正、谦让和宽容仁慈的美德；而崇高、庄重、令人尊敬的美德，自我克制、自我控制和控制各种激情——它们使我们出乎本性的一切活动服从于自己的尊严、荣誉和我们的行为所需的规矩——的美德，则产生于后一种努力之中"⑤。以同情心确立起来的"道德

---

① 《马克思恩格斯全集》第 30 卷，人民出版社 1995 年版，第 106 页。
② 《马克思恩格斯全集》第 30 卷，人民出版社 1995 年版，第 174~175 页。
③ ［英］亚当·斯密：《道德情操论》，蒋自强等译，商务印书馆 1997 年版，第 5 页。
④ ［英］亚当·斯密：《道德情操论》，蒋自强等译，商务印书馆 1997 年版，第 25 页。
⑤ ［英］亚当·斯密：《道德情操论》，蒋自强等译，商务印书馆 1997 年版，第 24 页。

人"，在亚当·斯密那里主要体现在日常生活领域，而不是从事生产和经营的市场经济领域。正如亚当·斯密所说，"社会可以在人们相互之间缺乏爱或感情的情况下，像它存在于不同的商人中间那样存在于不同的人中间；并且，虽然在这一社会中，没有人负有任何义务，或者一定要对别人表示感激，但是社会仍然可以根据一种一致的估价，通过完全着眼于实利的互惠行为而被维持下去"①。亚当·斯密不仅不要求商人成为"道德人"，而且认为也不能强迫人们在生活中成为"道德人"。亚当·斯密认为"道德人"的行为有两个标准，一是尽善尽美的标准，一是大部分人的行为通常达到的标准。尽管尽善尽美的行为应该受到更高的赞赏，但也不能利用人们害怕受到惩罚的心理来保障和强制人们行善。所以，"道德人"是自愿的行为。

德国社会学家马克斯·韦伯认为，市场经济本身需要经济活动的主体具有"道德人"的属性。他指出，市场经济的运作除了获利的经济行为之外，还与社会政治、伦理道德有着直接或间接的关系，经济活动的主体具有"道德人"的人格特征，对于缓解经济冲突有着重要的作用。在马克斯·韦伯看来，"虽然经济理性主义的发展部分地依赖理性的技术和理性的法律，但与此同时，采取某些类型的实际的理性行为却要取决于人的能力和气质。如果这些理性行为的类型受到精神障碍的妨害，那么，理性的经济行为的发展势必会遭到严重的、内在的阻滞。各种神秘的和宗教的力量，以及以它们为基础的关于责任的伦理观念，在以往一直都对行为发生着至关重要的和决定性的影响"②。诸如诚实、勤奋、节俭的品行，都对获取财富和金钱有着重要的影响。韦伯同时也指出，资本主义的市场经济活动主要是获取利润，"因为资本主义必须如此：在一个完全资本主义式的社会秩序中，任何一个个别的资本主义企业若不利用各种机会去获取利润，那就注定要完蛋"③。由此，韦伯并不反对获利和追逐利润，而是主张要按照理性法则来合理地获取利润。马克斯·韦伯虽然侧重从伦理的角度对资本主义社会的市场经济的发展进行分析，肯定"道德人"在经济活动中的作用和价值，但其思想已经预示着市场经济的动力不仅来自于"经济人"，而且也需要"道德人"。

"道德人"的人性假设作为人性理论，应该说是对"经济人"人性理论的补充，肯定了经济活动之外人性的和谐与美好的一面。但"道德人"的理论与"经济人"的人性理论一样，都是犯了抽象人性论的错误。如果说"经济人"的假设是建立在"人性恶"的基石上，那么"道德人"的假设就是确立在"人性善"的前提下。"道德人"认为人性天性中有同情、利他的倾向，才使人们在社会生活中表现出仁慈、慷慨、助人等行为倾向。在马克思主义看来，人性并非天生的善或恶，人性中表现出的善与恶是与社会历史条件密切相关的。另外，不论是亚当·斯密，还是马克斯·韦伯都认为伦理道德是在经济活动之外的。尽管马克斯·韦伯认为道德对经济活动有重要作用，但"道

---

① ［英］亚当·斯密：《道德情操论》，蒋自强等译，商务印书馆1997年版，第106页。

② ［德］马克斯·韦伯：《新教伦理与资本主义精神》，龙婧译，生活·读书·新知三联书店1987年版，第15~16页。

③ ［德］马克斯·韦伯：《新教伦理与资本主义精神》，龙婧译，生活·读书·新知三联书店1987年版，第8页。

德人”的道德要求主要也是社会生活的伦理要求，而非经济运行活动本身的伦理要求。这种割裂经济活动与伦理活动的关系的视角，不仅割裂了“经济人”与“道德人”的关系，也消融了人性的丰富性和复杂性，陷入了形而上学的窠臼。

3. “经济人”和“道德人”的融合

在亚当·斯密看来，受“看不见的手”指导的“经济人”，是追求个人利益并通过市场机制来实现利益最大化的人。亚当·斯密又以同情心、利他论证了在日常生活中人的道德性的一面，这就造成了道德领域的“道德人”与经济领域的“经济人”的分离，在亚当·斯密看来，“通往美德的道路和通往财富的道路二者的方向有时截然相反”。①“经济人”和“道德人”的分离问题也就成为所谓的“亚当·斯密问题”。亚当·斯密之后的新古典经济学家如马歇尔、帕累托等人承继了亚当·斯密的基本理论，继续撇开道德因素来探讨经济问题，认为“经济人”在追求个人利益的时候，通过市场竞争机制的无形之手的作用就可以达到最大化的境界。新古典经济学对市场经济的效益最大化的分析，实际上是建立在一系列假说之上的，如市场是完全公平竞争的，采用手段要具有提高效率的属性，生产商品要适销对路满足社会需求等。只有按照严格的市场经济模式运行，才可以达到“科斯定律”，即在自由选择的经济机制下，可以实现最有效率的社会状态。

20世纪初，随着自由资本主义向垄断资本主义转变，自由市场经济理论暴露出了各种局限。特别是20世纪30年代爆发的世界性经济危机，成为变革传统市场经济体制和理论的契机。第二次世界大战后，在新技术革命的推动下，政府的干预深入到社会经济生活各个方面，传统的自由经济进入现代市场经济阶段，资本主义已显示出并不是一个无须管理的自发协调的完善的制度。另一方面，随着物质生活水平的提高，人们开始由单纯地追求物质利益转向对个人价值实现等精神生活的需要。现实使人们开始关注对市场经济的宏观管理和微观管理的研究，凯恩斯的“有效需求”理论就为政府干预经济提出了理论基础。同时，一些经济学家开始重新思考“经济人”的概念，思考“经济人”与“道德人”的关系问题，试图解决“斯密难题”。行为科学学派提出的“社会人”“自我实现的人”等概念，迫使西方经济学者开始注意到人不仅是进行生产的要素，而且还是具有情感和道德伦理观念的人，并且伦理的因素、道德因素在生产中也起着重要的作用。凯恩斯就曾指出，人并非严格按资本的属性行事，他们常常按自己的感情、习惯和经验办事。在现代微观经济学中的 Y 理论和 Z 理论等，都开始强调人的伦理属性是决定现代企业劳动者积极性的主要因素。以梅奥、麦格雷戈等人为代表提出的“社会人”的概念，开始认识到“经济人”不仅是具有资本属性的市场人，而且是具有社会属性的社会人，即 Y 理论。Y 理论认为人并非天生厌恶工作，人对自己所参与的目标能实行自我指挥和自我控制，大多数人具有想象力，独创性和创造力，在适当条件下，人能承担责任。同时，认为人对目标的参与是同获得成就的报酬直接相关的，这些报酬中最重要的是自我意识和自我实现的需要的满足。因此，“管理的任务就是营造组

---

① ［英］亚当·斯密：《道德情操论》，蒋自强等译，商务印书馆1997年版，第76页。

织环境，设定工作方法，让员工通过为组织目标努力而实现自己的目标"①。在 Y 理论中，伦理道德的因素不再是外在的要求，而正是"经济人"自身的需要。效益也不再是"经济人"追求的唯一目标，人的自我实现和自我价值的发挥也成为现代市场经济发展中人们所追求的重要目标。威廉·大卫的"Z 理论"，又提出了"完整的人"的假设。指出人并不是单纯的某一种类型，人的需要和动机是多种多样的。因此，在企业中上级与下级是平等的，应该采取"参与式"的经营管理方法，使职工完成工作的同时得到满足与自尊。同时，对职工的考察应该是长期而全面的，并使职工获得多方面的技能和经验，发挥员工的积极性和创造性，主张当代企业管理应以人为中心。西方学者对人性理论的发展与充实，力图调和"经济人"与"道德人"之间关系的努力，也是市场经济不断发展和完善的需要。当代社会实践终于将马克思主义一向所强调的人的社会性和道德性因素摆在了西方学者的面前。只是，资本主义当代市场经济的发展虽然已开始注重人的道德因素，注重经济发展中的道德要求，但资本主义制度的本质特征决定了在私有制下完全消除人的异化和物化是不可能的，完全克服"经济人"与"道德人"的分离状况也是不可能的。

在社会主义市场经济条件下，特别是在社会主义初级阶段，由于生产力水平的低下，市场的不健全不发达，经济体制的不完善，政策法规的滞后和不健全，都有可能导致"经济人"与"道德人"的分离。现实生活中，假冒伪劣产品层出不穷，坑蒙拐骗屡禁不止等诸多事例似乎也表明了，不讲道德的人在商场上如鱼得水，而讲信用的人常常成为被欺骗的对象。以至有人认为在社会主义市场经济条件下，人性的假设也就是"经济人"，并认为当代中国从传统的"道德人"和计划经济时代的"政治人"走向"经济人"是历史的进步。应该承认在社会主义市场经济发展的初期，我们也会出现资本主义市场经济初期所遇到的问题，因为作为市场经济体制其发展必然有着相同的规律。也就是说，现阶段社会主义市场经济的发展的确在某些方面出现了"经济人"与"道德人"的分离的状况，存在不讲伦理道德的人成为经济上成功者的情况。但我们也要看到，"经济人"与"道德人"的分离的状况并不是普遍的和不可逆转的，随着市场经济体制的不断完善，随着社会主义法制建设的不断健全，随着社会主义精神文明建设的发展，"经济人"不讲道德或没有道德是不可能成为真正的"经济人"。实际上，在西方关于"经济人"的假设，也是与市场经济的初始阶段相联系的，Y、Z 理论对人性假设的修正和补充，就说明了在市场经济的完善阶段"经济人"与"道德人"是可能或可以达到融合的。所以，我们不能停留在"经济人"的假设上，而是要汲取资本主义市场经济发展的经验和教训，克服"经济人"与"道德人"的分离，通过不断完善市场经济来加快促进"经济人"与"道德人"的融合。当然这是一个社会综合治理过程，需要生产力的高度发展和市场经济体制的良性运行，需要健全的法制法规以及高度的精神文明。另外，我们也应肯定社会由单纯的"道德人"和"政治人"的人性假设发展到"经济人"的人性假设，在中国的确是历史性的飞跃。我们不能因为市场经济

---

① ［美］道格拉斯·麦格雷戈：《企业的人性面》，韩卉译，中国人民大学出版社 2008 年版，第 230 页。

中出现了这样和那样的问题，就否定"经济人"存在的合理性，再回到不讲经济和物质的"道德人"和"政治人"的时代。在我们肯定由"政治人"和"道德人"过渡到"经济人"时代是历史的进步的同时，还要清醒地认识到，我们也不能停留在"经济人"的时代，而应该以马克思主义提出的"全面发展的人"为目标，发展和完善社会主义市场经济和实现人的自由全面发展。在促进"经济人"和"道德人"的融合和统一的问题上，我们还要注意克服以"经济人"的道德要求来代替"道德人"的行为标准，或以"道德人"的行为标准来代替"经济人"的行为模式的倾向。"经济人"的行为准则主要是以个人获利为基础的，由其衍生出的道德要求主要还是围绕着经济活动来进行的，不能否认这些道德要求也会对人们的其他方面产生影响。如公正、诚信、竞争等观念不仅是对经济活动的道德要求，也是人们现实生活中"道德人"的行为准则。但问题在于"道德人"的道德要求还来自社会生活的其他方面的要求，所以"道德人"的行为准则比"经济人"更具丰富性。因此，也不能将丰富内容的"道德人"的要求都强加于"经济人"，我们要求"经济人"也是"道德人"，但不能强求"经济人"都成为尽善尽美的"道德人"。

尽管，"经济人"与"道德人"的融合与统一是一个渐进的过程，在这一过程中"经济人"与"道德人"也不可能达到完全的一致，但是"经济人"与"道德人"之间和谐关系的建立却是可能的。

二、"内引论"与"外灌论"

在市场经济与道德建设的关系问题上，我们会遇到这样一个问题，即在市场经济条件下的道德实现是市场经济的内在要求，还是外在的设定。这就是有"内引论"和"外灌论"之争。

1. "内引论"探析

"内引论"认为，应立足于市场经济本身来看待伦理道德的生成和发展，市场经济本身内在地包含伦理道德的要求，伦理道德的准则与尺度也可以从市场经济的运作中直接引申出来。

在"内引论"者看来，市场经济本身就蕴含着伦理价值和道德规范，随着市场经济的发展，与市场经济内在要求相符合的道德准则就会内化于人们的行为品质中，市场经济与伦理道德之间就可以达到同步发展。"内引论"者强调："内引的方式由于它直接从市场经济的内涵和运作中导引出道德价值，因而它深深地奠基于唯物史观的基本原理之中，即无论如何，人们总是从自己的生产和交换关系中汲取道德观念的。这种方式不是把道德与获利对立起来，而是认定，只要在法律许可的范围内，有效的经济行为本身就具有伦理性，市场经济要求实现资源的有效配置，并借由竞争的杠杆繁荣企业，创造更多更好的产品来满足人们的需求，提供更多的就业机会等，所有这一切本身就意味着，市场经济的目的实质上就是一种伦理的目的，也是道义之所在。然而这一方式却使道德理论与人们的经济行为真正地圆融合一起来，伦理要求的实施也便有了切实可行的基础。"① 由此出发，"内引论"者反对"外灌论"，认为"外灌论"将某种预设的道德价值加诸市场经济之上，使伦理要求从外部灌输到市场经济领域的做法，对于市场经济活动本身是徒劳的和无益的。

从市场经济的实质来看，"内引论"者认为市场经济为社会成员的伦理价值观和道德自觉的确立提供了现实基础。首先，市场经济是自由的经济，它建立在自由和自愿交换的基础上，因而对主体的自由、平等、民主意识的培育与发展有着重要作用。市场经济要求生产者和经营者自主生产和经营，这对增进人们的自立与自由的意识的生成有着促进作用。同时，市场经济对人、财、物的自由合理流动的要求，不仅可以促进个人能力的发挥，也孕育了人们的平等、公正、民主的意识的生成。伴随着市场经济的自由法则，人们的自主意识的增强，人们参与社会活动和管理的意识也会增加，民主和责任的观念也会相继形成。其次，市场经济是效率的经济，讲求资源配置的是否合理和企业行为是否有效，这是人们的竞争、拼搏、奋斗意识的培养的最佳的形式。在市场经济条件下，资源配置的合理和有效还在于参与者的积极性和潜力的发挥，因此，市场经济可以充分发挥人的创造力和进取精神，去实现和完善自我。为了实现经济效益和自我价值的最大化，就必须要有竞争意识和自强的精神和观念，这是市场经济的内在要求。此外，市场经济也是理性的经济，这就决定了市场经济的参与者要有法则的意识，遵守市场经济的游戏规则。市场经济满足的不仅仅是某个人的私利，而是满足每一个人的私利，这就要求市场活动的参与者不仅要自己获利，而且也要尊重他人，容许他人获取自己的利益。由此说来，市场经济是一个契约经济、法制经济，只要参与者都遵守一定的契约与协定，大家才能获取自己的利益，所以市场经济的活动者应是有理性的主体，是自觉遵守游戏规则的人。否则，不履行契约和规则，就会被排斥在市场经济之外。如假冒伪劣、不讲信誉等行为，会因为破坏契约和规则而受到处罚，最终也就不会获取最大的效益。由此，市场经济对诚实、信誉、守法等观念的培养也提供了坚实的基础。

"内引论"者从经济对道德的决定作用的原理出发，说明市场经济条件下道德的生成与市场经济的必然关系，是符合唯物史观的基本精神的。应该说任何道德都不是一种抽象的永恒的东西，而总是具体的，是随着社会经济制度和形式的发展与变化而变化的。因此，在由计划经济向市场经济过渡的过程中，人们的伦理观也会随之发展与变更，来适应市场经济活动中生产和交往的需要。道德必须要围绕着市场经济条件下的诸种伦理关系及人们的行为方式来进行调节，进而形成与市场经济相适应的伦理观、道德标准和道德规范。因此，市场经济与道德的关系不是排斥对立的，一定的市场经济是产生一定的与之相适应的道德的现实土壤。在市场经济条件下产生的具有一定时代性的、具体的道德，它无论是在生产过程中还是生成后，都会对市场经济条件下的诸种伦理关系进行调节，对人们的行为及其方式进行调适，从而保证市场经济的顺利运行。

"内引论"看到了经济基础对上层建筑的决定作用是正确的，也在一定程度上说明了现实生活中符合市场经济的道德发生的根源，但"内引论"又忽视了马克思主义唯物史观原理的另一方面，这就是上层建筑对经济基础的反作用的问题。在伦理道德对经

---

① 东方朔：《市场经济与道德衡论》，载《哲学研究》1994 年第 1 期。

济发展的反作用中，一方面是适应市场经济需要的道德会对市场经济起到推进作用，这是"内引论"者所肯定的；另一方面是不适应市场经济需要的道德会对市场经济起到阻碍作用，这是"内引论"者所忽略的问题。唯物史观告诉我们，社会意识相对于社会存在而言具有相对独立性，这种独立性的表现之一就是，当社会存在发生变革，社会意识却并非同步发展。也就是说，市场经济的道德要求并非市场经济一经确立，与市场经济相适应的伦理道德就建立起来，同时，原有的伦理道德还会在新的历史条件下继续起作用。如"等靠要"的观念，"平均主义"的思想，已与市场经济的要求不相适宜，却仍然会在一定时期内对市场经济的运行产生影响。在"内引论"者看来，与市场经济不相适宜的伦理道德将会随着市场经济的发展而消失。如果真像"内引论"者所设想的那样，随着市场经济体制的完善，与计划经济相对应的伦理观会自行消失，那么我们也可以设想，随着市场道德的建立，与经济无甚直接关系的人类共同的道德或传统美德也将消失。这显然无法说明为什么人类社会经历了无数的经济基础的变更，道德也不断发生变化的同时，某些道德要求却一直在对人们的社会生活起作用的现实。如对生命的重视，对自由的渴望等，不仅不会随着经济形式的变化而消失，相反还会随着社会的发展对经济生活的方向起着导向作用。马克思主义也承认，先进的道德会有着更长久的因素，会在社会历史中发挥更长久的影响。

"内引论"认为伦理道德的建设和要求不能超越于市场经济的条件和水平，不能用预设的道德要求来规制市场经济，也是有合理性的。按照唯物史观的观点，经济的决定作用是归根结蒂的，如果超越了经济发展的客观规律，势必要受到规律的惩罚，计划经济时代的种种教训今天应该记取。"内引论"给我们的启示就是，在市场经济条件下道德建设应该是现实的、多层次的。

2. "外灌论"探析

"外灌论"认为，市场经济发展过程中所出现的道德衰落现象，是道德建设削弱所致，所以主张通过道德教育来促使社会主体道德素质提高，从而使市场经济走向规范化、秩序化和伦理化。因为，由市场经济而引发的利己主义、拜金主义等消极现象，不能靠市场经济本身来消除，只能通过加强社会主义道德建设尤其是集体主义原则的教育和灌输，通过对传统道德精华的吸收，才能在市场经济条件下重新塑造人们的道德品格。

在"外灌论"者看来，市场经济的效率原则、功利原则、等价交换原则，是造成重利轻义、金钱至上、人情冷漠的直接原因。主要表现在人们的道德理想和信仰的丧失，人们只讲物质和实惠，缺乏道德理想和精神追求，没有了信念和信仰，造成精神家园的失落。同时，道德标准的失衡和伦理价值的冲突，也使得社会道德要求和规范失去统一的尺度，造成道德失范和道德冲突。此外，道德行为的失控和无序，使社会道德水平下降，社会风气下滑。要解决道德面临的种种问题，必须要从道德建设和道德教育入手，加强"外灌"的力度和深度，促进社会道德和社会风气的根本好转。首先，要确立以为人民服务为核心，以集体主义为原则，以爱祖国、爱人民、爱劳动、爱科学、爱社会主义为基本要求的道德体系。其次，要确立新的道德标准，克服道德价值冲突和失衡的现象。与市场经济发展相适应，新时期的道德标准应该是以邓小平同志提出的三个"有利于"为依据，即"判断的标准，应该主要看是否有利于发展社会主义社会的生产力，是否有利于增强社会主义国家的综合国力，是否有利于提高人民的生活水平"①。再次，要建立新的道德规范体系，加强职业道德、家庭美德、社会公德的规范建设。此外，加强法制教育和道德教育，培养人们的伦理观和道德品质。

"外灌论"对道德在社会发展中的作用的肯定与重视，与唯物史观强调的道德的能动作用的原理是相吻合的。一方面市场经济需要的伦理道德不可能随着市场经济的建立就确立起来，另一方面合理的先进的道德要求有对市场经济的发展有促进作用，所以，这都需要加强道德建设，发挥道德的能动作用来推动市场经济的和谐发展。此外，"外灌论"对道德建设体系和途径的建构也是现实的和可行的，无疑会对市场经济的发展和完善起到应有的作用。但是，"外灌论"单纯地强调道德的能动作用，而忽视了经济基础的决定作用，又是片面的。市场经济本身有着自己的游戏规则，不可能产生出道德生活的全部要求，然而不能由此就否认市场经济本身对道德生成的决定性的作用。既然市场经济要求游戏规则，那么就可能蕴含着对道德规则的要求。市场经济是竞争的经济，但要求的是公平的竞争；市场经济是交换的经济，但要求的是自由的交换；市场经济是效率的经济，但要求的是合法的效率；诸如此类都说明市场经济要求并生成伦理道德。由此，我们在肯定道德"外灌"的同时，还要注意"外灌"的内容不能超越市场经济发展的需要，特别是不能用旧有的伦理观来规定和看待市场经济出现的问题。如果仅仅强调道德外在于市场经济的一面，实际上则可能会给市场经济带来过度的道德干扰，从而阻碍市场经济的发展，这也是"外灌论"者所应警觉的。

"外灌论"强调道德是要建设的思想，有着重要的现实意义。我们在吸取"外灌论"的合理思想的同时，还要思考的问题是，如何将与市场经济发展要求相适应的道德要求灌输到市场经济中去。

3. "内引"与"外灌"的统一

从唯物史观的经济基础决定上层建筑和上层建筑对经济基础有反作用的基本原理来看，"内引"与"外灌"两者之间应该是辩证统一的关系。在市场经济条件下，"内引"与"外灌"应该互相结合，缺一不可。

首先，我们应该肯定道德是市场经济发展中的内在要求，社会主义市场经济本身蕴含着道德的合理性。市场经济最基本的道德要求是可以市场经济引申出来的，如市场经济蕴含了独立自主的道德性质，自由、平等等也是市场经济发展的本质要求和内在规定，公平竞争、公正分配的观念更是市场经济有序发展的基础。市场经济是以资源的合理配置来实现商品的生产和交换的，而生产和交换的顺利运行，都需要以社会分工和不同经济利益的存在作为基本条件。而无论是社会分工还是不同的经济利益的存在就必须由一定的劳动者来承担。马克思指出："一切产品和活动转化为交换价值，既要以生产中人的（历史的）一切固定的依赖关系的解体为前提，又要以生产者互相间的全面的

---

① 《邓小平文选》第3卷，人民出版社1993年版，第372页。

依赖为前提。每个个人的生产，依赖于其他一切人的生产；同样，他的产品转化为他本人的生活资料，也要依赖于其他一切人的消费。"① 既然，人与人之间的利益关系存在着依赖关系，那么作为一种社会联系就必然要有规范来调节。在资本主义制度下常常是以法律的强制手段来调节人们之间的经济利益关系的。在社会主义市场经济建立的过程中，也有必要以法律的手段来保障市场经济的合理运行，同时也还需要通过道德规范来制约和调节人们在经济活动中所呈现的各种利益关系。而无论是法制的强制还是道德的规范要求与其说是抽象的市场经济的内在要求，还不如说是市场经济运作中的利益主体的内在要求。另外，市场经济本身的规律的实现还需要道德上的保障。如价值规律的实现，就需要公平竞争、自由平等的公正原则的保证。按市场经济原则，每个进入市场的当事人，所具备的资源应是平等的，所进行的交换应是自由的。为了抑制竞争前提的不平等、不公正，就有必要通过道德的要求促进价值规律在合理的前提下发挥作用。所以说，市场经济在一定意义上可以称为道德经济，道德因素也是市场经济发展的内在要求。

其次，市场经济作为道德经济的实现，还有一个漫长的过程，为了缩短这一过程，我们就必须"外灌"。市场经济在一定意义上可以称之为道德经济，但并不是市场经济就等同于道德经济，道德要求和道德选择的实现也不是一个自发的过程。因为市场经济总是在一定历史条件下并通过一定的社会主体而运行的，因此，社会各种条件的制约以及社会主体的利益的不同，都会使市场经济达不到道德经济的要求。所以，仅仅依靠市场经济的内在要求来实现道德完善是不够的。在此基础上，我们还应该通过人们在实践中不断增长的认识能力和意志能力去总结市场经济发展中出现的经验和教训，确立起一定的道德原则和道德标准，从外部灌输到市场经济的实施主体中去。在这里，我们还可以吸取发达国家市场经济发展中的经验，对市场经济发展中可能出现的问题进行研究并采取对策，并以一定的途径和方式对符合市场经济要求的道德准则进行宣传和导向。所以说，市场经济与道德并不是对立的，既是内在的也是外在的，只有"内引"和"外灌"相结合，才能实现社会主义市场经济下的道德建设。

此外，不能否认，在市场经济所要求的道德准则中，其表现的层次主要是属于合理的、公正的、正当的层面，而对超私利的、无偿性的道德层面较少要求。从市场经济的准则来看，公平竞争、平等交换都是与市场经济中的主体的利益密切相关的，这与人们生活中所言的另一种道德即为他人、为社会的利益而不惜牺牲个人利益是有区别的，而这种具有纯粹利他性质的道德显然不是市场经济内在的要求。因此，在向市场经济中灌输道德要求时，一方面要注意不能简单地把社会道德要求都灌输到市场经济中去，另一方面也要注意区分市场经济道德要求和先进层面的道德要求，不能笼统地要求市场参与者都成为道德高尚的人。所以，在"灌输"中首先不是用预设的道德标准来规范市场经济，而是与"内引"相结合，将"内引"的内容和规范"灌输"到市场经济中去。其次，在社会生活中，通过道德教育和建设将社会道德要求和标准灌输到社会成员中，以促进社会成员道德水准的提高。

---

① 《马克思恩格斯全集》第30卷，人民出版社1995年版，第105页。

第二节 企业伦理

随着市场经济的发展，企业在社会生活中的地位越来越重要，因此，对企业的伦理思考和规范也就成为经济伦理的重要组成部分。

一、企业伦理的基本规范

企业伦理作为经济伦理的中观层次主要是指企业在生产和交换活动中所应遵循的道德规范。交换自由、诚实守信、服务至上、公平竞争等原则是企业伦理的基本原则和规范。

1. 交换自由

自由作为经济伦理的一个重要范畴和原则，是市场经济发展的产物。市场经济本质就是自由的，交换自由是市场经济的内在要求。

正如马克思所说，"从交换行为本身出发，个人，每一个个人，都自身反映为排他的并占支配地位的（具有决定作用的）交换主体。因而这就确立了个人的完全自由：自愿的交易；任何一方都不使用暴力"①。正是市场经济的自由本性决定了生产者和经营者可以拥有生产、经营和出售的自由权利，并成为独立经营、自由交换的经济主体。经济主体所拥有的自由权利又极大地调动了生产者和经营者的积极性，促进了市场经济的发展与繁荣。企业领域作为市场经济中从事商品流通的专门行业，自由交换的法则更是其必备的伦理原则。企业交换行为是由被交换的商品的特性与交换者的特殊需要之间的关系而构成的，交换者之间的交易买卖行为应该是在自由、自愿的条件下进行的。一方面是企业自主地决定出售什么商品，另一方面是消费者依据自己的需要自愿地购买相应的消费品，两者的交易活动都是建立在自由交换的基础上的。交换自由是商品交换过程和流通过程的最基本的法则，没有交换的自由，商品的交易也就无法完成，正常的流通秩序也会被打乱。因此，市场交换中出现的强买强卖、企业垄断、价格不公等现象，都是与交换自由的原则相违背的，这些现象的泛滥势必会影响企业的正常秩序，甚至会影响市场经济的有序发展。所以，就企业与消费者之间的伦理关系的调节准则而言，交换自由是企业伦理的最基本的要求。另外，企业还需要调节与供货方之间的关系，而交换自由也是企业在处理与供货方交易关系时的基本法则。就中国的企业行业来讲，目前是买方市场，因而企业占有主动权，厂家、供货商与企业之间实际上是处于地位不平等的状况，由此种种违背交换自由的原则就必然会发生，如企业拖欠购货款、任意压低价格、接受回扣等现象屡禁不止。这不仅影响了企业的生存与发展，而且也使企业信誉受损。平等互利是企业与企业生产者、供货方建立交往关系的基础，而平等互利首先就要建立在交换自由的基础上，没有双方自由、自愿的交换活动，也就谈不上平等互利，也就会破坏双方之间的交易关系和合作关系。因而就现代企业发展来看，确立交换自由的

---

① 《马克思恩格斯全集》第 30 卷，人民出版社 1995 年版，第 199 页。

理念与准则势在必行。

2. 诚实守信

诚实与守信既是社会道德的准则，也是经济伦理的主要原则，更是企业伦理的基本原则，诚信的要求就是诚实无欺，恪守信用，是规范企业人际交往关系的基本法则。

在中国古代"信"是与仁、义、礼、智相并列的道德准则，强调在人际交往和社会交往关系中要恪守信义，坦诚相待。特别是在传统儒家伦理中，十分强调"信"的为人准则。孟子认为，"善人也，信人也"[1]，一个人之所以称为善，应该是发自内心的诚信与充实，因此，儒家主张"君子诚之为贵"[2]。在诚信的伦理传统引导下，诚信也成为古代商人的基本道德标准和处世准则。管子就认为不守信用的人不得经商，"是故非诚贾不得食于贾"[3]。在中国传统观念中，"诚贾""良贾"实际上就是指诚实守信的商人，诚信也就成为商贾的立身之本。当然，由于传统社会商品经济的不发达，诚实守信还只限于商人的个体规范，难以成为企业行业的行业准则。另外，传统的信用观念主要是以个体修养和自律形式起作用的，并无外在的制约和惩罚，因此也难以成为社会成员或商贾的普遍行为准则。而现代市场经济实际上也是法治经济，诚实守信本身就是一种合同和契约关系，需要通过外在的、惩罚性的手段来强化伦理信用观念和行为的养成。因此，对今天的企业伦理而言，诚实守信不仅是企业发展的内在要求，也是市场经济条件下社会发展的外部要求。加强企业伦理的信用建设对于克服社会信用危机也有积极的作用。当前中国社会信用危机不仅仅是表现在企业领域，在各个行业以及生活交往中，"诚信"意识的弱化或丧失都有所表现。如生产领域中的假冒伪劣、以次充好，销售领域的坑蒙拐骗、尔虞我诈，管理领域的贪污腐化、欺上瞒下，科研领域的抄袭剽窃、欺世盗名，学术领域的弄虚作假、哗众取宠，人际交往中的不守信用、表里不一，都是信用危机的表现。

解决诚信危机的关键在于建立良好的信用制度，而信用制度建立的关键又在于企业领域信用规范的确立。因为，企业领域作为市场经济中交换的集结地，是市场经济伦理的最直观的体现。因此，企业领域信用准则的确立会对市场经济的信用理念的确立起到关键作用。企业领域的诚实守信原则主要表现在企业与供货方、企业与消费者之间的关系调节上。从企业与供货方的关系来看，诚实守信就是从制度和法律上确立双方遵守协议、履行合同、买卖公道的信用体系，防止假冒伪劣、以次充好，以假充真的产品进入市场。从企业与消费者的关系来看，也需要从法律和制度上确立信用至上、信誉至上的伦理原则，做到诚实无欺、买卖公平、货真价实、真诚服务。作为企业行业而言，信用不仅是企业伦理的基本要求，而且也是企业能够立足市场的根本。**诚实守信可以说是企业的生命**，有了良好的信誉才会赢得效益，不讲信用就会失去市场、失去效益，因此，信誉至上是企业的立足之本。

---

① 《孟子·尽心下》。
② 《中庸·第二十四章》。
③ 《管子·乘马》。

3. 服务至上

企业实际上就是服务，服务是企业的突出特性。满足顾客的需要，让顾客满意是企业工作的宗旨，因此，企业的服务工作主要是围绕着顾客和消费者来展开的，而"顾客至上"就是服务至上原则的最基本的内核。

顾客和消费者作为市场买方的行为主体，是对商品是否适销对路的最主要和最终的评判者，顾客的购买行为直接决定着企业的销售额和产品的市场占有率，从这一意义上来讲，顾客就是上帝。由此，企业要确实树立起顾客至上的服务理念，尊重和维护消费者的权利，尽最大可能满足消费者的需要和要求。具体而言就是为消费者提供满意的购货环境，接受消费者的咨询与监督，保证产品的质量与安全，尊重消费者的选择，做到价格公道买卖公平等。对企业来说，顾客至上也包括对供应商和供货方的利益的尊重与维护。企业行为是沟通企业与消费者之间的纽带，企业不仅要以消费者这一顾客群体的利益为中心，也要为企业的利益着想，只有协调好企业产品与消费者之间的关系，企业才能获利。因此，企业不能忽视商品供应者的利益与需要，一方面，企业要将供货方视为"顾客"，为商品供应者提供服务，不能损害供货方的积极性和权利；另一方面，企业还有义务将消费者的购买率及时反馈给企业和供应方，以有利于企业调整产品结构，更好地满足消费者的需要。所以，对企业而言"顾客至上"有着双重含义，既要维护消费者的利益，又要兼顾供货方的权益，只有获得顾客和厂家双方的满意，才有企业的经济效益和社会效益。"服务至上"的伦理原则，不单单是就服务对象而言的，还包含对服务方式和服务环节的要求与规范。

在服务方式上，要求企业及其从业者做到主动、热情、耐心和周到服务。要求企业及员工能主动接待顾客，当顾客需要咨询时，应主动介绍、主动当参谋。同时，态度要和蔼、服务要热情，语言要亲切，但又要讲究礼节，切忌热情过度，影响购买者的选择。在业务接待中，还应耐心细致，做到百问不厌，百挑不烦，有问必答。此外，还要处处为顾客着想，周到服务，为顾客创造一个宽松的购物氛围，创造出一个在服务中的"无干扰服务"的环境，让顾客体会到购物和消费的乐趣。在服务环节上，要做到售前、售中、售后服务环节的衔接与沟通，保证顾客需要的及时满足。无论在售前、售中、售后环节，都应做到文明服务，平等待客，讲究服务的质量与品质，真正为顾客创造出一个轻松、舒适、方便、满意的购物环境。

4. 公平竞争

竞争作为一种社会现象，是指人们为了某种利益而相互进行的较量以择出优劣的社会现象。竞争作为经济范畴，是市场经济发展的产物，资本增值的内在本性需要表现为资本的外部运动的过程，也就是资本竞争的过程。竞争在本质上反映了资本运动中的利益分配，因此，市场经济也就内在地要求确立竞争的原则与准则。

经济领域的竞争主要表现为两个方面，一是生产的竞争，一是利润的竞争。就企业领域而言，主要是利润的竞争，实际上也就是市场的竞争，也就是与同行业竞争者之间的竞争。企业与其竞争者都共同面对一个给定的有限的市场，因此，争夺市场、争夺顾客对于企业来说是至关重要的经济活动。在企业竞争中，竞争的各方常常是利益相分立的，因此，"商场如战场"式的竞争就不可避免，但这绝不意味着市场竞争就是简单的"优胜劣汰""适者生存"的过程。竞争机制是市场经济的基本规律，通过竞争才能使社会资源有效配置，但无序竞争和恶性竞争也会断送市场经济，也会造成竞争者之间的两败俱伤。因此，竞争也需要一定的规则和制约，使竞争不仅仅只是一种淘汰机制，还应使其成为一种激励机制。而有序竞争的基本法则就是公平竞争，反对不正当竞争。《中华人民共和国反不正当竞争法》明确规定，不正当竞争"是指经营者违反本法规定，损害其他经营者的合法权益，扰乱社会经济秩序的行为"。要求经营者在市场竞争中遵循自愿、平等、公平、诚实守信的原则，维护竞争的公平与正当，反对不合理的竞争行为。为了赢得顾客，企业必须以适当的价格、合理的产品、适销的渠道等多种手段进行销售和促销，才能赢得市场的份额。竞争不意味着就是你死我活，从现代企业的发展来看，企业与企业之间的关系不仅是一种竞争的关系，更是一种互相依存、合作共存的关系。市场经济作为一种交换经济，要求交易双方都通过交换行为而实现自身利益最大化，因此，互惠互利是市场交易和竞争的基础。因此，企业不仅要与顾客、与供应商进行合作，还要学会与竞争对手进行合作。在价格竞争上，除了要考虑产品的成本、利润之外，还要符合国家或行业的政策法规，一方面不能哄抬物价、牟取暴利；另一方面也不能任意限制价格、垄断价格和任意压低价格，否则就会陷入恶性竞争，最终失去市场。在企业行业普遍流行的"价格战"虽在某些方面给消费者带来了优惠，但同时也违反了正当竞争的原则，扰乱了一定的经济秩序，企业对于依赖低价倾销的方式来排挤竞争对手，不仅损害了行业的利益，也损害了企业的利益，常常是两败俱伤。在竞争中遵守公平、公正原则，不仅要靠过硬的产品、合理的价格、齐全的品种和良好的服务，还要遵守相应的法律法规，加强行业自律与合作，在平等的前提下共同接受市场优胜劣汰规律的检验。在产品竞争上，要讲究产品质量，突出产品特色，注重产品种类，而不能靠销售假冒伪劣产品、侵权的产品来赢得竞争。在信息竞争上，要做到诚实守信，信誉至上，反对靠虚假信息、尔虞我诈等手段进行不合理的竞争。总之，企业从自身利益和同行的利益出发，都应遵守竞争道德，维持公平竞争的原则。

企业伦理的基本原则还有许多重要内容，而交换自由、诚实守信、服务至上，公平竞争是其中不可或缺的主要规范。只有在企业伦理的基本原则引导下，加强企业伦理建设，才能真正促进企业的有序和谐发展。

二、企业伦理的建设

随着商品交换行为的日益频繁，企业伦理道德的建设也愈加迫切，在企业伦理的建设中，一方面需要企业伦理基本原则的指导，进行企业伦理的规范与建设；另一方面也需要通过企业伦理的各个环节的协调与完善，才能真正保证企业伦理原则的贯彻与实施。

1. 加强制度建设

加强企业伦理建设是一项系统性的工程，只有从外部环境和内部环境的制度建设着手，才能切实抓好企业伦理的建设。

从外部环境来看，首先就是要加强法制建设。对于企业伦理建设而言，加强相关的经济法规的建设刻不容缓。市场经济确立以来，我国在经济立法上的步伐明显加快，相继出台了一系列的经济法律法规。如 1993 年 9 月第八届全国人民代表大会通过了《中华人民共和国反不正当竞争法》，为了配合该法的实施，国家还制定了与该法相配合的行政法规，主要有《关于禁止有奖销售活动中不正当竞争行为的若干规定》《关于禁止公用企业限制竞争行为的若干规定》《关于禁止侵犯企业秘密行为的若干规定》等。1993 年 10 月颁布了《中华人民共和国消费者权益保护法》，规定了企业经营者的义务，旨在保护消费者的合法权益。1994 年 7 月 1 日起实施的《中华人民共和国公司法》对公司的设立、组织、活动和破产、解散等作了明确的法律规定，对企业行业建设也有外在的强制力。于 1997 年 12 月通过的《中华人民共和国价格法》，对经营者的价格行为进行了法律规定，还规定了必须禁止的不正当的价格行为等。各种经济法规对企业伦理的建设起到了保障作用，加强企业伦理建设必须结合上述法规进行建设，这样才能起到立竿见影的效果。但同时也要看到，我国的经济立法体系还不尽完善，法律规定的操作性和具体性还有待改善，因此，在经济领域内更广泛地立法还是一项艰巨的任务。与此相适应，加大执法力度和监督也是企业伦理建设的切实保证。在有法可依的基础上，要做到有法必依，执法必严，违法必究，这样才能创造出一个良好的外部环境，为企业伦理规范的实施打下坚实的基础。

对于企业内部来讲，建立一个完备的现代企业制度，是企业伦理建设的条件和保障。现代企业制度建立的首要环节是市场机制的确立，因此加快市场经济体制的改革与规范化建设，是企业伦理建设的前提性条件。只有在市场机制全面建立的前提下，所有的企业、行业才可能在平等、公正的规则下实现自由竞争、等价交换。这也就要求现代企业制度的建立机制首先要符合市场机制的要求，以平等、公正的尺度来加强行业的制度建设。在现代企业制度的建立中，明确产权、政企分开也是重要的环节。在市场经济条件下，企业行业对资源的配置主要是通过市场机制来实现的，因而公共权力部门与企业组织之间应该是服务与被服务的关系。这就需要通过现代企业制度的确立，使所有权、调控权与行政权相分离，扩大企业的自主权，防止权力部门的"寻租"活动和"搭便车"行为，真正做到政企分开，为企业道德建设提供良好的外部环境。与此同时，还要建立和完善企业的生产管理制度、经营管理体制、市场营销机制、公正分配制度、员工奖惩制度等，通过各个环节的制度建设与规范，为企业行业的发展提供良好的制度环境，为企业伦理的建设提供坚实的基础。此外，加强制度监督和舆论监督，也会为企业伦理的建设提供有效的途径。通过法律的监督、制度的监督，可以加强企业伦理的底线规范的建设，做到对企业伦理的基本规范的遵守。通过社会舆论的监督，不仅可以促进企业的责任意识，也可以强化企业的服务意识。各种新闻媒体、宣传报道对企业行为的监督和批评，不仅可以提高公众的知情权，也是对企业道德要求的外在约束力量。通过"质量万里行"、"3·15"消费者权益日、"百城万店无假货"等活动的持续开展，公众的监督也不断地加大力度，对于企业信誉的确立也起到了制约作用。

2. 加强道德建设

加强企业伦理建设，除了法律、制度建设之外，还需要通过道德教育、伦理规范等形式来进行建设，这是企业伦理的确立与实施的内在动力。

企业部门的经营者和管理者首先要认识到道德教育和建设的必要性，认识到企业伦理在企业发展中的重要地位和作用，切实重视本部门的道德建设和精神文明建设。在道德建设中，可结合企业文化和企业精神的教育和建设来展开。一方面，将企业伦理的原则和要求纳入到企业文化的建设中来，在企业文化中充分表现出时代的道德风貌。另一方面，在企业文化的建设中重视道德教育和规范的重要性，在企业文化中树立起企业的伦理形象。

在企业伦理的建设中，道德建设还应与企业管理相结合，将道德规范纳入到管理工作中，促进管理工作的合理化。将尊重、平等、公正等道德要求体现在管理工作中，不仅可以使管理工作更加有效和有序，也是促进道德建设的捷径。此外，在企业伦理建设中，道德教育也是必不可少的环节。在企业行业进行道德教育与宣传，首先应加强对行业管理者和领导者的道德教育和规范。应该看到，企业行风的建设与管理者和领导者有着密切的关系，凡是要求员工做到的行为规范，管理者自己必须首先做到，否则行业良好风气的建立就成为空谈。其次，在企业行业要加强员工的思想道德建设培养员工良好的职业道德品质和习惯。在道德教育中培养员工对工作的热情、对职业的热爱、对道德的信念，养成相应的道德品质与习惯，促进员工将职业道德要求转化为道德自律与自觉。一个员工若养成了企业道德习惯，其行为就会自觉地表现出符合行业所推行的伦理原则和规范。

就道德教育的具体方式而言，可采取灵活多样的方式和手段来进行，切实保证道德教育的有效性和可行性。典型教育是道德教育的主要方法，现代商界的成功典范常常是有良好道德形象的企业，利用商界成功的企业和人士的道德楷模的典型来进行教育，会使被教育者深受启发。用事实来进行教育，也是道德教育的有效途径，通过履行道德规范而为企业带来效益的事实和事例来进行教育，会使员工认识到企业伦理的重要性和必要性。用灌输和惩罚来进行教育，是道德教育的常用手段，在一定程度上也可以对员工起到警示作用。除了用消极的方法来起到惩戒作用外，还应更多地使用灵活多样的方式来进行教育，使员工在潜移默化中受到教育的熏陶，如通过举行参观学习、座谈会、文艺活动等多种形式进行道德教育，容易为员工所接受和认同。通过道德教育培养员工的道德自律，是企业伦理建设的目标，虽然这一目标的实现是一个艰巨的历程，却预示着企业伦理建设的前景和生命力，因此，加强道德建设与教育仍是企业伦理建设的必由之路。

企业伦理建设虽然要依靠法律、制度的他律作用，但也要依靠伦理道德的自律，只有加强自律与他律建设的统一，才能切实保障企业伦理原则和规范的普遍遵守与实现。

第三节 消费伦理

个体消费伦理属于经济伦理的微观层面，是对个体消耗生活资料行为的伦理思考和规范。在市场经济条件下，"尚俭"的消费观已日益显露出其局限性，而由此得出消费主义的价值观更适合市场经济发展的结论也是片面的。消费伦理就是要在"尚俭"与"尚奢"之间寻找一种既适合市场经济发展要求的，又适应个体发展的合理的消费观。科学、文明、健康、适度是消费伦理合理建构的原则与基础。

一、科学的消费

"科学"是消费伦理的首要原则和标准。科学原则要求消费活动不仅要符合社会发展的规律，也要符合人自身发展的规律。

1. 按经济规律办事

科学的消费是指消费活动应按经济规律办事。消费是社会生产过程和经济活动的重要环节，是社会生产的直接目的和动力，消费使产品的价值得到实现并创造出新的需要，增加物质资料和生活资料的消费，不仅可以推动生产规模的扩大和生产效率的提高，而且也是促进社会分工和劳动就业的手段。因此，消费活动本身就是经济规律的内在要求，符合经济规律的消费行为也正是生产力发展的需要。按照经济规律的要求，鼓励消费和扩大消费是科学的消费观。同时，科学的消费也要求消费的水准与生产力的发展要求和社会生产的水平相适应，也就是说，消费水平的增长幅度应控制在生产力发展的水平上。从经济规律的要求来看，"尚俭"与"尚奢"都不是科学的、合理的消费观，科学的消费观应是"尚俭"与"尚奢"的统一。

2. 符合可持续发展的要求

科学的消费观还必须适合可持续发展的目标要求。可持续发展是包括经济、环境、生态等方面的持续不断的发展的过程，是人类在认识社会和自然的关系上为人类未来的发展指出的一条合理发展的道路。消费的科学性也是可持续发展战略的要求，消费活动不仅要促进经济可持续发展的进程，也要促进生态可持续发展的需要。首先，消费水平应以适度的原则保证生产资源的积累和扩大，防止个人消费量超过对生产投入量，从而影响生产的发展。其次，消费行为应以保护自然环境、维护生态平衡为原则，防止由于消费方式的不当和消费的过度增长造成的对资源的掠夺和生态的破坏。从可持续发展的要求看，"尚俭""节俭"的要求比"尚奢"的消费主义更具合理性和科学性。最后，科学的消费观要求消费活动也要符合人自身发展的规律。消费活动虽然主要体现为一种经济活动，但其本质更是属人的社会活动，也就是说，消费活动的目的是为了满足人的发展需要和社会发展需要。消费活动首要的是满足人的生存需要，只有满足了人的基本生存需要，才有人的其他需要的满足。因此，在消费中首先要保证生存需要的满足，如果生存需要的消费都得不到满足，却去进行享乐性消费，这样的奢侈消费是不符合人自身的目的的。当然，消费仅仅停留于生存需要并不是人的需要的全部，在生存需要得到满足的基础上，用于发展需要和享受需要的消费也是符合人自身发展的规律的，而发展和享受需要的消费满足也才是真正属人的消费。所以，适当的娱乐性消费、消遣性消费也是人的全面发展的需要的保证和条件。从人的自身需要和全面发展的角度来看，人的本质既不是"禁欲"也不是"纵欲"，所以在消费上，既要"尚俭"又要"尚奢"，是"尚俭"向"尚奢"发展的过程。

二、文明的消费

"文明"是消费伦理的核心内容。文明消费不仅表现在消费内容的文明上，而且还表现在消费方式和手段的文明上。

1. 消费内容的文明

在消费内容上，文明消费要求物质消费与精神消费的统一，既重视物质需要又讲求精神需要。其次，在消费活动中，消费主要是生活资料的消费，消费的方式和内容常常以物质形态表现出来，物质消费也就成为消费的主要形式，物质水平增长和生活水平的提高也主要以物质消费水平为标准，物质消费也是文明消费的必不可少的内容。但仅仅停留于物质消费，而不注重文化消费和精神消费，就会与现代文明的进步相脱节。在衣、食、住、行等基本物质消费得到保证的基础上，应适当增加文化、学习、艺术、休闲、娱乐等精神生活的消费，以提高文化素质和加强精神修养。

2. 消费方式的文明

文明消费不仅表现在消费内容的文明上，而且还表现在消费方式和手段的文明上。随着短缺经济的结束，我国的买方市场基本形成，如何启动市场拉动内需是目前经济增长的一个十分紧迫的问题。为了扩大内需，在消费方式和手段上讲求多元化和多层次化就十分必要。以往我们的消费方式主要是先储蓄后消费的单一方式，在市场经济和信息时代，消费的方式和手段也发生了变化，适应现代社会发展的需要，运用多种形式进行消费也是现代人的基本素质。在现实生活中，人们依据现期收入进行消费是一种主要方式，所以，与收入水平相适应的消费方式是合理的选择。而在现代社会，利用预期收入进行消费也是一种适当的方式，也就是说，消费者对于一定必需的商品，没有必要等攒够了钱再消费，而是可以超前消费，即用"信用消费"的方式来进行消费。信用消费就是在契约的基础上，用预期的收入来支付现期的消费方式，分期付款、贷款消费就是信用消费的不同形式。以往我们在消费中往往都是现金消费，随着科技的发展，信用卡时代也已到来，利用信用卡消费也是现代消费方式多样化的体现。此外，文明消费也是理性的消费过程。文明消费不仅反对一味地压制消费和限制消费的行为，也不提倡非理性地无节制地进行消费的消耗。文明消费在尊重个人自由选择权利的基础上，倡导消费内容和消费方式的理性抉择。消费者应根据自己的能力、收入和计划，有选择有目的地消费生活资料，保证消费行为不损害个人的利益，也不损害他人和社会的利益。

三、健康的消费

"健康"是消费伦理的前提性要求。健康消费不仅指消费行为对身体的有利性，也包括消费过程和形式的合法性和正当性。

1. 消费内容的健康

我们应当清醒地认识到，不是任何消费都是合理的，一些不正当的或过度的消费首先会使身体的健康受到危害。近年来不断增长的现代"文明病"，主要原因就是不当消费、消费过度和营养过剩带来的。人的消费方式并不仅仅是肉体生命的满足方式，不能将消费仅仅停留在满足人的生理欲望的活动上，消费对于个体而言，更是促进个体自由发展的手段。因此，在消费内容和结构上，选择适合生理健康的消费结构和方式，不仅是人作为生命存在物所必需的要求，也是人作为社会存在物发展自我的前提。

2. 消费方式的健康

此外，从消费方式上也要讲求健康与正当，自觉抵制不健康的消费心理和消费方式。健康的消费心理就是克制虚荣、攀比、盲目的消费心理和意识、倡导文明、理性、合理的消费观念和意识。健康的消费方式就是要克制纵欲、无度、放任、违法型的消费方式，倡导合理、适度、正当、合法的消费行为。不健康的消费行为不仅会给自己的利益带来损害，也会给社会和他人利益带来损害，甚至会恶化社会风气和破坏社会秩序。特别是在文化娱乐性消费方面，要杜绝违反法律和道德的消费行为，抵制下流、媚俗的消费方式，选择思想健康、格调文明的消费形式。只有保证生理和心理健康的消费活动方式才是真正健康的消费，才是合理和合乎道德要求的消费方式，也才是我们所提倡的健康的消费。

四、适度的消费

"适度"是消费伦理的基本尺度。科学、文明、健康已为合理消费提供了基本的规范，也是适度消费的标准。适度消费就是指在科学、文明与健康的原则指导下的合理消费和正当消费。

1. 节俭有度

适度消费的具体要求就是节俭有度。从节俭有度的角度来看，节俭也要合理适度，不能一味地"尚俭"。一方面，节俭不是禁欲，不是一味地不讲享乐，因此，节俭到对消费欲望的过度限制也是不合理的。过度节制消费不仅对个体发展是不利的，而且对于社会经济发展也是无益的。另一方面，节俭有度要求依据个人的收入、经济状况和能力发展适度地进行消费，既是维护个体发展的需要，也是社会生产的发展和增长的需要。

2. 奢侈有度

从奢侈有度的角度而言，奢侈消费也要合理有度，不是一味地"尚奢"。一方面，过度消费、盲目消费和奢侈消费，不仅带来环境和生态问题，而且影响经济发展的秩序和生产结构的合理，甚至会对个人的身心健康带来危害。所以，消费不是无条件、无节制的，而是要符合社会发展和人类共同利益的需要。另一方面，适当地奢侈和享乐也是符合消费伦理的要求的，在社会法律、道德的范围内的消费都是允许的。

总之，在消费伦理要求上，不是节俭的就是合理的，奢侈的就是不正当的，只有做到正当的适度，两者才具有合理性。

建立在科学、文明、健康、适度原则上的消费伦理观，是指导个体消费的基本观念，也是符合市场经济和个体发展的合理的消费观。

◎ **思考题**

1. 如何理解"经济人"与"道德人"之间的关系？
2. 如何理解"外灌论"与"内引论"之间的关系？
3. 企业伦理的规范有哪些？如何建设企业伦理？
4. 如何建立合理的消费观？

第九章 制度伦理

制度不是一般意义上的规范、习惯，它常常是指有组织的、整套的社会规范系列和体系，是以法度、规范、习惯为核心，依一定的程序由社会性组织来颁布和实施的一整套规范体系和社会运行机制的总和。广义的制度伦理（System Ethic）是指对社会规范和运行规则的伦理反思和要求，以及伦理的制度化、规范化的思考与建构。狭义的制度伦理（Systematic Ethic）是指对以社会性正式组织为主体的规范体系和运行机制的内在联系的伦理思考和要求。它既包括对制度主体的伦理要求，也包括对规范体系和运行机制的伦理安排；既包括对制度本身的道德要求，也包括对制度运行中一系列环节的道德评判和价值判断。

第一节 制度的公正与正义

自有人类社会以来，公正与正义问题就成为人们诉诸社会制度的主题，成为评价社会结构、制度运行的伦理价值尺度。公正与正义尽管有着内涵和价值取向的相似性，但并不完全等同，公正是制度的基本价值取向，而正义则是制度的最高价值目标。

一、制度的公正

公正是制度的基本价值和基础，是制度伦理的核心规范。制度公正是指社会阶层和公民的权利与义务在社会分配过程中的合理确认。制度公正就社会领域而言，包括经济制度、政治制度、法律制度等的公正安排；就内容而言则主要是解决社会分配问题，包括实质公正和程序公正两个主要方面。

1. 制度的实质公正

制度的实质公正也称分配的公正，是指制度安排中对社会资源、要素及权益的分配结果的合理与正当。

"按贡献分配"也是社会主义实质公正的体现。按贡献分配强调将劳动的效率、贡献与分配相联系，贡献多的人应该多得，贡献少的人无偿地占有贡献多的人创造的财富，以及以非法手段无偿占有另一部分人的劳动成果，都是不公正的。贡献是指人的体力劳动、脑力劳动包括生产要素投入的客观体现，贡献的成果需要社会给予一定的物质利益与精神利益的合理肯定和保护。按贡献分配社会权利与义务，就是依据劳动成果和生产要素的投入贡献在制度上予以相应的地位和收入分配的确认。按贡献分配的公正原则与按劳分配原则没有本质上的区别，按贡献分配也是马克思主义公正观的内核，马克思主义认为不仅社会有益工作本身，而且工人的劳动成果和质量也是分配的标准和尺度。按贡献分配的提出，主要是对劳动结果的注重，对有效和有益劳动的重视。在市场经济条件下，社会竞争日益激烈，不论是体力劳动还是脑力劳动，不仅是数量和质量的竞争，更是效率与效益的竞争。这就是说，并不是所有的劳动都能得到应有的回报，对无效的劳动、无意义的劳动可能就没有相应的报酬和应得的权利，因此，确立按贡献分配，就是使劳动不仅有益，而且有效，这样才能促进社会的发展和进步。

2. 制度的程序公正

制度的程序公正也称形式公正，主要是指制度安排中社会资源、要素及权益的分配规则在制定和适用过程中的正当和公道。制度公正强调权利、地位的分配依劳动贡献为依据，是以对契约、规则的尊重与维护为基础的。公正原则必然包含着程序公正的要求，对竞争的规则的肯定和维护，才能保证结果的公平与公正。如果说实质公正是结果的公正，那么程序公正是指规则和过程的公正，强调的是制度的形式、规则和程序的公正性。

公正竞争是起点和规则的公平，而不是竞争结果的平均，优胜劣汰绝非不公正，它恰恰体现了公正的要求。如果进入市场的主体不能公平地参与竞争，平等地交换商品，公正地订立契约，那么就会为一些人在竞争中可以不择手段地取得优势提供条件，使另一部分人在市场中处于劣势，才是真正的分配不公。制度的公正首先就是要订立公正的规则和法规，防止制度的漏洞所造成的社会的不平等和不公正。程序的公正需要以法律、契约等形式来加以规定，对垄断、欺诈、以权谋私等行为进行制约，以保证平等与公正的顺利实施。这就要求，一方面社会和政府为进入市场的主体提供相同的起点条件，并以法律和政策予以保证。另一方面进入市场竞争的主体要遵守相同的市场规则，进行公平合理的竞争，诚实守信，反对任何形式的垄断、封锁和欺行霸市的行为，违犯者应受到相应的法律的制裁。

3. 程序公正与实质公正的关系

程序公正与实质公正都是实现制度公正的必要环节，在实现制度公正的要求上，程序公正与实质公正是不可分割的组成部分。两者只是在侧重点上有所不同，实质公正强调的是结果和分配的公正，而程序公正强调的是形式上和规则上的公正与公平。

首先，在实质公正方面，我们要始终贯彻按贡献分配原则，使按贡献分配成为结果公正的最有效的尺度，成为程序公正的核心。其次，要充分认识程序公正是实现公正的必由之路，只有保证规则公正、契约公正，才可能在合理的公平竞争环境中实现实质的公正。在社会主义市场经济条件下，程序公正是市场经济的基本法则，而市场经济体制的完善也是促进制度公正实现的重要途径。在由计划经济向市场经济转型的过程中，市场经济体制不完善，政策法规的不健全，造成了"脑体倒挂""多劳少得""少劳多得""不劳而获"等分配不公现象。要改变社会不公的现象，必须要完善市场经济体制。市场经济遵循的是商品平等交换和价值规律的原则，所以要求市场经济规则的平等性和公正性，因此社会主义市场经济的全面建设和发展，必然会为实现程序公正创造良好的条件和基础。市场经济要求的公平竞争是实现分配公正的必备环节，市场经济的最基本规则就是公平竞争，所谓公平竞争是指劳动者平等地参与各种市场竞争，平等地交换商品，即竞争的起点、条件和竞争的规则对任何人来说都应是相同的。实质公正必须是在合理公平的竞争中才能得以实现，所以，程序公正是制度公正的首要问题。此外，在实质公正与程序公正的关系上，要保证程序公正的优先性，树立起没有公正的程序就没有公正的结果的理念。虽然在制度的设计中，会出现不完善的程序公正的情况，但不能因为个别、特殊的情景下出现的结果不公平而否认程序的必要，更不能以结果的公平取代程序的公正，否则将会最终破坏结果的公正。问题的关键是按实质公正的标准来公开、公正地建立起公正的程序，一旦建立起相应的程序就必须严格按程序办事，因为按公正标准建立起的程序，总会导致公正的结果。

总之，实质公正与程序公正是相互联系、相互依存的关系，实质公正是程序公正的价值体现，程序公正是实质公正的条件。

二、制度的正义

制度的正义不仅是制度公正的补充，也是制度公正的目标和指向。只有在制度正义的目标导引下，通过完善各项制度建设，才能全面地解决社会分配问题，才有制度的可持续发展和全面发展。

1. 补偿正义

制度正义在分配领域的体现就是补偿正义，就是在制度公正的基础上，对公正带来的社会问题的矫正和补偿，也称矫正正义。补偿正义主要包括对不正当的程序和获利的惩罚和矫正，以及对竞争失利者的补偿等。

补偿正义虽不属于制度公正的范畴，但与公正有着密切关联，只有在制度公正的前提下，补偿正义才能得到保障。一方面，社会的制度公正是提高效率和增长财富的有效安排，在财富增长中补偿正义才能实现。没有效率的低收入的平均主义不是现代社会正义的形式，只有在公正分配、经济增长的基石上，分配的正义才成为可能。另一方面，程序公正确立的规则、契约等制度，也为补偿正义提供了手段和方法，补偿正义也需要程序的公正对不义行为进行惩罚或矫正，对社会分配进行再调节。正义就其本义而言，就是对不义行为的惩罚和对善事的捍卫，因此，对不当行为的矫正是正义的主要功能。正义的矫正在分配领域，主要是对破坏公正秩序的禁止和对程序公正和实质公正的维护。在现代社会，正义的实施不再是"以怨报怨"的同态复仇，而是要依据一定的程序和法律来实行，就是要依靠制度的正义来实施。在今天，法律的正义是解决在分配和交换中所受不公和伤害的最有效和最主要的方式。同时，各项禁止性的政策和制度也是补偿正义的一部分，也有对不当行为的惩罚和警示作用。在矫正正义中还要注意惩罚的正义性，就是对不公正行为的惩戒必须与其对他人和社会利益侵害的程度相对应，不能以社会利益的名义造成对个人利益的过度惩罚。也就是说，矫正正义也要注意矫正的正当和合理，即"处罚每一种犯罪的程度和轻重，以是否足以使罪犯觉得不值得犯罪，使他知道悔悟，并且儆戒别人不犯同样的罪行而定"①。

另外，补偿正义在矫正正义中还包括对不当的实质公正和程序公正的矫正，这就是要从社会发展的规律和人民群众的共同利益出发，对不适合时代要求、不符合现代法制精神的分配方式和标准进行修正和完善。与此同时，对合理的程序和结果应予以维护和保障，使制度公正在社会正义的旗帜下得到弘扬和有序发展。补偿正义的另一个方面，就是对公正制度的结果的调节和对公正实施带来的问题的解决。在社会公平竞争下的合理分配是制度公正的第一次调节，这一调节旨在鼓励多劳多得，多贡献多分配。虽然在公正制度的安排下，竞争法则、机会均等对每一个人而言是公正的，但由于每一个人进入市场的资源不是完全一样的，因此，势必会产生条件优异者在竞争中占据优势，条件有限者或无条件者在竞争中处于劣势的情况。补偿正义不仅要对竞争失利者进行补偿，还要对优势者进行调节。对于市场竞争中的暂时的失败者和无竞争能力者如老弱病残者，还需要完善社会保障制度，对其进行补偿正义，这是对社会公正的第二次调节。如果说实质公正是按市场原则的第一次分配，那么补偿正义就是在分配公正基础上的第二次分配。"经济意义上的收入分配差距的合理性与社会意义上的收入分配差距的合理性不完全一致，而政府在主持第二次分配时，不仅要从经济上考虑，更需要从社会上考虑。于是对机会均等条件下的收入分配的第二次调节也就成为必要。"② 分配的第二次调节旨在通过各种社会保障体系和制度，保障公民的基本权利，保证弱势群体的生存权利和生活权利，防止社会的两极分化和贫富不均现象的加大。这就需要不断完善社会保障制度，如失业保障制度，残疾人保障制度，医疗保障制度、养老保障制度等，并通过适当的就业指导和广开就业渠道等，使弱势群体的利益得到最合乎人道的援助。此外，对于占据社会优势地位的群体和个体，要认识其成功和优势地位虽有个人的努力，但也有社会力量的作用，因此对社会富裕阶层可以通过提高税收、鼓励对社会慈善事业的投入等方法进行协调。当然对先富起来者也不能采取不当的方式剥夺其合法所得，不能挫伤他们的积极性和创造力，只能通过制度的调解和道义的方式加以引导，以防止贫富差距的加大。

简言之，只有在制度公正基础上的第二次调节，即建立补偿正义的制度，才是社会主义社会分配正义的完整体现。

2. 制度的价值目标

制度的正义作为社会制度的目标和整合价值的体现，不仅是一定阶段和一定社会的伦理价值的体现，也是面向未来社会发展阶段和人类前途的价值目标。伦理是一种和谐，伦理关系是一种应当的和谐关系，而人与社会的和谐发展实际上就是伦理的最高境界，也是制度正义的最高目标。

和谐的社会应该是包括物质生活和精神生活两方面在内的整体的满足，是物质文明与精神文明的统一。马克思主义指出，符合全人类利益的幸福与和谐根植于摆脱奴役和

---

① ［英］洛克：《政府论》下篇，叶启芳、瞿菊农译，商务印书馆1964年版，第9~10页。
② 厉以宁：《经济学的伦理问题》，生活·读书·新知三联书店1995年版，第21页。

贫困的共产主义的斗争事业中，人们只有在改造客观世界的同时，才能不断地改造自己的主观世界，人们才能获得自身全面发展和自我完善。没有物质基础的满足，精神生活的满足就没有基础和条件，而仅有物质条件的满足，没有精神生活的丰富，也是人的片面发展，也不是真正的幸福与和谐。因此，马克思深刻地指出，"忧心忡忡的、贫穷的人对最美丽的景色都没有什么感觉；经营矿物的商人只看到矿物的商业价值，而看不到矿物的美和独特性"，主张要"通过私有财产及其富有和贫困——或物质的和精神的富有和贫困——的运动，生成的社会发现这种形成所需的全部材料；同样，已经生成的社会，创造着具有人的本质的这种全部丰富性的人，创造着具有丰富的、全面而深刻的感觉的人作为这个社会的恒久的现实"①。

马克思主义关于未来共产主义社会的设想，就是要实现人的自由全面的发展。所以，促进社会经济发展和自然的和谐，推动社会发展与人自身发展的统一，也是马克思主义正义理论的核心内容。马克思曾明确指出，"共产主义是私有财产即人的自我异化的积极的扬弃，因而是通过人并且为了人而对人的本质的真正占有；因此，它是人向自身、向社会的即合乎人性的人的复归，这种复归是完全的，自觉的和在以往发展的全部财富的范围内生成的。这种共产主义，作为完成了的自然主义＝人道主义，而作为完成了的人道主义＝自然主义，它是人和自然界之间、人和人之间的矛盾的真正解决，是存在和本质、对象化和自我确证、自由和必然，个体和类之间的斗争的真正解决。它是历史之谜的解答，而且知道自己就是这种解答"②。人与社会的全面发展作为一种道德理想和最高目的，符合人的发展需要和内在要求，但是更需要通过建立正义的制度来实现，这是一个漫长而艰巨的任务。需要我们能真正代表广大人民的利益，根据社会发展规律完善经济体制和政治体制改革，加强法制建设和先进文化的建设，促进整个社会的协同发展。社会和人的全面发展的理想，不仅是制度正义的目标，也是我们衡量和判断制度正义与否的最高的价值准则。虽然追求正义、追求善是一个无止境的过程，在这一漫长的历史进程中，随着社会历史条件的变化，人们的价值观、伦理思想也会发生转换和变迁，然而，当人们对具体的行为和制度作出判断和评价时，不仅要依据一定的社会既定标准和要求，还需要以"以人为本"的尺度来衡量，这是评价和衡量我们工作和制度建设的最根本的依据和尺度。

随着科技发展和经济力量的增长，人类社会将会面临着许多新问题、新情况，各种矛盾和冲突也会不断涌现，因此，我们需要站在历史的高度，以人的全面发展为尺度来调节和规范各种价值冲突和对立，使社会发展趋于和谐和全面。

第二节　制度的自由与平等

自由与平等是人类社会发展不断追求的基本伦理理念，也是现代社会赋予公民的基本权利。特别是近代以来，自由与平等作为社会经济、政治生活中最基本的权利，不断

---

① 《马克思恩格斯全集》第 3 卷，人民出版社 1995 年版，第 306 页。
② 《马克思恩格斯全集》第 3 卷，人民出版社 1995 年版，第 297 页。

诉诸制度要求和保障，更使自由与平等的观念成为现实的权利。

一、制度的自由

从经济、政治乃至法律、制度角度而言，自由主要是指一种权利的表达，是体现在经济、政治、法律等社会活动中的自由的权利。因此，制度自由就是由客观化的实体通过各种规章制度对公民的自主性、独立性的权利的赋予及保障。客观化的实体在制度中主要是指经济、政治、法律等的社会实体。

1. 经济自由

经济自由是制度建设的基础，因此对社会主义制度的建设来讲，经济自由是社会主义制度建设的头等大事。

2013 年 11 月 12 日中国共产党第十八届中央委员会第三次全体会议通过的《中共中央关于全面深化改革若干重大问题的决定》中指出，要"紧紧围绕使市场在资源配置中起决定性作用深化经济体制改革，坚持和完善基本经济制度，加快完善现代市场体系、宏观调控体系、开放型经济体系，加快转变经济发展方式，加快建设创新型国家，推动经济更有效率、更加公平、更可持续发展"。强调"市场决定资源配置是市场经济的一般规律，健全社会主义市场经济体制必须遵循这条规律，着力解决市场体系不完善、政府干预过多和监管不到位问题"。让市场在资源配置中起决定性作用，就是要发挥市场经济的"自由"的特性，使从事经济活动的主体具有自主意识，具有自主支配生产产品、销售产品的权利，即自主经营的权利。

只有实行"经济自由"才能搞活企业，提高生产率，发展经济。但为避免市场调节的局限，对"经济自由"也应进行宏观调控，可以通过法律、行政等手段对经济秩序加以规范，当然规范本身并不是目的，真正的目的在于促进经济更好地"自由"发展。在扩大企业经营自主权的同时，明晰产权，建立一个有效合理的产权制度，也是经济自由的重要保证。在新自由主义者看来，只有产权的私有制度，才是经济自由的基础，因此都极力主张产权私有，反对国家对经济自由的干预。认为政府对企业和市场的干预，不仅会增加企业的交易费用而导致效率低下，而且也会使政府产生"搭便车"的行为从而导致政府的腐败。应该肯定明晰产权，建立合理的产权制度是市场经济自由发展的前提和条件。合理的产权制度对最大限度地调动劳动者的积极性创造性，对资源的优化配置和提高企业生产效率都有着不可替代的作用。但问题的关键在于产权制度的明晰和界定，是否就是私有化。私有的产权制度由于重视效率和竞争，对资本主义社会的经济发展起到了推动作用，带来了资本主义的繁荣和进步。然而，私有化带来的种种问题，也是当今资本主义发展所无法回避的。如社会贫富的极端分化、经济危机的随时爆发、集团垄断对竞争的破坏等诸多问题，是私有制自身所无法解决的矛盾。从经济制度来讲，私有化只是一种手段，在一定范围内也是一种有效的方法，这也是社会主义国家主张多种经济成分并存，鼓励私人企业存在和发展的原因所在。但是，私有制不是经济发展的目的，经济发展才是产权制度的目标。所以，明晰产权制度是指企业产权归属的明晰，即国家所有、集体所有、私人所有、股份制等不同产权主体的明晰，并享有自主经营权的制度。我国实行的多种经济成分并存的经济格局实质上恰恰是经济自由的表现，允许不同经济成分在社会主义市场经济的舞台上发展、竞争，正是真正的经济自由的表现。只允许私有化的产权制度的存在，恰恰是资本主义对经济制度的强制，实际上也是一种不自由。

另外，新自由主义对国家干预经济行为的警惕也有合理性，这也提示我们进行社会主义市场经济也应遵守市场经济的规律，使企业成为真正的市场主体，而减少政府对经济活动的不必要的干扰。所以，在现代企业制度的建设中，我们还需进一步限定政府的权责范围，实行政企分开，完善企业自主经营、自主决策的能力，减少政府"搭便车"的现象。同时，我们也应看到仅将政府的角色视为"守夜人"的角色，而把一切经济活动都交给市场经济的自由竞争也是片面的。国家和政府的设立，不仅仅是调节国家与个人之间的关系，保障个人的自由权利，公共权力的设立还是调节不同层次的集团、阶层利益的需要，因此，政府和公共权力不可能不对经济进行一定的干预。比如市场机制所需要的信用体系的建立，没有政府行政权力的介入，是很难在短期内建立起来的。再如，市场经济的调节机制也有失灵的时候，仅仅依靠"无形的手"来进行调节，很可能带来恶性竞争和市场秩序的混乱。又如对市场竞争的失败者、弱势群体的扶持与救助，仅仅依赖市场也是无法解决的。因此，政府对经济的宏观管理，诸如设定市场规则、监督执行、克服企业垄断、提供公共服务、信息服务等都是必要的，也是必需的。尽管如此，政府的管制也不是万能的，政府的权限也不是无边界的，理清政府的权力范围，扩大经济自由度，让企业真正成为市场经济的主体，才是政府行政权力的目的。

总之，经济的自由既是用经济制度保护自由权利，又是以制度的形式争取自由，是自由权利与自由保障的统一。

2. 政治自由

经济自由是政治自由的物质前提和基础，伴随着市场经济的自由要求，人们必然要求政治上的自由权利，而人们的政治自由权利的诉求，又必然需要政治制度来加以保障。

个人自由愿望和要求如果没有政治制度的保证，个人的自由选择和自主抉择也就不可能。社会主义的政治自由则是全面地体现了广大人民在政治权利上的自由，宪法规定，公民享有选举权和被选举权，有言论、出版、集会、结社、游行、示威的自由；公民的人身自由和人格尊严不受侵犯，有通信的自由，有宗教信仰的自由；公民有进行科研、文艺创作及其他社会活动的自由；有对国家机关和工作人员的批评、建议、申诉、控告、检举的权利等。任何政治自由都不是没有限制的，权利是相对于义务而言，自由也是相对于规范而言的。公民在享受权利和自由时，也不得损害国家、社会、集体的利益和其他公民的合法权利和自由。

在政治自由中，思想、言论自由是重要的组成部分，思想自由的权利不可剥夺。约翰·密尔认为，无论什么力量，剥夺了个人的思想自由和言论自由都是一种罪恶，思想自由不仅是一种绝对的权利，而且还需要通过制度加以保护。在约翰·密尔看来，如果没有社会体系的保障，人们就不可能成为为真理、为正义事业而无所畏惧的人，人们只会因循守旧，听人摆布，"不是滥调的应声虫，就是真理的应时货"，"付出的代价却是牺牲掉人类心灵中的全部道德勇敢性"。① 所以，思想自由、言论自由不仅是人们要争取的政治权利，同时也是需要以制度形式来确立和保护的政治权利。正如斯宾诺莎所说："政治的目的绝不是把人从有理性的动物变成畜生或傀儡，而是使人有保障地发展他们的身心，没有拘束地运用他们的理智；既不表示憎恨、愤怒或欺骗，也不用嫉妒、不公正的眼加以监视。实在说来，政治的真正目的是自由。"② 马克思也曾批评普鲁士政府强求人们只有一种思想的做法，恩格斯也指出在社会历史科学中不存在永恒的真理，"拥有无条件的真理权的认识是在一系列相对的谬误中实现的"③。邓小平也曾说过，我们党和政府若听不到群众的声音，那将是可怕的，"一个革命政党，就怕听不到人民的声音，最可怕的是鸦雀无声"④。"对于思想问题，无论如何不能用压服的办法，要真正实行'双百'方针。一听到群众有一点议论，尤其是尖锐一点的议论，就要追查所谓'政治背景'、所谓'政治谣言'，就要立案，进行打击压制，这种恶劣作风必须坚决制止。"⑤ 因此，通过政治制度确保言论自由、思想自由的权利是十分必要的。只要是没有危害到国家、社会和他人的合法权益的言论和思想都应在制度上予以保护和支持。

3. 法律自由

2014年10月23日中国共产党第十八届中央委员会第四次全体会议审议通过的《中共中央关于全面推进依法治国若干重大问题的决定》提出，全面推进依法治国，总目标是建设中国特色社会主义法治体系，建设社会主义法治国家。并保障公民人身权、财产权、基本政治权利等各项权利不受侵犯，保障公民经济、文化、社会等各方面权利得到落实。法律自由就是依靠法律来保障公民的自由权，法律不禁止的部分就是公民的自由。

法律制度看起来是与"自由"相对立，法律是一种规范和约束，而"自由"似乎是反对束缚和约束的。法律和自由的对立实际上只是形式上的对立，在内容上两者有着密不可分的联系，可以说法律制度就是确保自由的制度。没有自由，法制就失去了目标和价值；而没有法制，就会导致对自由的滥用而失去稳定的社会秩序，最终失去自由。因此，自由也是人与人、人与社会之间的一种关系，意味着个人在享有自由时，也有对他人自由权利的尊重。因此，自由和法律是社会关系不同方面的表现，一方面，法律作为自由的尺度确定了自由的范围，而公民享有的是法律规定下的自由；另一方面，法律又是对自由的限制，公民不能滥用自由。但是，法律自由的关键不是为了限制自由而去立法，对妨碍自由的"过度自由"实行限制，是为了更好地实现自由。具体来说，法

---

① ［英］约翰·密尔：《论自由》，程崇华译，商务印书馆1959年版，第34页。

② ［荷］巴鲁赫·斯宾诺莎：《神学政治论》，温锡增译，商务印书馆1963年版，第272页。

③ 《马克思恩格斯选集》第3卷，人民出版社1995年版，第427页。

④ 《邓小平文选》第2卷，人民出版社1994年版，第144~145页。

⑤ 《邓小平文选》第2卷，人民出版社1994年版，第145页。

律自由就是把人身自由、政治自由、经济自由等内容以法律的形式确定下来，使自由转化为法律的权利，即自由的权利。法律自由不仅体现在立法上，而且还体现在司法的过程中。正如恩格斯所言，"一切自由的首要条件：一切官吏对自己的一切职务活动都应当在普通法庭面前遵照普通法向每一个公民负责"。① 这就意味着，在执法的过程中执法者应本着负责的态度，来保证公民的自由权利的行使。总之，为了保障自由的权利，应该是从完善立法入手，对自由的尺度、方法、途径做出具体的法律规定，真正实现法律的自由。

自由是人的基本权利，也是人类的价值理想和目标，而自由的权利只有以制度的形式才能得到真正的体现和保证。因而，通过完善各种制度建设，并立足于人的自由权利这一核心价值，才能真正实现人的自由和全面发展。

二、制度的平等

制度的平等是指人们在社会生活各方面享有基本相等的地位和相同的权利，具体就是指人们在社会经济、政治、法律等方面享有基本同等的地位和权利。

1. 基本权利的平等

社会主义制度的平等是指基本权利的平等，主要是指人们在政治、经济、法律、文化等领域中的基本权利是相等的。在社会主义社会，由于消灭了剥削阶级，消除了人们在经济、政治上的不平等的权利和地位，广大人民拥有了经济、政治上的平等与权利。当然，社会主义的平等也不是要消除人与人之间的差异，而是在基本权利方面赋予人们平等的地位和权利。基本平等在经济上是指人们都有劳动和竞争的权利，经济地位上无高低贵贱之分；政治上是指人人享有的选举权和被选举权，有担任国家公职的权利，有参政、议政的权利等；法律上是指人人享有法律上所规定的权利和应履行的义务，在违反法律时不论地位高低，都同样受到法律的制裁和惩罚。

基本权利是指在制度中赋予人们最低限度的、必不可少的权利，是保证社会秩序运行和人们生存和发展需要的最起码的权利。当然，由于目前我们国家经济不发达，体制不完善，法治还不完备，人们在经济、政治、法律上的基本权利没有完全得到保障的情况仍然存在。但要看到，社会主义社会不平等现象的存在，主要不是由于经济关系和经济制度的不平等而造成的，而是由于经济发展不平衡，物质生产不发达所造成的。这就需要不断地通过发展市场经济、完善政治制度和健全法制等制度建设，来逐渐减少和缩小不平等。然而，无论社会如何发展，制度如何完善，人与人之间在生理上、智力上、天赋上等的差别都是无法消除的。实际上，正是人们先天或后天的努力的不同，才使社会分工得以实现，社会才得以和谐发展。社会主义的平等不是消灭人与人之间的差别，而是指无论人与人之间的差别如何，都应该享有其应得的基本权利。此外，社会主义平等也不是平均主义，也就是说社会主义的平等只是指基本权利的平等，而非基本权利和更高权利的享有则可能是不平均、不均衡的。这就要求社会主义的平等是机会的平等、

---

① 《马克思恩格斯选集》第3卷，人民出版社1995年版，第324页。

过程的平等，而不是结果的平均。所以，平等不是平均地分配权利，而是每个人平等地去争取权利。在机会平等中，社会制度保证公平竞争、起点相等，不论高低贵贱都应给予相等的机会。在过程平等中，制度也应确立相同的规则，使争取权利的活动处于契约之中，违反契约的行为应得到相应的惩罚，履行合约的行为应适当地给予相应的权益。按机会平等、起点平等、过程平等的要求，在结果中按个人的能力、贡献而得到的权益也是平等的一个方面。

2. 机会平等

机会平等是指制度安排中其基本权利对于社会公众是同等对待，不论他们之间存在什么差别，都有获得地位、权利和财富的同等机会。

艾德勒曾指出，制度的机会平等安排的原则就是，"不管天赋和后天才能如何，机会均等是人人都有的"[①]。人人都具有机会平等的制度安排，从经济角度而言就是确立市场经济体系，承认每一个人在市场经济中的主体地位，从而使个人有平等的机会参与到市场经济的运行之中。具体而言，就是经济领域和职位、岗位面向全体公众开放，使人人具有平等竞争的机会。虽然，拥有平等竞争的机会和权利，并不意味着人人具有竞争的条件和必然获取机会的结果，但这种人人享有的机会和权利却是制度所必须给予和保障的。从政治制度而言，就是人人拥有同等的政治地位，有选举权和被选举权，有参政议政的权利。"也就是说：各种地位不仅要在一种形式的意义上开放，而且应使所有人都有平等的机会达到它们。"[②] 从这一意义上讲，机会平等并不是保证所有人都能取得竞争的结果，因此机会平等也称为形式的平等。然而，从制度安排而言，机会平等所蕴含的基本权利是具体的、实质的要求，如劳动的权利、受教育的权利、民主的权利等基本权利，都是需要制度的有效保障才能实现的。因此，机会的平等也是实质的平等，是社会基本权利的具体体现。

为了防止机会平等的形式平等所带来的结果不平等的扩大，加强实质平等在制度安排中的地位，更需要完善社会、经济、政治和法律制度，创造保障社会平等和实质平等的条件和基础。也就是说，机会平等的制度安排，不仅是指基本权利向公众开放、允许人人竞争的制度保障，也包括尽量减少先天偶然因素和后天社会因素所造成的不平等的差距，保证基本权利的实现。

3. 起点平等

起点平等是指制度在设置基本权利时，应使每个人获取最基本的权利，并保证规则的一致。如果说，机会平等是指有竞争的机会和权利的平等，那么起点平等则强调最基本权利的拥有和获得。

由于先天的因素，后天的家庭、环境等因素、差异所造成的人与人之间的差别是无

---

① ［美］穆蒂莫·艾德勒：《六大观念》，郝庆华、薛笙译，生活·读书·新知三联书店 1991 年版，第 163 页。

② ［美］约翰·罗尔斯：《正义论》，何怀宏译，中国社会科学出版社 1988 年版，第 68 页。

法消除的，所以制度的平等并不要求消除人与人之间的差别，而是要求无论是什么样的人都应予以同样的对待，而同样的对待既是人们的权利，也是制度的安排。人权的最基本的权利就是生存权，因而制度安排首先要求在生存权上予以最基本的保障。具体来说，人一出生就应享受基本的医疗条件和生活条件，以保护生命的延续。在生存权无权得到保证的时候，必须通过社会制度安排，如社会福利制度、最低生活保障制度、社会救济制度、失业保障制度等的完善来保证每一个公民的基本权利的实现。此外，从个体社会化的角度而言，受教育权也是人的最基本的权利。"在社会的所有部分，对每个具有相似动机和禀赋的人来说，都应当有大致平等的教育和成就前景。"① 这尤其要求在制度安排中，从法律上保障义务教育制度的实行，真正落实九年义务教育。保证每一个贫困家庭的孩子都能完成九年义务制教育，这不仅是家长的责任，更是政府的责任。从这一意义上而言，起点平等是公民必不可少的最基本权利的平等。它不是机会，也不需要竞争，是每个公民必须具有的权利。起点平等还有另外一层含义，就是规则的平等，就是以规则为起点的平等。起点平等是与结果平等相对应的概念，对于相同潜质和能力的人，在起点上的平等对待，可以在结果上也大致相等；而对于条件差异明显的人，起点平等却可能导致结果的不平等。从制度安排角度而言，不可能为不同的人或群体设立不同的规则和要求，它所能做的只是设立同一规则来面对不同的人或群体，并使人们按同一规则来行为。

所以，平等只是一个人的基本权利的平等，不是人的全部权利的平等，也不是社会追求的唯一价值。由此看来，只要在起点平等上遵守规则平等的要求，即使在结果上不平等，也是公正的、合理的。而公正也正是要求起点的平等和规则的平等，因此，在起点平等的意义上，公正和平等的内涵和要求是一致的，所以平等包含着公正的内核。

4. 过程平等

过程平等是指在制度设定中，对参与竞争者在手段、规则及整个进程中的要求是相同的。机会平等和起点平等获取的都是基本权利，而在获取非基本权利的过程中，要求手段、规则、程序的相同，是过程平等的要求。

基本权利是指人的生存和发展中必不可少的、最低限度的权利，非基本权利是指人的生存和发展中高于基本权利要求以上的权利，主要是与人的享受需要和发展需要相适应的权利要求。尽管由于主体存在着先天的或后天的不平等，但是从制度的视角出发，对争取非基本权利的主体制定相同的规则，统一的程序，相等的条件，保证竞争过程的公正公开，是对制度平等的必然要求。过程平等的规则要求比起点平等的规则要求具体而复杂，但确立公平、公正、合理的规范，并按规则办事，是过程平等的必要环节。也就是说，在争取非基本权利的过程中，每向更高一级权利去竞争和争取时，其规定和规范对所有参与者都是一致的，参与者在遵守共同的游戏规则的前提下，去平等地争取更多更高的权利。制度的规则平等不可能带给每一个人都相同的结果，但却是防止以特权、裙带关系来决定一个人的权利最好的措施。在规则面前，人们可以不分性别、年

---

① ［美］约翰·罗尔斯：《正义论》，何怀宏译，中国社会科学出版社1988年版，第69页。

龄、肤色、种族，而平等地去获取相应的待遇和权利。

过程的规则平等必然要求过程的程序平等和一致，程序平等是规则平等的一个方面。程序平等的要求就是程序的规则的统一和一致，不能在过程的规则中出现不一致，甚至是歧视性对待的情况。这不仅要求程序的一致与相同，而且还要求程序的公开与公正，不允许程序上的暗箱操作，对程序不公的规则和行为要予以监督和纠正。只有保证在选拔程序、晋升程序、执行程序、监督程序等各个环节的平等与公开，才能切实保障参与者的利益与权利。在参与竞争的过程中，过程平等还要求在制度安排中，强调为竞争者提供相同的条件和手段，确保各位参与者能受到平等的对待，排斥各种不公和不合理阻挠，并拒绝特殊的优待和便利。过程平等要求国家和政府能通过制度相应的平等程序、规则及条件，来保证公民的权利获取途径的畅通和公平。

第三节　制度的民主与法治

民主与法治作为现代社会的管理形式和手段，不仅是社会政治文明的标志，也是制度建设和完善的有效途径。在现代社会制度的建构中，民主作为有效的管理形式和体制，是法治的基础和条件；法治作为强制性的管理方式则是民主的前提和保障。

一、制度的民主

民主是制度发展和完善的有效管理形式和体制，也是制度合理秩序得以建立的途径和手段。民主的字面含义就是民治，即人民管理国家事务。在现代社会，民主主要是一种政治管理体制，是指由广大人民管理和参与决策的国家管理制度，民主的程度是衡量社会制度合理与进步的尺度。

1. 社会主义民主

社会主义民主不仅仅要在形式上实行民主，承认广大人民是国家的主人，还要从实质上使民主真正成为国家管理的政治体制。

首先，社会主义民主体现在广大人民最广泛地参与国家管理和决策上。在理想的民主制度中，应该是全体社会成员都对国家管理和政策决策有直接或间接的参与。但实际上，在一个国家内使公民都参与政治决策和管理是不可能的，政权的所有者不可能都成为政权的管理者。民主总是相对的，没有绝对的民主。然而，这并不意味着政权的管理者就完全可以代替广大公民对政治管理的参与或决策，社会主义民主的广泛性是区别于资产阶级民主的主要特征。邓小平同志曾指出，"要使人民有更多的民主权利，特别是要给基层、企业、乡村中的农民和其他居民以更多的自主权"[1]。这一方面需要从根本制度上确立民主的方式、手段和渠道，保障人民的利益，使人民的意见和需要能够及时地反映到政府部门和管理部门，使国家的方针、政策能体现出广大人民的利益和意愿。另一方面还需要进行民主观念和民主精神的教育和培养，仅仅有民主的形式和制度，如

---

① 《邓小平文选》第3卷，人民出版社1993年版，第210页。

果民众没有民主意识和观念，民主也会流于形式。通过宣传教育并通过制度保障，使广大人民真正树立起主人翁意识，把参政、议政当作自己应尽的义务，自觉地维护社会主义民主。

其次，社会主义民主更体现在广大人民真实地参与国家管理和政治决策中。民主的广泛性是由社会成员普遍参与来体现的，而民主的真实与否是由公民参政议政的深刻性来体现的。也就是说人民的参政、议政是否有深度，是否真正对政治管理和决策产生影响，才能真正地折射出民主是否真实。正如科恩指出的，"公民只有投票，别无他事可为的制度与广泛而且充分地利用多种参与渠道的制度，这两者之间毕竟存在着巨大的差别"①。虽然，社会主义民主也不能保证每一个公民的意见都成为决策的依据，但充分吸收公民的普遍要求和依据人民共同利益来进行决策，却是社会主义民主区别于西方社会仅靠投票来展示的形式民主的关键所在。

2. 民主制度的建设

要真正地使广大人民能广泛和有效地行使民主权利，还必须加强社会主义民主制度的建设。"从制度上保证党和国家政治生活的民主化、经济管理的民主化，整个社会生活的民主化，促进现代化建设事业的顺利发展。"②

首先，完善和坚持人民代表大会制度。人民代表大会制度是实行民主选举、民主决策、民主管理和民主监督的有效形式。在法律上确立人民代表大会是最高的国家权力机构，并从法律上保证人民代表大会及其委员会履行职能，充分反映广大人民的意愿，是实施决策的科学化和民主化的制度保障。按照宪法的规定，全国人民代表大会拥有修改宪法和监督宪法的实施，行使国家立法权，选举、决定和罢免国家机关的重要领导人，决定国家重大问题，行使最高监督权等职权；地方各级人民代表大会拥有决定重大的地方性国家事务，选举和罢免本级国家机关的负责人，行使对本级人大常委会、人民政府、人民法院和人民检察院的监督权等职权。为了保证宪法赋予的民主权利的落实，保证民主制度的有效运转，还必须从制度上特别是从立法上，切实保证人民代表大会的权利的正常和有效行使，避免人民代表大会的权利受到行政、政府行为的干预。

其次，完善共产党领导的多党合作和政治协商制度，也是完善社会主义民主制度的重要组成部分。加强各民主党派的民主权利，是推进民主监督、参政议政的制度化和规范化的一条重要渠道。中国共产党领导下的多党合作和政治协商制度，是我国的一项基本政治制度，"长期共存、互相监督、肝胆相照、荣辱与共"是中国共产党与各民主党派合作的基本方针。充分发挥和加强民主党派的参政和监督作用，对于加强和改善党的领导，推进社会主义民主政治的建设，完善社会主义民主制度有着重要意义。加强多党合作，不仅是鼓励和支持民主党派与无党派人士对国家的方针政策和各项工作提出意见、批评和建议，而且还要支持和保证民主党派与无党派人士对国家事务的参与与管理，参与国家方针政策、法律法规的制定和执行。这就需要建立和完善民主党派与无党

---

① ［美］科恩：《论民主》，聂崇信、朱秀贤译，商务印书馆 1988 年版，第 24 页。
② 《邓小平文选》第 2 卷，人民出版社 1994 年版，第 336 页。

派人士在管理国家和社会事务中的民主参与和民主监督的法律体系和制度体系，切实保障不同党派、不同阶层的民主权利的实现。

另外，健全基层民主制度。在我国城市和农村按居民居住地区设立的居民委员会和村民委员会，不是一级政府，而是我国的基层群众性自治组织。加强基层群众性自治组织的建设，发动群众自己管好自己的公共事务和公益事业，对于完善社会主义民主制度是重要的补充。在村一级组织实行村民直选，在基层单位坚持职工代表大会为基本形式的民主管理制度等，都是社会主义民主制度建设的一部分。

总之，民主不仅是形式上的"主权在民"，"多数人的统治"，而是要通过各项法律、制度来确保广大人民群众通过各种途径和渠道来参政议政，使各项方针、政策能充分反映广大人民群众的呼声和需要。正如邓小平同志所指出的："我们各种政治制度和经济制度的改革，要坚定地、有步骤地继续进行。这些改革的总方向，都是为了发扬和保证党内民主，发扬和保证人民民主。"①

二、制度的法治

市场经济作为契约经济的主要特点，就是以法律形式来保障交易主体之间平等竞争的地位和权益。因此，市场经济要求社会生活各个方面依法律而活动，依法律来治理国家，因此法治就成为市场经济对制度建设提出的新的要求和新的课题。

1. 制度的法治的必要

制度的法治主要包含两个层面的内容，一是指制度的确立、运行、目标、原则要以法治的方式来管理，以保障制度的合法性和权威性；二是指法治本身就是一种制度，包括立法制度、行政制度、司法制度等法律体系。无论是动态的管理形式，还是静态的法律条文，制度的法治对于推动社会发展，促进政治文明，保障社会稳定都起着重要的作用。

从目标上看，法律乃至法治所追求的价值和目标，与人类社会追求的伦理价值紧密相关。诸如公正、平等、民主、秩序、和平、自由、正义等价值，不仅是社会发展的目标，也是法治的目标和追求。正如邓小平同志所指出的，"真正要巩固安定团结，主要地当然还是要依靠积极的、根本的措施，还是要依靠发展经济、发展教育，同时也要依靠完备法制。经济搞好了，教育搞好了，同时法制完备起来，司法工作完善起来，可以在很大程度上保障整个社会有秩序地前进"②。从内容上看，法治的核心是对公民权利的保护，公民的生命权、自由权、财产权、生存权等，都构成了法治所要保障的内容。与此同时，法治也包括对公民义务的规定和约束，权利总是与义务相伴随的。从法治的任务来看，法治也是对权力的监督和制约，是民主的保障和支撑。邓小平曾指出，"我们今天所反对的特权，就是政治上经济上在法律和制度之外的权利"，"公民在法律和制度面前人人平等，党员在党章和党纪面前人人平等。人

① 《邓小平文选》第2卷，人民出版社1994年版，第372~373页。
② 《邓小平文选》第2卷，人民出版社1994年版，第254~255页。

人有依法规定的平等权利和义务，谁也不能占便宜，谁也不能犯法。不管谁犯了法，都要由公安机关依法侦查，司法机关依法办理，任何人都不许干扰法律的实施，任何犯了法的人都不能逍遥法外"。①

法治对公民权利、社会价值的维护，只是法治的实质价值，还不足以说明法治治理的优越性，因为，从"德治"的角度而言，也可以将这些价值纳入到自己的体系中。法治优于"人治""德治"的主要特点更在于法治的形式特征。法治所具有的外强制性、权威性、普遍性、可操作性是"德治"所无法比拟的。"德治"主张依靠圣人之治、教化等非强制性手段来实施，其治理效果常常不具有长期性和稳定性，而"法治"则依靠强力机关支撑，并以强制性的方式实施，具有稳定性和实效性。另外，法治所依靠的法律规范不仅具有普遍性，是对所有社会成员的约束，而且也具有可操作性，尤其是现代社会，法律条文多以成文法的形式而颁布，具有确定性和易行性，便于操作和实施。正是由于法治的形式特征，使法治成为现代社会治理的主要手段和必要手段，法治的依法而治不仅可以体现出社会公正和正义，也是有效防止一人之治带来的专制和腐败的手段。

尽管法律的普遍性、确定性可能无法适应时代急剧变化的脚步，而导致法律的滞后或落后；尽管法律的权威性、强制性可能使法律缺乏灵活性、具体性，而使少数人的权益在特定性情况下受到损失，但相对于"德治""人治"的不确定性，法治是更为可靠的治理方式，是促进政治文明、保证社会民主的重要力量。

2. 制度法治的建设

加强社会主义法制建设，必须要做到有法可依、有法必依、执法必严、违法必究。

法治国家首先要有法可依，主要是有宪法可依，也就是实现宪政。当然有法可依，是指有良法可依，宪法必须代表人民的利益和意志才有可能成为良法。宪法是国家的根本大法，在社会主义国家，宪法不仅是执政党的意志体现，更是广大人民意志的体现，因此，社会主义宪法的制定原则就是要代表最广大人民群众的利益。树立宪法的权威地位，依宪而治，是有法可依的前提。同时，作为最高权力机关和立法权力机关的人民代表大会制度的完善，也是"有法可依"的基础。正如十六大报告所指出的："坚持和完善人民代表大会制度，保证人民代表大会及其常委会依法履行职能，保证宪法和决策更好地体现人民的意志。"

其次，要做到"有法必依"。不仅要提高公民的法律信仰和责任，保证法律在公民意识中的权威地位，同时也需要完善司法制度来保障"有法必依"的实现。十六大报告明确指出，"社会主义司法制度必须保障在全社会实现公平和正义。按照公正司法和严格执法的要求，完善司法机关的机构设置、职权划分和管理制度，进一步健全权责明确、相互配合、相互制约、高效运行的司法体制。从制度上保证审判机关和检察机关依法独立公正地行使审判权和检察权。完善诉讼程序，保障公民和法人的合法权益"。"有法必依"要求司法公正、程序公正、司法独立，从而树立起法律的威

---

① 《邓小平文选》第2卷，人民出版社1994年版，第332页。

信和威力。

再次，坚持"执法必严"。要求执法机关和执法人员忠于法律，严格按照法律的规定办案，正确适用法律，以维护法律的严肃性。这也需要"加强对司法工作的监督，惩治司法领域中的腐败。建设一支政治坚定、业务精通、作风优良、执法公正的司法队伍"。[①]

最后，坚持"违法必究"。要求一切国家机关、社会组织及其工作人员和全体公民在法律面前一律平等，如果违反法律，必须依法予以制裁。"有法可依，有法必依，执法必严，违法必究"是社会主义法治建设的基本要求，也是不可分割的有机组成部分，只有各个环节相互协调，相互支撑，才能保障社会主义法治建设的健康发展。

另外，需要指出的是，在社会主义法治制度的建设中，还需要加强公民法治观念的教育，培养公民的法治意识和修养，这也是社会主义法治建设中不可或缺的一环。受中国传统文化的影响，在当代中国公民法律意识、契约意识、规则意识还比较淡薄。因此，通过普法教育、法制宣传、道德教育等形式，增强公民的法律意识和法治观念，也是对法治建设的补充。从这一层面而言，"依法治国"与"依德治国"两者也是相辅相成、缺一不可的。只是在社会主义法治建设中，"依法治国"是核心和重点，"依德治国"是"依法治国"的导向和补充。

第四节　制度的信用与公开

契约经济的核心就是信用，所以市场经济也是信用经济。建立起信用的制度，对市场经济的有序和谐发展将起到积极的保障作用。同时，要保障制度的信用，又必须要求制度是公开的、透明的，只有制度公开，才能保证制度的信用，才有市场竞争的公平与公正。

一、制度的信用

诚信作为道德要求，常常诉诸个体和主观，是一种非正式性的制度要求，而信用特别是经济信用、商业信用等，则需要一种正式的制度安排来加以完成和保障。因此，制度的信用就是指通过特定组织的一系列规范要求和机制，来保证契约、合作得以履行的规则和体系。

1. 政府信用制度的建立

制度信用建设的关键是政府信用的建立，即是通过制度保障和制约政府及其部门对政策、规则、契约的履行与践约。

首先，加大政府管理体制的改革。转变政府职能，明确政府的职责，转变政府职能就是变计划经济体制下的全能政府为市场经济体制下的"有限"政府，实现政企分开，

---

① 江泽民：《全面建设小康社会，开创中国特色社会主义事业新局面——在中国共产党第十六次全国代表大会上的报告》，2002年11月8日。

党政分开。也就是说，在现代政治治理中，政府应更多地扮演经济宏观调节、市场监管、公共管理、社会服务的职能，最大限度地减少政府对经济、企业具体事务的干预，减少政府权限的越位和出位。同时，明确政府的职责，强化责任意识，增强履约的能力，积极打造责任政府。确立责任制和承诺制，并制约监督政府严守职责、履行承诺，做到有令必行，有禁必止。

其次，加强法制建设，推进依法行政。一方面，各级政府要以法律为依据，建立科学的决策制度，按照法制程序，依法进行决策、制定政策，推进决策制定的科学化和法制化。另一方面，各级政府要建立有效的政策执行制度，通过严格的规范化、程序化、明确化的机制，保障决策和政策的执行和践履，保证政策法规的稳定性、一致性和连续性，克服随意行政、朝令夕改的弊端。再次，通过法治建立起对失信的惩罚制度，依法对政府失信行为进行责任追究和惩罚，并按照《中华人民共和国国家赔偿法》的规定，对失信的后果进行赔偿，依法树立起诚信政府的形象。

另外，建立政府信用的监督制度，加强对政府行为的监督。从博弈论角度来看，政府作为信用的主体有着先天的优越性，其直接作用的对象是公众，因此，政府与公众之间存在着天然的不平等、不对等的地位。这种地位的优势，决定了政府在提供公共产品和公共服务等方面享有绝对的信息优势地位，而公众则处于信息不对称的状态。在这种状态下，政府一旦失信，公众只能被动地接受。在公共选择理论看来，政府作为公共权力的委托代理人，并不能超越"经济人"的本性，也要追求个人利益的最大化。如果政府失信时，其行为既不受到处罚，又能获得额外的利益，政府在行为选择上很可能会选择失信。为了克服在公共选择中政府基于成本计算而可能出现的机会主义行为，最有效的方式就是要建立起对政府行为的监督制度，使政府能够真实地履行公共权力。切实建立起广泛的监督制度，是切实克服官僚主义、形式主义的有力法宝。对政府信用的监督，不仅是社会政治实体的责任，也是各种群众组织、经济组织及广大公众的责任。因此，建立起各个行业、各级组织，广大群众对政府行为有效监督的机制和程序，是促进政府诚信的有效手段。为了保证各级组织、团体、个人对政府信用的监督，除了要降低监督的成本，防止监督的风险外，还要建立起政府与公众之间的重复博弈机制。也就是通过制度建设，建立起政府与公众长期合作的机制和规则，使政府的稳定执政与公众的长期预期达到平衡与和谐，促进公众对政府信用监督的热情和积极性，以防止监督机制的失灵。

最后，完善政府官员的考核制度。一方面，要完善对领导干部的政绩考核制度，变"工程"考核为信用考核，将物质文明与精神文明、平均指标与综合指标、短期考查与长期考查结合起来进行考核，从根本上克服短期行为、急功近利的形式主义和地方保护主义的泛滥。另一方面，要建立政府信用的考评机制，加强对各种信用的检查与制约。将政治信用与经济信用、部门信用与个人信用、上级信用与下级信用结合起来进行考评，对履行信用的政府部门和个人进行表彰和激励，对失信行为进行监督和制约。同时，可以推行各种组织和中介机构对政府信用的考评和评级，使政府信用公开化、社会化，促进政府信用水平的提高。

政府信用制度需要制度建设来实现，只有建立起完备而科学的信用制度，才能真正建成信用政府和责任政府。

2. 经济信用制度的建设

经济信用制度建设是信用制度建设的核心内容。市场经济是信用经济，没有信用的市场经济是不完善的和失败的，因此，建构经济信用，用制度保障经济信用的实现，是市场经济的内在要求。

无论对企业、银行和个人，就经济信用制度建设而言，建立征信制度是一条切实有效的捷径。"征信"一词对应于英文的 Credit Investigation 或 Credit Checking。"关于它的翻译，取自《左传》的说法。《左传》中提到：君子之言，信而有征，故怨远于其身；小人之言，僭而无征，故怨咎及之"，"在信用管理词汇中，它的基本词义是调查或核实企业或个人的信用"。① 在计划经济时代，由于商品交易范围有限，交易双方较容易获取对方的信用信息。所以征信制度的需求不甚迫切。而随着市场经济的发展，交易范围高速扩张，信息不对称的情况普遍存在，为了避免交易的风险，就需要在交易之前了解对方的资信，而能够提供资信服务的活动和行业就是征信服务。就征信的范围而言，主要就是企业征信和个人征信。无论是企业征信制度还是个人征信制度的完备，首要前提是提供法律的支撑和保障。通过立法强制相关企业、行政部门和社会部门以法定的途径和范围，将企业在贷款、还款、经营、财务状况，将个人财产、贷款、医疗、保险等基本情况向征信机构开放。同时，通过制定法律法规，规范征信机构在保护企业核心机密、个人隐私的前提下，对信用信息进行合法、正当的收集和使用。

目前，中国关于征信服务方面还没有一部专门的法律，使征信制度建设起步缓慢。在这一方面，我们可以借鉴美国的经验和做法。美国是目前世界上信用管理方面法律最为完善的国家，在征信制度方面相关的法律有《公平信用报告法》《平等信用机会法》《平等信用结账法》《信用修复机构法》等，用法律明确征信机构的业务范围和权利，对征信制度的完善起到了有效的保障作用。因此，完善征信制度的法制建设，完善信用管理的法律和法规是信用制度建设的首要任务。其次，要建立和完善征信管理制度。征信管理的主要范围就是金融信用，因此，发挥中国人民银行在金融信用管理中的主导作用，也是信用建设的主要内容。2006 年 3 月，中国人民银行设立中国人民银行征信中心，专门负责企业和个人征信系统（即金融信用信息基础数据库，又称企业和个人信用信息基础数据库）的建设、运行和维护。目前，征信中心在全国 31 个省和 5 个计划单列市设有征信分中心。除人民银行负责对金融信息的收集、加工和服务之外，各金融机构也应建立相应的征信机构，负责企业和个人信用状况的收集和整理。同时各大银行和各级金融机构也应打破信息的封锁，做到信息共享，避免重复劳动和无效劳动，实现联合征信的体制。另外，在征信服务方面，应逐步实现行政管理向公司化运作模式的转变，并加大对民营征信机构的政策支持，维护信用制度的公正性和独立性。征信的管理除了对企业和个人信用进行管理之外，还需要加强对征信行业的管理。一方面是加强对征信机构的管理，对从事征信服务的行业和机构进行信用评估和监管，另一方面是对从

---

① 林钧跃：《社会信用体系原理》，中国方正出版社 2003 年版，第 62~63 页。

事征信服务的相关人员如注册师、会计师、审计师和律师等从业人员的管理。包括机构市场准入制度，从业人员执业资格认定制度等。同时，建立起相应的奖惩制度，奖优罚劣。通过建立奖励制度为守信企业和个人树立良好的社会形象，通过失信行为的通报和举报制度，对不良信用的企业和个人进行惩罚。与此同时，还要建立申诉制度，以避免授信人被诬告和诽谤。

3. 法律信用制度的建设

信用在现代社会，不仅是一个道德概念，更是一个经济概念，要促进信用在经济领域乃至社会其他领域普遍推行，最为有效的手段还是法制。法律制度的完备不仅是信用制度的切实保障，也是树立法律信用的基石，因此法律信用制度的建设举足轻重。

当前，我国市场经济中出现的信用危机，最直接的原因就是法律的惩罚力度不够。在很多情况下，当交易者以假冒伪劣、坑蒙拐骗的方式获取了暴利，当事者就会从成本及收益的分析中，得出欺诈并不是交易成本很高的行为的时候，就有继续从事欺诈活动，以获取利益的可能。所以，如果法律制度不能使信用者获利，使不守信用者失利，那么交易者就会在交易中不守信用，这样，不仅使失信行为越来越泛滥，也会使法律失去权威，破坏法律的信用。法律缺乏对守信者的保护，对失信的惩罚，法律得不到遵守，执法不严、有法不依的现象都会对信用带来破坏，所以作为信用的保护神的法律信用制度的建设也迫在眉睫。目前，我国制定的民法通则、公司法、合同法、担保法、票据法、企业破产法等，初步形成了对信用恪守的法律制度，对社会信用的建立起到了一定的作用。但是，由于这些法律并未专门针对信用设立相关规定和条文，因此，对违反信用的处罚力度不够且笼统模糊，无法解决实际问题，导致失范行为日益增多。为此，建立完备而健全的信用法律规范，是完善信用制度的首要之举。对失信者，除了通过法律可以进行经济制裁。通过法律的强制和权威，迫使人们恪守信用，从而使信用的理念由他律走向自律。

信用是法律制度的基础和核心理念，以法律保障信用和以信用为法律之本是一个事物的两个方面，只有信用的法律才能保证法律的信用，也只有法律的信用才能促进信用的法律的实现。为此，加大执法力度，保证司法公正，坚持有法必依、执法必严，才能以信用的法律促进法律的信用、乃至社会信用的达成。

二、制度的公开

制度的公开是指国家行政事务、立法活动和各项公共事务等面向社会大众开放的制度。制度的公开是民主政治发展的必然要求，是制度建设的重要组成部分。随着对外开放的进一步扩大，随着市场经济的体制的进一步发展，对政府的管理机制方式也提出了新的要求，公开行政成为最基本的道德底线。

1. 制度公开的国外借鉴

我国制度公开的建设起步较晚，许多做法和经验还处于摸索和探索阶段，为此，借鉴西方发达国家的经验，取长补短，对于我国制度公开的建设是十分必要的。

　　以法制的形式保障制度公开的实行，是西方国家制度公开建设的主要经验。二战后，以美国为代表的西方国家陆续用立法的形式确立信息的公开制度用以制约政府对信息、情报的开放，为公众提供服务。美国在 1966 年制定了《信息自由法》（又译《信息公开法》），"这部法律具体规定了行政机关应向公众公开哪些信息，应当如何公开这些应当公开的信息，公民应当如何索取政府信息，如果公民向行政机关索要行政机关应当公开的信息而遭拒绝，应当如何通过司法程序取得救济等重大法律原则"①。《信息自由法》的规定，对公众了解政府的信息和决策，对公众参政、议政、督政都起到了积极的推动作用。1976 年美国国会又制定了《公开会议法》（Open Meetings Act，俗称《阳光下的政府法》），为政府进一步公开办事程序和规则提出了法律上的要求。《公开会议法》要求除了法定的例外，一切行政会议一律公开举行，最迟在一周前向公众发出会议通知。会议召开时公民可以旁听，会议的内容在会议结束后即时公布。按照《公开会议法》的规定，暗箱操作，背后交易都变得不可能，行政过程和结果都展现在阳光下。公开透明的行政，既便于民众监督，又杜绝了腐败，保证了阳光政府的形象。随着网络时代的到来，电子网络成为一种更为便捷、迅速的传媒工具，为了便于利用网络来进行信息的快捷公布和传播，1996 年美国又通过了《电子化信息公开法》（Electronic Freedom of Information Act），要求政府部门采用网络技术，向公众提供信息服务。该法的主要目的就是最大效率、最大限度地保障公民及时全面地获取政府公开的信息。因此，《电子化信息公开法》颁布之后，促使政府部门更加及时和全面地向公众提供信息，保证公民知情权的实现。可以说该法的颁布，使美国的制度公开发生了重大变革，"即发生了由政府应公民申请而提供相应信息到政府机关主动向公众发布信息的变革；同时也发生了政府机关信息部分公开到全部公开的变革"②。随着信息时代的到来，政府部门对公民个人信息掌握得越来越多，如何防止信息公开对个人信息的损害，美国还于 1974 年出台了《个人隐私法》，严格保护公民的隐私，规定了涉及个人隐私的信息只向当事者公布的原则。这些法律法规的出台，为美国的制度公开、政务公开提供了法律依据和保障。法国也于 1978 年制定了《信息与自由法》，以保证国家政府在信息发布中对个人信息的保护。同时还设立了"全国信息与自由委员会"，专门负责信息收集、公布的合法性的事项，以及个人信息使用与保护的问题。法国于 2000 年又制定了《行政关系中公民权利法》，规定政府有为公民获取信息创造条件的义务，同时任何人都有获取信息的权利。可以说，用法律来确立信息公布的主体、范围、内容，明确公开信息与个人隐私的权限，是建立制度公开的最有力的措施。

　　通过制度确立信息的公开，也是西方国家制度公开的重要手段。制度的公开、信息的公开不仅仅是政务的公开，还包括立法的公开，司法的公开以及社会公共事业的公开等，因此，建立起有效的公开制度，才能保证全面公开的实现。就美国而言，无论是《信息自由法》《公开会议法》，还是《电子化信息公开法》，主要是适用于政府行政机关，并不能约束国会和法院。而国务的公开、检务的公开，在美国主要是依靠一系列制

---

① 李步云：《信息公开制度研究》，湖南大学出版社 2002 年版，第 312 页。
② 李步云：《信息公开制度研究》，湖南大学出版社 2002 年版，第 318 页。

度来加以保证的。如美国国会的信息、会议公布制度是非常明确的，除非涉及国家管理重大机密和军事机密，规定任何信息都必须对公众开放。从国会的会议时间、主题、内容、地点，到会议的议题、形式、结果都必须公示，这已经形成了一套既定的制度和原则。同时，国会的各专门委员会的会议也必须公开举行，甚至听证会也要公开举行。美国不仅有会议公开制度，还有会议决议公开制度，就是要求国会产生的决议、法律必须全部公开，国会开会的文字记录当日公开。对于司法机关的信息公开，美国也有严格的制度规定。在美国从地方法院到最高法院，任何案件的审理都是公开举行（另有法律规定的除外）。审判过程，任何人都可以旁听，判决结果也必须向公众公开。即使法律规定的不公开审理的案件，其结论也必须向公众告知。在法国有行政规范性文件公布制度。该制度规定，总统令或政府总理令必须在《官方公报》上公布，政府部门的规范性文件必须在政府各部的《公报》上刊登，重要的文件还要在《官方公报》上发布，地方机关的文件应在相应的《行政规范性文件汇编》上刊登。同时规定，行政规范性文件只有通过公布这一环节才能生效，否则不具有法律效力。在法国，司法公开也有严格的制度为保障，法院审理案件时，允许与本案无关的人进行旁听。涉及宪法性、政治性的案件，也允许市民旁听并通过媒体直播，使广大公民享有知情权。总之，通过完善各项制度促进社会事务的公开，对于保障公民的民主权利是切实可行的有效手段。

设立专门的机构加强对制度公开的检查与监督，也是西方国家在制度公开的建设中的经验之一。法国在政务公开环节设有"行政文件获取委员会"机构，负责审理公民的请求，并向行政机关提出建议。如果公民获取行政文件未在法定的期限内得到答复，就可以向"行政文件获取委员会"申诉，如果行政机关不采纳该委员会的建议，公民还可以向行政法院提起诉讼。在信息公开方面，法国设有"全国信息与自由委员会"的机构，公民在查阅或更正不实信息遭拒时，可以向该委员会提起申诉。该委员会的职能虽不具法律效力，但该委员会可以对信息持有者的不当行为进行通报和批评。在信息服务方面，法国还设有"部际行政信息中心"，解答公民的疑问，提供信息服务，并接受电话咨询等。在法国，有1/4议员动议就可以设立调查委员会，对联邦政府及其机构中的弊端或腐败问题进行调查。调查委员会可以举行公开会议，便于公民的参与和监督，其调查结果将向联邦议院汇报并提请联邦议院作出决议。专门机构的设立，有助于公众及时反映问题和情况，也便于政府和相关部门及时解决问题，是完善制度公开的必要手段。

当然，西方发达国家在制度公开建设方面的经验值得我们学习和借鉴，同时，也应看到由于西方社会固有的矛盾和利益之争，真正达到全面的公开、真正的民主，也是不可能的。如在日本，2001年实施的《信息公开法》在公布的第一个截止日，各种请求公开信息的总数为5000余件，但实际决定公开的只有900余件，只占请求总数的16%。因此，在借鉴国外成功做法的同时，吸取他们的教训，对于如何搞好我国公开制度的建设将大有裨益。

2. 制度公开的建设

随着公众权利意识的增强，要求政务公开、信息公开的呼声也越来越高，政府在政务公开、信息公开等方面也做了大量工作，也取得了不少成绩。但从总体上看，制度公开的建设还无法满足现代社会民主政治发展的要求，因此，加强制度建设，加快制度公开的步伐，是建设社会主义制度文明的必然要求。

加强制度公开的法制化建设。健全人民民主，实现依法行政，都离不开信息的公开、政务的公开，而只有将政府行政活动的透明度、开放性要求写入法律，才能实现民主，实现依法行政。首先，要将制度的公开以宪法的形式确定下来。虽然我国宪法已规定了公民的基本权利，如参政、议政的权利，但未明确提及"知情权"的权利问题，因此，将"知情权"上升为宪法的法定权利是制度公开建设的第一步。其次，可以通过专门法来促进信息公开、政务公开、管理公开，如《信息公开法》《政务公开法》等。在专门法中应明确公开的主体，信息公开的主体主要是指公共信息的发布者，不仅包括行政机关，也包括立法机关、执法机关，不仅包括事业单位，也包括学校、企业和社团等；政务公开的主体主要是指行政单位、党务机关，不仅包括中央政府机构，也包括省市地县等各级政府职能部门。只有将制度公开的主体确立在最广泛的范围内，才能做到信息公开的全面性和完整性。同时，在专门法中还应明确公开的内容与形式。在内容方面，除个人隐私、国家机密、商业机密之外，应全部对公众开放。信息的发布者有义务向公众提供法定的真实的信息，为公众提供服务，并接受公众的质疑和监督。在形式上，要明确政府主动公开和公民申请的不同形式，对其义务和权利作出明确规定。为保证制度公开的真正落实，在立法中还要明确公开的责任，对侵犯公民合法知情权的行为，要从法律上追究责任。另外，要从法律上保证公民有依法申请公开及复议的权利，有通过司法程序保护公民对信息主体诉讼的权利。法律是一种强制性的制度和规范，制度的公开只有上升为法律，才能得到强有力的保障，也才能切实保障公民知情权的实现，克服公开活动中的形式主义、官僚主义。

健全公开的监督制度。对公开的信息和内容、程序、形式等进行有效的监督，才可能保证公开的实现和完善，没有有效的监督，公开就只会是公布，只会流于形式。首先，建立公开的准入制度。也就是说职能部门要主动地公开信息、公开重大事项的决策过程，同时，公众要树立起权利意识，并将知情权付诸公开的监督活动中，也就是允许公众的公开监督。要完善公开的准入制度，主要是职能部门要完善信息公开制度、会议公开制度。信息的公开要真实、准确、及时，会议的召开应提前预先，告知公众会议的议题、地点、时间、范围、方式，便于公众监督。信息公开和会议公开要形成一整套完善的制度，便于公众的参与和监督。其次，完善内部监督制度。内部监督制度主要是发布信息主体的部门和单位，在内部形成有效的监督机制，以督促政策、制度的公开。内部监督制度建设，一方面要完善法人负责制，促进部门负责人事务公开的积极性；另一方面要完善集体监督责任制，各部门和单位的所有成员都有监督的义务和责任，分工负责，责任明确，及时对公开活动中的不当行为进行检查和督促。再次，完善外部监督机制。外部监督主要是指社会和行业外部的监督，主要监督途径有权力机关监督、政府监督、司法监督、专门监督、舆论监督和社会监督等。完善外部监督机制，一是发挥职能监督部门的作用，设立专门的监督机构对制度公开进行监督，使监督工作更专业、科学。邓小平同志指出，"对各级干部的职权范围和政治、生活待遇，要制定各种条例，最重要的是要有专门的机构进行铁面无私的监督检查"①。也就是说，在公开制度中要有专门的条例、政策、法规，同时，设立专门的监督检查机构进行监督、检查，保障公民的知情权的依法保护和信息公开制度的落实。一是要发挥群众的监督作用，对制度公开进行广泛的监督。邓小平就说过，"要有群众监督制度，让群众和党员监督干部，特别是领导干部。凡是搞特权、特殊化，经过批评教育而又不改的，人民就有权依法进行检举、控告、弹劾、撤换、罢免，要求他们在经济上退赔，并使他们受到法律、纪律处分"②。

健全公开的评议制度。对公开的信息、政务、内容及其结果进行评议，不仅可以保证公开的全面性和彻底性，而且也是促进公开制度落实、讲求实效的有效手段。首先，要建立内部评议制度。内部评议制度可以分中期、远期、季度、年度等来进行，对阶段性工作或结论性工作进行评议和总结。同时，也要对公开的政策、政务、制度、事项等内容是否准确、真实进行评议，对公开的程序、形式、时效等是否公正、合法、及时等进行定期评议。另外，更要对公开事项的结果和社会影响进行评估，对公开的信息所产生的经济效益和社会效益进行反馈，使公开的制度切实发挥其效用。不论对公开的内容、形式，还是对公开的结果、效果、价值的评议，都应该有一整套的制度和机制相配合，使其评议工作切实落实到位。其次，要建立外部评议制度。外部评议制度就是组织人民群众对公开的过程及其结果进行评议的制度，即"组织人民群众对政务公开的内容是否真实、准确、全面，时间是否及时，程序是否符合规定，制度是否落实到位等进行评议"③。2011年6月中共中央办公厅国务院办公厅印发了《〈关于深化政务公开加强政务服务的意见〉的通知》，要求"按照深化行政体制改革的要求，转变政府职能，推进行政权力运行程序化和公开透明；按照公开为原则、不公开为例外的要求，及时、准确、全面公开群众普遍关心、涉及群众切身利益的政府信息"。人民群众对公开的过程及其结果、效益是否满意，是衡量制度公开是否成功的最客观的标准和尺度。因此，任何公开的信息、政策等，都要听取群众的意见，接受公众的批评和建议，把制度公开的工作推向深入，同时把反映和评议渠道以最便捷的方式告知广大群众，便于群众及时反馈意见和建议。群众的评议和反馈可以通过书面、电话、邮件、网络、媒体等多种形式来进行。另外，也要将接受群众反馈、评议工作日常化、制度化，并及时将群众意见和建议反馈给相关部门，提高制度公开的效率和效益。当然，利用专家、专业人员和社会团体的优势，吸收他们参与到制度公开的评议工作中也是制度创新的一条思路。专家和专业人士由于具备相应的专业知识，对公开的信息的内容、程序的把握更具专业性和科学性，对评议工作的规范化和专业化会起到积极的促进作用。为此，可以设立专门的评议机构，吸取相关专业人士和社会团体加入，既可以保证评议工作的公平、公正、科学，又可以为制度公开的建设出谋划策。评议机构的设置和运行，应有相应的制度和政策支持，保证评议机构真正发挥作用。

---

① 《邓小平文选》第2卷，人民出版社1994年版，第332页。
② 《邓小平文选》第2卷，人民出版社1994年版，第332页。
③ 中共中央办公厅、国务院办公厅：《关于进一步推行政务公开的意见》，2005年4月24日。

建立健全公开的责任制度。建立公开的责任制度，一方面是要提高信息公开主体的责任意识，担负起向社会公众公开信息的责任；另一方面是对未能履行相关责任的单位或部门，进行责任追究，建立相应的奖惩机制。首先，建立公开的责任追究制度。不论政务信息的发布者，还是党务信息的发布者，不论是法务信息的发布者，还是商务信息的发布者，只要在法律规定的权限内，就有向公众发布真实有效信息的责任。在建立公开的责任追究制度中，要明确公开责任的考核办法和细则，制度目标责任制。对于很好地履行信息公开责任的单位或个人，通过公众评议可以予以适当的鼓励和奖励，以促进公开工作的进一步顺利开展。而"对工作不力、搞形式主义的，要严肃批评，限期整改；对弄虚作假、侵犯群众民主权利、损害群众合法利益、造成严重后果的，要严肃查处"。① "对未将政务公开工作纳入本地区、本部门重要议事日程，组织领导不力，或者避重就轻，只公开一般事项，不公开重点事项，致使公开内容不全面、不到位，走形式、走过场的；不按规定的内容、时限、程序公开，又不能在限定的时间内进行改正的，要对该领导班子主要领导、分管领导以及有关责任人员进行批评教育。情节严重的，要给予党纪政纪处分。"② "制定政务公开责任追究制度，对不执行政务公开的单位领导，以及在政务公开工作中弄虚作假，不公开、假公开、半公开的行政机关及其工作人员，明确必须承担的纪律责任。"③ 其次，健全公开的救济制度。就是在公民由于公开环节的不到位、不合理而利益受到侵害时，不仅要求信息主体承担行政责任和党纪责任，还应承担其法律责任，依法获取司法补偿和救济。也就是说，公开的责任追究制度不仅要保证公民有申请行政复议的权利，如果公民对行政复议的结果不服，还有依法申请司法保护和救济的权利。只有建立健全完善的责任制度，才能真正敦促各级部门，包括企事业单位等依法公开信息、公开管理，才能真正做到制度的公开。

制度的公开，包括制度的信用，是制度伦理的最基本的要求，是制度建设的基础工程。因此，从制度的公开、信用建设入手，从基础性工程做起，才有制度伦理的达成，也才有制度文明的完善。

◎ 思考题

1. 如何理解制度的公正与正义？
2. 如何理解制度的自由与平等？
3. 如何理解制度的民主与法治？
4. 如何理解制度的信用与公开？

① 中共中央办公厅、国务院办公厅：《关于进一步推行政务公开的意见》，2005年4月24日。
② 中共中央纪委办公厅编：《政务公开》，中国方正出版社2004年版，第62~63页。
③ 中共中央纪委办公厅编：《政务公开》，中国方正出版社2004年版，第70页。

第十章　应用伦理

应用伦理是对社会经济发展和科技发展在诸多领域实践中出现的伦理和道德问题的思考和反思，主要在生命医学、网络技术、生态环境、全球问题等领域展开。

第一节　应用伦理的核心原则

应用伦理学在发展中形成了众多的分支学科，如生命伦理、网络伦理、生态伦理、全球伦理等，不同的伦理领域有着不同的原则要求和具体规范。而这些具体的规范和要求，实际上又在不同程度上遵循了共同的核心原则，即自主、不伤害、公正、和谐等。

一、自主的原则

在应用伦理学中，自主原则就是承认个体基于个人意愿所做出的自由选择和采取行动的权利。具体而言，个体在面临科学技术、医学技术等带来的应用成果的选择上，可以根据自己的意愿自由地选择接受还是不接受，没有任何人和组织可以强迫个人做出违背自主意愿的选择。自主原则是对人的自由与人格的尊严，并包含有知情同意、尊重隐私等道德要求。

1. 知情同意

"知情同意"包含两层含义，即知情与同意。"知情"包括了解权和被告知权，即相关部门和机构在对客户实施某些方案和措施时，必须为服务对象提供准确和充分的信息，告知其利害关系。"同意"是指拒绝权和同意权，即在知情的基础上，个人在了解自己将面临的风险、付出的代价和可能取得的收益的基础上自由作出选择的权利。"知情同意"是指行为人在对科技成果应用和消费的过程中，在信息对称的情况下所做出的是否同意的选择权利。

"知情同意"最早出现在《纽伦堡法典》中，《纽伦堡法典》强调："受试者的自愿同意绝对必要。这意味着接受试验的人有同意的合法权利；应该处于有选择自由的地位，不受任何势力的干涉、欺瞒、蒙蔽、挟持，哄骗或者其他某种隐蔽形式的压制或强迫；对于试验的项目有充分的知识和理解，足以作出肯定决定之前，必须让他知道试验的性质、期限和目的；试验方法及采取的手段；可以预料得到的不便和危险，对其健康或可能参与实验的人的影响。确保同意的质量的义务和责任，落在每个发起、指导和从事这个实验的个人身上。这只是一种个人的义务和责任，并不是代表别人，自己却可以逍遥法外。"① 1997 年发布的《世界人类基因组与人权宣言》明确指出："在各种情况下，均应得到有关人员的事先、自愿和明确的同意。"② 1964 年正式通过、2000 年修订的《赫尔辛基宣言》重审，知情同意是人体医学研究的伦理准则，指出"对于一切涉及人的生物医学研究，在研究者必须取得未来受试者自愿的知情同意，如其无能力作出知情同意，则由其法律授权的代表人作出允诺"。③ 生命伦理学家恩格尔哈特强调生命伦理的允许原则，实际上也可以说是知情同意原则，他认为"允许原则在这种意义上建立了相互尊重的道德：它要求只有在征得他人的同意才能利用他人"。④ 随后，知情同意原则不仅在医学领域广泛应用，而且在基因治疗、人体试验等领域中也得到广泛支持。

2. 尊重隐私

"尊重隐私"也是自主原则的具体要求和体现。隐私权是指个人享有的私人生活与信息不被他人非法侵扰、知悉、收集、利用和公开的一种权利，而且个体具有是否向他人公开隐私以及公开的范围和程度等具有决定权。隐私权作为一种基本人格权利，不仅受到法律的保护，也要求有伦理道德的支持。

《赫尔辛基宣言》中关于"医学研究的基本原则"中提出："受试者保护自己尊严的权利应该得到尊重。要采取防范措施确保他们的隐私得到尊重，个人资料得到保密。"⑤ 在基因伦理中，我们也会遇到基因组图谱的个人隐私权和使用权的伦理问题。当个体的遗传连锁图被破译，那么个体的生命过程的生物信息就会成为可以预知的信息，这些信息对于疾病的诊断和预防无疑有着重要作用，但由此又可能引发出诸种社会问题，如遗传信息中有潜在问题的人，如果其信息被公开，就可能会影响其工作权利、生育权利和医疗权利等。因此，在遗传信息的个人权利问题上，尊重其信息的隐私权是十分重要的。社会和政府只有对基因信息的诊断权利，而无公开个人遗传信息的权利，如因医疗等原因确属需要公开的个人遗传信息，也应尊重个人的自由和选择的权利，不能因为基因技术的发展而导致对基因隐私权的不尊重，更不能以有缺陷基因的存在而取消基因的隐私权。尊重和保护隐私不仅是医学伦理和生命伦理的基本要求，随着网络技术的广泛使用，也引发了个人隐私权问题，保护隐私也成网络伦理的基本准则。网络隐私权是隐私权在网络中的延伸，是指在网络上的私人信息、私人空间和私人活动有不被他人非法侵犯、知悉、搜集、复制、利用和公开的一种权利。于是禁止在网络上泄露他人相关的私人信息，如电话、住宅、年龄等信息，禁止私自下载和传播他人的文件、图像等，成为网络伦理的基本规范。

---

① 转引自徐宗良、刘学礼、翟晓敏：《生命伦理学》，上海人民出版社 2002 年版，第 300 页。

② 转引自徐宗良、刘学礼、翟晓敏：《生命伦理学》，上海人民出版社 2002 年版，第 309 页。

③ 转引自徐宗良、刘学礼、翟晓敏：《生命伦理学》，上海人民出版社 2002 年版，第 323 页。

④ ［美］H. T. 恩格尔哈特：《生命伦理学基础》，范瑞平译，北京大学出版社 2006 年版，第 109 页。

⑤ 转引自徐宗良、刘学礼、翟晓敏：《生命伦理学》，上海人民出版社 2002 年版，第 318 页。

自主原则作为应用伦理的主要原则，不仅是对个人利益的维护和尊重，更是对科技应用和社会发展的道德要求。任何科学试验、成果、技术的应用，必须考虑公众的个人意愿和尊重个体的自我选择，保护个人的知情权利和隐私权利，这样科学成果才能更好地为公众服务。

二、无害的原则

无害原则也称为"不伤害原则"，是应用伦理的核心规范，任何科技成果的开发、研制和运用，都必须限制在对人类发展无害的底线之内。

1. 对人类自身无害

科学的发展特别是生命科学的发展，给人类的生命质量带来了前所未有的水平，但同时随着科技的发展特别是生命技术对生命繁殖、产生和进化的过度干预，可能会给人类自身带来伤害，我们必须予以伦理警示。

对人类自身的无害和有利，首先是指对人类的个体生命、身心、尊严的无伤害。科学技术的应用出发点和立足点都应立足于有利于人的生命和身体健康，不能以损害人类生命的方式来完成和达到科学研究的目的。这就要求科学家和技术人员不论在实验中还是在成果的应用中，始终要把人类的生命、健康、尊严放在第一位。正如《纽伦堡法典》中所指出的，"实验进行必须力求避免在肉体上和精神上的痛苦和创伤"，"必须作好充分准备和有足够能力保护受试者排除哪怕是微之又微的创伤、残废和死亡的可能性"。①《赫尔辛基宣言》也要求，"将研究对受试者的身心健康和人格的不良影响减少到最小的地步"②。人类科技的发展是要为人类服务，减少伤害，有利于人类的发展，才是科学发展的根本目的。其次，对人类自身的无害和有利，还包括对人类整体利益的观照和维护。科学技术的应用必须建立在维护人类进步、人类整体发展的立场上。比如生命科学发展在克隆人问题上，必须站在人类利益的角度来思考。无视克隆人在技术方面的风险和安全问题，可能会直接影响到人类整体的生存。

审慎对待生命科学的成果和应用，用无害的应用伦理原则做尺度进行规范是十分必要的。

2. 对环境无害

科学技术的发展给人类发展带来了无限广阔的前景，人类自身的力量也不断因科技的发展而日益强大，征服自然、征服环境的能力也日新月异。与此同时，技术对环境、对自然的破坏也日益严重，甚至开始危及人类的生存，因此，审视科技带来的负面影响，限制科技对环境的破坏，也是应用伦理学的应有之义。

生态整体主义认为，一种恰当的生态伦理必须要从道德上关心无生命的生态系统，

① 转引自徐宗良、刘学礼、翟晓敏：《生命伦理学》，上海人民出版社 2002 年版，第 300～301页。

② 转引自徐宗良、刘学礼、翟晓敏：《生命伦理学》，上海人民出版社 2002 年版，第 318 页。

必须是整体主义的，即它要把物种和生态系统这类生态整体视为拥有直接的道德地位的主体。生态整体主义思想主要体现在大地伦理学、深层生态学和自然价值论等伦理理念中。大地伦理学的宗旨强调要扩展道德共同体的界线，把包括土壤、水、植物和动物，及由它们组成的整体即大地纳入到伦理的视野中。把人的角色从大地共同体的征服者改变成大地共同体的普通成员与普通公民，人不仅要尊重共同体中的其他伙伴，而且要尊重共同体本身。人不仅生活在社会共同体中，而且也生活在大地共同体中，因此人有义务尊重共同体中的其他成员和共同体本身的利益。大地伦理学的代表人物利奥波德明确指出，一件事情当它有助于保护生命共同体的完整、稳定和美丽时，它就是正确的；反之，它就是错误的。内斯开创的深层生态学包括两个基本的伦理规范：第一，每一种生命形式都拥有生存和发展的权利，若无充足理由，我们没有任何权利毁灭他的生命；第二，随着人们的成熟，他们将能够与其他生命同甘共苦。深层生态学的生物圈平等主义与生物平等主义的基本精神是大致相通的，同时深层生态学又主张在自然的共同体中的自我实现。深层生态学所理解的自我实现的过程，就是把自我理解并扩展为大自然的大我中，并缩小自我与其他存在物的疏离感，把其他存在物的利益看作自我的利益的过程。以罗尔斯顿为代表的自然价值论把人们对大自然所负有的道德义务建立在大自然所具有的客观价值的基础上。认为大自然不仅创造出了各种各样的价值，而且创造出了具有评价能力的人。在他看来，生态系统是价值存在的一个单元，是一个具有包容力的重要的生存单元，没有他人就不可能生存。因此，共同体比个体更重要，因为它们相对来说存在的时间更为持久。生态系统所拥有的不仅仅是工具价值和内在价值，它更拥有系统价值。这种价值并不完全浓缩在个体身上，也不是部分价值的总和，它弥漫在整个生态系统中。由此罗尔斯顿强调指出，对生态价值的尊重与维护是一个人的道德境界的新的试金石。因为，"从长远的观点看，那些违背环境伦理的行为比那些违背传统伦理的行为要危险得多，因为它将危及许多代人"①。

爱护自然、保护环境，就是爱护人类自身，因此，对环境的不伤害是应用伦理学发展的必要视野。

3. 对生命的无害

随着人类文明意识的觉醒，人类的伦理关怀的对象开始涉及动物的生命和生物的生命，对生命的不伤害也成为一项伦理要求。

动物保护论者辛格从功利主义出发，认为我们应当把关心所有人的利益这一伦理原则扩展应用到动物身上去。因为动物也能感受苦乐，因此我们必须要把动物的苦乐也纳入我们的道德中，我们有义务停止那些给动物带来痛苦的行为。辛格明确地说："我们应该拒绝把我们物种的生命置于其他物种成员生命之上的信条。"② 以雷根为代表的动物权利论者从康德的道义论出发，认为我们之所以要保护动物，是由于动物和人一样，

---

① ［美］霍尔姆斯·罗尔斯顿：《环境伦理学》，杨通进译，中国社会科学出版社 2000 年版，第 376 页。

② ［美］彼得·辛格：《实践伦理学》，刘莘译，东方出版社 2005 年版，第 115 页。

拥有不可侵犯的权利。因而，动物也拥有值得我们予以尊重的天赋价值，这种价值赋予了它们一种道德权利，即获得尊重的权利。这种权利决定了我们不能把它们仅仅当作促进我们福利的工具来对待，就像我们不能以这种方式来对待其他人那样。动物解放论和动物权利论者都认为动物与人是完全平等的，我们找不到奴役和利用其他动物的道德理由，因而我们有道德义务废除那些给动物带来痛苦的做法，如把动物应用于科学研究和动物饲养业，以及商业性的和娱乐性的打猎和捕兽行为等。"权利观点拒斥科学研究中对动物的伤害性使用，呼吁全面取消这种做法。"① 甚至主张我们有义务做一名素食主义者。动物解放论和权利论的主张无疑是对传统道德观念和生活方式的极大挑战。动物中心论的观点不仅是对人类中心主义的驳难和挑战，更为我们重新认识人与自然、人与动物的关系提出了新的视角。虽然让人们都成为素食主义是不现实的，然而善待动物、爱护动物却是应用伦理的重要内容。

生物平等主义者认为，动物中心论的道德视野还不够宽阔，因为动物中心论对动物之外的生命还缺乏必要的道德关怀，因而他们继续扩展伦理关怀的范围，主张将所有的生命的关怀容纳到伦理学的视阈中。施韦泽的敬畏生命的观念和泰勒的尊重大自然的思想是生物平等主义的主要代表。施韦泽认为敬畏生命的基本含义就是，像敬畏自己的生命意志那样敬畏所有的生命意志，满怀同情地对待生存于自己之外的所有生命意志。他认为一个人只有当他把所有的生命都视为神圣的，把植物和动物都视为他的同胞，并尽其所能去帮助所有需要帮助的生命的时候，他才是有道德的。敬畏生命的伦理的目的就是要帮助我们意识到人类选择所包含着的伦理责任，使我们避免随意地、麻木不仁地伤害和毁灭其他生命，并引导我们过一种真正伦理的生活。泰勒的尊重大自然的伦理观认为，人只是地球生物共同体的一个成员，人与其他生物是密不可分的，人类和其他物种一样，都是一个相互依赖的系统的有机构成要素，所以每一个有机体都是生命的目的和中心。人并非天生就比其他生物优越，对人的天赋优越性观念的抛弃，就是对物种平等观念的接受。所谓尊重大自然，就是把所有的生命都视为拥有同等的天赋价值和相同的道德地位的实体，它们都有权获得同等的关心和照顾。作为扩展人们的道德关怀范围的一种尝试，生物平等主义对人们的道德理性和道德能力提出了更高的要求。

总之，对人类、环境、生命等的不伤害，对维护社会发展、人类利益是必要的伦理选择，是道德智慧的合理应用。

三、公正的原则

公正是指"用来表达社会生活中人们的创造力及其成效与他们的社会地位及其报酬之间、权利与义务之间、行为与责任及其赏罚之间等的适当和平衡状态，并被视为符合人的本质需要和为社会认可的应当具有的状态"②。从应用伦理的角度而言，公正即是指人类社会对社会资源、要素及权益的分配结果的合理与正当。

---

① ［美］汤姆·雷根：《动物权利研究》，李曦译，北京大学出版社 2010 年版，第 333 页。
② 罗国杰：《中国伦理学百科全书》第 1 卷，吉林人民出版社 1993 年版，第 418 页。

1. 生态公正

特别是对待对生态、自然的开发和利用问题上，坚持公正原则尤为重要。人们认同的可持续发展的理念强调，社会发展应该是自然、经济、文化等方面的综合的协调的发展，应该是社会发展与人自身发展的协调。因此，按照可持续发展的思路，生态公正不仅要体现代内的公正，更要体现代际的公正。代内公正指的是当代人在利用生态资源、自然资源，满足自身利益的问题上要达到机会平等，即在社会不同群体之间公平分配资源的使用权、支配权和所有权。代际公正是指地球上的有限资源在不同代际的合理分配与补偿，使当代人与后代人公平地享有地球上的有限资源与生态环境。代际公正强调当代人对后代人生存发展的可能性负有不可推卸的责任，要求当代人提供至少可供未来人类发展的财富和资源，否则对后代人就是不公平的。为了人类社会的可持续发展，人类必须充分估计自身行为的后果，自觉地限制自己的欲望和追求，甚至要做出某种牺牲，尽力在自己发展的同时为子孙后代的发展打下坚实基础。所以，我们应该将思考人类长远利益的公正原则付诸伦理要求中，在代内公正的基础上，确立代际公正的伦理责任。实际上，当代全球性的生态危机已经给不同利益主体的行为设置了这样一个伦理底线，那就是在处理经济发展与自然生态环境的关系问题上，人们对自身的特殊利益的追逐不得损害其他利益主体和人类的共同利益为限。也就是说，人类的共同利益也是不同利益主体的特殊利益的一部分，因为损害了人类的共同生存的环境，也就不可能有特殊利益的发展与满足。地球是所有人包括现代人和后代人的共同财富，任何国家、地区或任何一代人都不能为了局部的小团体利益而置生态系统的稳定和平衡于不顾。由此而言，代际公正不是一个国家和地区的问题，主要是国际公正的问题，任何地区、任何国家的发展不能损害别的地区和国家的发展，特别是要注意维护发展中国家和地区的需求。

2. 国际公正

在处理国际事务和纠纷时，遵循国际公正原则是解决问题的最佳途径。由于历史和现实的原因，当代世界存在着巨大的贫富差距，发达国家和地区拥有巨大的财富，他们利用这种优势，用不平等的手段和方式，廉价地利用和掠夺其他弱小国家的利益和资源，造成了各国和地区的不平等地位。在公正的原则下，大国不能恃强凌弱，特别要求发达国家和地区要给各个国家以公正的分配权和发展权，只有做到国际公正，才能维护人类的共同利益。在面临地区冲突、国际争端等问题上，各国在尊重主权的基础上，也要以公正、公平的原则处理矛盾和问题，通过政治的手段、和平的方式解决问题。任何脱离公正原则，诉诸武力的方式，都违反人道精神和正义理念。

以公正的方式解决冲突和矛盾，是人类社会在各种博弈中，通过斗争和权衡，所得出的有效原则。通过公平公正的协商和合作，才是人类消解争斗、争端的理性途径。

四、和谐的原则

伦理道德实质上就是一种和谐，伦理道德关系也是一种应当的和谐关系，而人与社会的和谐发展实际上就是伦理道德的最高境界。中国传统文化在社会观上的一个重要主题就是"和"，所以传统的重"和"的社会观必然会对构建和谐社会产生积极的影响。可以说和谐原则的提出，也是中国文化对应用伦理学的贡献。

1. 人际和谐

"和谐"首先是人与人的和谐。就人自身的和谐而言，主要是包括物质生活和精神生活两方面在内的整体的满足，是物质文明与精神文明的统一。马克思主义指出，符合全人类利益的幸福与和谐根植于摆脱奴役和贫困的共产主义的斗争事业中，人们只有在改造客观世界的同时，才能不断地改造自己的主观世界，人才能获得自身全面发展和自我完善。没有物质基础的满足，精神生活的满足就没有基础和条件，而仅有物质条件的满足，没有精神生活的丰富，也是人的片面发展，也不是真正的幸福与和谐。因此，马克思深刻地指出："忧心忡忡的穷人甚至对最美丽的景色都没有什么感觉；贩卖矿物的商人只看到矿物的商业价值，而看不到矿物的美和特性"，主张"通过私有财产及其富有和贫困……物质的和精神的富有和贫困……的运动，生成中的社会发现这种形式所需的全部材料；同样，生成了的社会，创造着具有人的本质的这种全部丰富性的人，创造着具有丰富的、全面而深刻的感觉的人作为这个社会的恒久的现实"。① 在人自身和谐的基础上，还要建立人与人之间的和谐人际关系。领导与群众之间的相互尊重、同事之间的相互帮助、夫妻之间的相亲相爱、长幼之间互相扶持、朋友之间的相互信任，不同国家和文化背景的人们之间相互宽容、尊重、平等相处，都是人际和谐的具体要求。在人与人之间和谐相处的基础上，构建一个各司其职、秩序井然、融洽和谐的社会就会成为现实。

2. 自然和谐

"和谐"也是人与自然的和谐。人与自然相和谐、相统一的思想是中华传统文化的核心理念，也是中国古典哲学的根本观念之一。道家的创始人老子就认为"人法地，地法天，天法道，道法自然"。在两千多年前，孔子就认识到人类应与自然和谐共处，提倡保护动物，在《论语·述而》中孔子告诫人们，"子钓而不纲，弋不射宿"。就是说钓鱼要用钓竿，而不要用网绳；射鸟只射飞着的鸟，不要射宿窝的鸟。在儒家看来，人类不可以违逆自然，违逆就是失"和"。崇尚人与自然的和谐，并把这种和谐提升到"天人合一"的高度，是中国传统文化给予我们的道德智慧。这种智慧对于我们今天克服生态危机、环境恶化，对于构建人与自然的和谐仍具有积极的价值。

3. 社会和谐

"和谐"也是人与社会的和谐。社会和谐发展作为一种道德理想和最高目的，符合人类的发展需要和内在要求。正如马克思主义所指出的，"在个人的独创的和自由的发

---

① ［德］马克思：《1844年经济学哲学手稿》，刘丕坤译，人民出版社1985年版，第83页。

展不再是一句空话的唯一的社会中，这种发展正是取决于个人间的联系，而这种个人间的联系则表现在下列三个方面，即经济前提，一切人的自由发展的必要的团结一致以及在现有生产力基础上的个人的共同活动方式"①。马克思主义认为人的全面自由地发展，必须以社会的全面发展为基础。经济发展和科技进步为社会和人的全面发展创造了条件，同时又带来社会和人的片面发展。人类应担当起调节科技发展和人的发展之间的关系的责任，使科技发展和社会发展为人类的和谐幸福服务。社会的发展符合人自身的自由全面发展的要求，同时个人发展方式与社会经济发展相适应，是和谐社会的内在要求。通过合乎道德的方式促进社会和人的和谐全面发展，不仅是道德的理想，也是伦理的要求。此外，全球化的进程将会更加密切地使国与国、地区与地区之间、人与人联结在一起，每一个人的利益和现世幸福不仅与人类的现实利益相关联，而且也离不开人类的共同利益和共同幸福的发展，维护人类共同发展是保证个体幸福的前提。和平与发展是当今社会的主题，也是人类未来发展的主题，更是和谐原则的应有之义。在和平中促进发展，在发展中求和平，才能保证人类社会的和谐发展的实现。

随着科技发展和经济力量的增长，人类社会将会面临着许多新问题、新情况，各种矛盾和冲突也会不断涌现，因此，我们需要站在历史的高度，以人与社会的和谐发展为尺度来调节和规范各种价值冲突和对立，使人类发展向着和谐和美好的目标努力。

第二节 生命伦理

生命伦理是对科学技术运用于生命科学、医学领域而引发的道德问题的思考和认识。伴随着生命技术的进步，人类不断冲破自身的极限，探索生命的奥秘，推动了人类的进步，但其引发的种种问题，又似乎会将人类推向无所适从的境地，为此，伦理的限制和制约就显得尤为重要。

一、生命伦理的逻辑前提

生命伦理的重点是对科技在生命和医学领域应用的行为规范，而在确立生物技术的伦理界限和要求之前，生命伦理必须要对生命本身进行伦理解读与论证。只有在对生命的本质问题上达到理论和观念上的共识，才能为科技如何善待生命提供逻辑前提和理论指导。因此，对生命的生殖、进化、人的本质等问题的看法与思考，就构成了生命伦理的逻辑前提。

1. 生命产生的伦理争论

无论是对生命的看法，还是对生命产生、成长的观念，都是与对人的本质的理解相联系的。因此，在生命伦理中确立起对人的本质的科学理念，是生命伦理最基本的理论

---

① ［德］：马克思、恩格斯：《德意志意识形态》，中共中央马克思恩格斯列宁斯大林著作编译局译，人民出版社 1961 年版，第 506 页。

前提。

在对待生命的产生与繁殖的问题上主要有两种不同的观念。一种观念认为人类生命诞生的过程是一个自然的过程，也就是女性的卵子和男性的精子通过受精结合成为受精卵，在女性的子宫中产生新的个体的过程。一种观念认为生殖过程并不是完全自然的过程。德国学者拜尔茨指出，"表面上显得如此隐秘的人繁殖过程，早在史前时期就已成为有目的的技术操纵的对象"①。如在史前时期，人们就开始使用巫术或药物减轻生育的痛苦，并通过禁止血亲通婚等方式对人的生命繁衍过程进行人为干扰。应当承认，如果从不施加任何影响来理解"自然"的概念，人类的生殖过程特别是现代社会的生殖行为，早已不是纯粹的"自然"生殖过程。人类不仅通过法律、婚姻制度等外部条件对生殖行为进行制约，同时还不断利用技术来影响生育的数量与质量。如避孕、堕胎的技术的发展可以使人选择生育的数量，通过优生技术的进步可以使人选择生育的质量，如"试管婴儿"的诞生对人类解决不育问题的重大技术突破等，诸如此类技术带给生殖过程的干预，说明生命产生的本身对于人类而言已是一定程度上可以控制的过程。

从人类非自然的生殖过程的观点出发，很容易为人类科技发展的任何一项成果提供辩护，也就是认为现代科学技术对人的生命的干扰也不过是以往传统的继续。诸如试管婴儿、代孕母亲、名人精子库、基因控制甚至克隆人等都是可以不受约束的，在技术上都是可操作的。我们必须看到，人的生命的诞生过程尽管不是完全自然的过程，但对于人的生命的繁殖而言，两性繁殖却是在大自然的长期发展过程中确立起来的人类生育的基本规律。如果对作为自然物种的一部分的人类生命过程过度干扰，势必会破坏人类的自然进化过程和导致人类自身基因的破坏。因此，无论是试管婴儿技术，还是基因控制技术，都必须确立起对人的生命规律尊重的意识，任何违反生命规律过程的技术都必须加以限制和道德制约。

2. 生命进化问题的争论

在对待生命进化问题上，应该是一方面承认科学技术对保证人类遗传所起的作用，一方面又要运用伦理的界限使生物技术和遗传技术得到合理的应用。

关于生命进化问题的争论也有两种不同的观点。一种观点认为人类的生命进化与自然物种一样，应遵循自然进化的规律，反对技术和人为因素对生命过程的干扰。一种观点认为，可以通过技术等因素促进人种的优化，以优生代替进化。优生主要是指通过利用遗传和环境干预的因素防止先天遗传缺陷，提高人种质量的过程和行为。早在古希腊时期，人类就有了优生的观念，柏拉图就设计了一套由国家管理的婚配系统，以便能产生出优秀的后代。康帕内拉也设想由国家来决定两性的结合，主张"把整个主要的注意力集中地放在生育子女问题上，必须重视的是双亲的天赋品质，而不是嫁妆和不可靠的贵族身份"②。19世纪60年代，达尔文的表弟高尔顿将达尔文的自然选择是进化的决定动力的进化论思想，运用到人类进化的理解上，提出了改进人种质量的优生学的观

① [德] 库尔特·拜尔茨：《基因伦理学》，马怀琪译，华夏出版社2000年版，第23页。
② [意] 康帕内拉：《太阳城》，陈大维等译，商务印书馆1980年版，第20页。

念。他认为遗传学不仅可以改善人类后代的素质，而且可以使种族达到最优化。优生学作为一场使人的性行为和繁殖行为进化的运动，与道德准则却是互相冲突的，它不仅破坏了天赋人权、人人平等的信念，而且优生计划的实施有可能导致暴力、独裁的后果。如 1907 年美国对印第安人实施的强制绝育法，德国纳粹为"保护种族纯洁"对犹太人的迫害残杀，诸如此类的优生运动给优生学带来了阴影。这既说明了人类的进化过程不能给予过多的技术干涉和人为干涉，同时也说明了在技术与优生之间还必须放置伦理的界限。

对于人类的进化或优化过程而言，技术应该只是手段，当技术本身构成对人类生命和进化过程的危害时，对技术的限制和禁止则是必须和必要的。人类历史是不断自身完善的历史，这就要求优生学不应局限于防止恶劣的遗传缺陷，更应该扩大好的方面，使消极优生学走向积极优生学，使优生学为人完善地服务。

3. 人的本质

在生命伦理的视野中，对人的本质的理解应该是如马克思所说的，"人的本质不是单个人所固有的抽象物，在其现实性上，它是一切社会关系的总和"[①]。也就是说，人的本质不仅表现为生物性，而且更具有社会性。

在生命科学的视阈中，人主要是生物学意义上的人，而生物学意义的个体生命及其存在都是有条件的和有限制的，因此需要生物技术的进步不断去提高人种的质量和优化。可见仅从生物学的意义上来理解人的本质，的确可以为遗传技术和生物技术在人的生命活动中如何运用提供理论支撑。

在实际的现实生活中，人是社会关系中的人，因此，任何对人的本质的改变方式与手段，都必须纳入到社会关系中去思考与评价。就个体而言，个体生命是肉体与精神的统一，个体拥有社会赋予的自主权利和选择权利，可以对科学技术带来的改变表示接受或不接受。就社会而言，科学研究和技术运用过程必须遵守社会规范和道德约束。就科学与人的关系来看，人的生命与尊严本身就是科学发展的目的，而技术只是为人服务的工具，科学技术只有在促进人的本质的完善与增长的意义上才是合理的，任何违背人自身目的的行为都是不合理的。因此，生命伦理不仅是对生物意义上的人的生命的尊重，也包含对社会意义上的人的权利与价值的维护。

依据生命伦理对生命的生成、优化的合理认识，只有对人的生命和本质的正确理解，才能使生命伦理在尊重生命、尊重人的价值的前提下，对生命技术带来的种种问题进行伦理判断和伦理约束。

二、基因技术的伦理分析

21 世纪将是基因工程和技术实施的世纪，基因技术的发展无疑将会大大改变人类的生活方式和行为观念。我们相信随着基因技术的发展，将带来生命科学和医学领域的革命，但基因技术是否也像潘多拉盒子一样，一旦打开将无法控制？作为生命伦理的组

---

① 《马克思恩格斯选集》第 1 卷，人民出版社 1995 年版，第 56 页。

成部分，基因伦理将从理论上研究基因技术带来的道德问题，并提出对待新的技术带来的行为方式所应遵循的伦理价值观、标准和原则。

1. 人类基因组计划的伦理要求

人类基因组计划的第一步就是绘制人类遗传连锁图，通过绘制人类基因组图谱来解读和测定人类基因组的 DNA 序列，以探索人类生命的奥秘。人类基因组计划在实施中，首先遇到的就是基因资源的开发和使用中出现的伦理问题。

人类基因组的约 10 万个基因是由 30 亿个碱基对组成，人与人之间的差别甚小。但与人类基因相比其他生物的基因更具多样性，据研究表明，除了同卵同生的同胞含有完全一样的基因组序列外，其他人都存在序列上的差异。而这些差异性的遗传基因的发现与研究，不仅有着重要的科学、医学价值，也有重要的商业价值。人们认识到基因也是一种有限的资源，于是纷纷抢先发现与疾病有关的新基因，以垄断与基因有关的医疗、研究和开发市场。如果中国人的人类基因资源外流并在国外取得专利，我们就需要花巨资购买已获专利的资源。因此，第三世界国家和地区对以美国和欧洲为主进行的"基因多样性计划"的行动不仅要进行伦理的制约，而且对其侵犯第三世界人民的基因资源的行为还应予以道义谴责。在基因资源的开发上，应确立尊重其所在国人民和科学家的优先权利，保证在平等互利的前提下进行合作与开发。面对人类基因组研究中出现的对基因资源的垄断行为，1997 年 12 月联合国教科文组织发表了《世界人类基因组与人权宣言》，指出在自然状态下的人类基因组不应产生经济利益，反对基因资源的垄断和专利。所以，从基因伦理的规范角度而言，人类的基因组信息和资源的发现与使用不应被列为专利，而应作为人类共同的财富加以利用和开发。但由于目前已出现的基因资源的专利和争夺的现实，还必须强调基因的专利不能以赢利性为主要目的，应努力促进各国在基因组计划和研究乃至利用中的合作与互利，以使基因资源能有效地为人类发展服务。

在基因组计划中，我们还会遇到基因组图谱的个人隐私权和使用权的伦理问题。当个体的遗传连锁图被破译，那么个体的生命过程的生物信息就会成为可以预知的信息，这些信息对于疾病的诊断和预防无疑有着重要作用。但由此又可能引发出诸种社会问题，如遗传信息中有潜在问题的人，如果其信息被公开，就可能会影响其工作权利、生育权利和医疗权利等。因此，在遗传信息的个人权利问题上，尊重其信息的隐私权是十分重要的。社会和政府只有对基因信息的诊断权利，而无公开个人遗传信息的权利，如因医疗等原因确属需要公开的个人遗产信息，也应尊重个人的自由和选择的权利，不能因为基因技术的发展而导致对基因隐私权的不尊重，更不能以有缺陷基因的存在而取消基因的隐私权。

2. 基因诊断和治疗的伦理规范

随着人类基因组计划的完成，基因技术必将运用到医学领域，基因诊断和治疗也会成为一种崭新的医疗手段被广泛使用。基因技术的运用一方面会解决人类一直无法克服的医学难题，另一方面我们又要面对基因诊断和治疗技术带来的对伦理道德的挑战。

基因诊断就是利用基因技术对致病基因进行直接或间接的诊断以判断其异常的医疗手段。基因诊断对于遗传性疾病的确诊有重要意义，以往通过染色体和生化检查只能查出遗传病中的少数病种，而现在通过基因技术能够在人出生前或病患者未发现任何征兆时就可以得到检测和确诊。因此基因诊断技术将推动医疗技术由治疗转向预防，从而把发病率降到最低程度。尽管基因诊断对于疾病的检测有重要作用，但也不能一味地依赖于技术本身，科学研究是无止境的，但其应用还是有界限的。在基因诊断中的伦理界限就是首先要尊重受试者的个人权利和自主权利，任何形式的基因检测都必须尊重被检测者的自愿的权利。我们必须认识到个体的基因资料也是个人的财富，个体对自身的遗传信息有决定其是否接受诊断的权利和自由。其次，在基因诊断上还要注意保护受试者的知情权，个体对自己生命的信息掌握也是个体拥有的权利，在不伤害受试者的前提下，应保证受试者对诊断过程、方式和结果的知情权。此外，在基因诊断中要注意保证基因的平等权，避免隐私权的侵犯而引起的基因歧视。对于诊断中被确认带有基因缺陷的人，也要保证其拥有平等的生活权利和工作权利。特别是对于通过基因诊断已确定为有基因缺陷的胎儿，我们不能因为基因歧视而否定其出生和成长的平等权利。对于是否生育有基因缺陷的子女，其决定权利主要是孩子的父母而不是医生或社会所存在的基因歧视。

在基因诊断的基础上，通过基因治疗以消除基因缺陷是基因技术在医疗领域的重大发展。基因治疗主要是将正常的基因或有治疗作用的基因导入人体靶细胞中以纠正基因缺陷达到治疗目的的生物医学技术。通过基因治疗技术，可以治愈目前医学技术所不能解决的遗传性、恶性肿瘤、感染性疾病等疑难杂症。在基因治疗伊始，人们对其安全性就产生过疑问，将外源基因导入人体，去除自身的遗传成分，是否会危及人乃至人类的生存。因此对基因治疗技术进行伦理规范是必要的，在基因治疗中的核心原则就是安全原则，也就是对病人的不伤害和有利的原则。基因治疗虽具有独特的优势和疗效，但由于技术上的高难度和复杂性，必须要保证其治疗过程和结果的安全性，并保证不对病人的将来造成生命危害。这就要求基因治疗技术必须保证其科学性和有效性，并对技术的前景有科学的预见和预测，使技术的安全性做到对人乃至未来的进化不产生负面影响。由此，基因治疗的临床运用并不是没有限制的，必须要做到无安全保证、无长远疗效预测的、无效果最佳、无益、无必要的基因治疗不能用于临床，确保基因治疗的合理运用。

科学技术是一把双刃剑，基因技术更是一把双刃剑，只有进行有效的有益的利用，才能保证基因技术的安全和有益。因此，在基因技术的发展和运用中，充分尊重人的生命和权利，维护人类发展的长远利益和共同利益，才能确保基因技术有利的一面更好地发挥作用。

三、克隆技术的伦理规范

克隆技术是生物技术的核心，也叫 DNA 体外重组技术。这一崭新的技术使人们能够操作基因并使其传递打破种属的界限，将微生物、植物、动物和人类本身不同种属和不同来源之间的基因进行拼接和传递，预示着人类可以改变物种的基因构成和机能。1996 年克隆羊"多莉"的诞生是克隆技术的重大突破，也预示着利用人体体细胞克隆出一个人类机体的可能性。克隆技术已达到对生命基本结构的分子设计和重新设计的高度，预示着新的生命形态将会通过科学技术的方式被设计和创造出来。克隆技术不仅带来科学技术的巨大飞跃，也给生命伦理提出了严峻的课题，我们该如何面对克隆技术和克隆人？

1. 治疗性克隆的道德规范

面临着克隆人技术这一洪水猛兽，使公众对克隆技术本身也多持反对态度。实际上，克隆技术的发展，对于扩大良种动物群体，抢救濒临灭绝的动物，推进转基因动物的研究，以及攻克遗传性疾病、生产可供人体移植的内脏器官等方面都有巨大的作用。因此，克隆技术的运用我们应该区别对待，对于对人自身和社会发展有益的技术应予以伦理辩护和支持。对濒危物种的克隆有助于保护生物的多样性，也有利于改善生态环境，不能一味地反对和限制。在对待治疗性克隆技术上，也应该持支持的态度。

治疗性克隆是指用人的干细胞克隆出胚胎，以获得具有分化能力的干细胞，并利用干细胞克隆出需要移植的组织或器官，对病人进行治疗或器官移植。克隆器官可以从根本上解决移植器官的供不应求和免疫排异的问题，因此，克隆技术对于医学领域和医疗技术的进步有重大推动作用。但是，无论是对动物的克隆还是治疗性的克隆，也都必须遵守一定的伦理规范。美国的 Geron 伦理顾问委员会对克隆技术提出如下建议：（1）必须以与早期人类胚胎组织相适应的尊重对待胚泡。（2）妇女/夫妇在捐赠体外受精过程中产生的胚泡时，对将胚泡用于研究和从该组织发展细胞系，必须提供充分的和知情的同意。（3）研究将不涉及为了人类生殖目的而进行的克隆，如转移到子宫或创造嵌合体。（4）获得和发展为在体外生长 HES 细胞系所必需的饲养层，不可违反公认的人体研究或动物研究准则。（5）所有这些研究都必须关注全球的公正。（6）所有这些研究都必须得到独立的伦理顾问委员会（Ethical Advisory Board）和机构审查委员会（IRB）的批准。[①]

2. 克隆人的伦理争论

克隆羊的诞生为人类人口的非自然生产拉开了序幕，"克隆"是英文"clone"的音译，意为生物体通过体细胞进行的无性繁殖以及由无性繁殖形成的基因型完全相同的后代个体组成的种群的技术。克隆羊在生物领域是一项重大的科技成果，其研究和应用可以得到伦理的辩护，而克隆人的出现，将会给人类生活产生无法预料的影响和冲击。

对待克隆人的问题上，存在着两种截然相反的观点。一种观点是对基因工程的辩护，主张可以克隆人。一方面，认为不能把人的神圣不可侵犯绝对化，人的生命和肉体不是毫无例外地不能加以触动，否则医学也会当作违反道德的行为而加以拒绝，对待繁殖技术和基因技术也是如此。认为不应该把人的受精卵细胞看作一个享有人的全部权利的人，如果把胚胎看作一个充分有效的人，那么基因试验就会被认为是极不道德的，实际上即使没有任何人干预，全部受精卵中的 2/3 左右也会死掉。另一方面，伦理学的任

---

① 参见邱仁宗：《21世纪生命伦理学展望》，载《哲学研究》2000年第1期。

务不仅是对传统道德的适用化的阐释，而是要根据技术的进步对已有的标准和价值进行修正，甚至要创立出新的价值标准和要求来适应技术的要求。尽管在克隆生殖技术问题上还没有现成的伦理规范，但是我们可以在基因伦理的框架内创立出这种规范。因为人是具有主观能动性的主体，从来就是一种对自己进行操纵的生物，今天和将来用以控制进化的技术只不过是这种自我操纵的继续。对人进行遗传操纵不能简单地当作一种不道德的东西立即加以拒绝，人是自由的生物，能够把自己交由自己负责，服从道德上的自主立法。因此，这种观点认为对基因工程和措施的道德合法性问题，不要先验地去否认去怀疑，在克隆人的问题上也是如此。另一种观点认为克隆人是对现有伦理的极大挑战，在伦理的角度上要反对克隆人。克隆人在技术方面的风险和安全问题始终会存在，对人的繁殖进行过度的干预所产生的风险直接影响到人类个体和整体的生存问题。在社会政治方面，克隆人技术在暴力独裁政体下会有被滥用的可能性，使克隆技术成为少数人的工具，造成新的社会不公和不平等。从家庭伦理来看，克隆人是对于作为自然物种一部分的人类发展的一种干预，从根本上改变人的亲缘关系，不仅会加剧家庭关系多元化的趋向，而且繁殖过程的广泛技术化也会危及家庭情感的牢固程度。从性伦理角度来看，它改变了人类自然的基于性爱的生育方式，将会使联结两性关系的婚姻制度受到冲击。在自然状态方面，对自然过程的非法操纵，也会导致非自然结果的产生，导致遗传法则的异化。克隆技术不仅打破了通过两性结合而繁殖后代的方式，而且也打破了只能继承前辈的遗传基因却又区别于前辈的遗传框架，复制的是遗传性质完全相同的人，因此，从自然进化的意义来看，克隆人本身将缺乏适应自然环境和生存的能力。总之，克隆人技术会使人成为受支配的对象，忘记了科学本身的目的与责任。

在克隆人的问题上，首先根据生物领域的不伤害、有利、尊重、公正、互助的伦理原则，我们认为克隆人在伦理上站不住脚。克隆人也是人，应该不被伤害，应该得到尊重与公平对待，但目前克隆人有作为手段和工具的趋向，如满足生育要求，防止遗传病和器官移植的需要等，使互助的要求也不能实现。另外，克隆人的技术还不完善，很可能会导致畸形和怪异人的出现。克隆人的技术即使完善，造出一个克隆人，与供体的人共存，造成的负面作用也会大于正面作用。克隆人的基因与供体人的基因虽然相同，但由于文化、经济、环境的影响克隆人的成长过程必然会与供体人不同，从而使人类优化也不可能。国际人类基因组织（HUGO）关于克隆的声明中，指出："鉴于对在一个现存的人的核内从遗传信息成长出一个人的可能性表示深刻的不安；'生活在'一个已经存在的人的'阴影中'对克隆出的孩子的潜在影响；对亲子和兄弟姐妹关系的可能影响；需要关注从一个体细胞产生出一个孩子的可能后果；不应该试图通过体细胞核移植产生出一个现存人的遗传'拷贝'。"[①] 对克隆人提出了明确的反对意见。美国、德国、日本、中国等国政府都从道德角度采取各种措施限制克隆人技术的发展，也是防止对克隆人技术滥用的手段。

对克隆技术和克隆人的伦理限制，也说明科学家在科学研究中，增强社会责任感和造福人类的意识是十分必要的。只有将科学研究及其应用纳入到社会发展和人类生存的

---

① 邱仁宗译：《HUGO 伦理委员会关于克隆人的声明》，载《自然辩证法研究》1999 年第 7 期。

视野中，才能使科学研究造福于社会，造福于人类。

四、安乐死的伦理思考

生命伦理不仅关注人的生命的诞生和成长过程的技术研究和应用问题，也关注人们的死亡问题。安乐死是目前生命伦理和医学伦理中争论的焦点问题之一。安乐死（Euthanasia）源于希腊文，原意指善终，即无痛苦的有尊严的死亡。安乐死在现代主要是指通过医学手段对患不治之症或临近死亡且极为痛苦的病人，撤除治疗或采取措施使病人无痛苦地结束生命的一种方式。安乐死包括主动安乐死与被动安乐死，其与自然死亡、意外死亡、自杀死亡等是有区别的。

1. 安乐死的伦理争论

安乐死在医学发达的今天，技术已不是问题所在，关键是人们对安乐死的态度和认识上的分歧，因此，在伦理上对安乐死的支持与否，是决定安乐死合法化的重要因素。安乐死自诞生之日起，就一直存在着对立的两种意见。

反对者认为安乐死是无辜杀人，实行安乐死与医生的职责相悖，医生的职责是治病救人，应全力延长病人存活的时间，安乐死却提倡为使其免受痛苦而结束病人的生命，与医学的人道主义原则相悖。安乐死不仅剥夺了患者进一步接受治疗而延长生命的权利，而且也会减少医学科学发展的机会。同时，安乐死在现实中还会造成新的社会不公和对病人合法权利的蔑视。在临床实践中，安乐死的对象不仅有患不治之症的患者，也有无力承担巨额医疗费用的患者，安乐死会给患者或患者家属创造一个摆脱包袱的借口，这显然是不公平的。法律的最基本任务是维护社会的正义和公正，保护社会成员的合法权利，人最基本的权利便是生存权，而安乐死却是要鼓励某种形式的杀人，实际上是剥夺了公民的生存权和治疗权。在法理上人的自我处置身体的权利是不存在的，而患者自主权也是难以判定的，所以尊重病人的自主选择死亡的权利也是不可能的。从文化角度来看，安乐死与中国文化传统是不相容的。中国传统文化强调乐生与重生，逐渐形成了乐生厌死的传统，安乐死的主张是不符合中国人的传统心理的。

支持者却认为安乐死是人类调节和控制死亡状态的理性选择。主张安乐死是对传统生命神圣论的发展，是对生命质量的重视，认为人的价值与人的寿命无关，而是与生命质量成正相比，因此对于生命质量极差的不可逆转的绝症病人，实无延续其生命的必要。人虽然没有任意处置自己身体的权利，却可以有追求较为理想的生存状态的权利，选择安乐死是患者选择自己生存状态的权利。同时，安乐死的实行有利于卫生资源的合理配置，提高医疗服务的社会效益。因为对于不可逆转的绝症的救治是一种巨大的资源浪费。晚期绝症病人，除自己要忍受肉体和精神的极度痛苦之外，也给家庭和社会带来了沉重的精神负担和经济负担。实行安乐死既符合病人的利益，也符合其家庭和社会的利益，又为国家节省了宝贵的卫生资源。

2. 安乐死的伦理视角

在对待安乐死的问题上，我们应慎重对待和分析安乐死所带来的各种影响和后果，使赞成和反对安乐死都能符合伦理的要求与规范。安乐死是一个世界性的话题,2001年3月16日荷兰议会上院通过安乐死法案,使安乐死完全合法化,使安乐死的实施有了法律依据和保障,也使安乐死问题再一次成为公众谈论的焦点问题。

从伦理的角度来看,安乐死是否具有合理性的关键是死亡权利的问题。如果在道德和法律上,我们否认人拥有选择自己死亡的权利,那么安乐死就是不道德和不合法的。相反如果在道德和法律上,我们承认人拥有选择自己死亡的权利,那么安乐死就是道德和合法的。从伦理的视角来看,赞成安乐死的关键理由不在于生命的质量和尊严,更不在于节约医疗资源,而在于个人的自愿选择。从这一角度而言,一个人如果得了不治之症,即使是对家庭和社会带来巨大的负担,若本人没有行使死亡的权利,任何人都不能强迫或暗示病人实施安乐死。从医学的角度来看,安乐死必须是病人的疾病在当前的医疗条件下无法救治且处于临终状态,并伴有无法忍受的痛苦,且由医生来采取的加速死亡的过程。安乐死必须要符合医学前提和伦理要求,否则就会被滥用甚至成为蔑视生命的借口。要真正确保安乐死的合理实施,必须为安乐死立法。在安乐死问题的立法上,必须确立安乐死是病人的权利而不是义务和责任的伦理原则,在严格实施程序的基础上保证安乐死的合理性。在立法中必须明确规定,安乐死的实施对象一定是患了不治之症死期将至且痛苦不堪无法忍受的病人,必须是病人自己真诚的请求,是在他神志清醒的状态下自己主动的选择,不能是别人暗示或者被迫,家属同意安乐死是出于尊重患者意愿而不能是甩包袱。安乐死的实施程序和过程要求医生必须在严格的法律程序中进行,必须有法律部门组织的专家的鉴定和决断,必须要有严密而便捷的法制管理程序,并建立完善的申请、审批制度,严格把关以杜绝安乐死的滥用。安乐死涉及人的生命,是极具社会敏感性的问题,管理的程序必须十分严密,否则会造成严重的不良后果。安乐死的实施技术的首要目标是解除痛苦,因此必须用科学的态度对待它,实施安乐死的一些相关的技术手段和方法也应不断完善提高。最后,在安乐死立法过程中,既要借鉴西方国家的一些成功的经验,又不能生搬硬套国外的一些现成的做法,而是应该立足于中国的国情,制定适合中国国情的有中国特色的安乐死法规和政策。

当然,由于我国目前的医疗设施不完善,各项制度也不健全,加上人们的传统观念还难以转变,个体的自主意识和能力也尚欠缺,在安乐死的问题上还有许多争议,因此,在安乐死的立法问题上也须谨慎和慎重。但是,我们也不能回避问题,可以通过一些切实有效的措施为安乐死合法化做一些准备工作,加快对安乐死问题的决断。

第三节 网络伦理

网络在为人类生活提供信息资源共享、信息交流便捷的同时,也使现实的价值观念和伦理观受到了挑战。如何适应网络虚拟社会的需要,建立起适应网络社会的道德准则,就成为网络时代给我们提出的新的课题。网络伦理就是对虚拟的网络交往空间所产生的伦理关系的认识与规范。网络伦理既不是对现实伦理的简单照搬,也不是完全抛弃现有的道德要求,而是在适应网络时代的特点的基础上,借鉴传统现实社会道德的成果与经验,建立起适应网络伦理关系要求的新的伦理观。

一、网络的伦理挑战

伴随着信息时代的到来，知识经济的地位越来越重要，人们对知识的学习和寻求，对创新意识的重视和推崇，对个性化需要的注重与追求，都为网络伦理的建构提供了坚实的基础。然而，当我们用原有的道德法则去要求网络社会时，又会发现原有的伦理观念的无力和无奈，因此，网络又给现实的伦理道德建设带来了新的挑战。

1. 对现有伦理关系的冲击

网络社会带来的电子空间关系是现有伦理所无法调节的。现有的伦理关系调节的主要是物理空间中人与人、人与社会的关系，是我们生活中实实在在的关系，这也是现实道德调节的基础和前提。而网络社会是通过电子技术的发展而兴起的人类交流信息、知识的一种虚拟的生存环境。

网络使人在一定程度上摆脱了时空的限制，使人们可以传播、接受和分享超越不同时间和空间的信息，这无疑极大地扩大了人们交往关系的范围和空间，使人们通过网络而得到信息、情感与知识的交流。因此，网络不仅打破了人与人交流的地域性，也打破了人与人之间原有的交往方式，这就意味着既有的道德规范无法完全调节网络社会带来的人与网络、人与非实在的人之间的关系。而如何调节人与虚拟社会、网络与人之间的关系，就成为现有伦理面临的巨大难题。由此，改变现有真实空间伦理的思维模式，将网络社会关系纳入到伦理学的视野中，探讨虚拟空间带来的新的伦理关系，就成为网络伦理所必须面对的首要问题。在网络伦理关系中，我们不仅要注意其虚拟性的特点，同时也要注意其与物理空间伦理关系的联系。网络的虚拟性表明了网络伦理关系的开放性、全球性和交互性，使网络主体不仅可以自由地进行信息交流，也可以以匿名的方式进行人际交流，所以，网络伦理不能简单地运用原有的社会关系和伦理关系去理解和规范。但是，我们要看到网络的虚拟性并不等于虚幻性，也就是说网络社会也是一种客观存在，只是主体的身份可以借助技术得到隐匿或假设，使人们的行为具有了虚拟化和非实体化的特征。

我们承认网络社会带来的伦理关系的范围和方式已有突破性的改变，但网络社会的伦理关系实质上仍是人与人、人与社会关系的一种反映，是通过网络这一中介来调节的人与人、人与社会之间的关系。从这一视角而言，电子空间也不是完全抛弃物理空间的道德规范，而是要使现有道德规范在内容和方式上更适合于电子空间伦理关系调节的需要，这才是网络伦理建立的关键，也是对现有伦理的考验与挑战。

2. 对现有伦理观的挑战

网络社会的存在与发展也是对现有道德规范和伦理观念的挑战，网络的发展既为伦理道德的发展提供了更广阔的空间，同时又带来了各种问题。

首先，网络社会为人们提供了一个"自由空间"，给人们提供了最大限度的自由。在网上人们可以自由选择、发布和下载各种信息，没有了国家和地域的界限，现实社会中的法律、道德的约束也无法起作用。特别是由于网络交往没有了与人面对面的交流，也没有了直接的监督和约束，更容易使人们忘掉自己的社会角色和社会责任。更有甚者，不仅漠视原有的道德规范和价值观念，而且漠视法律为所欲为，诸如网上黄毒的流行，恶意政治信息的发布，文化霸权的推销，乃至黑客对网络安全的威胁、网上犯罪、制造网络病毒等行为，都是对现有道德规范的冲击。

其次，网络的全球性、开放性的特征，不仅使人们的交流与交往更具有超越性和世界性，也使人们的伦理观念、生活方式等不断发生碰撞与冲突。网络的出现和普及，使信息、知识的传播超出地域特征，信息共享成为现实，同时由于国际互联网所提供的高效率的信息服务还有赖于欧美发达国家的数据库，势必又会导致西方价值观念、伦理文化、生活方式的大量渗透，对各个民族的观念、宗教信仰、风俗习惯产生冲击。

此外，网络的开放性的特征，使网络获得个人信息和隐私也更容易，如果个人信息和隐私得不到有效保护，对个人隐私权也是极大的侵犯。虽然，个人信息的公开有助于网络的管理与监管，但是对个人隐私权的过多干扰甚至利用个人信息进行商业活动或违法活动，也是对人的基本道德权利的损害与威胁。因此，在网络全球化的背景下，如何保护民族传统伦理文化的资源，如何克服由网络带来的文化霸权和无政府状态，也是网络对现有伦理的挑战。另外，网络的非人性化的特点也会带来道德冷漠的现象，使人们忽视现实的伦理关系和交往关系及其准则。在虚拟空间，计算机充当了人与人之间交流的媒介，人与人之间真切的交往和感情交流的机会越来越少，人们之间的情感也会越来越淡漠。人际关系的疏远，情感逐渐被程序代替，不仅会带来紧张、孤僻、冷漠等心理问题，也会使其丧失现实感和对现有道德生活的判断和评价。所以，克服网络带来的种种问题，设计出网络社会所需要的道德规范体系，是十分迫切的伦理课题。

3. 对道德教育的挑战

网络空间的特殊性也给道德教育和规范带来许多的新问题，如何解决网络道德教育和实施中面临的新课题，也是网络伦理所必须面对的难题。

现实的道德教育总是针对真实的主体的教育，而在网络社会中，网络行为主体具有独特的虚拟性，使教育对象与教育者之间无法确立起真实的授受关系，使教育者无法有针对性地对教育对象的行为进行直接的教育或采取相应的措施。网络的自由性和开放性，又使网络教育的内容和规范体系难以发挥作用，也使道德教育和规范缺乏可操作性。网络的自由与开放，不仅是对现有伦理的冲击，也会影响网络伦理的建设，从而在网络上难以形成一致的伦理原则和规范。同时，缺乏相应的监督和管理，不仅使道德教育的作用难以发挥，而且也使道德教育无法实施，在这种情况下，即使伦理规范极有针对性，也难以使教育对象接受。因此，采取何种方式和途径进行网络伦理的教育与实施，也是现有伦理和网络伦理的一个困境所在。

此外，就道德教育和规范的目的来说，其主要是培养主体的道德自律。而道德自律是在社会舆论、宣传、监督等机制下，才能真正得以实现的，而虚拟社会缺乏应有的舆论宣传、监督机制，道德自律是难以实现的。而没有道德自律，网络道德的实现将是一句空话。

面对网络对现有伦理的挑战，当务之急就是要进行网络伦理的研究和建构，建立起网络伦理的规范体系和建设机制。

二、网络道德的规范

网络对现有伦理的挑战并不意味着对现有道德规范的抛弃，网络伦理确立的关键就在于如何结合网络伦理关系的特点，总结和归纳出适应网络社会需要的道德法则。

1. 网络自由

自由是网络道德的首要准则，网络社会本身就是一个自由的社会，民主开放、平等自由是网络社会的最主要的特征。

可以说没有网络提供的自由空间，互联网也不会有迅猛的发展。在互联网上，没有上帝和权威，人们在平等自主的前提下，可以跨越国界和超越信仰地自由交往和交流。因此，与网络社会的自由的特征相适应，在网络伦理中首先就要确立起自由的准则。也就是网络行为主体有自愿在互联网上选择自己生活方式和行为方式的自由，有充分表达自己意见和观点的自由，任何个人和组织不得干涉别人的行为方式和压制网上言论自由。网络存在和发展的原因和动力在于它为人类提供了充分施展各种才能的空间，为人类拓展了自由的空间正是网络对社会的贡献。所以，"当数字、网络不仅仅是工具，而成为人类生存状态时，它所提供给人类行为的自由方式更成为人类生存所必不可少的东西"①。因此，自由是网络社会伦理关系调节的基本需要，对网络而言重要的不是制约与限制，而是要充分地给以自由和自主。

网络自由并不意味着网络主体可以在网上为所欲为，也不意味着网上的一切行为诸如网上骚扰、网络犯罪、制造网上病毒等都是可以容许的。如果人人都按自己的意愿行事，在网络上为所欲为，并把自己的任何行为都看成是自由的，并以自由为借口为自己的行为开脱，最终会造成网络社会的无序和混乱，最终也就没有网络自由可言。网络自由原则不是对自由的滥用，而是要求网络主体不得损害他人和社会权益，要求网络主体学会尊重他人的自由权利。自由既是网络主体的道德权利，也是行为主体的道德原则和规范。一方面要求社会尊重网络主体的自由和权利，不得以任何借口抹杀个人的正当权利；另一方面也要求网络使用者在维护个人自由权利时，要注意维护和尊重他人的自由权利，至少不能随意损害他人和社会的利益。

另外，在强调网络自由的同时，还要注意网络自由与现实自由之间的关系，应该承认和看到现实自由的尺度与范围同网络自由的空间是有区别的。如在网上行为主体可以和不同层次的人同时进行网恋或结合，这一行为在网上是容许的，而在社会生活中这一行为是不道德的和不合法的。如在网上只要在不违反网上游戏规则的前提下，任何人都可以随时发表个人的见解和言论，但在实际生活中公开发表自己的见解和言论却需要遵循国家关于出版作品的规定。尽管我们相信随着网络的发展必然会对人们的平等和自由观念起到推动作用，但也不能简单地用网上自由的标准来看待和评价社会生活的自由，毕竟网络的虚拟世界与现实的生活世界是有区别的。不能把网络自由的原则随意搬到现

---

① 严耕等：《网络伦理》，北京出版社 1998 年版，第 201 页。

实生活中来，以免造成社会生活的混乱和无序。

2. 网络宽容

宽容是与自由相联系的网络道德规范。网络是一个价值多元化的生活空间，也是一个全球性的生活空间，因此，在网络社会中若要建立起一种统一的价值观和伦理观是十分困难的。为了解决网上交往中的矛盾与碰撞，必须提倡宽容的精神和原则。

宽容就是允许人们拥有不同的价值观念和宗教信仰，在平等自由的前提下寻求解决冲突和矛盾的途径。在互联网上，人们的价值观和伦理观乃至宗教观的碰撞是不可避免的，特别是中西文化和价值观念的冲突也会愈来愈突出，如果任其发展必然会带来思想观念的混乱，影响人们的价值选择和判断。同时，在网络文化发展中，西方文化占据了主导地位，使网络文化霸权主义有了传播的空间和手段。为了克服西方文化霸权主义，不能武断地反对西方文化，也不能简单地用东方文化来取代西方文化。而解决文化和价值观念之争的有效途径就是采取宽容的态度，在交流和碰撞中达成一定的共识和和解。所以，宽容不是消极的退让和妥协，而是在承认差别的基础上积极地寻找共同点和兼容，使网络主体间的行为方式能够符合相互认同的规范和标准，最终达到网络交往中行为的规范化、信息的可理解化和交流的无障碍化。宽容原则是一种理性原则，它要求网络主体尊重他人的思想和观念，不把自己的行为方式和价值观念强加于他人，承认其他网络主体的平等地位，善于和自己观点对立的行为主体进行交往。宽容的原则也是开放的原则，网络主体要适应科技发展的要求，不断提高自身的文化素养和道德修养，以开放的心态去接受新事物和新观点，了解多元文化存在的价值，维护网络资源的共享与发展。宽容原则又是相容原则，要求网络主体间对各自的行为方式和价值理念能够相互认同和相互理解。网络用户由于各自的生活环境的差异会形成各种不同的行为方式和伦理观念，因此要求网络用户在参与网络社会的交际和交往时，要避免网络"沙文主义"和"霸权主义"，维护网络社会生存环境的多样化，谁都没有理由把自己的行为方式和伦理标准确定为唯一道德的标准。在理解其他文化和价值观的基础上，容忍他人的观念和信仰，在彼此合作和交流中，逐渐达到某些方面的共识。

提倡宽容不但是价值观念和信仰的问题，也是克服网络垄断和信息独享的一种方法。在网络中越是兼容的系统，网站越是能兼容并收，就越能保证网络行为主体活动的自由度和交往的快捷性，也就越能够增强网络主体之间的交往联系和相互理解。宽容原则更是平等原则，所有网络社会成员均享有平等的权利和义务，要求承认每一个网络成员的平等地位和要求，保证网络主体平等表达意愿和传达信息的权利。所以，网络是一个没有等级、没有强权的社会，无论网络用户本身实际上具有什么样的社会地位、职务和名望，也不论文化背景、民族和宗教信仰，在网络上都是平等的。网络成员都平等地享受网络所提供的一切服务和便利，并平等地遵守网络社会所共同约定的规范和义务。网络对每一个用户的一视同仁，不仅是宽容原则实现的前提，也是宽容原则实现的保障。宽容是网络社会处理观念和信仰冲突的法则，也是处理网上争论的方式和手段。正如波普尔所说，对待不宽容者"只要我们能用理论论争和公共舆论来制约他们，那么压制肯定是最不明智的"①。可以说，宽容不仅是网络社会的伦理原则，也是我们探讨和确立网络伦理的学术前提。

3. 网络自律

互联网的出现使得无形的虚拟空间成为人们生活的重要组成部分，网络信息互动的快捷、个性化的使用方式和信息传播的加速等，都对现实生活产生重大影响。随着网络发展规模的扩大、竞争的日趋加剧，一些唯利是图、传播不健康信息、网络犯罪等现象也日益增多，对社会伦理道德产生了前所未有的影响和挑战，这就提醒人们虚拟的网络也需要道德自律。网络自律是指网络行为主体用合法的自我约束、自我监督、自我控制的方式来从事网络活动的道德要求。

网络自律首先要求有基本的法律意识，合法利用网络。网络已成为现代社会普遍的人际交往的媒介和工具，人们可以通过网络收发邮件、实时聊天、视频交流、博客微博互动、网上交友购物等。在网络交往中，不论是网络运营商还是网络使用者，都应该做到自觉遵守法律规范，诚实无欺，不要通过网络进行虚假宣传、敲诈勒索、色情、赌博活动，不要传播谣言、小道消息，更不能侮辱、诽谤他人。通过网络开展的交往活动和商业活动，都必须建立在自觉地遵守法律的基础上，在网络交往中树立自律意识，不要滥用网络自由。

网络自律要求网络言行的自律。网络主体看似是以网络符号的身份出现，仿佛是躲在符号背后的"假面人"，在符号的面具遮盖下，他们会忘记自己的身份，也忽略对方的真实身份。他们的言行在面具的遮蔽下，暂时摆脱了现实社会中的道德制约，于是很容易在言行上失去约束，产生对他人、社会不负责任言行，有的甚至会导致网络犯罪。因此，加强网络主体的自律教育，约束网络的言行，明白网络行为并不是虚拟行为，也是真实的社会行为，只不过网络言行是通过互联网的形式进行的。所以，网络的言行也必然会有社会道德和法律是约束，网络不是为所欲为的场所，为此，自觉约束自己的行为，恪守网络道德是对每一个网民的基本要求。

网络自律还要求避免沉迷网络。适度的上网对学习和生活是有益的，但长时间沉迷于网络对人的身心健康都会有极大的损害。现实中存在着一些网民上网成瘾，沉迷于网络而不能自拔，进而导致耽误学业、工作，不仅损害了自己的学业、事业，还损坏了自身的健康。因此，对于沉迷于网络的朋友来说，更是要增强网络自律意识，要时常告诫自己保持正常而规律的生活，早上适时起床，按时吃饭睡觉，不要因为上网而耽误学习和工作。同时不能过多地依赖网络，特别是不能沉迷于网络游戏而不能自拔。多注意与现实社会的沟通，多加强现实的人际关系交往，对克服网络依赖和网络成瘾都是有帮助的。

网络的虚拟性以及行为主体的匿名隐蔽特点，大大削弱了社会舆论的监督作用，使得道德规范所具有的外在压力的效用明显降低。在这种情况下，个体的道德自律成了维护网络道德规范的基本保障。网民应当在网络生活中培养自律精神，在缺少外在监督的

① ［英］波普尔：《开放社会及其敌人》第1卷，陆衡等译，中国社会科学出版社1999年版，第232页。

网络空间里，自觉做到自律而"不逾矩"。

4. 网络无害

无害是网络道德的最基本的准则也是网络伦理的最起码的道德规范，要求任何网络行为对于自己、他人和网络社会至少是无害的。

人们不应该利用互联网和网络技术给其他网络主体和网络空间造成直接的或间接的伤害，这是最低的道德要求，也可以说是网络的底线伦理。正如斯皮内洛所提出的，"不允许对他人造成伤害的被动强制令有时被称为最低道德标准，也就是说，不管选择什么样的道德准则，都应包括这条强制令。确切地说，大多数道德体系会超过这个最低道德标准，但是这些及其他理论的核心是避免对他人造成伤害的道德命令"，而"这一原则对分析信息技术领域里出现的道德两难的困境是很有帮助的"。① 我们不能在享受网络便利时，损坏网络环境，诸如网络病毒、网络犯罪、黑客行为等都是严重违反无害原则的行为，在网络上是必须禁止的。

无害虽然是对网络行为的最低标准和要求，但也要求网络主体要有尊重自己和他人权利的意识，要认识到不论网络如何虚拟化，网络的主体都是人，网络不是"无人之境"，这就要求网络主体之间应彼此尊重，不能把对方看成是可以被随意操纵的纯粹的"数字化"的符号。从这一角度出发，网上的个人隐私和个人信息是不可以任意复制、粘贴和散布的，不能任意对他人进行侵犯和伤害。网络的特点决定了人们在许多场合不得不提供自己的私人信息，如家庭情况、个人收入、医疗状况和履历等。这就要求网络主体在维护自己私人信息的权利的同时，尊重他人的隐私权。另外，在无害原则的基础上，还要提倡网络主体之间的互利与互惠，在享有网络社会的赋予的权利时，也应承担起维护网络安全和秩序的责任。使网络用户认识到，从网络和网络交往中得到什么利益和便利，也应同时给予网络和对方什么利益和便利。作为网络社会的成员必须承担社会赋予他的责任和义务，为网络提供安全和有价值的信息，也有义务遵守网络的各种规范，保证网络的安全有序的运行。

无害不仅是对网络主体的行为要求，从网络发展的长远利益和共同利益来看，还要求信息的发布者和技术发明者要注意维护网络的公平与公正。网络具有超地域、超国家的特点，因此网络也有消除社会不平等和不公正的环境条件，但同时我们也要看到由于网络发展的不平衡的问题又会造成新的不公。如掌握和控制信息群体和不占有信息的群体之间的不公正地位问题，网络资源配置的不公正问题，不同文化之间的不平等问题等。这些不公正的现象的发展和蔓延，势必会加剧网络交往之间的矛盾与冲突，最后也就会损害网络交往各方的利益和网络的长远发展。维护网络公正主要是对网络组织者的道德要求，在维护网络知识产权的基础上，做到信息的合理公正分配，公正地对待不同民族、不同信仰者在网上的权利，避免网上歧视和不公，这也是无害原则的体现。

---

① ［美］理查德·A. 斯皮内洛：《世纪道德》，刘钢译，中央编译出版社 1999 年版，第 54 页。

三、网络的伦理建设

网络虚拟社会与现实社会一样，也有一个社会公共秩序与安全问题，这就要遵守网络规则，维护网络秩序。为了使人们能够遵守网络规范，就必须进行网络伦理的建设，使网络原则能够达到实施和履行。

1. 加强网络立法

加强网络立法，通过法律建设进行网络规范是网络伦理建设的最有效的途径。网络在为人们在更大的范围内交流提供了便利的同时，也带来了网络社会的竞争、冲突与矛盾，甚至已经出现了大量的网络犯罪活动。这就需要尽快努力制定出相关的法律和措施，对电脑网络出现的种种违法行为进行管制和惩罚。

网络法律的制定，可依据网络道德的基本要求来进行规范，如美国计算机伦理协会曾制定了十条戒律：（1）不应用计算机去伤害别人；（2）不应干扰别人的计算机工作；（3）不应窥视别人的文件；（4）不应用计算机偷窃；（5）不应用计算机作伪证；（6）不应使用或拷贝没有付钱的软件；（7）不应未经许可而使用别人的计算机资源；（8）不应盗用别人的智力成果；（9）应该考虑你所编程序的社会后果；（10）你应以深思熟虑和慎重的方式使用计算机。诸如此类的道德要求，为网络立法提供了丰富的资源，通过具体和明细的法律规定，可以有效地规范人们的网络行为。同时，网络法律规范的有效实现还要依靠有效的执法途径，维护网络的安全性，打击非法网络活动。这不仅需要建立有效的网上执法管理系统，还需要加强国际间的网络执法管理组织之间的合作。网络的全球性的特点要求网络的国际性立法的加快，也要求国际性执法机构的建立与完善。只有严格立法和执法，网络的有序秩序才能真正建立起来。

2. 建立网上监督机制

网络社会提供给了人们极大的自由度，已超出了现有社会道德和法律监督的范围，由此带来的道德问题也层出不穷，仅仅通过道德规范的制约难以达到网络伦理建设的要求。因此，应建立网上监督机制，保证网络伦理要求的实现，预防网络道德的失范。

主权国家有必要建立相关的网络管理机构和网络安全体系，在不侵犯个人正当权利和个人隐私的前提下，一方面加强把关，堵塞各种有害信息的传播，另一方面对网络主体的网上行为进行监督和审查，对违规者进行必要的处罚。同时，在监督机制和组织中，要有效地利用高科技手段保障网络的安全和有序。如运用"防火墙"技术在集团网络与互联网络之间装上一个"保护层"，防止非法闯入者；如利用相关软件剔除色情、暴力等不良信息，限制调阅互联网上的不健康内容等，都是加强网络安全建设的必要形式。此外，提高网络执法队伍的科学水平和执法水平，也是加强网络伦理建设的有效手段。网络是由高科技联系起来的世界，网络监督人员和执法人员如果没有一定的网络知识和科技知识，是无法完成信息高速公路上的监督和执法工作的。最后，加强国际合作，共同致力于国际电子网络的管理，是网络伦理建设的重要保障。国际化是网络发展的必然趋势，各个国家应该走出彼此的隔阂与对立，求同存异，配合协作，共同寻找解决网络道德危机的出路。

3. 加强网络道德教育

加强网络道德教育，增加网络主体的道德责任感，是网络伦理建设的内在基础。与现实伦理相比较，网络伦理更加注重道德的自律，因为在以信息技术为基础的网络社会中，人与人之间的交往关系是间接的，在这种情况下直面的道德舆论和评价是难以进行的，所以个体的道德自律就成为维系网络伦理关系的主观保障。如果缺乏明确的伦理自律，就会使网络规范成为一纸空文。

道德教育是提高主体道德自律的必要途径，通过网络道德教育，使网络主体自觉遵守各种网络道德规范的要求，是网络伦理建设的目标。进行网络道德教育，首先应从青年学生抓起，把网络伦理作为学校道德教育课程的一部分，使青年学生养成遵守网络道德规范的习惯和品质。其次，应有组织地在互联网上进行网络法律和道德规范的教育，促使网络行为主体学习和掌握伦理规范，培养网络公德意识和规则意识。此外，还要在网上建立起必要的舆论监督和评价方式，使网络行为处于网民的监督之下，对违反网络伦理的行为进行舆论监督和谴责，对遵守网络伦理的行为给予合理的评价和赞扬，树立网上良好的道德风气。

总之，网络伦理的建设是一项系统性的工程，只有进行全方位的法制建设和道德建设，才能真正建立起网络的良好秩序和道德环境。

第四节　生态伦理

随着人类所赖以生存的生态系统遭到愈来愈严重的破坏和生态危机的日益加深，人们已愈来愈清醒地意识到，对环境污染和生态失衡问题的解决，不仅要依赖于经济和法律手段，还必须同时诉诸伦理。生态伦理就是试图扩展伦理学的视野，把人之外的自然存在物纳入伦理关怀的范围，用道德来调节人与自然的关系。

一、生态伦理的基本理念

生态伦理的基本理念是指人们对人与自然关系的基本观点和态度，人们对待自然的态度决定了对自然的行为。因此，树立合理和科学的生态伦理的基本理念，是解决生态危机和生态伦理的具体问题的前提性条件。

1. 生态伦理的基本理念的探讨

在理论上，关于生态伦理的基本理念的探讨，主要体现在走出还是走入人类中心主义的争论上。

从哲学上最早指出要走出人类中心主义的思想家是海德格尔。在海德格尔后期的思想中，对技术时代将要带来的种种问题予以了深刻的关注。海德格尔从对存在的本体论论证到人的现实存在的关心，就是要指出现代人已到了无家可归的状态。在海德格尔看来，造成人类的无家可归的状态就是形而上学的人道主义也即"人类中心主义"。"人类中心主义"就是将人类看成世界的中心，人可以随意地支配万物和自然的价值观。海德格尔认为，"事关宏旨的是为存在之真理效力的人道，而不要形而上学意义上的人道主义"①，指出人类中心主义是导致对人自身存在威胁的根源。在当代非人类中心主义中，主要是生态伦理学家中的部分学者主张以自然中心论来克服人类中心主义。当代非人类中心主义的伦理理念，主要有动物解放论和权利论、生物平等主义与生态整体主义等主张。

非人类中心主义否认人在世界中占据至高无上的统治地位，认为人与地球上其他物种都是平等的，并不具有什么特殊性，刻意强调人在自然界中的地位，是人类的狂妄自大和狭隘的物种利己主义。正如埃伦费尔德所说："我觉得世界上的个人自私正在增多。我把这种情况归咎于人道主义的影响。人道主义使我们别无选择，只能完全爱我们自己。"② 所以，他要证明"无处不在的人道主义假设如何玷污和损害了那些积极反对现代人类环境状况的人的努力；同时，还要鉴别出拯救大自然的真正的、持久的和非人道主义的理由"③。非人类中心主义者认为人类中心主义应当为当前的生态危机负责，因为工业文明背后的价值观就是人类中心主义，人类中心主义把人看成是宇宙的中心，是地球上绝对的主体，自然界只是用于为人所开发和攫取的客体，从而引发人与自然的危机。为此，非人类中心主义开始把动物、生物也看作宇宙的中心。如辛格主张："我们要使得对一个更庞大的生物群体的态度和实践发生精神转向：物种成员，而不是我们自己——即我们普遍流行的思想错误地把它们称之为的'动物'。易言之，我强烈地呼吁，我们大多数人所认同的平等的基本道德原则应该延伸到我们自己物种的所有成员，我们还要使之延伸到其他物种。"④ 里查尔斯也认为："我们选择讨论我们认可的人所具有的那种权利；然后要质问，人与动物之间是否存在相应的差别，这种差别是否会证明我们否认动物的权利，但与此同时却承认人的权利的合理性。如果不能证明的话，那么，我们正在讨论的权利就是既为人所有，也为动物所有。"⑤ 非人类中心主义的动物中心论者们，并不是要否定人类的主体和中心地位，而是否认人类是地球和世界的唯一中心，强调世界是多中心的，动物、物种也是地球的一分子，也具有相应的权利和地位。非人类中心主义强调动物的主体地位、自然的整体性，以及人与自然的平等，力图

---

① ［德］海德格尔：《路标》，孙周兴译，商务印书馆 2000 年版，第 415 页。

② ［美］埃伦费尔德：《人道主义的僭妄》，李云龙译，国际文化出版公司 1988 年版，第 201 页。

③ ［美］埃伦费尔德：《人道主义的僭妄》，李云龙译，国际文化出版公司 1988 年版，第 169 页。

④ ［澳］彼得·辛格：《动物权利与人类义务》，曾建平、代峰译，北京大学出版社 2010 年版，第 80 页。

⑤ ［澳］彼得·辛格：《动物权利与人类义务》，曾建平、代峰译，北京大学出版社 2010 年版，第 133 页。

消解人与自然的矛盾，对解决生态危机也是有积极作用的。

与走出人类中心论的自然中心论的主张相反，生态伦理学中开明的人类中心论主张，日益严重的生态破坏和环境危机的责任在于人类，而为了人类自身的利益，人类必须保护环境、节制资源、维护生态平衡。开明的人类中心主义认为，狭隘的人类中心主义是导致当代环境问题的深层根源，主要表现为集团利己主义、代际利己主义、人类主宰论、粗鄙的物质主义和庸俗的消费主义、科学万能论与盲目的乐观主义，因此，人类要想使全球生态恶化的趋势得到有效的遏制，就必须首先抛弃狭隘的人类中心论。当代生态伦理学家帕斯莫尔、麦克洛斯基等对生态人类中心主义的基本主张作了系统的论述。其核心就是指出人在与自然的相互作用中是占主导地位的一方，人类对环境和生态问题应负有责任，因此，当代的生态危机是由人造成的，而且也只能由人来解决。生态人类中心主义的提出是在当代生态危机日趋严重的情况下人类重新审视自身在宇宙中的地位、重审人与自然关系的结果。当代生态人类中心主义是人类中心主义演变过程的一次历史性的变革，它是与古代和近代的宇宙人类中心主义、神学人类中心主义不同的一种伦理观和价值观。同时，作为一种伦理观和价值观其又是与人类沙文主义、自然界专制主义有着原则界限。在开明的人类中心主义看来，地球环境是所有人包括现代人和后代人的共同财富，任何国家、地区或任何一代人都不能为了局部的小团体利益而置生态系统的稳定和平衡于不顾。人类需要在不同的国家和民族之间实现资源的公平分配，建立与环境保护相适应的更加合理的国际秩序，给我们的后代留下一个良好的生存空间，当代人不能为了满足其所有需要而透支后代的生态资源。地球的承载力是有限的，人类必须要节制其空前膨胀的物质欲望，批判并矫正发达国家那种消费主义的生活方式。为了维护地球的生态平衡，发展中国家有责任在保护环境与可持续发展之间保持某种平衡，发达国家则有义务减少其能源消耗总量，并支持和参与发展中国家的环境保护，帮助发展中国家走出环境保护与经济发展的两难困境。

2. 合理的人类中心主义

我们认为，在人与自然关系的价值取向上的选择是超越自然中心论和人类沙文主义，而走向合理的人类中心主义。尽管非人类中心主义的主张有其深刻性和合理性，但其求助于过高的道德信仰与能力，又超越了现实人们的接受能力，从实际出发，我们认为开明的人类中心主义更具现实合理性。

恩格斯曾指出，"到目前为止的一切生产方式，都仅仅以取得劳动的最近的、最直接的效益为目的。那些只是在晚些时候才显现出来的、通过逐渐的重复和积累才产生效应的较远的结果，则完全被忽视了"①。正如马克思主义所指出的，生产方式的制约，各种利益的对立，使得人们忽视了对长远利益和共同利益的重视。当然，当代社会仍未完全摆脱生产方式的各种制约，各种利益的纷争、社会各阶层的分化等，都可能使人类中心主义以各种扭曲的形式加以表现出来。在当代中国，经济增长虽还未达到发达国家的水平，可我们的环境污染也已达到了极端严重的程度，这与各种形式的个人中心主义

———————
① 《马克思恩格斯选集》第 4 卷，人民出版社 1995 年版，第 385 页。

和地方中心主义密切相关。但是，当代全球性的生态危机已经给不同利益主体的行为设置了这样一个伦理底线，那就是在处理与自然生态环境的关系问题上，人们对自身的特殊利益的追逐不得损害其他利益主体和人类的共同利益。也就是说，人类的共同利益也是不同利益主体的特殊利益的一部分，因为损害了人类的共同生存的环境，也就不可能有特殊利益的发展与满足。真实而合理的人类中心主义不是人类唯一主义，它不仅强调人类生存和发展的需要及利益对人类自身而言高于其他物种，而且更是强调全人类的整体的和长远的利益应当高于任何个体或任何有限群体的局部的和眼前的利益；在由人的各种利益需要所构成的多元的价值目标系统中，具有根本性和长期性的人类整体的价值目标应处于该系统的中心。在这里，我们首先要协调人类的中心地位与自然生态之间的关系。我们确立人类在自然界中的主导地位，不是像人类沙文主义那样强调人类对自然的主宰和任意统治，而是强调以人类为中心来思考人与自然的关系。而为了人类的共同利益，合理的人类中心主义必须确立人与自然的和谐关系，即承认和肯定自然界的发展规律和生态平衡，同时又能有效合理地利用自然资源为人类服务。其次，我们选择合理的人类中心主义，就是选择了人类共同利益和长远利益的价值尺度，但是我们并不能由此否认人们的特殊利益和现实利益的需要。我们不可能一味地要求现代人们为人类的未来作出牺牲，只能是限制和制约当代人的不合理、不正当的行为，这实际上也是当代人的利益的体现。

无论是在发达国家，还是发展中国家，在面向未来的一个重大的战略选择就是制定可持续发展的战略。可持续发展理论的基本思路是重视人类社会发展过程的可持续性，注重当前的发展与人类社会未来发展的连续性。可持续发展理论从总体上是对传统发展模式的超越。在传统的发展模式中，其追求的目标仅仅是经济的增长。片面追求经济的发展，造成了对有限资源的掠夺性开发，破坏了生态环境，同时，也造成了对"物"的重视而忽视了人本身的需要。可持续发展强调的则是自然、经济、文化等方面的综合的协调的发展，全球性危机的关键是生态危机，而保证可持续发展的关键环节也在于保护环境、维护生态平衡。合理人类中心主义实际上就是可持续发展生态观的体现，既保证当代人的合理发展，又为人类未来的可持续发展提供良好的生态环境，是人类对未来的最合理的选择。

二、生态伦理的基本原则

生态伦理从表面来看调节的是人的发展与自然的关系问题，但实质上调节的是以自然为中介的人与人之间的伦理关系。只是生态伦理所调节的人与人之间的伦理关系，不仅包括现存世界的人与人之间的关系，更包括人与人之间的代际关系。因此，生态伦理的基本原则与一般伦理原则有不尽相同之处。

1. 维护生态平衡

人类作为自然界整体的一个有机组成部分，如果其活动方式不当，就会导致生态系统的失衡。因此，生态伦理要求人类尊重与维持自然万物的生存权利，尊重自然规律，使生态系统处于良性循环以维护生态平衡。

维护生态平衡首先就要尊重自然，包括尊重自然规律和尊重自然的价值。尊重自然规律主要就是遵守生态系统自行进化的规律，人类对自然的干预和利用不能破坏自然界的生态平衡规律。尊重自然的价值是指，不仅要尊重自然为人类服务的工具性价值，还必须尊重自然本身的存在价值与权利。人类只有自觉地把自身的发展融入自然普遍的进化过程中去，自觉地把自身置于整个生物圈的相互依存的网络中，尊重和服从生态规律，才能主动地促进生态系统的良性循环，使生态系统在相互协调的情况下达到能量交换的最佳效果。保障自然价值和权利的实现并承担对自然的道德责任和义务，才能保护生态平衡，达到人与自然的和谐发展。

此外，维护生态平衡也是促进生态可持续发展的要求。生态可持续性发展是指生态系统不断保持其进化和生产能力的一种状态。生态资源的永久利用和生态系统的可持续性的保持是人类可持续发展的首要条件，人类的活动应控制在生态系统可持续性发展的能力范围之内。生态可持续发展是生态系统的自我维持、自我调节的一种能力，但这种自我调节能力的强弱不仅有赖于生态系统内部的能量循环与转换机制，也有赖于生态系统外部的干扰与侵入。生态持续性发展在很大程度上是一种自然发展的状态，然而不可持续发展却往往是由于生态系统外部过度侵入的结果。生态持续性发展是生态平衡的重要表现形式，这就要求人们根据生态可持续性的条件来调整人类的生活方式，在生态可能的范围内确定自己的消耗标准，不能因为眼前的利益而提前消耗子孙后代赖以生存和发展的自然资源和生态环境。这就要求人类从过去那种征服自然、向自然无限度索取的行为方式转变为关心地球、爱惜资源、保护生态环境。

2. 合理利用生态资源

维护生态平衡的主要方式就是要保护自然，保护环境，合理利用和使用生态资源。人类在满足自身需要的生产和活动中，不但需要一个良好的生态环境，同时也需要对环境资源和自然资源的利用。

维护生态平衡并不是对自然和生态的毫不干预，也不是一味地要求人们都成为素食主义者，只是对人的行为的必要的限制，避免对环境的过度索取和过度干预。生态伦理的基本要求就是以保护自然为基础，协调资源和环境的承载力与社会发展之间的关系，强调在发展的同时必须保护环境，包括控制环境污染，改善环境质量，保护生态系统，保护生物多样性和保护地球生态的完整性等。人类自古以来就是依赖各种自然资源而生存和发展的，而今人类的生存和发展也还离不开自然生态环境提供的生产资料和生活资料，这就要求人类树立保护环境的意识，在保护自然生态环境的同时努力开发自然生态的潜力、改善自然生态的状况，以促进自然满足能力的提高，保护人类自身的生存和发展。同时，自然资源开发利用的深度和广度又与人类社会的进步和发展紧密相连，生产力水平和科技水平的不断提高，使人类利用资源无论在广度还是在深度上都有了长足的进展。但生态资源是有限的，并非取之不尽用之不竭，这就造成了人与资源利用之间的矛盾，当前全球性的资源紧缺是以往无节制地开发利用自然资源的结果，因此，生态伦理呼吁人们放弃传统的高消耗、高增长、高污染的粗放型生产方式和高消费、高浪费的生活方式，要求人类在生产过程中尽可能地合理利用有限的资源减少浪费。从主要使用不可再生的资源转变为主要使用可再生的自然资源；从主要使用石油和煤等矿物燃料转变为主要使用太阳能风能这类生态能源；同时要对紧缺的不可再生资源实行有效的管理保护以及综合利用，维护地球的生态体系，保护生物的多样性，保证资源的持续利用和合理利用。

生态伦理原则是实现人与自然生态协调发展的必然要求，人类只有遵循生态伦理的基本规范和原则，才能正确处理人与自然之间的关系和人与人之间的关系，树立起正确的生态伦理观，实现生态环境的平衡。

三、生态伦理的实现途径

生态问题是全球性的问题，生态伦理的实现必须在进行广泛的国际合作，建立国际协调性生态环境保护机构，充分发挥各国政府的主导作用下才能得到保证。

1. 加强国际合作

生态系统是超国界、超地区的，环境污染也没有边界，生态伦理实现的首要途径就是寻求生态保护的国际间的合作。

首先，必须明确国际性的环境保护组织在解决全球性生态环境问题上负有巨大的道德责任，加强国际性环境保护组织的权威地位。一方面保证国际性环境保护组织通过的宣言和章程能够得到有效贯彻，一方面可以通过国际性的环境保护组织和国际性的机构制定出关于环境保护的法律和政策，利用国际法的制约形式减少对生态环境的污染，同时防止污染输出，停止在大气层中进行核试验，彻底消灭核武器，维护生态环境。

其次，明确发达国家的责任和义务，是加强国际合作的前提，也是生态伦理实现的关键。于1992年召开的联合国环境与发展会议上就明确提出了世界各国对保护地球共同的但有区别的责任的原则，要求发达国家承担保护生态的责任和义务。因为发达国家在为自己创造了大量财富的同时，不但过度地消耗了属于人类共同财富的自然资源，而且向地球排放了大量的污染物，从而积累形成了目前的全球生态问题。占世界人口1/5的发达国家，目前消耗着世界4/5的自然资源，可以说发达国家是造成全球生态环境问题的主要源头，同时它们又具有相当强的经济和技术实力，因此发达国家有责任和能力来承担起保护生态的义务。发达国家具有援助发展中国家以促进共同发展的条件，发达国家应对发展中国家进行技术转让，为发展中国家在环境与发展领域提供资金援助和优惠条件。相对于发达国家而言，发展中国家面临着发展经济与摆脱贫困的巨大压力，为生存所困扰的贫困国家和地区，为了当代人的温饱问题，很可能被迫牺牲未来的长远利益，因而侧重对经济发展速度的追求，促使发展中国家过度地开采有限的自然资源，造成生态环境的恶化，生态环境的恶化又反过来阻碍经济的发展，形成恶性循环。这一方面要求发展中国家注重生态保护，在发展经济的同时保护好本国的各种资源，减少对本国环境的污染；另一方面，要强调生态资源问题上的国际公正，给发展中国家更多的发展权利和机会，在发展中寻找解决环境危机的出路。

2. 充分发挥各国政府的主导作用

由于国际性环境保护组织缺乏国家权力机构的支撑，其作用是有限的，这就需要发挥各国政府的主导和指导作用，利用国家职能去管理生态环境保护工作。

首先，各国政府应正确利用利益驱动机制，制定相应的环境保护法，引导经济部门和企业乃至公众对保护生态环境工作的重视。使一切经济活动必须在符合环境保护法的前提下才能进行，促使经济朝着安全、节能、低耗、无公害的方向发展。同时，对于违反环境保护法的行为要坚决依法办事，予以严厉的处罚。

其次，各国政府应制定本国的生态建设和环境保护规划，遏制生态破坏和环境污染的加剧。同时政府部门应承担起环境保护的监督和管理工作，对破坏生态环境的行为做到及时监督、及时管理、及时纠正，防止破坏和滥用生态资源的行为的发生。各国政府应设立专门的环境保护工作的管理部门，并赋予一定的法律监督权和检查权，形成良好的外部制约环境是生态伦理建立的根本保证。

此外，各国政府还应唤起公众的生态保护意识，维护生态平衡。公众参与是生态伦理实现的群众基础，通过新闻传媒或公众论坛宣传政府部门的保护资源治理环境的举措，宣传生态可持续发展的思想，是实施可持续发展战略的重要条件。通过学校教育和社会舆论，引起社会成员对生态问题的关注，建立起生态伦理观，培养人们的生态文明意识，使人们真正地珍惜自然和爱护环境。

3. 充分利用科学技术的作用

保护生态环境是生态伦理实现的捷径。科技是促进人类社会发展的主要力量，没有科学技术的进步，人类也就不会有今天的物质文明和精神文明的繁荣。科学技术的发展在给人类带来了巨大发展的同时，也带来了对自然生态的过度开发而引起的生态问题，但不能由此就否认科技本身的进步作用，那种认为维护生态平衡的关键在于取消科学发展的观点是不可取的。

人与自然的和谐发展不在于科学技术本身，而是取决于人类如何利用科学技术来为维护生态服务。我们所面临的环境问题、资源问题、生态危机问题，除了要建立科学的生态观之外，还必须依靠科学技术的发展来解决。我们不能消极地以等待的方式使生态自行达到平衡，而是要采取积极的方式和手段来加快促进自然生态系统的和谐，而科学技术正是这一方式的最佳选择。

从生态伦理的要求来看，要求科学技术调整和改变原有的对自然生态的利用的思路，克服对科学技术的片面的功利性的追求，把研究重心转向有利于保护环境和生态可持续发展的方向上来，转向对科学技术的价值因素和道德因素的合理注重。只有这样，才能真正使科学技术的发展在促进生态伦理要求实现中起作用，才能防止科学技术的滥用和误用。在生态保护方面，科学技术的进步一方面将为我们提供崭新的资源利用模式，大大缩短资源的更新周期，提高资源的利用率；另一方面创造出新的可供使用的能源，减少对自然资源的依赖，从而达到维护自然的目的。从这个意义上讲，科学技术的发展是实现生态伦理要求的最佳道路。

4. 提高人口素质

重视教育事业、提高人口素质也是实现生态伦理的基本保证。发展科技的基础在于教育，没有教育，也就没有科技。教育不仅是科技的基础，而且也是提高人口素质的关键。

生态伦理的提出，不仅要求教育要培养出掌握自然科学和技术的人才，还要有相当的人文素质，有生态保护的意识和责任。通过教育的途径，在传播科学知识的同时，培养人的科学精神，使人们在认识自然与改造自然、认识社会与改造社会的过程中，正确合理地运用掌握的科学知识，从而防止科学技术知识的滥用。为了保护环境，确立正确的人与自然和谐发展的观念，还需要加强环境保护方面知识的宣传，提高公众对生物圈的脆弱性和相互依存性的认识，将可持续发展包括生态可持续发展的思想贯穿于整个教育过程。

另外，提高人口素质的教育也是生态伦理得以实现的必备条件，也是促进人类自身可持续发展的重要途径之一。人的科学文化素质越高，对自然环境的认识和开发能力越强，人的自我控制、理性认知能力、科学决策能力就越强，也会使人们不受或少受传统文化和旧的社会习俗的影响。加强人口素质的教育是摆脱传统生育观的束缚，确立人口生态意识，认识控制人口数量对于社会发展与个人发展的意义，从而达到控制人口增长的目的，这是促进生态发展的重要方式。最后，加强生态道德的教育和宣传，也是进行生态伦理建设的内在环节。道德教育有助于人们逐步建立起生态伦理观和生态价值观，树立起热爱自然、尊重自然、保护自然的观念，形成节约资源、合理消费、保护物种等具体的生态伦理规范和态度。生态道德教育也是教育事业的一部分，认识到生态道德教育的重要性，对唤起人们生态危机意识，建立合理的生态观，解决生态危机有积极的现实意义。

总之，人和自然之间的矛盾能否解决，不仅依赖国际合作、加强立法、政府职责，还要依赖科学、教育等，因而生态伦理的实现途径是一项复杂的系统工程。只有各个方面通力合作，才能共同开创出人与自然和谐发展的未来。

第五节 全球伦理

当人类历史进入 21 世纪之际，人们发现全球化进程带来的却是一系列困扰人类的全球性问题。全球伦理的提出，为我们解决全球性问题提供了新的思路和启示。全球伦理又称"普遍伦理"或"普世伦理"，是在解决全球化进程中出现的种种问题和危机中确立起来的对人类行为的普遍的共同的道德约束与道德诉求。

一、全球伦理的可能性

任何伦理法则的提出都存在如何可能和怎样实现的问题，但其他伦理却都没有像全球伦理那样被质疑，因此，全球伦理的可能性问题的解答就成为全球伦理建立的关键。

1. 可能性的争论

1993 "世界宗教议会" 大会在芝加哥召开，大会制定了一份《走向全球伦理宣言》，从宗教方面对全球伦理提出了 "己所不欲，勿施于人" 的基本原则，以及 "不可杀人" "不可偷盗" "不可撒谎" "不可奸淫" 等最基本的道德要求，对道德规范的全球范围的普遍化作了一些努力。自此之后，关于 "全球伦理" "普遍伦理" 的研究在全球范围内展开。在全球伦理问题的探索中，讨论的焦点重要集中在全球伦理是否可能的问题上。一种观点认为，在多元冲突的世界中无法找到普遍性和共同性的可供全人类遵守的道德准则，全球伦理是不可能的。一种观点认为，全球化的趋势为全球伦理的提出与建立提供了经济、文化和价值基础，全球伦理是可能的。

反对意见认为，从学理上讲，在推崇伦理价值的统摄作用方面，"所谓全球伦理这个概念其实没有特别的新意，因为几乎任何一种伦理的理论构想都被假定应该是普适的"①。并指出所谓的全球化只是意味着强势文化对弱势文化的霸权，所以今天世界上所声称的必须得到认同的伦理原则表达的都是西方文化的主流观念。而全球伦理是需要普适的经济利益和文化权利的，但实际上人们是分属于不同的利益世界的，这多少意味着 "我们" 和 "你们" 可能永远有着不同的命运和不同的问题。此外，从技术角度来看，全球伦理也是难以成立的，一是人们将寻求共识作为全球伦理确立的途径是不确定的，因为任何看似共同性的观念都有着不同的文化背景；二是人们将最低限度的伦理规则作为全球伦理的基础的做法是把问题简单化了，认为试图制定最低准则的做法实际上是终结思想的思维方式，最终使思想退化为宣传。还有论者认为，目前全球伦理探究方式的基本文化背景是宗教的，使得全球伦理不可避免地带有宗教价值理想的色彩。宗教是最基本的文化现象之一，但它并不是最普遍的人类文化现象，同时宗教背景下所表达的全球伦理不可避免地或多或少带有宗教话语霸权的色彩，难以被人们所普遍接受，因而，宗教不适宜充当全球伦理的基本背景。把宗教作为建立全球伦理的文化基础的观点是不能成立的，由此来建立起全球伦理的体系也是不可能的。

赞成意见是从外部条件、内在因素和存在形式等各个方面分析了全球伦理之所以可能的条件。论者认为，全球化的趋势是全球伦理可能的外部条件。全球化的趋势，使世界市场的形成以及在此基础上形成的全球经济一体化逐渐成为现实。世界市场的形成，不仅对全球伦理的建立提出了迫切的要求，也为其可能建立提供了现实的经济基础。其次，价值观的趋同是全球伦理可能的内在因素。各种价值观之间的互相争论、寻求超越，实际上是一种价值标准愈来愈要求趋同的一种互动。还有学者主张，在维护全球共同利益的前提下，"尊重而不是否定多元文化和生活方式的自主发展，保持彼此间的宽容、理解、合作与交流，采取 '内生' 而不是 '外推' 的方式，通过增加人们之间实际的共同点来促进 '人类共主体形态' 的形成，这是目前形成、维护和扩大人类普遍价值的根本途径"②。也有学者指出，"人类不仅有可能达成某种程度和范围的道德共

---

① 赵汀阳：《我们与你们》，载《哲学研究》2000 年第 2 期。
② 李德顺：《普遍价值及其客观基础》，载《中国社会科学》1998 年第 6 期。

识，而且事实上已经共享过许多相同或相似的道德价值观念"，"应当再一次强调指出的是，我们所期待或寻求的人类道德共识和普世伦理并不是某种形式的统一的世界性意识形态，甚至也不是一种排斥各特殊道德文化传统和宗教理念的强迫性价值体系。恰恰相反，它只是也只能是一种起码程度上的道德共识，是基于平等而充分的道德对话和'商谈'的道德共识"。① 此外，在建立全球伦理可能性的争论中，还有学者认为，伦理信仰的共同之处并不能保证人们的和平共处，可以设想一种中国式的"和而不同"的思路，提倡对话和沟通，协调利益关系，引导世界多元共存，维护良好的目标秩序。这种"和而不同"的思路，正是全球伦理可能存在的形式。

2. 可能性的依据

不论是对全球伦理可能性的否定还是承认，论者从不同侧面对全球伦理建立与否的论证，都为全球伦理的进一步探索和发展提供了思路与启示。我们认为任何一种伦理法则和伦理学说，就现实形态而言都是一种可能性的存在。只是有的伦理原则和规范借助于现实的各种力量而得以在现实中倡导和践履，而全球伦理的现实力量则显得薄弱和无力，常常只能求助于非强制力量的文化、宗教、道德而已。我们不能因此而否定全球伦理的可能，而是需要从现实和理论上为全球伦理寻找可能性的出路。

全球化趋势为全球伦理的确立奠定了现实基础。全球化进程不断加快，尤其是信息技术的日新月异，使国家与国家，民族与民族之间的距离越来越短，使每一个国家的经济发展都与其他国家的发展密切相连，为全球伦理的建立提供了现实的利益基础。历史发展表明，一个阶级或民族的伦理共识的形成，主要来自于共同的生活实践，全球化正是人类形成相互依存关系和共同利益的前提。因而，今天的人类实际已经存在着一定的共同生活的前提和利益，就决定了提出和建立解决人类共同问题的全球伦理不仅是必要的而且是可行的。此外，伴随着全球化进程中而出现的种种全球性的问题，也说明全球伦理建立的必要性。从世界范围来看，全球化并没有消除政治上的霸权主义，强权政治依然存在，军事上的核威胁仍未消除，局部的地域冲突、种族冲突和战争也愈演愈烈。在经济上，国与国、地区与地区之间的差距亦越来越大，经济和科技的垄断日益增强，同时环境危机、人口爆炸带来的种种问题远未获得解决。而且在全球化过程中原来属于局部的、地域的、国家的冲突，也可能成为威胁每个国家、地区、民族甚至全人类生存与发展的问题。因此，全球问题的日益严重，使全球伦理的建立成为一种迫切的需要。

人类历史上优秀的道德文化遗产为全球伦理的确立提供了深厚的文化基础。首先，文化冲突的全球化，就需要建立全球伦理予以调节。各个民族在走向全球化的过程中也存在着不同阶段，由于地域、经济等方面的不同而在文化上也呈现出不同的特点，这些不同的文化背景、不同的发展阶段的民族作为不同的利益主体，在现代的利益多元化的社会中必然会产生一些冲突，从而使得文化冲突变成了一种全球化的现象。因此，如何解决当代世界文化的发展呈现着全球化与本土化两大对立的趋势，也是全球伦理不能回避的问题。我们要看到一方面人类文化的发展离不开各种不同文化的交融，文化的多元

---

① 万俊人：《寻求普世价值》，北京大学出版社 2009 年版，第 13 页。

性是文化全球化发展的前提条件；一方面各种文化之间的差异不可能因全球化而消失，只有通过求同存异、取长补短，才能达到共同发展的目的。我们要适应时代发展需要，站在全球伦理的视角，在保持文化多元的基础上，既要反对西方文化中心论和文化霸权主义，又要超越本民族狭隘的文化意识，努力推进人类文化的整体发展。其次，宗教伦理、西方文明、东方文明中的合理成分的不断交融，也为全球伦理提供了文化资源。世界需要秩序，各国各民族之间需要共同发展，这就要求各民族在注重发展本民族的文化传统的同时，还要在多元文化背景下汲取其他文化的合理内核，达到一定程度上不同民族文化的价值认同。全球伦理应该不仅是融合各种文化的主要力量，也应该从各种文化中汲取力量来获得自身的发展。所以，全球伦理不是排斥各个民族文化传统的纯粹抽象，而是对多样化民族文化的提升和融合，并通过多元化的文化传统来发挥作用。我们承认各个民族、各种文化之间的分化在今天已十分深刻，过分强调共识是不符合实际也是不可能实现的。但是这并不意味着各个民族文化在任何问题上都达不成共识，即便是我们可以认同的规则与观念可能在不同的文化背景下会有不同的话语与理解，也不能得出结论说这些原则是不合理的和不能被遵守的。如儒家文化中的"天人合一"的观念，道家的"无为"的观念都与今天关注全球性的生态问题相关联，与我们所说的"维护生态平衡"尽管有文化传统背景的差异，但其对自然环境的爱护的内核却是一致的。孔子的"和而不同"的思想，与我们在全球伦理中所遵循的文化多元、文化宽容与文化融合的原则也有共通之处。所以，多元的民族文化不但不排斥建立全球伦理的现实可能性，而且传统文化的精华还为建立全球伦理提供了文化资源和历史前提。

人类主体意识和类意识的不断增长，为建立全球伦理提供了内在根据。人类作为社会存在物，具有社会理性这一主体特质，使人能够意识共同生活的需要和维护共同利益的必要，也使人们有可能进行思想的交流和对话，从而对共同的伦理原则形成一定的共识或达成一致意见。伦理道德作为人类对自己的立法，离开人类理性的作用是不可想象的，全球伦理的建构正是人的社会理性认识的结果，因此全球伦理也就具有了主体性意义和内在的依据。随着人类社会的发展，人类的主体意识和类意识也不断得到增长和发展，不仅使人们意识到全球性的危机对自己和自己民族的影响，也会意识到全球性的危机也是整个人类的危机。人们开始认识到现有的各种伦理观念，已无法满足现时代的道德文化需要，必须将人与人类之间的关系纳入到伦理道德调节的视阈中，补充现有伦理的不足，而全球伦理正是调节人与人类之间伦理关系的产物。全球伦理既然是在全球范围内调整人与人类、人与人类社会的关系的道德规范，首先应该是全世界都能够接受也是都必须遵守的伦理道德原则，那么全球普遍伦理的基本原则只能是超越国家、社会制度、阶级政党、意识形态、民族种族、宗教信仰等的最基本的伦理要求。如不同宗教和伦理传统中存在着的"黄金规则"是人类共同的长期有效的道德规则，可以在一定程度上成为全球伦理的底线伦理。所以，全球伦理提出的最低限度的伦理不是一种简单的口号，恰恰是人类在承认价值多元化的背景下的一种现实的选择。当然，全球伦理不能停留在底线伦理的要求上，还需要对全球化进程的各个方面进行伦理思考和展望。在政治上全球伦理要求必须克服霸权主义，取消霸权政治，使各个民族、国家能够真正地在平等的旗帜下，协商对话来解决民族冲突和地区矛盾。在经济、科技发展问题上，全球伦理要求必须克服大国垄断、经济垄断和技术霸权，在公正、合理的前提下开展合作，以求共同发展、共同进步。在文化上，全球伦理要求必须克服民族主义的倾向，在东西方文化的交流与沟通中，寻找其合理成分，寻找可供理解和对话的基础。另外，在伦理道德的问题上，全球伦理要求必须克服集团利己主义的倾向，加强国际性组织和民间组织之间的合作，充分展开对话和交流，在宽容和谅解的基础上，求同存异，达成对道德规范和标准问题上的共识。人类要在全球伦理上达成共识，不仅要有人们对进行交流需要的自觉意识，而且还依赖于进行交流的机会的渠道和途径，所以，还必须依靠国际性的经济、文化、教育等各种组织的力量的推动，促使全球伦理意识的形成，为全球伦理的实现奠定思想基础和认识基础。

不能否认要真正实现全球伦理的设想，还是一个漫长的过程，国家、地区、民族之间的利益之争，必然会给全球伦理的达成带来种种难题和障碍。但是，只要在各个领域、各个方面充分展开对话和沟通，充分认识到人类社会的共同利益就是每一个人的利益，全球伦理的实现就有可能。

二、全球伦理的目标

全球伦理在普遍法则的确立方面尚存在可能性的争议，使得人们更缺乏对全球伦理的目标思考。而西方发展理论对全球化未来的设计，使我们不能忽视对全球伦理的未来目标的探讨，只有确立起合理的全球伦理的目标，全球伦理的规范才能得到合理的指导。

1. 全球伦理目标的争论

在某些西方学者看来，全球化就是西化或美国化，也就是说当代西方发达国家所走的资本主义道路也就是指向人类未来之路。

现代化理论的代表人物帕森斯认为，美国社会是一个整合性最高的现代社会，而发展中国家则属于传统社会，美国社会是第三世界国家在未来发展中所应仿效的模式。于是西方发达社会不仅是不发达国家要走的发展道路，也是全球化的发展道路。对于资本主义发展所取得的成就，马克思主义从来都没有否认过。马克思主义早就指出，资本主义的大工业生产"首次开创了世界历史，因为它使每个文明国家以及这些国家中的每一个人的需要的满足都依赖于整个世界"①。在世界历史的形成中，资本主义生产方式不仅起了历史先导的作用，而且其创造的生产力也为世界历史的形成提供了物质前提。在今天，资本主义发达的生产力和生产方式对人类全球化的进程发展，甚至对不发达国家迈向未来也会提供一定的借鉴和帮助。但马克思主义又从资本主义生产方式带来的种种矛盾和弊端中，指出资本主义并不是人类社会的未来的理想目标。日裔美籍学者福山通过历史理论梳理和对国际政治社会近两百年各种事件的观察分析，力证自由主义和资本主义将取得历史的最终胜利。他认为，"自由民主制度也许是'人类意识形态发展的终点'和'人类最后一种统治形式'，并因此构成'历史的终结'"，因为我们"找不

① 《马克思恩格斯选集》第1卷，人民出版社1995年版，第114页。

出比自由民主理念更好的意识形态"。① 尽管后来福山也看到，西方式的民主国家包括欧美等发达国家的民主政治也出现许多问题，某些方面正在走向衰败，但福山仍然认为西方的资产阶级自由民主仍没有真正的对手，世界各国仍将会走上西方式的国家发展道路。

对于工业文明的批判，在当代西方思想家中也不乏其人。现象学就从哲学层面对西方社会发展的危机进行了指摘。胡塞尔认为实证科学一味强调科学的客观性，忘记了"此在"的人才是居于世界的首要地位的，科学造就的形式世界取代了"生活世界"，并忘记了生活世界才是科学的意义基础。海德格尔从形而上学层面揭示了技术的本质，指出"技术在其本质中乃是沦于被遗忘状态的存在之真理的一种存在历史性的天命"②，认为对现代技术的形而上学的理解使技术成为社会的一个陷阱，人作为"此在"沦落了。西方马克思主义者在马克思主义的影响下，从意识形态、社会问题、人性等几个方面对后工业社会也称"晚期资本主义社会"进行了深入的剖析和批判。其中，法兰克福学派以其社会批判理论对现代西方社会进行了深刻的反思。马尔库塞就是从弗洛伊德关于现代文明中爱欲受到压抑的观点与马克思主义关于劳动异化的理论相结合中，对当代西方社会发起了总批判。他认为当代发达工业社会已不同于以前的对抗性的社会，"在现存统治制度中，理性的压抑性结构和对感觉机能的压抑性组织是相互补充和相互支持的"③。社会正在变成单面社会，人越来越成为一种工具，变成受压抑的单面的人。要想改变这一现状，只有废弃已成为社会进步障碍的现存制度，向更合理和更自由的制度发展。总的来说，对于消除现存制度，对于人类的未来，马尔库塞是不抱很大希望的。法兰克福学派对后工业社会的批判，从一个方面说明了当代发达国家至今仍存在着无法克服的矛盾。弗洛姆将弗洛伊德和马克思主义理论加以综合，提出了"人本主义精神分析"学说，对西方社会进行了剖析，认为"超资本主义的解决办法只会加深资本主义的固有的病理，使人的异化程度、无意识的机械化状况加深"，"唯一带建设性的解决办法便是社会主义的办法"④。而弗洛姆又不赞成马克思主义的通过革命获取社会政权的方法来实现社会主义，只是主张用爱、人道主义的道德去实现"人道主义的社会主义"。西方马克思主义对马克思主义的理解还停留在人本主义的色彩中，主张回到早期马克思主义的异化理论中去，把批判的重点放在人性的压抑上，而没能对西方社会的本质作出进一步深入的揭露。

哈贝马斯等人的"晚期资本主义理论"使法兰克福学派的社会批判理论完成了由意识形态的批判到语言学的转变。哈贝马斯不仅分别对晚期资本主义的经济、政治、文化等领域的危机作出了独特的分析，而且还指出了不同危机之间有着内在的联系和因果关系。在哈贝马斯看来，随着经济危机转移到政治系统，使行政系统不能作出必需的合

① ［美］弗朗西斯·福山：《历史的终结及最后之人》，黄胜强、许铭原译，中国社会科学出版社 2003 年版，第 1 页。

② ［德］海德格尔：《路标》，孙周兴译，商务印书馆 2000 年版，第 401 页。

③ ［美］马尔库塞：《爱欲与文明》，黄勇、薛民译，上海译文出版社 2005 年版，第 151 页。

④ ［美］弗洛姆：《健全的社会》，孙恺祥译，贵州人民出版社 1994 年版，第 223 页。

理决策，使政治出现了合理性的危机；政治系统的危机又失去了必要的群众的忠诚和支持，于是就发生了合法化的危机；接着造成了思想文化传统的削弱，使决策者失去支持的动因，又造成了动因危机。哈贝马斯敏锐地指出"晚期资本主义"社会的经济活动已离不开国家机器的运转，因此，晚期资本主义危机已不同于自由资本主义时期。而后工业社会危机的根源应到科学技术发展中去寻找，技术本身成了人的统治，技术的合理性转变成对人的统治的合理性。由此，哈贝马斯认为马克思主义的剩余价值理论已经过时，提出用"交往行动理论"来重建历史唯物主义。因为"交往行为规则确实对工具行为和战略行为领域内的变化作出了反应，并推进了后者"①。他企图通过交往行动理论来改革社会，消灭合理性和合法性危机，实现整个社会的和谐与一致。交往行动理论实际上是把凭借语言来进行的交往形式当作一种理想的交往模式，来寻找人与人之间的普遍理解和建立普遍性原则，由此而建立的目的合理性实际上只能是主观思想的合理性而不是物质实践的合理性。正如哈贝马斯自己所言，"资本主义现代化的一种理论，即借助于一种交往行动理论的手段所进行的理论肯定，得出了与马克思典型完全不同观点的结论"②。

2. 共产主义的理想

无论是西方马克思主义对资本主义的否定，还是发展理论、交往理论对资本主义的分析与辩护，都说明了这样一个问题，资本主义社会远不是全球伦理的目标。因而，在全球时代我们对人类未来的社会目标的选择应是马克思主义所提出的"人的自由全面发展"的共产主义社会。

全球化创造的生产力将为共产主义的实现提供物质前提，而全球化生产方式不仅扩大了人与人之间的交往，而且促进了人的自主意识的不断增长，为消除劳动的异化、人的异化提供了基本条件。正如马克思所说，像"共产主义一般只有作为'世界历史性的'存在才有可能实现一样。而各个个人的世界历史性的存在就意味着他们的存在是与世界历史直接联系的"③。全球化的发展促进了全球经济、文化全球化的可能，也为人的自由和全面发展的实现提供了可能。

为了促进全球伦理的社会目标的达成，我们还必须在全球伦理中坚持以下原则。第一，坚持人类社会发展与自然进化的和谐。人与自然的关系是以自然界为中介折射出的人与人之间的关系，人对自然的任何局部性的破坏都可能危及到人类自身的利益。因此，我们在谋求人类社会发展的同时，必须尊重自然和保护自然。第二，坚持人的全面发展与社会全面发展的统一。马克思主义早就指出人的全面自由地发展，必须以社会的全面发展为基础。经济发展和科技进步为社会和人的全面发展创造了条件，同时又带来社会和人的片面发展。人类应担当起调节科技发展和人的发展之间的关系，使科技发展

---

① ［德］哈贝马斯：《交往与社会进化》，张博树译，重庆出版社1989年版，第152页。

② ［德］尤尔根·哈贝马斯：《交往行动理论》第2卷，洪佩郁、蔺青译，重庆出版社1994年版，第479页。

③ 《马克思恩格斯全集》第3卷，人民出版社1960年版，第40页。

和社会发展为人类的共同幸福服务。第三，坚持人类的现实幸福和未来利益的统一。全球化将会更加密切地使国与国、地区与地区之间、人与人联结在一起，每一个人的利益和现世幸福不仅与人类的现实利益相关联，而且也离不开人类的共同利益和共同幸福的发展，维护人类共同发展是保证个体幸福的前提。第四，和平与发展是当今社会的主题，也是人类未来发展的主题。在和平中促进发展，在发展中求和平，才能保证人类社会的可持续发展的实现。战争和对抗是人类幸福的大敌，反对战争、维护和平是永恒的主题，也是人的自由全面发展的必要条件。

在目前多元化的世界格局中，不可能依靠全球伦理解决当今世界面临的所有问题，但也不能因为现实世界的各种各样的冲突的存在而否认全球伦理的必要性。全球伦理不仅是对全球化的世界趋势的理性反思和约束，也是人类对未来社会的美好期待。回到伦理学的呼声既意味着回到伦理学的现实问题中来，也预示着用人类不断探索和展望的共同性价值来为人类的明天设计和描绘伦理的图景。

◎ **思考题**

1. 应用伦理的核心原则有哪些？
2. 如何看待人类中心主义？
3. 如何看待克隆人和安乐死问题？
4. 网络伦理的挑战表现在哪些方面？如何加强网络道德建设？
5. 全球伦理有无可能？如何理解全球伦理的目标？

参 考 文 献

[1] 《马克思恩格斯选集》第 1~4 卷，人民出版社 1995 年版。

[2] 《列宁选集》第 1~4 卷，人民出版社 1995 年版。

[3] 《毛泽东选集》第 1~4 卷，人民出版社 1991 年版。

[4] 《邓小平文选》第 1~3 卷，人民出版社 1994、1993 年版。

[5] 张岱年：《中国伦理思想研究》，上海人民出版社 1989 年版。

[6] 朱伯昆：《先秦伦理学概论》，北京大学出版社 1984 年版。

[7] 马永庆等：《中国传统道德概论》，山东大学出版社 2000 年版。

[8] 沈善洪、王凤贤：《中国伦理学说史》（上），人民出版社 2005 年版。

[9] 沈善洪、王凤贤：《中国伦理学说史》（中），人民出版社 2005 年版。

[10] 沈善洪、王凤贤：《中国伦理学说史》（下），人民出版社 2005 年版。

[11] 朱贻庭：《中国传统伦理思想史》，华东师范大学出版社 1994 年版。

[12] 姜法曾：《中国伦理学史略》，中华书局 1991 年版。

[13] 蔡元培：《中国伦理学史》，东方出版社 1996 年版。

[14] 陈少锋：《中国伦理学史》（上册），北京大学出版社 1996 年版。

[15] 陈少锋：《中国伦理学史》（下册），北京大学出版社 1997 年版。

[16] 张恺之、陈国庆：《近代伦理思想的变迁》，中华书局 2000 年版。

[17] 黄钊等：《中国道德文化》，湖北人民出版社 2000 年版。

[18] 唐凯麟、王泽应：《20 世纪中国伦理思潮问题》，湖南教育出版社 1998 年版。

[19] 杨国荣：《善的历程》，上海人民出版社 1994 年版。

[20] 章海山：《西方伦理思想史》，辽宁人民出版社 1984 年版。

[21] 黄伟合：《欧洲传统伦理思想史》，华东师范大学出版社 1991 年版。

[22] 罗国杰、宋希仁：《西方伦理思想史》（上），中国人民大学出版社 1985 年版。

[23] 罗国杰、宋希仁：《西方伦理思想史》（下），中国人民大学出版社 1988 年版。

[24] 石毓彬、杨远：《二十世纪西方伦理学》，湖北人民出版社 1986 年版。

[25] 张传有：《西方智慧的源流》，武汉大学出版社 1999 年版。

[26] 张传有：《西方社会思想的历史进程》，武汉大学出版社 2005 年版。

[27] 万俊人：《现代西方伦理学史》（上卷），北京大学出版社 1990 年版。

[28] 万俊人：《现代西方伦理学史》（下卷），北京大学出版社 1992 年版。

[29] 万俊人：《比照与透析》，广东人民出版社 1998 年版。

[30] 万俊人：《道德之维》，广东人民出版社 2000 年版。

[31] 万俊人：《寻求普世伦理》，北京大学出版社 2009 年版。

［32］宋希仁：《当代外国伦理思想》，中国人民大学出版社 2000 年版。

［33］罗国杰：《伦理学》，人民出版社 1989 年版。

［34］魏英敏：《新伦理学教程》，北京大学出版社 1993 年版。

［35］唐凯麟：《伦理学》，高等教育出版社 2001 年版。

［36］陈楚佳：《现代伦理学》，武汉大学出版社 1993 年版。

［37］王兴洲：《伦理学原理》，东北师范大学出版社 1988 年版。

［38］王正平、周中之：《现代伦理学》，中国社会科学出版社 2001 年版。

［39］江畅：《幸福之路》，湖北人民出版社 1999 年版。

［40］江畅：《理论伦理学》，湖北人民出版社 2000 年版。

［41］江畅：《现代西方价值理论研究》，陕西师范大学出版社 1992 年版。

［42］江畅：《幸福与和谐》，人民出版社 2005 年版。

［43］谭忠诚、陈少峰：《伦理学研究》，福建人民出版社 2006 年版。

［44］王海明：《新伦理学》，商务印书馆 2001 年版。

［45］王海明、孙英：《寻求新道德》，北京华夏出版社 1994 年版。

［46］王海明：《人性论》，商务印书馆 2005 年版。

［47］王海明：《伦理学方法》，商务印书馆 2003 年版。

［48］高兆明：《伦理学理论与方法》，人民出版社 2005 年版。

［49］陈延斌、任越主编：《新伦理学》，吉林人民出版社 2004 年版。

［50］郭广银、陈延斌等：《伦理新论》，人民出版社 2004 年版。

［51］龚群：《当代中国社会伦理生活》，四川人民出版社 1998 年版。

［52］肖雪慧、韩东屏等：《主体的沉沦与觉醒》，贵州人民出版社 1988 年版。

［53］肖雪慧：《守望良知》，辽宁人民出版社 1998 年版。

［54］黄建中：《比较伦理学》，山东人民出版社 1998 年版。

［55］郑也夫：《代价论》，生活·读书·新知三联书店 1995 年版。

［56］赵汀阳：《论可能生活》，生活·读书·新知三联书店 1994 年版。

［57］夏伟东：《道德本质论》，中国人民大学出版社 1991 年版。

［58］廖申白、孙春晨主编：《伦理新视点》，中国社会科学出版社 1997 年版。

［59］杨国荣：《伦理与存在》，上海人民出版社 2002 年版。

［60］竹立山：《道德价值论》，中国人民大学出版社 1998 年版。

［61］何怀宏：《良心论》，上海三联书店 1994 年版。

［62］何怀宏：《底线伦理》，辽宁人民出版社 1998 年版。

［63］何怀宏：《契约伦理与社会正义》，中国人民大学出版社 1993 年版。

［64］何怀宏：《伦理学是什么》，北京大学出版社 2002 年版。

［65］樊浩：《伦理精神的价值形态》，中国社会科学出版社 2001 年版。

［66］高恒天：《道德与人的幸福》，中国社会科学出版社 2004 年版。

［67］孙伟平：《事实与价值》，中国社会科学出版社 2000 年版。

［68］李德顺、孙伟平：《道德价值论》，云南人民出版社 2005 年版。

［69］崔平：《道德经验批判》，上海文化出版社 2006 年版。

［70］ 钱广荣：《中国道德国情论纲》，安徽人民出版社 2002 年版。

［71］ 厉以宁：《经济学的伦理问题》，生活·读书·新知三联书店 1995 年版。

［72］ 龙静云：《治化之本》，湖南人民出版社 1999 年版。

［73］ 晏辉：《市场经济的道德基础》，山西教育出版社 1999 年版。

［74］ 乔洪武：《正谊谋利》，商务印书馆 2000 年版。

［75］ 吕世荣等：《义利观研究》，河南大学出版社 2000 年版。

［76］ 王泽应：《社会主义义利观研究》，湖南人民出版社 2001 年版。

［77］ 万俊人：《义利之间》，团结出版社 2003 年版。

［78］ 余涌：《道德权利研究》，中央编译出版社 2001 年版。

［79］ 唐代兴：《利益伦理》，北京大学出版社 2002 年版。

［80］ 曾建平：《社会公德引论》，中央编译出版社 2004 年版。

［81］ 池平青：《家庭道德引论》，中央编译出版社 2004 年版。

［82］ 陈根法：《德性论》，上海人民出版社 2004 年版。

［83］ 武经纬、方盛举：《经济人·道德人·全面发展的社会人》，人民出版社 1992 年版。

［84］ 王小锡、宣云凤：《现代经济伦理学》，江苏人民出版社 2000 年版。

［85］ 王锐生等：《经济伦理研究》，首都师范大学出版社 1999 年版。

［86］ 陈宝庭、刘金华：《经济伦理学》，东北财经大学出版社 2001 年版。

［87］ 章海山：《经济伦理论》，中山大学出版社 2001 年版。

［88］ 陈炳富、周祖城：《企业伦理学概论》，南开大学出版社 2000 年版。

［89］ 龚群：《中国商德》，四川人民出版社 2000 年版。

［90］ 万俊人：《现代公共管理伦理学导论》，人民出版社 2005 年版。

［91］ 许建良：《现代化视野里的经营伦理》，内蒙古人民出版社 2003 年版。

［92］ 任剑涛：《伦理政治研究》，中山大学出版社 1999 年版。

［93］ 施惠玲：《制度伦理研究论纲》，北京师范大学出版社 2003 年版。

［94］ 程立显：《伦理学与社会公正》，北京大学出版社 2002 年版。

［95］ 高兆明：《伦理学理论与方法》，人民出版社 2013 年版。

［96］ 高兆明：《制度伦理研究》，商务印书馆 2011 年版。

［97］ 高兆明：《制度公正论》，上海文艺出版社 2001 年版。

［98］ 吴忠民：《社会公正论》，山东人民出版社 2004 年版。

［99］ 唐代兴：《公正伦理与制度道德》，人民出版社 2003 年版。

［100］ 戴木才：《管理的伦理法则》，江西人民出版社 2001 年版。

［101］ 王伟主笔：《行政伦理研究》，人民出版社 2001 年版。

［102］ 卢风：《应用伦理学》，中央编译出版社 2004 年版。

［103］ 甘绍平：《应用伦理学前沿问题研究》，江西人民出版社 2002 年版。

［104］ 李海燕：《医学伦理学》，武汉大学出版社 2001 年版。

［105］ 高崇明、张爱琴：《生物伦理学》，北京大学出版社 1999 年版。

［106］ 韩东屏：《克隆转忆人》，社会科学文献出版社 2005 年版。

[107] 余谋昌：《生态伦理学》，首都师范大学出版社 1999 年版。

[108] 余谋昌：《创造美好的生态环境》，中国社会科学出版社 1997 年版。

[109] 李培超：《环境伦理》，作家出版社 1998 年版。

[110] 雷毅：《深层生态学思想研究》，清华大学出版社 2001 年版。

[111] 何怀宏：《生态伦理——精神资源与哲学基础》，河北大学出版社 2002 年版。

[112] 傅华：《生态伦理学探究》，华夏出版社 2002 年版。

[113] 廖小平：《伦理的代际之维》，人民出版社 2004 年版。

[114] 曾建平：《寻归绿色》，人民出版社 2004 年版。

[115] 曾建平：《自然之思》，中国社会科学出版社 2004 年版。

[116] 严耕等：《网络伦理》，北京出版社 1998 年版。

[117] 李伦：《鼠标下的德性》，江西人民出版社 2002 年版。

[118] 吴瑾菁、曹腾觉：《虚拟与现实的碰撞》，江西高校出版社 2001 年版。

[119] [古希腊] 柏拉图：《理想国》，郭斌和、张竹明译，商务印书馆 1986 年版。

[120] [古希腊] 柏拉图：《柏拉图全集》第 1～4 卷，王晓朝译，人民出版社 2002，2003 年版。

[121] [古希腊] 亚里士多德：《政治学》，吴寿彭译，商务印书馆 1965 年版。

[122] [古希腊] 亚里士多德：《亚里士多德全集》第 8 卷，苗力田译，中国人民大学出版社 1992 年版。

[123] [英] 洛克：《人类理解论》，关文运译，商务印书馆 1959 年版。

[124] [法] 孟德斯鸠：《罗马盛衰原因论》，婉玲译，商务印书馆 1962 年版。

[125] [法] 孟德斯鸠：《论法的精神》上册，张雁琛译，商务印书馆 1961 年版。

[126] [法] 孟德斯鸠：《论法的精神》下册，张雁琛译，商务印书馆 1961 年版。

[127] [荷] 斯宾诺莎：《伦理学》，商务印书馆 1983 年版。

[128] [德] 莱布尼茨：《人类理智新论》（上、下册），陈修斋译，商务印书馆 1982 年版。

[129] [英] 西季威克：《伦理学方法》，廖申白译，中国社会科学出版社 1993 年版。

[130] [英] 休谟：《人类理解研究》，关文运译，商务印书馆 1957 年版。

[131] [英] 休谟：《人性论》，关文运译，商务印书馆 1980 年版。

[132] [法] 卢梭：《社会契约论》，何兆武译，商务印书馆 1980 年版。

[133] [法] 卢梭：《论人类不平等的起源和基础》，李常山译，商务印书馆 1962 年版。

[134] [德] 康德：《道德形而上学原理》，苗力田译，上海人民出版社 1986 年版。

[135] [德] 康德：《历史理性批判文集》，何兆武译，商务印书馆 1990 年版。

[136] [德] 黑格尔：《历史哲学》，王造时译，生活·读书·新知三联书店 1956 年版。

[137] [德] 黑格尔：《法哲学原理》，范扬、张企泰译，商务印书馆 1961 年版。

[138] [美] 威尔逊：《社会生物学——新的综合》，毛盛贤等译，北京理工大学出版社 2008 年版。

[139] [美] 埃伦费尔德：《人道主义的僭妄》，李云龙译，国际文化出版公司 1988 年版。

［140］［英］罗素：《宗教与科学》，徐奕春、林国夫译，商务印书馆 1982 年版。

［141］［英］艾耶尔：《语言·真理与逻辑》，尹大贻译，上海译文出版社 1981 年版。

［142］［美］斯蒂文森：《伦理学与语言》，姚新中等译，中国社会科学出版社 1991 年版。

［143］［美］约翰·罗尔斯：《作为公平的正义——正义新论》，姚大志译，上海三联书店 2003 年版。

［144］［美］约翰·罗尔斯：《政治自由主义》，万俊人译，译林出版社 2000 年版。

［145］［美］约翰·罗尔斯：《万民法》，张晓辉等译，吉林人民出版社 2001 年版。

［146］［美］诺齐克：《无政府、国家和乌托邦》，何怀宏译，中国社会科学出版社 1991 年版。

［147］［美］麦金太尔：《伦理学简史》，龚群译，商务印书馆 2003 年版。

［148］［英］波普尔：《历史决定论的贫困》，杜汝辑、邱仁宗译，华夏出版社 1987 年版。

［149］［英］波普尔：《开放社会及其敌人》第 1、2 卷，陆衡等译，中国社会科学出版社 1999 年版。

［150］［德］马克斯·韦伯：《新教伦理与资本主义精神》，于晓、陈维纲等译，生活·读书·新知三联书店 1987 年版。

［151］［美］丹尼尔·贝尔：《资本主义文化矛盾》，蒲隆等译，生活·读书·新知三联书店 1989 年版。

［152］［美］丹尼尔·贝尔：《社群主义及其批评者》，李琨译，生活·读书·新知三联书店 2002 年版。

［153］［美］马尔库塞：《爱欲与文明》，黄勇、薛民译，上海译文出版社 1987 年版。

［154］［美］马尔库塞：《单面人》，左晓斯等译，湖南人民出版社 1988 年版。

［155］［德］阿佩尔：《哲学的改造》，孙周兴、陆兴华译，上海译文出版社 1994 年版。

［156］［德］哈贝马斯：《交往与社会进化》，张博树译，重庆出版社 1989 年版。

［157］［德］哈贝马斯：《交往行动理论》，洪佩郁、蔺青译，重庆出版社 1994 年版。

［158］［德］哈贝马斯：《包容他者》，曹卫东译，上海人民出版社 2002 年版。

［159］［英］哈耶克：《致命的自负》，冯克利等译，中国社会科学出版社 2000 年版。

［160］［英］哈耶克：《通往奴役之路》，王明毅、冯兴元译，中国社会科学出版社 1997 年版。

［161］［英］哈耶克：《自由宪章》，杨玉生译，中国社会科学出版社 1999 年版。

［162］［美］康芒斯：《制度经济学》上、下册，于树生译，商务印书馆 1962 年版。

［163］［美］C. 诺斯：《经济史中的结构与变迁》，陈郁、罗华平译，上海三联书店，上海人民出版社 1994 年版。

［164］［美］麦格雷戈：《企业的人性面》，韩卉译，中国人民大学出版社 2008 年版。

［165］［美］弗朗西斯·福山：《历史的终结及最后之人》，黄胜强、许铭原译，中国社会科学出版社 2003 年版。

［166］［美］弗朗西斯·福山：《信任——社会美德与创造经济繁荣》，彭志华译，海南

出版社 2001 年版。

[167] ［德］赫费：《政治的正义性》，庞学铨、李张林译，上海译文出版社 1998 年版。

[168] ［美］沃尔泽：《正义诸领域》，褚松燕译，译林出版社 2002 年版。

[169] ［美］范伯格：《自由、权利和社会正义》，王守昌等译，贵州人民出版社 1998 年版。

[170] ［美］孙斯坦：《自由市场与社会正义》，乔聪启等译，中国政法大学出版社 2002 年版。

[171] ［美］桑德尔：《自由主义与正义的局限》，万俊人等译，译林出版社 2001 年版。

[172] ［美］尼布尔：《道德的人与不道德的社会》，蒋庆等译，贵州人民出版社 1988 年版。

[173] ［印度］阿马蒂亚·森：《伦理学与经济学》，王宇、王文玉译，商务印书馆 2000 年版。

[174] ［印度］阿马蒂亚·森：《以自由看待发展》，任赜、于真译，中国人民大学出版社 2002 年版。

[175] ［印度］阿马蒂亚·森：《贫困与饥荒》，王宇、王文玉译，商务印书馆 2001 年版。

[176] ［苏］古谢伊诺夫等：《西方伦理学简史》，刘献洲等译，中国人民大学出版社 1992 年版。

[177] ［美］宾克莱：《二十世纪伦理学》，孙彤、孙南桦译，河北人民出版社 1988 年版。

[178] ［美］彼得·辛格：《实践伦理学》，刘莘译，东方出版社 2005 年版。

[179] ［美］汤姆·雷根：《动物权利研究》，李曦译，北京大学出版社 2010 年版。

[180] ［澳］彼得·辛格：《动物权利与人类义务》，曾建平、代峰译，北京大学出版社 2010 年版。

[181] ［德］库尔特·拜尔茨：《基因伦理学》，马怀琪译，华夏出版社 2000 年版。

[182] ［美］霍尔姆斯·罗尔斯顿：《环境伦理学》，杨通进译，中国社会科学出版社 2000 年版。

[183] ［德］孔汉思、［德］库舍尔：《全球伦理》，何光沪译，四川人民出版社 1997 年版。

[184] 蔡沈注：《书经》，上海古籍出版社 1987 年版。

[185] 朱熹注：《诗经》，上海古籍出版社 1987 年版。

[186] 朱熹注：《周易》，上海古籍出版社 1987 年版。

[187] 朱熹注：《大学 中庸 论语》，上海古籍出版社 1987 年版。

[188] 朱熹注：《孟子》，上海古籍出版社 1987 年版。

[189] 荀况：《荀子》，上海古籍出版社 1989 年版。

[190] 墨翟：《墨子》，上海古籍出版社 1989 年版。

[191] 老聃：《老子》，上海古籍出版社 1989 年版。

[192] 庄周：《庄子》，上海古籍出版社 1989 年版。

［193］商鞅：《商君书》，上海古籍出版社 1989 年版。

［194］韩非：《韩非子》，上海古籍出版社 1989 年版。

［195］董仲舒：《春秋繁露》，上海古籍出版社 1989 年版。

［196］王充：《论衡》，上海古籍出版社 1990 年版。

［197］张载：《张子正蒙》，上海古籍出版社 1992 年版。

［198］王安石：《荆公论议》，上海古籍出版社 1992 年版。

［199］程颢、程颐：《二程遗书二程外书》，上海古籍出版社 1992 年版。

［200］朱熹：《朱子性理语类》，上海古籍出版社 1992 年版。

［201］王夫之：《周易外传》，中华书局 1977 年版。

［202］康有为：《大同书》，中州古籍出版社 1998 年版。

［203］梁启超：《新民说》，中州古籍出版社 1998 年版。

［204］梁启超：《变法通议》，华夏出版社 2002 年版。

［205］孙中山：《三民主义》，岳麓书社 2000 年版。

［206］孙中山：《建国方略》，中州古籍出版社 1990 年版。

后　记

本书是在 2007 年出版的《伦理学简论》的基础上修订而成。

《伦理学简论》的出版已有 8 个年头，在此期间它一直是我课堂教学使用的教材，受到学生们的肯定，谢谢他们的支持！同时，本书也得到了不少同行的认可和鼓励，在此也一并感谢！

在这 10 年之间，伦理学的研究和发展又取得了诸多成果，也为本书的再版提供了丰富的资料和营养，只是本人视野有限，无法充分吸收和展现，不足之处一定还有很多，仍请各位专家和读者批判指正！

此次应出版社之邀重新修订再版，不仅订正了原书稿的错字漏字和不当之处，也增加了一些新的思考和内容。但个人的能力有限，不当的地方肯定存在，也请各位不吝赐教！

再次感谢武汉大学出版社领导对本书出版所做的努力，感谢责任编辑的辛勤工作，感谢武汉大学马克思主义学院的领导和老师们对我一直以来的指教和帮助。

作者

2017 年 11 月于珞珈山